政府绩效管理

理论与实践的双重变奏

伍 彬 ◎ 编著

北京大学出版社
PEKING UNIVERSITY PRESS

本书编撰工作小组

组　　长：	伍　彬
副 组 长：	俞明辉　商建平
执行编撰：	王美群　邹怀贤
编撰人员：	阮　翔　梁爱英
	夏善美　王建辉
	杨　旸　杜　娟
	姜来祥　陈洋洋
	张昱航　魏　涛
	楼泽南　何　铨
	陈国营　杨逢银

序 一

俞可平

作为学者,我常常以文会友。但作为长期在中央机关工作的一名改革创新推动者,我以及我原来领导的"中国地方政府创新奖"团队也常常以改革创新会友,结识了一大批在政府改革创新中作出重要贡献的各级党政领导。正像许多优秀的地方改革创新实践者一样,本书的作者伍彬同志也是我以及我领导的"中国地方政府创新奖"团队的老朋友。

在中国地方政府的改革创新方面,杭州与深圳等城市一道,始终走在全国的前列,许多改革创新项目都获得过"中国地方政府创新奖",其中就包括伍彬同志主持的创新项目。在我的印象中,伍彬同志长期担任杭州市综合考评委员会办公室主任,对政府绩效管理有丰富的实践经验,对杭州市的绩效考评工作作出了突出的贡献。然而,当伍彬同志将其新著《政府绩效管理——理论与实践的双重变奏》的打印稿寄送给我时,我还是吃惊不小:这本书已经超出了一般的经验总结,不是对杭州市绩效管理的简单描述,而是具有相当理论高度的专业性著作。

绩效管理是公共行政管理的重要内容。它关系到政府的目标达成、管理能力、行政效率和政策效果。绩效管理既是一把标尺,可以测量政府部门能力的强弱、公共政策效果的优劣和公民对政府的满意程度;也是奖优罚劣的抓手,可以激励官员的先进业绩,形成政府机关内部良性的竞争机制,从而促进政府的创造性改革。然而,政府的绩效管理,不仅具有工具理性,更具有价值理性。正如作者在本书中指出的那样,政府绩效管理对于推动国家治理现代化、增强政治合法性,也具有十分重要的意义。

推进国家治理体系和治理能力的现代化,是中共十八届三中全会确立的全面深化改革的总目标。国家治理现代化的关键,是政府治理的现代化。要实现政府治理的现代化,首先就必须确定政府治理现代化的一系列标准,例如民主、法治、公正、服务、参与、高效、透明,等等,并且发展出一整套评估政府治理现代化的制度和程序。而所有这些都离不开科学的政府绩效管理体系,离不开依据这套体系对政府机关的合理考评。进而言之,在现代民主国家,政府绩效已经取代意识形态成为执政党最重要的政治合法性来源,如果不改善民生、发扬民主,任何执政党最终都将失去民众的支持。现代的政府绩效管理,已经成为增加民众的政治信任、扩大公众的政治参与,从而提高公民对政府满意度的重要方式。

无论是从居民生活质量还是从公共治理水平的角度看,杭州均走在全国的前列。杭州是国内改革创新动力最为强劲的都市之一,不仅改革创新的举措多,而且实际效果好。这里有许多原因,其中的原因之一,就是从2005年开始,杭州市就对政府绩效进行综合考评。杭州市委、市政府近年来先后推出过"社会复合治理主体""开放式决策""和谐创业""社区和事佬调解机制""杭网议事厅""市民之家"等重要的改革创新措施。从根本上说,这些重要的改革创新,最终都体现了"民主与民生"这两大主题。"以民主促民生,以民生促发展",正是

序 一

杭州市委、市政府长期坚持的正确发展理念。在本书介绍的杭州市政府绩效管理和综合考评办法中,处处体现出这一重要理念。我认为,这是杭州市最宝贵的一条成功经验,也是政府绩效管理的根本价值所在。

2017 年 1 月 4 日

于重度雾霾中的京郊方圆阁

(俞可平:北京大学讲席教授、政府管理学院院长,中国政治学研究中心主任)

序 二

高小平

在中国人内心的辞典里,"政府"这个词汇,绝对与西方人有着很大的不同。其中深深地埋藏了某些不可言状的复杂情感和丰富内涵。

这本书告诉读者认知政府、改革政府的一个新维度——绩效。理解政府绩效管理和推动绩效管理创新的方式也很独特——双重变奏。

或许我们可以从泛文化的层面对此进行解析。比如音乐,西方乐器有小提琴、大提琴、贝斯、萨克斯,等等,发音材料大都以金属为主,是人工制作的产物,体现出西方人强调的驾驭和改造自然的理念;与之相反,中国乐器如二胡、笛子、箫、琵琶,等等,大都用天然材质制成,意味着中国人比较讲究天人合一。西方的声乐,美声唱法是主流,其发音是一种经过处理的人为音色——所谓的"器声";中国的声乐,民族唱法是主流,所表现的是一种未经处理的自然音色——所谓的"人声"。西洋音乐追求在"不同"中的差异之美,如交响乐中大量运用的和弦、大合唱中的多声部,因此他们必须要有指挥来进行协调;中国传统音乐则追求"同"中的统一之美,不管是器乐大合奏还是声乐大合唱,都是整齐划一的齐奏、齐唱,所以一般不需要专职指挥。

中国在近代化、现代化的进程中,音乐也在呈现融合。聂耳和冼星海将西洋音乐元素编入中国民族基调之中,将铜管乐器之声融入人声音乐,创作出慷慨激昂的《义勇军进行曲》《黄河大合唱》等力作,将交响乐的"异"中求"同"与中国音乐的"同"中求"变"有机结合,扬长避短,中西合璧。后来还有很多优秀的协奏曲,以二胡等中国元素为主旋律,铺开交响乐的宏大叙事格局,演奏出催人泪下的《二泉映月》《梁祝》等篇章。

这就是变奏的魅力!

这也就是伍彬同志编著的这本书最鲜明的特色。

政府体系、社会体系、经济体系是国家治理体系的三大基本组成部分,这三大体系的性质、结构、功能及其相互作用便形成了一定时期的政府形态、社会形态、经济形态;而一定时期的政府形态、社会形态、经济形态的性质、结构、功能及其相互关系决定了这个时期国家治理体系的性质、结构和功能。国家治理体系的变迁、实现现代化的进程,是由一定时期的政府形态、社会形态、经济形态的变迁与发展所导致的。我们在考察国家是如何从一种旧的治理体系向新的治理体系转型的时候,在研究政府形态转变的内在规律和走向的时候,不能离开那个历史时期的经济、政治和社会状况。将政府体系、社会体系、经济体系三大体系打通融汇,并以历史的眼光洞察当代政府,这样来研究绩效管理,是"变奏"的第一个特点。

国家层面的政府绩效管理、地方层面的政府绩效管理、城市层面的政府绩效管理是整个绩效管理系统的三大基本领域。从其中任何一个领域进入,都可以研究出绩效管理内在的逻辑与发展的脉络。本书从国家和城市这两个层面切入,研究中国的政府绩效管理,特别是深入研究了做得比较早、坚持得比较好、效果比较明显的杭州市,将中央、地方、基层绩效管理的特点加以区分和整合,这样来研究绩效管理,是"变奏"的第二个特点。

序 二

杭州市的政府绩效管理大体经历了四个发展阶段。先是从目标管理、岗位责任管理等制度开始对政府绩效管理进行初步探索,可以谓之初创型绩效体系,然后经历了考核型绩效体系、管理型绩效体系和治理型绩效体系三个阶段,步步递进,逐步发展,将政府绩效管理体系的战略目标、路线图、时间表及责任书,以及绩效管理对行政管理系统效能提升的效果,清晰地呈现在读者面前,这样来研究绩效管理,是"变奏"的第三个特点。

本书最突出的亮点还是在理论与实践的结合上。作者以中国特色社会主义理论为指导,综合了改革开放以来学术界关于政府绩效管理的理论成果,大胆借鉴国外实践经验和理论概括,创造性地研究中国特色的绩效管理理论。按照我的理解,本书的理论创新主要体现在提炼了绩效管理的方法、功能与价值的平衡性原理上。

"工欲善其事,必先利其器。"作为"器"的绩效管理,能不能有效发挥作用,关键在于有没有正确的理论指导,能不能实现方法、功能与价值的各自最优化以及相互之间的平衡。从20世纪中叶开始,特别是进入21世纪以来,应行政管理实践的需要及科技型、网络化社会的推动,在公共管理领域诞生了诸多新式管理技术,这促使行政学中产生了第二次"二分"(第一次"二分"是在一百多年前开启的政治—行政二分法),也就是将管理工具从管理技能中剥离出来,实现独立发展,而行政人员的关注点也由单纯对效率的关注转变为对市场和社会需求的回应性关注,着力增强管理技能并提高公众满意度。绩效管理就是在第二次"二分"中诞生的一种基本管理工具,其本质是一种机制管理,就是将原来不规范或规范性不强的管理机制改造为从流程到手段都刚性化、规范化的管理机制。绩效管理体系,可以独立于以往行政管理中的经验管理、人文管理之外,通过创新建构评估模块、评估主体、评估标准、评估分值,采取绩效计划、问题诊断、信息反馈及绩效改进等措施,对政府及其工作人员进行效能管理,以提高组织和个人的绩效。绩效管理的工具理性所蕴含的刚性特征,在实践过程中又转化为柔性的价值理性。绩效管理制度的施行,在评价公共部门及其人员的工作表现、业绩成果和社会效益产出中,坚持结果导向与过程导向的统一,在流程中设定了标准化、可测量、可评估的绩效因素来提升评估体系的规范性,使得政府服务以对象为取向,评估指标的刚性恰恰可以促进公务员工作主动性、创造性的大幅度增强,工作质量和行政效率、服务态度和公众反馈等绩效因子都得到提高;针对评估对象的日常表现、工作结果和产出实行定量及定性指标直接转化为绩效结果的激励,从而激发了工作热情,遏制了科层制内生的官本位意识,减少了公共部门与社会、公众之间脱节现象的发生;政府机关内部管理的人文关怀、对社会的管理和服务的人性化、政府的回应性和透明度等本质上都体现了柔性的制度管理特征,这种柔性特征的创新不仅弥补了刚性机制的不足,而且本身就是刚柔分立、刚柔相济的产物。这些都是二次"二分"带来的制度变迁。而执行二次"二分"的核心主体,本身就是从之前的混沌型考核机制中分离出来的,这就是政府专司绩效管理的办事机构。本书由杭州市绩效管理委员会办公室负责组织编写,得风气之先,体现了二次"二分"的精神。参与编写者都是这个领域的实干家,又潜心研究理论,因此,他们基本上把绩效管理的理论和实践问题都琢磨透了,讲清楚了,显现出本书特有的理论厚重感。

杭州市绩效管理体系的实践特色主要在于持续改进和不断创新,这令杭州市系统的绩效管理理论和实践得到不断的完善及提升,为其他地方政府部门实施绩效管理提供了可以借鉴的操作性路径,为我国的行政管理方式创新提供了有益探索。

第一,顶层设计与基层探索相统筹。杭州市的城市体量大,政府管理和服务系统点多、线长、面广、队伍大,这就决定了杭州市绩效管理必须将加强顶层设计与鼓励基层探索结合起来。鉴于此,杭州市在绩效管理体系设计和推进落实过程中,一直坚持从全局出发,整体推进,重点突破,正确处理考评单位与被考评单位的关系,明确工作优先顺序,形成了良性互动和统筹优化的良好局面。

第二,持续性制度创新。杭州市绩效管理体系不仅是一次伟大的改革探索,也是制度上的持续创新。为了实现绩效管理的科学化,杭州市不断优化绩效指标体系,升级改进信息系统,全面推进"纵向到底、横向到边"的各层级绩效管理,建立市、局、县、镇四级联动机制和沟通机制,上下级与同级别之间形成工作共识和价值认同,促进了绩效管理系统的有效运转。

第三,管人与治事统一。杭州市的绩效指标将部门战略与岗位任务紧密结合,有助于解决干部"不作为""慢作为""空作为"等问题,促进了杭州市公务员工作作风的进一步改善,增强了干部职工的紧迫感、责任感和使命感。讲求绩效已经成为一种文化自觉和制度自信。

第四,结果导向与过程导向统一。杭州市绩效管理体系强调绩效的衡量标准要以最终的服务效果和社会效益为导向,同时也注重对组织的创新能力、内部业务流程、行动计划等能力和过程的考核。将考评结果与评选年度优秀、先进公务员和干部的培养、选拔任用以及奖励等紧密挂钩,揭示出不同被考评者间的差距,调动了工作人员的积极性和主观能动性,维护了政府绩效管理的公正性、权威性和影响力。

2016 年 12 月 20 日

(高小平:中国行政管理学会执行副会长兼绩效管理研究会会长,研究员)

目 录

第一章 政府绩效管理概论 (1)

第一节 政府绩效管理的概念、基础理论与主要工具 (2)
一、政府绩效管理的概念 (2)
二、政府绩效管理的基础理论 (9)
三、政府绩效管理的主要工具 (13)

第二节 部分西方国家政府绩效管理的实践 (18)
一、顾客导向与英国的政府绩效管理 (18)
二、委托代理与新西兰的政府绩效管理 (21)
三、法制保障与美国的《政府绩效与结果法案》 (23)
四、西方国家政府绩效管理的特征与发展趋势 (25)

第三节 中国历代考绩制度与当代政府绩效管理 (28)
一、中国历代考绩制度 (28)
二、当代中国政府绩效管理的理论探索 (35)
三、中国地方政府绩效管理实践与发展 (37)
四、全国政府绩效管理试点 (43)

第四节 政府绩效管理与国家治理体系和治理能力现代化 (51)
一、国家治理体系和治理能力现代化的科学内涵 (51)

二、政府治理现代化的评价维度 …………………………… (53)
　　三、政府绩效管理在国家治理体系与治理能力现代化中的
　　　　作用 ………………………………………………………… (55)
第五节　政府绩效管理与政治合法性问题 …………………………… (61)
　　一、政治合法性问题探源 ……………………………………… (61)
　　二、政绩始终是中国政治合法性的来源之一 ………………… (63)
　　三、政府绩效管理有利于巩固和提升政治合法性 …………… (67)

第二章　杭州政府绩效管理的演进 …………………………………… (71)
第一节　绩效管理的起源：目标责任制考核 ………………………… (71)
　　一、目标责任制考核：内生驱动型绩效考核 ………………… (72)
　　二、目标责任制考核的主要做法与特色 ……………………… (75)
第二节　从目标责任制考核到"满意评选" ………………………… (80)
　　一、"满意评选"：外部压力型绩效评估 ……………………… (81)
　　二、"满意评选"的主要做法与特色 …………………………… (84)
第三节　从"满意评选"到综合考评 ………………………………… (93)
　　一、综合考评：全方位、多维度的绩效评估 ………………… (93)
　　二、杭州综合考评的主要做法与特色 ………………………… (97)
第四节　从综合考评到绩效管理 ……………………………………… (105)
　　一、绩效管理：政府治理能力现代化的一个有效路径 …… (106)
　　二、杭州市政府绩效管理的新阶段 …………………………… (108)

第三章　政府绩效管理的价值体系 …………………………………… (119)
第一节　政府绩效管理的价值定位 …………………………………… (119)
　　一、政府绩效管理的双重价值 ………………………………… (119)
　　二、我国地方政府绩效管理价值定位的嬗变 ………………… (122)

三、政府绩效管理价值定位的偏差 …………………………… (124)
　　四、政府绩效管理价值评判的标准 …………………………… (125)
第二节　杭州政府绩效管理的价值体系 ………………………… (128)
　　一、宗旨:创一流业绩、让人民满意 ………………………… (128)
　　二、核心价值观:让人民评判、让人民满意 ………………… (129)
　　三、四大导向:战略导向、公民导向、职责导向、
　　　　创新导向 …………………………………………………… (131)
　　四、四大理念:开放、民主、责任、绩效 …………………… (138)

第四章　政府绩效管理体系 ………………………………………… (149)
　第一节　政府绩效管理组织体系 ………………………………… (149)
　　一、各地现有绩效管理组织体系的几种类型 ……………… (149)
　　二、杭州市绩效管理机构 …………………………………… (152)
　　三、杭州市绩效管理工作协同组织 ………………………… (155)
　第二节　政府绩效管理指标体系 ………………………………… (159)
　　一、绩效指标体系的设计 …………………………………… (160)
　　二、杭州"3+1"综合考评的总体架构 ……………………… (164)
　　三、市直单位综合考评指标体系 …………………………… (165)
　　四、区、县(市)综合考评指标体系 ………………………… (172)

第五章　绩效计划 …………………………………………………… (180)
　第一节　绩效管理规划的编制 …………………………………… (180)
　　一、绩效管理规划的内涵 …………………………………… (180)
　　二、绩效管理规划的重要作用 ……………………………… (181)
　　三、绩效管理规划的主要内容 ……………………………… (182)
　　四、绩效管理规划的编制 …………………………………… (185)

第二节　年度绩效目标的申报 (187)
　　一、绩效目标的申报依据 (188)
　　二、绩效目标的申报主体和申报内容 (189)
　　三、绩效目标的申报要求 (200)

第三节　年度绩效目标的审核 (202)
　　一、绩效目标的审核标准 (202)
　　二、绩效目标的审核主体和审核流程 (203)
　　三、绩效目标的审核要点 (204)
　　四、创新创优目标的审核 (205)

第四节　绩效目标的下达与调整 (206)
　　一、绩效目标的下达 (206)
　　二、绩效目标的调整 (206)

第六章　绩效监控 (208)

第一节　绩效信息采集 (208)
　　一、绩效管理机构采集 (208)
　　二、第三方机构采集 (210)
　　三、绩效信息员采集 (211)
　　四、公共服务窗口采集 (213)

第二节　绩效目标动态跟踪 (214)
　　一、绩效卡 (214)
　　二、月度通报 (216)
　　三、日常绩效沟通 (218)

第三节　绩效目标督查监测 (221)
　　一、重点工作督查 (221)

二、中期评估 ………………………………………… (224)
三、重点项目专项测评 ……………………………… (226)
四、社会评价意见跟踪督办 ………………………… (232)

第四节 数字考评 ……………………………………… (233)
一、"杭州数字考评"系统的主要功能和特点 ……… (234)
二、数字考评在绩效监控中的运用 ………………… (237)

第七章 绩效评估 …………………………………………… (240)

第一节 目标考核 ……………………………………… (240)
一、组织实施 ………………………………………… (240)
二、数据采集 ………………………………………… (251)
三、结果评定 ………………………………………… (253)

第二节 社会评价 ……………………………………… (259)
一、市直单位综合社会评价 ………………………… (260)
二、市直单位专项社会评价 ………………………… (267)
三、区、县(市)社会评价 …………………………… (271)

第三节 领导考评 ……………………………………… (274)
一、领导考评的组织实施 …………………………… (275)
二、领导考评的结果评定 …………………………… (275)

第四节 创新评估 ……………………………………… (279)
一、评估标准 ………………………………………… (279)
二、评估程序 ………………………………………… (284)
三、结果评定 ………………………………………… (286)

第五节 综合考评结果的确定 ………………………… (288)
一、市直单位综合考评结果汇总 …………………… (288)

二、区、县(市)综合考评结果汇总 …………………………… (289)
　　三、综合考评等次及单项奖的确定 …………………………… (289)

第八章　绩效反馈 ……………………………………………………… (292)
第一节　结果公开 ……………………………………………………… (292)
　　一、公布年度综合考评结果 …………………………………… (292)
　　二、发布年度《社会评价意见报告》 ………………………… (296)
第二节　绩效报告 ……………………………………………………… (298)
　　一、总结讲评 …………………………………………………… (298)
　　二、走访反馈 …………………………………………………… (300)
第三节　绩效奖惩 ……………………………………………………… (302)
　　一、实施奖惩 …………………………………………………… (303)
　　二、绩效问责 …………………………………………………… (308)

第九章　绩效改进 ……………………………………………………… (311)
第一节　日常改进 ……………………………………………………… (311)
第二节　意见整改 ……………………………………………………… (322)
　　一、社会评价意见整改工作流程 ……………………………… (323)
　　二、社会评价意见整改工作机制 ……………………………… (324)
　　三、社会评价意见整改工作典型案例 ………………………… (332)
第三节　治理诊断 ……………………………………………………… (335)
第四节　效能建设 ……………………………………………………… (341)
　　一、效能建设八项制度 ………………………………………… (342)
　　二、公共服务窗口服务评价制 ………………………………… (344)
　　三、投资项目审批代办制 ……………………………………… (347)
　　四、行政效能指标考核 ………………………………………… (349)

第五节　创新创优 …………………………………………… (352)
　　一、以制度设计激励创新 …………………………………… (352)
　　二、以问题导向推进创新 …………………………………… (361)

第十章　制度绩效与实践意义 ………………………………… (364)
第一节　制度绩效 …………………………………………… (364)
　　一、转变机关作风的"杀手锏" …………………………… (364)
　　二、破解民生问题的"指挥棒" …………………………… (371)
　　三、促进科学发展的"助推器" …………………………… (377)
　　四、引领政府创新的"方向标" …………………………… (380)
　　五、推进现代治理的"新引擎" …………………………… (387)
第二节　实践意义 …………………………………………… (396)
　　一、新时期贯彻党的群众路线的制度设计 ……………… (397)
　　二、实施"民主促民生"战略的有效载体 ……………… (398)
　　三、推进地方政府治理现代化的积极探索 ……………… (400)
　　四、中国特色政府绩效管理的先行先试 ………………… (402)

第十一章　政府绩效管理的难点、策略与愿景 ……………… (405)
第一节　政府绩效管理的难点 …………………………… (405)
　　一、传统文化的影响 ………………………………………… (405)
　　二、政绩冲动的困扰 ………………………………………… (408)
　　三、制度保障的缺失 ………………………………………… (409)
　　四、技术手段的局限 ………………………………………… (410)
第二节　政府绩效管理的基本策略 ……………………… (412)
　　一、价值理念与制度设计 …………………………………… (412)
　　二、学习借鉴与因地制宜 …………………………………… (414)

三、"公转"与"自转" ……………………………………… (416)
四、继承与创新 …………………………………………… (419)
五、循序渐进与乘势而上 ………………………………… (421)
六、由简到繁与化繁入简 ………………………………… (424)
七、综合考评与单项考核 ………………………………… (426)
八、正向激励与负向激励 ………………………………… (428)

第三节 政府绩效管理的愿景 ………………………………… (431)
一、以绩效管理助推政府治理现代化 …………………… (431)
二、推进全国性政府绩效管理体系建设 ………………… (432)
三、加快政府绩效管理法制化建设 ……………………… (433)
四、加大现代信息技术在政府绩效管理中的应用 ……… (437)
五、注重绩效文化的培育和普及 ………………………… (438)

附录 《杭州市绩效管理条例》 ……………………………… (441)

参考文献 ………………………………………………………… (451)

后记 ……………………………………………………………… (457)

第一章　政府绩效管理概论

政府绩效管理发端于20世纪七八十年代的西方政府重塑、改革浪潮和新公共管理运动,之后成为众多发达国家主流的政府管理工具,并形成不同类型的管理模式。从西方国家的政府实践来看,它已经成为一种有效的政府管理方式,对提高行政效率、降低行政成本、增强服务意识、提升政府服务质量都起到了积极的作用。

当代中国政府绩效管理,以地方政府为主体,在借鉴西方理论和实践经验的基础上,基于中国的宏观政策环境、价值取向和历史传统,结合各个地方政府的发展战略和现实要求,进行了大量的探索,形成了许多具有地方特色的政府绩效管理模式,在一定程度上丰富和发展了政府绩效管理理论与实践。从行政管理的层面而言,政府绩效管理对于提高政府行政效率,改善政府服务质量,增进社会公众对政府的支持、认同,提高政府公信力和执政合法性具有极其重要的意义和价值;从政策层面而言,绩效管理有助于政府提高公共政策的决策力、执行力、协调力、创新力。政府绩效管理既是国家治理体系和治理能力现代化的重要推动力量,也是衡量国家治理体系和治理能力现代化的一项重要指标。在实现国家治理体系和治理能力现代化的进程中,政府绩效管理将发挥越来越大的作用。

第一节　政府绩效管理的概念、基础理论与主要工具

一、政府绩效管理的概念

(一) 绩效与政府绩效

1. 从效率到绩效

"效率"(Efficiency)一词最早出现于拉丁文,是一个哲学术语,意思是"有效的因素"。19世纪末,"效率"的含义引申到机械工程学和物理学中,指的是一种机械工作时的输出能量与输入能量的比值,即效率=输出能量/输入能量。再后来,"效率"的含义被引入经济学和管理学,指的是消耗的劳动量与所获得的劳动成果的比率,即效率=产出/投入。科学管理主义运动兴起之后,"效率"一词开始应用于管理领域。

在此基础上,对组织运行状况评价更全面的概念——绩效(Performance),被提出来了。对于绩效,学者和专家有不同的界定及归纳。一般认为绩效是工作的效率和效果,即绩效不仅包括效率——产出和投入的关系,还包括为了实现目标付出的努力程度和达成目标的程度。

从内涵和外延看,绩效实际上是一个集合的概念,绩效包括诸多要素,从最开始的3E要素,即经济(Economy),关心的是投入资源的节省程度;效率(Efficiency),强调投入和产出的关系;效果(Effectiveness),关注的是达成预期目标的程度。随着对绩效研究的深入和实践的需要,绩效从最初的3E演变为4E,即在前述3E的基础上加入公平(Equity),关注公正性和正当性。绩效具有更广泛的含义,诸如4E+质量、责任、响应等要素结构。① 首位女性诺贝尔经济学奖得主埃莉诺·奥斯特罗姆将经济效率、公平(财政平衡、再分配)、责任和适应性等要素

---

① 卓越:《政府绩效管理导论》,北京:清华大学出版社,2006年,第2—6页。

纳入绩效范畴。①

组织由群体和个体组成,因此组织绩效包括三个层面:组织绩效、群体(部门)绩效、个人绩效。组织绩效是组织的整体绩效,群体(部门)绩效是组织中以团队或部门为单位的绩效,个人绩效是组织中各个员工的个体绩效。个人绩效是组织绩效的基础,没有个人绩效,就没有群体(部门)绩效和组织绩效;脱离组织绩效、群体(部门)绩效的个人绩效是没有意义的。组织绩效的管理最终落脚点在于对个人绩效的管理。组织绩效构成层面的划分具有很重要的意义,即在评估组织绩效和绩效管理的过程中,必须处理好组织的整体绩效、群体(部门)绩效和个人绩效之间的关系。

从绩效的形态来看,或者更直观地讨论什么是绩效时,主要包括三种观点:绩效行为观、绩效结果观、绩效行为—结果观。绩效行为观认为,绩效是执行和完成一项活动、任务或职能的一种行为或过程,实现组织目标的工作行为和态度;绩效结果观认为,绩效是完成某项任务或达成某个目标,是行为或活动产出的结果;绩效行为—结果观是对上述观点的综合,绩效包括行为、产出和结果。如果仅关注行为,行为可能导致短期化,拘泥于具体工作,缺乏长远规划,则最终结果就可能无法实现;如果仅关注结果,则可能忽略了行为过程、监控和引导的必要性,不利于团队合作、组织协同及资源的合理配置。② 从实践看,一个好的政府绩效管理,在侧重结果的同时,也需要关注行为和态度,在实施绩效管理的过程中,强调工作活动的过程及其结果,而不仅仅是行为或者结果。

---

① 〔美〕埃莉诺·奥斯特罗姆等:《制度激励与可持续发展》,陈幽泓等译,上海:上海三联书店,2000年,第128—133页。
② 方振邦、葛蕾蕾:《政府绩效管理》,北京:中国人民大学出版社,2012年,第2—3页。

2. 政府绩效

与效率一样,绩效作为一种重要的管理概念和管理实践,最初都源自私营企业,然后开始运用于政府等公共组织以及非营利性组织。20世纪初,美国最早把"绩效"应用于对政府公共部门的财务管理,推行绩效预算(Performance Budgets)。1938年,克拉伦斯·E.里德利和赫伯特·西蒙的《政府工作衡量:行政管理评估标准的调查》为政府公共部门的绩效评估奠定了理论基础,政府绩效的概念逐步形成。

政府绩效(Government Performance),在西方国家又被称为"公共生产力""国家生产力""公共组织绩效""政府业绩""政府作为"等,它既包含政府在社会经济管理活动中的业绩、效果和效率,包括政府产出的绩效,即政府提供服务和进行社会管理的绩效表现,又包括行政过程的绩效,即政府在行使职能过程中的绩效表现,因此,政府绩效是一种综合的绩效观,即"行为—结果"绩效观。

基于绩效的三种观点,对于什么是政府绩效,也主要有三种观点:

第一种观点是从政府管理活动的产出角度界定绩效。理查德·C.科尔尼(Richard C. Kearney)认为,政府绩效是政府为了实现预期的目标和结果而管理公共项目与工程所取得的成绩,它是由包括效益、效率和公正等多个同等重要的标准引导和评估的。[1] 卓越认为,政府绩效是政府在积极履行公共责任的过程中,在讲求内部管理和外部效应、数量与质量、经济因素与伦理政治因素、刚性规范与柔性机制相统一的基础上,获得的公共产出最大化。[2] 同样,臧乃康认为,政府绩效是评判政府治理水平和运作效率的重要依据,是以经济绩效、社会绩效、政治绩效为主要内容的复合概念,包括政府成本、政府效率、政治稳定、社会

---

[1] Richard C. Kearney, *Public Sector Performance: Management, Motivation and Measurement*, Colorado: Westview Press, 1999: 1.

[2] 卓越:《政府绩效管理导论》,北京:清华大学出版社,2006年,第9页。

进步、发展预期等含义在内。①

第二种观点是从政府管理能力的角度界定政府绩效的内涵。帕特莉·W.英格拉姆(Patricia W. Ingralam)认为,政府绩效是政府把资源或投入转化为产出或结果的管理能力。② 陈振明认为,政府绩效是指政府在社会经济管理活动过程中的结果、效益、效能,是政府在行使其功能、实现其意志过程中体现出来的管理能力。③

第三种观点是从一个综合性的视角界定政府绩效的内涵。美国学者克里斯托夫·波利特(Christopher Pollitt)和吉特·波科特(Geert Bouckaert)详细界定了政府绩效的概念,认为政府绩效是政府活动或项目、工程的运行结果;是指重塑政府过程中使其具有更强的顾客导向、成本意识和结果导向;是政治和行政制度的整体能力;以及一种特定或理想制度的更多特征。④ 国内学者如方振邦、蔡立辉等都是从一种综合性的视角来界定政府绩效。如蔡立辉认为,政府绩效在本质属性上与政府职能、岗位职责有关,从主体来看包括行政组织的整体绩效、项目绩效和个人/岗位绩效,从内容来看包括量的规定性和质的规定性,从过程来看政府绩效与时间周期有关,因此,政府绩效是政府部门及其公务人员在依法行使职能或岗位职责过程中所获得的初期和最终的结果及其社会影响,包括部门、项目和个人绩效。⑤

从绩效的构成层次,政府绩效可以分为政府绩效、政府部门绩效、个人(公务员等公职人员)绩效。公务员绩效是政府部门绩效和政府

---

① 臧乃康:《论政府绩效》,《福建论坛》(经济社会版),2001年第11期。
② Campbell Public Affairs Institute, Government Performance Project, http://www.maxwell.syr.edu/compel/index.htm
③ 陈振明:《公共部门绩效管理的理论与实践》,《中国工商管理研究》,2006年第12期。
④ 方振邦、葛蕾蕾:《政府绩效管理》,北京:中国人民大学出版社,2012年,第6页。
⑤ 蔡立辉:《政府绩效评估》,北京:中国人民大学出版社,2012年,第1—2页。

整体组织绩效的基础,同时,公务员个人绩效只有符合部门和政府整体的使命、战略和目标时,个人绩效才有社会价值和意义。

(二) 绩效管理与政府绩效管理

1. 绩效管理的内涵

从管理学发展史来看,如何提高绩效、实现高绩效是管理学讨论的持久主题。绩效评估和绩效管理都在实现与丰富这一主题上发挥了积极的作用。

绩效评估是绩效管理的关键环节和提高组织绩效的有效途径,它更多的是对行为和结果的事后评判。随着绩效评估理论及方法研究的深入,绩效评估的弊端和局限逐步显现出来。对绩效评估的深化和延伸的绩效管理概念被提了出来,并付诸组织的管理实践。从组织管理和战略的高度,通过绩效规划(计划)、绩效目标设定、绩效监控、绩效信息的收集整理、绩效评估和绩效反馈(绩效沟通、应用)等一系列过程,确保绩效目标的全面实现和绩效水平的持续提升,正是绩效管理的魅力所在。绩效管理与绩效评估的联系和区分如表1-1所示。

表1-1 绩效管理与绩效评估的联系和区别

绩效管理	绩效评估
• 一个完整的管理过程,包括绩效计划、绩效监控、绩效评估、绩效反馈、绩效改进等一系列环节	• 管理过程的一个环节 • 绩效管理的关键环节
• 注重信息的沟通、绩效的反馈与改进以及绩效目标的达成	• 注重绩效的测量、考核和评估
• 伴随管理活动的全过程	• 绩效管理过程的特定时期,特定事件
• 具有战略性、前瞻性	• 相对滞后性
• 组织结构、职能、业务流程再造	• 侧重于事后结果的评估

2. 政府绩效管理的界定

政府绩效管理(Government Performance Management)是政府积极应对社会变革,响应社会要求,提升政府绩效,增强社会对政府的认同、支持和执政合法性的产物,是借鉴企业绩效管理的理论、方法,基于政府的公共管理实践形成的一种新的管理理念、方法和手段。

遵循绩效评估与绩效管理的逻辑关系,政府绩效管理是政府绩效评估的延续与深化。在率先将绩效理念引入公共管理的英国、美国、新西兰等发达国家中,政府绩效评估最初主要运用于对政府部门财务预算方面的评估。在美国尼克松政府时期,政府绩效评估开始进入对政府行为的考核,绩效理念逐步深入公共管理的各个领域。随着新公共管理运动(New Public Management)的兴起,政府绩效管理在部分发达国家得到广泛运用。

国内对政府绩效管理的研究是从绩效评估开始的,并且在很长一段时间里用绩效评估代替绩效管理,这也说明了政府绩效管理与政府绩效评估有着密切的关系。开展政府绩效管理需要借助一套科学合理的绩效评估体系,主要包括绩效指标设计和绩效评估方法、手段两个方面。指标设计是政府绩效评估活动的"指挥棒",绩效评估的指标设计引导政府行为和活动,绩效评估指标设计的科学性、合理性与质量是政府绩效评估和绩效管理的基础。绩效评估方法、手段是政府绩效评估和绩效管理的关键,它不仅影响绩效评估的科学性,而且对评估结果的公平公正意义重大。但是,政府绩效评估不能等同于政府绩效管理。政府绩效评估强调对政府行为和结果的评估,并且更多的是一种事后的评估。更为重要的是,政府绩效评估缺乏对政府绩效利用和持续改进的工作机制,它并不是对政府目标的促进和完善,仅是对政府目标的完成与否和完成程度的评估。政府绩效管理是一个完整的过程,除绩效评估外,还包括绩效计划、绩效监控、绩效反馈和绩效改进等环节。

政府绩效管理是社会变革的产物。政府绩效管理在演变发展过程中经历了两种类型,即政府内部公务员个人工作绩效和政府组织的整体绩效。对于什么是政府绩效管理,刘旭涛认为,"作为一种观念,绩效管理整合了新公共管理和政府再造运动中的多种思想和理念,并构建出自身的制度基础和先决条件。作为一种系统,绩效管理框架必须从战略规划角度,将各种管理资源系统有效整合,形成多重价值和多维角度的综合性绩效评估体系"①。卓越和赵蕾认为,政府绩效管理是指公共部门在积极履行公共责任的过程中,在讲求内部管理与外部效应、数量与质量、经济因素与伦理政治因素、刚性规范与柔性机制相统一的基础上,为获得公共产出的最大化,体现了工具理性和价值理性的融合。② 周志忍从三种意义上界定绩效管理概念:① 作为系统工程,绩效管理是为实现所期望的结果而实施的由一系列管理机制和技术构成的有机系统,包括绩效管理过程、组织绩效评估、项目评估、质量管理、标杆管理、业务流程重塑等。② 作为一个过程,绩效管理是由战略规划、年度计划、持续性绩效管理、绩效报告和信息利用等环节构成的动态过程。③ 作为人力资源开发手段,绩效管理是围绕组织绩效提高这一目标而实施的人力资源管理的原则和技术。他认为"系统工程"和"动态过程"是当前界定政府绩效管理的两种主导模式。③ 美国政治学家彼得斯认为,提高政府组织效率的最佳办法就是用建立在市场基础上的某种机制取代传统的官僚制。④ 为维护社会秩序,传统的公共行政也非常重视公共需求,并以满足这些需求作为政府工作的重点。但在政府绩效管理中,现代公共服务有别于传统的服务理念,它在引进市场机制的同时,也引进了"顾客是上帝"的服务理念,将社会大众作为顾客,

---

① 刘旭涛:《政府绩效管理:制度、战略与方法》,北京:机械工业出版社,2003 年,第 152 页。
② 卓越、赵蕾:《公共部门绩效管理:工具理性与价值理性的双导效应》,《兰州大学学报(社会科学版)》,2006 年第 5 期。
③ 周志忍:《我国政府绩效管理研究的回顾与反思》,《公共行政评论》,2009 年第 1 期。
④ 〔美〕盖伊·彼得斯:《政府未来的治理模式》,吴爱明等译,北京:中国人民大学出版社,2001 年,第 25 页。

使政府工作重心围绕顾客的需求,并以顾客需求的满足作为衡量绩效的标准。

二、政府绩效管理的基础理论

(一) 新公共管理理论

20世纪六七十年代以来,石油危机、高福利支出导致西方国家公共财政危机,高税收、经济滞胀、政府公共服务无效率,造成社会普遍不满,最终导致意识形态的变革。"福利国家"和政府干预遭到猛烈抨击,主要来源于自由经济思想、新制度经济学和公共选择经济学理论的利伯维尔场、个人责任、个人主义等"新右派"意识形态和思想的崛起,他们主张用市场过程取代政治或政府过程来配置社会资源并作出相应的制度安排,市场化成为政府改革的必然选择。由此,公共企业的私营化、公共服务的市场化、公共部门之间的竞争、公共部门与私人部门之间的竞争,广泛进入西方国家的政府改革策略。政府改革运动旨在摆脱政府财政危机、管理危机和公众信任危机,提升政府的国际竞争力,提高政府绩效。西方各国相继掀起的这股政府改革热潮被称为"重塑政府运动""塑造企业型政府""政府再造""塑造市场化政府"等,这正是新公共管理兴起的源头。新公共管理由重视效率转而重视服务质量和顾客满意度,由自上而下的控制转向争取成员的认同以及争取对组织使命和工作绩效的认同。

在这场政府改革运动中,私营企业优良的管理绩效和先进的管理方法成为政府进行管理创新的选择。西方国家主张放松严格的行政规制,建立严明的、可衡量的绩效评估机制,推行和加强政府绩效管理。绩效评估最初主要是作为上级部门评审、控制下级部门行政的工具,评估主体主要是公共组织和专门的机构。到了20世纪90年代,这场改革运动迅速扩展到几乎所有发达工业国家,政府绩效管理进入了一个全新的发展阶段。新公共管理主张政府是"掌舵"而不是"划桨",主张政府的价值理念应该包括:竞争导向、顾客导向、市场导向、结果导向、分权导向、前瞻性和追求卓越①,"顾客导向、质量为本"的理念逐渐成为这场政府改革的主题,政府绩效管理的焦点逐渐转向了效益和"顾客满意",绩效管理方法也得到进一步改善,从而使绩效管理更加具有战略化和系统化的意义。

(二)新公共服务与公共价值理论

进入20世纪八九十年代以后,伴随着政府改革运动和重塑运动的兴起与发展,新公共管理运动成为公共行政和公共管理理论与实践的主导范式。基于对新公共管理理论的反思和批判,新公共服务理论(New Public Service)建立了一种新的公共行政理论。新公共服务理论主要从民主公权理论、小区与公民社会理论、组织人本主义和新公共行政理论以及后现代公共行政中汲取理论营养。

随着公共行政理论与实践的进一步发展,政府与公民之间的关系问题成为当代西方公共行政学界所关注的热门话题,集中体现为公民直接参与公共行政管理、参与公共事务的要求,以及构建公民与政府合作的新型治理关系的主张。在这一潮流的冲击之下,新公共服务的研究基本上围绕着"公民参与"展开。新公共服务理论提出了与新公共管理理论针锋相对的几大主张:政府职能是"服务"而不是"掌舵";公共利益的重要性是为公民而不是为顾客服务;思想的战略性与行动的民主性、责任的重要性;公民权和公共服务的重要性是重视人而不是只重视生产率。②

---

① 〔美〕戴维·奥斯本等:《改革政府——企业家精神如何改革着公营部门》,北京:上海译文出版社,1996年。
② 〔美〕罗伯特·B.登哈特等:《新公共服务:服务,而不是掌舵》,丁煌等译,北京:中国人民大学出版社,2010年。

新公共服务是以公民为中心的公共治理理念。它通过鼓励人们去履行他们作为公民的责任,引导政府关注他们的需求。新公共服务以社会公共利益为政府服务的核心,并创设公众利益表达的渠道,增强公民在社会公共事务中的参与能力。新公共服务理论坚持以人为本的理念,强调公民权和公众满意度,通过鼓励公民参与社会公共事务,丰富公民的政治参与方式,扩大公民的民主权利,为政府绩效管理提供了新的理论基础。

进一步地,一些学者认为对公民权、公共价值的强调使得政府绩效管理的研究范式开始从新公共管理向以公共价值为基础的政府绩效治理转换。1995 年,哈佛大学的马克·穆尔教授提出"公共价值"。2011 年,以兰州大学的包国宪教授为首的研究团队在美国波特兰举办的第二届政府绩效管理与绩效领导国际研讨会上,首次提出了以公共价值为基础的政府绩效治理理论。美利坚大学的罗森布鲁姆教授关注非任务性公共价值在当代绩效导向的公共管理中的地位,他通过价值与结果、价值与管理的区分论述了测量非任务性价值的重要性,提出了一个任务性价值和非任务性价值的平衡计分卡。包国宪教授总结了新公共管理背景下政府绩效评估与管理的贡献、困惑和理论反思,他认为产生绩效损失的根本原因是社会建构缺位,政府的产出偏离了社会基本需求,未能体现公共价值,只体现了市场价值。①

新公共服务理论和公共价值理论强调绩效管理中公民参与的重要性以及公共利益、民主等公共价值在政府绩效管理中的重要地位,政府绩效管理应当将此纳入制度框架之中。

(三)社会资本理论

首次使用社会资本这个概念的并非理论家而是实干的改革家 L. J.

---

① 王学军、张弘:《政府绩效管理研究:范式重构、理论思考与实践回应——"公共绩效治理:国际学术前沿与全球实践经验高端论坛"综述》,《中国行政管理》,2013 年第 3 期。

汉尼方,他是美国西弗吉尼亚州的一位乡村督察。1916年,为了鼓励学校更多地参与社会活动,他用"社会资本"这个词予以解释,他指出,社会资本是指人们日常生活中应用广泛的无形物质,如良好的愿望、朋友之间的友谊、同情心、个人和家庭之间的社交关系。如果一个人只有自己,他在社会上就是无助的。如果他和邻居进行联系,这些邻居和他们的邻居就联系,这样的联系扩展开来,就会形成一个社会资本的积累,这可能会立即满足这个人的需求,也使整个社区有机会创造更加舒适的环境。作为整体的社区将会因为个人间的合作团结而获益匪浅,个人也会从中得到帮助、同情和友情。同以增加个人生产力工具和培训的物质资本与人力资本相比,社会资本理论的核心概念是社会网络具有价值,社会资本既有益于大家,也有益于自己。

社会资本的概念及其研究范式的提出是当今经济学和其他社会科学研究领域内容与方法上的重要突破,强调信任是合作的前提。信任能够使政府与公民之间增加交流、沟通,促进公民与政府之间加强合作。组织成员之间的互动所产生的共同行为准则是社会资本的规范。当公民与政府有着共同的目标、相同的利益时,公民就希望政府绩效改革能够稳定下来,成为一种长期的互惠规范,公民也因此变得积极参与、充分信任政府。[①] 社会资本一方面通过公民参与网络培育公民与政府的宽容、合作精神,另一方面还能训练公民参与政府绩效管理的技巧,增强参与意识。政府绩效管理的一个基本目标就是提高政府效率,在追求效率目标上,政府绩效管理与社会资本的"资本"属性可以统一起来。除效率之外,社会资本强调的公民精神、信任、互惠规范等表现要素与政府绩效管理目标在逻辑上同样具有一致性。从社会资本理论视角来考察社会资本与政府绩效管理之间的关系,是一个全新的分析

---

① 杨超、凌学武:《社会资本理论与我国政府绩效管理研究》,《太原理工大学学报(社会科学版)》,2006年第2期。

视角。社会资本提高了公民参与政治的能力,增加了对政府的信任,建立了互惠规范的沟通渠道,这些都有助于政府制定合理、公平、高效的绩效管理方案,提升政府绩效管理能力。

在公民将部分权利让渡给政府的过程中,不仅产生了评估政府绩效的合理性依据,而且产生了评估政府绩效的合法性依据。根据公民的需求提供公共服务与公共产品,又根据公民对公共服务与公共产品的满足程度来评估政府管理绩效,从而形成提高公共服务与公共产品质量的责任机制和运行机制,这是政府绩效管理的要义所在。

三、政府绩效管理的主要工具

政府绩效管理工具是连接政府绩效管理实践和政府绩效管理理论之间的桥梁与纽带。在绩效评估向绩效管理发展演变的过程中,绩效管理工具从单纯的财务指标转向考察整个组织的绩效,并上升到组织的战略层面。政府绩效管理工具在借鉴企业、私人部门绩效管理工具的基础上,结合政府作为公共部门的主要特点、绩效管理的目标要求,对工商管理的绩效管理工具进行了一定的调整、修正和完善。

(一) 目标管理

目标管理(Management by Objective,MBO)是美国管理学大师彼得·德鲁克(Peter Drucker)于1954年在其名著《管理实践》中最先提出的概念,并在之后的研究中对它作了逐步的完善。德鲁克从三个方面阐述了目标管理理论:一是目标在组织中的重要性;二是目标管理成功的前提条件;三是实施目标管理的三个主要阶段,即目标制定、目标实施、对成果进行检测和评估。显然,目标管理是一种程序或过程,强调运用目标管理原理,使组织中的上级和下级一起协商,根据组织的使命确定一定时期内组织的总目标,由此决定上、下级的责任和分目标,并把这些目标作为组织绩效评估和评价每个部门、个人的绩效产出对组织贡献的标准,最后把实际绩效与绩效标准进行比较,评估和改进组织绩效。

目标管理在企业管理领域进行了广泛的实践应用。目标管理理论提出以后,美国通用电气公司最先予以采用,并取得了明显的效果,于是在美国迅速流传开来。时值第二次世界大战后西方经济由恢复转向迅速发展的时期,企业急需采用新的方法调动员工的积极性以提高竞争能力,目标管理的出现可谓应运而生,遂被广泛应用,并很快为日本、西欧等许多国家和地区的企业所效仿,在国际管理界大行其道,被公认为是一种提升组织管理绩效的先进的科学管理方法。

目标管理在企业中产生的积极效益,推动政府也开始逐步借鉴企业的做法。在美国,早在20世纪70年代尼克松总统在任时,就以备忘录的形式宣布对21个政府机构推行目标管理。1975年,美国管理预算局发布A-11号传阅档,要求各机构必须提交机构目标及财政年度预算。到1976年,41%的政府报告中指出至少若干机构实施了目标管理;而到1987年,大约有62%的大城市在政府报告中表明实施了目标管理。①

20世纪80年代中期,我国许多地方政府开始在一些领域运用和推广目标管理的理论与方法。中国地方政府实施目标管理的一个主要特征是将目标管理理论与中国政府长期推行的目标责任制考核相结合,富有中国特色。中国式的政府目标管理是围绕地方政府主要发展战略、部门责任、使命,设定领导目标责任和部门目标责任,按照一定的程序、方法和指标进行评估、考核、反馈与奖惩。目标责任制考核主要是关注组织整体的经营业绩,体现的是一种抓大放小、抓主要矛盾的思路,从整体上提高整个组织的绩效。

---

① 方振邦、葛蕾蕾:《政府绩效管理》,北京:中国人民大学出版社,2012年,第33—34页。

需要指出的是,由于政府部门自身及其绩效有别于工商企业,因此在推行目标管理的过程中,目标的设定、量化、分解以及目标完成情况的考核评估存在不同程度的难题,目标管理也有其局限性。

(二) 360 度反馈评估

360 度反馈评估(360 Degree Feedback Appraisal)是 20 世纪 80 年代由美国学者艾德沃兹和艾文(Edwards and Ewen)研究开发的。[①] 360 度反馈评估方法的产生和发展符合绩效评估科学化的要求,全面、客观、有效地对员工的绩效进行考评,体现"组织调查"(Organization Survey)、"全面质量管理"(Total Quality Management)、"发展反馈"(Development Feedback)、"绩效评估"(Performance Appraisal)以及"多元评估系统"(Multisource Assessment System)等多个组织绩效评估的原则。360 度反馈评估是一个系统,它从不同层面人员中收集信息,评估信息源于被评估对象,被评估对象的上下级、同级和外部顾客等,这有利于评估者全面了解被评估者信息,评估结果更加全面、可靠和客观。此外,在评估过程结束后,评估者还要将评估结果反馈给被评估者,促进评估者与评估对象的交流、沟通,更有利于改进绩效(见图 1-1)。

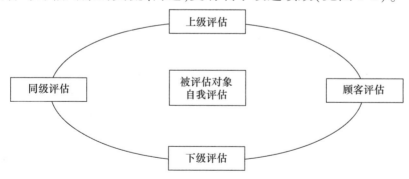

图 1-1　360 度反馈评估方法

(资料来源:孙健,《360 度绩效考评》,北京:企业管理出版社,2003 年,第 28 页。)

---

① 张新民等译:《绩效管理》,北京:中信出版社,2002 年,第 210 页。

上级评估即由被评估对象的直接领导来评估,直接领导者通常处于观察业绩的最佳位置,容易清晰地界定业绩内容及责任,减少评估成本;同级评估即由与被评估对象一起工作的组织或员工进行考评,评估比较客观,有利于增强小组协调的团结性;下级评估可以让被评估对象了解下属反馈信息;公众评估可以获取组织外部信息,从而保证评估结果的公正性。360度反馈评估方法作为一种新的业绩改善的方法和绩效考核的新工具,逐渐在公共组织、政府部门绩效考核和绩效管理中得到应用。与企业360度反馈评估方法相似,公共组织360度反馈评估方法同样包含多元化的评估主体,它强调多角度、多层次地对公共组织绩效进行评估,在评估的过程中,同样引入了360度反馈评估的工具——问卷,以全面反映公共组织的绩效水平。

任何绩效评估和管理工具都有其优势,也有其局限性。360度反馈评估方法把被评估对象看成圆心,被评估对象的上级、下级、同事、自身和相关客户分布在四周,对被评估对象从不同的角度进行考评,其理论和实践基础在于组织与成员的满意度及全面质量管理。经由360度绩效评估,可收集到多方面的评估信息,从而从内外、正反、上下等多个维度,对组织绩效提出较公正和符合实际的评估标准与结果。但是也存在不少困难:一是处理信息困难,360度绩效反馈评估法涉及的数据和信息比单渠道考评要多得多,政府部门评估信息的多样性和不对称性,进一步增加了评估难度;二是在实施过程中,可能会在组织中造成紧张气氛,如文化震荡、专断、组织成员忠诚的消失、监督失效、裙带关系等。

（三）平衡计分卡

"平衡计分卡"(Balanced Score Card,BSC)的概念是由美国哈佛商学院的教授罗伯特·S.卡普兰(Robert S. Kaplan)和戴维·P.诺顿(David P. Norton)首先提出的。平衡计分卡把企业的长期战略和短期行动相结合,考察企业的财务、顾客、内部业务流程及学习与发展等四个维度数量有限的关键指标(Key Performance Indicators,KPI),将组织的战略转化为绩效评估的目的、指标、目标和行动,来管理和提高组织的绩效。平衡计分卡是一种多维度评估的组织战略管理系统,适应了知识经济、信息技术和无形资产变得日益重要的社会发展趋势,通过组织财务指标与非财务指标的"平衡"、长期战略与短期目标的"平衡"、组织各部门之间的"平衡"来完成对组织绩效的考核、管理与战略实施。在平衡计分卡框架体系中,财务、顾客、内部业务流程、学习与发展四个维度是主体,这四个维度又各自包含不同的内容和具体的量化指标,共同构成平衡计分卡指标体系(见图1-2)。

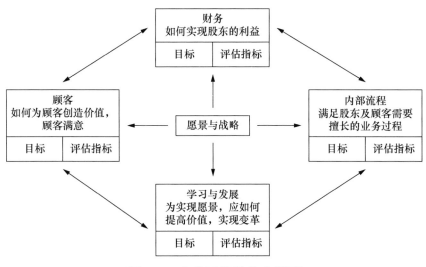

图1-2　企业平衡计分卡模型

平衡计分卡绩效管理方法在实践中不断改进,被广泛应用于企业、军队、非营利性机构和政府等各类组织管理实践。平衡计分卡式政府绩效管理要求结合部门的职能、权力、责任和定位,对具体的使命、核心价值观、发展愿景和战略进行比较清晰的阐述和界定,比如教育部门、土地管理部门、警察等部门虽然都属于公共部门,但使命、核心价值观、愿景和战略是不一样的,而且不同层级的政府部门和不同时期的政府部门,都会有很大的差异,要对此进行比较具体的阐释(见表1-2)。

表1-2　政府使命、核心价值观陈述示例①

使命	美国密歇根州商业局	我们支持并促进建立一种有利于商业投资、就业及州整体经济竞争力的经济发展环节。我们这样做是为了提高密歇根州人民的生活水平和生活质量
	美国土地管理局	为美国现在和未来持续享用丰富多彩及多产的土地资源服务
	美国俄勒冈市波特兰警察局	通过与市民合作,保护生命、维护人权、保护财产安全、提升个人责任感和小区认同感,从而保持和改善小区的适居性
	美国夏洛特市政府	了解城市的需要并为市民提供高水平的服务
价值观	美国凤凰城	我们致力于服务顾客;我们学习、变革和提高;我们注重团队工作;我们以结果为导向;我们尊重多样性;我们尽己所能工作;我们用正直之心工作;我们要使凤凰城变得更美好
	中国黑龙江省海林市政府	学习创新、艰苦创业、团结务实、民主廉政

在国内,2005年,在中组部领导干部考核与测评中心的组织和领导下,由黑龙江海林市、广西壮族自治区桂平市平山镇、四川省乐山市五通桥区等政府组织作为试点单位,相继设计和推行了平衡计分卡,开始了平衡计分卡在中国政府部门的应用和实践。

第二节　部分西方国家政府绩效管理的实践

以英国、美国、新西兰等为代表的西方发达国家先后都推行了政府绩效管理立法和政府绩效管理实践运动,并将理论和实践相结合,取得了积极的成果。

一、顾客导向与英国的政府绩效管理

英国、美国等国家的政府绩效管理倡导的"顾客导向"的理念,源

---

①　方振邦、葛蕾蕾:《政府绩效管理》,北京:中国人民大学出版社,2012年,第61页。

自私人部门企业运营管理过程中的"顾客是上帝""顾客导向"等理念与实践。在企业经营理念中,顾客是上帝,顾客导向认为顾客是宝贵的资源,加强对顾客的了解和互动,要求从满足顾客的需求出发提高产品和服务质量。从社会发展的角度而言,市场竞争日趋激烈,从卖方市场走向买方市场,尤其是随着信息化、全球化时代的来临,发达国家逐渐从传统的生产者导向社会向顾客导向社会转变。顾客导向社会的兴起以个性需求和选择机会的日益增加为特征。

顾客导向是一种隐喻,相对于经济市场领域中的顾客与企业(产品、服务)的关系,公民与政府的关系在于,公民不仅仅是顾客,不仅仅是服务的接受者,而且还是政府和公共资源的所有者,公民(顾客)是委托人,政府及其公职人员是公民的代理人。

从政府的组织结构特征上看,主导模式是官僚制。虽然现代社会的政治理念已经阐明主权在民,政府及其公职人员是公民的代理人,是公仆,但是,政府等一系列大型组织基于多种原因建构了马克斯·韦伯所言的科层制。政府在实际运行及管理过程中,从自身管理的便利性制定规则,根据自身偏好制定政策,提供产品和服务,逐步脱离了公民本位而滑向了官僚本位,政府管理的繁文缛节日益严重,文牍主义和官僚主义盛行。

在这样的背景下,倡导顾客导向等主张的新公共管理运动兴起。顾客导向的政府绩效管理要求改变传统模式下政府与公众的关系,政府不再是发号施令的官僚机构,而是以人为本的服务提供商,公民是享受公共服务的"顾客"。政府要尊重顾客主权,以顾客需求为导向,针对顾客需求生产和供给公共产品与公共服务,为顾客创造利益和价值,以顾客的满意作为政府的基本目标;顾客是政府管理和公共服务绩效评估的重要主体,通过顾客介入,保证公共服务的提供机制符合顾客的偏好,并能产出高效的公共服务。

在英国,20世纪70年代末,撒切尔夫人上台开始推行市场化取向的公共管理改革和私有化改革,在公共部门引进私营企业的管理原则、技术和方法等是改革的主要方向及措施。1991年,梅杰接任英国首相,发动了名为"公民宪章"的声势浩大的政府改革和绩效管理运动,要求所有公共服务机构和部门制定宪章,其内容和实施时间可以根据实际情况灵活安排,但宪章的设计必须依据以下六个指导原则,以满足公民对公共服务的合法需求:① 明确的服务标准;② 透明度;③ 顾客选择;④ 礼貌服务;⑤ 完善的监督机制;⑥ 资金的价值。"公民宪章"用宪章的形式把政府公共部门服务的内容、标准、责任等公布于众,接受公众的监督,以实现提高服务水平和质量的目的。

为督促和保障"公民宪章"的落实,英国政府在首相办公室设立宪章运动领导小组,专门负责推动"公民宪章"运动的开展。该小组还得到授权,对那些不符合"公民宪章"白皮书要求的部门、机构以及与公共服务相关的企业所制订的服务宪章草案予以否决。政府对"公民宪章"运动进行协调和技术支持,除明确运动意义及主旨、制定指导原则和基本要求外,还及时了解各部门的进展情况。设立电话专线,帮助公民了解各类服务宪章的内容和维护公民的权益,建立方便有效的公民投诉受理机制,成立中心任务小组,对各类服务宪章进行检查,确保各个公共服务部门都建立起相应的投诉制度。

此后,英国各届政府继续推进政府绩效管理改革,为英国政府绩效管理的发展注入了新鲜血液。1997年英国工党政府执政后,发布了《现代化地方政府》的政府文件,以"最佳价值"作为其推行政府绩效改善运动的核心理念;要求各政府行政部门尽量以最具经济、效率与效能的方式,使公共服务达到既定的、明确的价格与质量标准,也就是要尽量取得"最佳服务效果"。1999年,布莱尔政府出台了《现代化政府白皮书》。这本白皮书奠定了英国公共部门绩效管理的基本模式,它强调结果导向,积极扩大公众的广泛参与,注重政府服务的质量和社会响应,通过广泛吸引社会参与来推动公共服务的改进,加强政府与公民的互动。

英国政府的绩效管理整体上呈现出由政府内部评价转向社会评估,评估内容由效率转向服务和质量,评估主体由政府部门转向引入市场和公众评价,评估结果由非公开化转向公开化并直接向公民和服务对象负责的趋势,充分体现了顾客导向,为其他国家的政府绩效管理提供了有益的借鉴。

二、委托代理与新西兰的政府绩效管理

委托代理理论产生于企业管理中的产权理论和企业制度组织理论,是公司所有权与经营管理权分离的产物。以委托代理理论为代表的新制度学派经济学理论为厘清政府绩效管理中各个主体之间的关系提供了基本的思维框架。主权在民,"权为民所有",但是人口增长和国家规模的扩张,现代国家和政府管理公共事务的复杂性、专业化要求和分工的细化等决定了公民不可能直接管理公共事务,由此间接民主——代议制民主兴起。政府和公民之间存在一种委托代理关系,而且相对于企业所有权与经营权过程中的委托代理关系,政府绩效管理过程中的委托代理关系更为复杂。

理论上,公民是委托人,政府是受托人(代理人),拥有并具体行使实际统治管理权的政治家和官员是主权所有者——公民的代理人。公民委托政府(行政机关)具体管理国家和公共事务,实施绩效管理,提高政府管理绩效。政府对公民负责,公民承担并提供委托代理费用(纳税),议会制定法律约束和监督政府行为。由于存在普遍的信息不对称、偏好和利益的不一致,代理人可能作出不符合委托人利益的决策和行为,一些政府部门或组织内部的个人为获取自身利益最大化,会选择

隐性行为(行政不作为、懈怠、腐败),从而损害公共利益和公民利益,或造成严重的公共资源浪费。

委托代理关系是一种契约关系,委托人需要设计一套有效的激励代理人的契约结构,推行政府绩效管理是重要的努力和尝试。新西兰政府绩效管理模式的最大特点是严格按照委托代理关系设计绩效管理流程。新西兰在政治体制上采取的是议会内阁制,议会和议员对选民负责,内阁(行政机关)对议会负责。国务大臣原则上为国会议员,大臣管理中央部门,各部门行政管理权由首席行政官行使。政策决策在内阁和议会进行,首席行政官提供必要的政策咨询。在绩效管理模式上,大臣与所属首席行政官间的工作关系通过契约进行管理:一个是绩效合同,另一个是采购合同。绩效合同规定了执行政策所需的义务、责任、权利及资源,各部门为实现中央政府的战略目标所需实现的关键行政领域、相应的时间节点及量化目标等。大臣通过采购合同向所属或其他部门购买公共服务,并提供给国民。绩效评估是对合同执行情况的测定。另外,绩效合同重视绩效产出(Output)而不是政策的最终效果(Outcome)。因此,新西兰政府的绩效管理模式更偏重于重视政府部门的行政执行效率。首席行政官是政府部门的具体管理者,对政府不负有政治上的责任。首席行政官由大臣推荐,也可向社会招聘,经国家行政管理委员会审核大臣签字后正式任命。财政部、国家行政管理委员会及内阁总理(总理办公厅)统管各部门,对大臣和首席行政官进行监督。

新西兰的预算改革要求决策层对预算的结果(即产出对公众的影响)负责,而要求管理部门对预算资源的分配和预算产出负责。这样,部长和行政首长可以各司其职,相互配合,提高绩效。新绩效预算以结果引导预算过程,不仅要求各部部长在预算中说明产出与政府期望实现的结果之间的联系,还要在审查的过程中广泛地运用评估结果,为预算的编制、执行、监督和评估建立明确的结果导向。为了将结果整合到管理中,新西兰政府首先通过运用三个指标(状态指标、效果指标和风险指标)提供的信息,测量政府的干预度及干预效果,然后在提高结果测量能力和改进结果管理方法的基础上改进结果信息,保证信息的质量并在决策的过程中使用这些关于结果的信息,用结果指导决策;最后要求对结果造成的影响进行评估。新绩效预算说明政府管理者更有效地与高级行政官员、立法机构成员以及社会公众等进行沟通,披露每一政府项目、绩效标准和预算信息,让普通公众易于获得这些信息。这样一来,既加强了政府内部决策者和执行者之间的沟通,也加强了政府与普通民众之间的沟通,使政府预算不断得到完善,提高政府管理绩效,提升公民满意度。[①]

三、法制保障与美国的《政府绩效与结果法案》

美国是一个高度法治化的国家,政府的很多行动首先必须得到法律授权,立法往往是政府决策和具体行动的先导。克林顿政府在1993年颁布《政府绩效与结果法案》,法案的颁布使得美国政府绩效管理走上了法制化和制度化的轨道,在政府绩效管理浪潮中具有里程碑式的意义。作为政府绩效管理的第一部法律,它引发了世界各国推动政府绩效管理法制化的热潮。在联邦政府和民间组织的推动下,美国的州和地方政府成为政府绩效评估的积极实践者,除仿照联邦《政府绩效与结果法案》制定长期规划、年度计划和绩效报告外,许多州和地方政府在绩效评估方面有所创新:佛罗里达州成立了"政府对民众负责委员

---

① 有关新西兰政府绩效管理的具体论述还可以参见马志远、韩一宾:《NPM理论的应用与政府绩效管理实践——来自新西兰、澳大利亚政府治理模式的借鉴》,《财政研究》,2013年第3期;孟岩:《新西兰的新绩效预算改革及对我国的启示》,《湖南财经高等专科学校学报》,2010年第6期。

会",于 1994 年颁布《政府绩效和责任法》,制定出《佛罗里达州绩效标杆报告》;费城市政府将内部 22 个机构的政策绩效以精确的量化指标显现出来,形成"政策绩效指标体系";康涅狄格州、北达科他州和俄亥俄州也都进行了绩效管理的试点工作。

《政府绩效与结果法案》全面规定了实施政府绩效管理的目的、内容及其实施进程,并着重鼓励行政管理中的放权与减少程序控制。此外还包括一些与法案自身实施有关的内容,并对例外情况作了特别的规定。法案具有规范效力统一、实施程序渐进、权力分权制衡、操作环节灵活四大特点。[①]

根据《政府绩效与结果法案》的框架,当代美国联邦政府绩效评估形成了三个层次:第一,项目绩效评估,它主要通过项目等级评估工具对联邦项目进行比较评估,从而为项目管理和项目预算提供信息依据;第二,部门绩效评估,它是联邦各部门在每个财政年度末期对部门绩效状况进行评估,并把评估结果制作成绩效与责任报告予以公布;第三,跨部门绩效评估,它主要通过三色等级评分卡对联邦各部门执行总统管理日志中"五项改革计划"的进展情况进行比较和评估,督促联邦各部门执行总统改革计划,从而有效地保证总统改革计划的成功执行。这三种绩效评估方法形成了自下而上的层级评估体系[②],改变了过去那种由某个或某几个部门所进行的孤立评估,逐渐形成了推行绩效评估的良好氛围。

2010 年 12 月 21 日,美国国会通过了《2010 年政府绩效与结果法案修正案》;次年 1 月 4 日,美国总统奥巴马签署了该法案,从而完成对 1993 年通过的《政府绩效与结果法案》的首次大规模修订。修订内容

---

① 林鸿潮:《美国政府绩效与结果法述评》,《行政法学研究》,2005 年第 2 期。
② 张强、韩莹莹:《当代美国联邦政府绩效评估的层级体系分析》,《社会科学研究》,2006 年第 1 期。

主要体现在以下三个方面:首先,新法案要求联邦政府部门设定可以衡量的绩效目标,即每个联邦政府部门设定更加清晰的目标,明确界定它们为美国人民实现了什么,即政府要对纳税人负责,说清楚这些巨额财政支出究竟花在了哪些方面,花的效果如何。同时加强部门间的协调以避免重复性计划的出台,并将绩效进展在网站上公开和更新。其次,新法案确定各部门指派一名首席运营官(Chief Operating Officer)和一名绩效改进官(Performance Improvement Officer),负责监督所在部门和整个政府改进行政、管理、采购等职能的情况。最后,新法案要求通过公共网站公开和更新政府绩效信息,提升并加强绩效信息的使用,将绩效信息是否被应用作为绩效管理系统是否有效的终极判断,并着手将绩效管理推进到全面加强绩效信息的使用阶段,以利于提升政府运营的公开透明度,强化政府问责和公民监督。

四、西方国家政府绩效管理的特征与发展趋势

西方国家的政府绩效管理以英国、美国、新西兰最具代表性,对世界各国的影响也最大。从政府绩效评估制度确立开始,美国、英国和新西兰等国家的政府绩效管理实践仍然处在不断的发展和变化当中,其他领域的管理技术被政府绩效管理借鉴和吸收。从整体来看,美国、英国和新西兰等发达国家的政府绩效管理主要呈现出以下几种主要特征和发展趋势:

(一) 立法保障

美国是一个三权分立和法治色彩非常浓厚的国家,政府的重要行动一般是先制定和颁布有关法律,为政府行动提供法律依据和法律保障。美国1993年的《政府绩效与结果法案》为美国的政府绩效评估和绩效管理提供了法律保障,推动了美国政府绩效评估和绩效管理体系制度化的形成。州和地方政府积极推动政府绩效评估,制定长期规划、

年度计划和绩效报告成为州与地方政府在绩效评估方面的基本做法。个别州还颁布相应的法规,按照《政府绩效与结果法案》的要求制定政府绩效评估指标体系。英国在1997年颁布《地方政府法》,规定地方政府必须实行最佳绩效评价绩效评估制度,各部门每年都要进行绩效评估工作,要有专门的机构和人员及固定的程序。新西兰在推行政府绩效管理改革过程中,制定和颁布了一系列法律和法规,以保障和推行政府绩效管理的实践。

(二) 预算控制

英国、美国和新西兰等国家在推行政府绩效管理的过程中,深受企业绩效管理理念、理论与实践的影响,主张"要像管理企业一样管理政府",同时"三权分立"的制度框架决定了这些国家的政府绩效管理走向以预算控制为主的绩效管理,注重成本—收益分析。在某种程度上可以说,议会控制了预算就控制了政府,政府管住了预算就控制了政府项目、政府行为和政府活动,提高了政府预算绩效就提高了政府管理绩效。英国、美国和新西兰采取了一些预算改革来提高预算绩效和政府绩效,诸如零基预算、项目计划规划预算,削减财政赤字,通过控制钱来控制人、控制事和控制成本,降低成本,提高政府效率。

(三) 工具取向

在西方政府绩效管理的过程中,政府绩效管理的理念主要源于私人部门工商管理,倡导顾客导向、结果导向、市场导向、竞争导向和追求卓越。总体上,西方政府绩效管理虽然冠之以政府重塑、政府再造,但主要还是管理主义的思维,是从政府管理层面入手,在政治与行政二元结构性分离范式下,运用商业化管理手段解决传统官僚制的弊端,其绩效管理具有工具性、执行性、面向公众等特点。这种政府绩效管理不是通过对政府机构进行调整、重组,对政策进行调整,而是对业务流程进行重新设计,运用新技术、加强管理来强化对市民提升服务能力,提高政府绩效,期待借此重塑政府形象,重建政府合法性。所以,从这个意义上说,西方政府绩效管理是工具理性取向,侧重的是管理,而不是政治,也不是政策。

(四) 顾客导向

新公共管理运动倡导顾客导向,借用市场经济的顾客隐喻,主张政府对待服务的对象(公民、市民或其他主体)应该像企业对待其顾客一样,视顾客为上帝,以顾客需求为出发点,让顾客来评价,从而改善服务态度,提高服务质量,让公民顾客满意。新公共管理运动对政府绩效管理产生了积极的影响。20世纪90年代以来,有关质量和顾客满意度的指标在评估指标体系中所占的比例大幅提升。戈尔负责制定的《从繁文缛节到结果导向——创造一个花钱少、工作好的政府》,确定了以公众为导向的政府绩效评估理念。加拿大等国家还进行大范围的政府"顾客满意度调查",将提升顾客的满意度作为政府绩效的目标。英国的"公民宪章"运动推动了政府更加公开,更加负责任,它要求各政府部门的公共服务达到既定标准,取得既定的成效。

(五) 评估主体多元化

政府绩效评估主体包括政府内部自我评估、独立的政府机构评估、社会公民评估、第三方评估等多元主体。西方政府在绩效评估过程中有公民和服务对象的广泛参与,由单纯的政府机关内部的评估发展到由社会机构进行评估。美国民间机构锡拉丘兹大学坎贝尔研究所自1998年以来就与美国的《政府管理》杂志合作,每年对各州或市的政府绩效进行评估,并发布评估报告,引起了政府和民众的广泛关注。一些州政府在对其部门的年终业绩进行评估时,也往往请专门的社会评估机构参与。

(六) 绩效评估与管理技术不断成熟

西方国家的政府绩效管理不断地从工商部门中积极吸收最新的绩

效管理工具、方法和手段,目标管理、标杆管理、平衡计分卡、360度反馈评估等绩效评估方法和技术在政府部门得到广泛应用,逐步丰富了政府绩效评估的方式方法。因此,政府绩效管理的科学性、公平公正性和社会公信力得到大幅提升。

第三节　中国历代考绩制度与当代政府绩效管理

政府绩效管理作为一种新的公共管理模式、管理理念和管理方式,服从于特定时空下的政府使命、核心价值、远景战略和现实需要。中国的政府绩效管理积极借鉴西方政府绩效管理的理论与实践,立足于中国的历史文化和现实的政治制度、环境、发展战略和政府公共管理的现实需要,进行了本土化的改造,丰富了政府绩效管理的理论和实践,提高了政府的决策力、执行力、创新力和公信力,政府效能不断提升。

一、中国历代考绩制度

在中国历史上,很早就建立了考绩制度,通常称为"考绩""考课""考成""考功""考试"等,与现代的"绩效评估"有联系也有区别。国家依照其所颁布的法令和行政计划,在一定的年限内,对各级官吏进行考核,并依其不同的表现,区别不同的等级,予以升降赏罚。因此,考课不仅是国家对官吏实施奖惩、升降职、增减俸禄的主要依据,也是激励官吏的有效措施,是中国历代王朝改善吏治的一项重要措施。

(一) 先秦时期的考核管理

周朝便出现了有记载的考绩制度。《周礼》中记载了"六计"和"大比"。

"六计"是针对中央官府所辖的"群吏"而设的考核指标:一曰廉

善,二曰廉能,三曰廉敬,四曰廉正,五曰廉法,六曰廉辨①,注重对官吏德行标准的考核。

"大比"是针对地方基层官员"六乡四郊之吏"而设的考核指标:平教治,正政事,考夫屋,及其众寡六畜兵器,以待政令。② "大比"考核更重视对官员政绩标准的考核。

春秋战国时期,"德""功""能"是考核官员的主要标准。管仲指出"君之所审者三:一曰德不当其位,二曰功不当其禄,三曰能不当其官",并认为这是对官吏进行管理考核的"三本"。法家代表人物韩非子认为,"授官、予爵、业禄不以功,是无当也",把"功"作为考核的核心内容。

西周时期将考核分成两级:一是天子对各诸侯的考核,实行"巡狩"与"述职"两种方法。"天子适诸侯曰巡狩。巡狩者,巡所守也。诸侯朝于天子曰述职。述职者,述所职也"③;二是天子对王畿内的官吏、诸侯对本国官吏的考绩,有"日成""月要""岁会""大计"等方式。

战国时期,每年年初,官吏把各种预算和计划写在木卷上交给国君,由国君派人将木卷剖分为二,国君执右卷,官吏执左卷;年终国君执右卷进行审核。高级官员对下级官吏也采用这种方法进行考核,形式也渐渐发展为由下级将"上计"书送报上级考核。这种"上计"书包括两部分内容:一是年初定下的任务书或预算簿,二是实际完成的政绩统计汇报材料。

(二) 秦汉以来的考核管理

秦在考核官吏上,进一步完善了考核体系,主要包括"五善五失"。"五善"是指官员应奉行忠、廉、慎、善、谦五大德行,"五失"是指官员要

---

① 《周礼·天官·冢宰》。
② 《周礼·地官·司徒》。
③ 《孟子·告子》。

避免奢侈、骄傲、擅断、犯上、重财轻才五大过错。秦以考课的结果为依据,对官吏实行严格的褒贬奖罚,尤其强调罚的一面,少奖多罚、轻奖重罚、惜奖滥罚是其考核官吏的主要特点。

汉唐时期中央对地方政府设定的指标,更加全面、务实、合理,大体分为四类①:① 人户、田土的基本状况;② 财政收支的基本状况;③ 官吏表现的基本状况,是否严格执法,是否勤勉、廉洁等;④ 其他情况,如市场物价、盗窃事件、社会风气教化情况等,考核涵盖地方的政治、经济、吏治、社会风气等。两汉的考绩制度还设有"六条问事",主要针对地方最高行政长官和地方官吏遵纪守法、廉洁奉公、公正执法、选贤用人等情况。以课考成绩为依据对官员进行奖惩,考课与官员任用紧密挂钩,奉行有功则升、无功则退的原则。

唐代的"六条"更侧重于考察经济、财政方面的内容,考绩内容涉及地方官吏的道德品行、人口、经济、赋役、农业、粮食、治安、人才及官吏、豪强与弱势等关系到社会稳定的问题。考绩的分类指标有"四善二十七最"。"四善"为:德义有闻、清慎明着、公平可称、恪勤匪懈,要求廉洁、公道、勤勉、不懈怠。"二十七最"是针对当时政府管理不同部门和职位设定的不同考评标准,被考评对象区分为上、中、下三级九等:一最四善为上上,一最三善为上中,一最二善为上下,无最有二善为中上,无最有一善为中中,职事粗理、善最不闻为中下,爱憎任情、处断乖理为下上,背公向私、职务废缺为下中,居官陷诈、贪浊有状为下下。② 考课与官员选授、勋封完全连在一起,明确规定官吏升贬必须以考绩结果为依据,将所有官吏职务的升降与俸禄的增减紧密地与考绩结果相联系,使奖惩制度有一个客观公正的依据。

---

① 汉唐绩效具体考评制度参见高小平等:《我国汉唐时期绩效考评制度的特色与启示》,《中国行政管理》,2007 年第 2 期。
② 《新唐书·百官志》。

宋代继承唐代的考绩制度,对隋唐的"四善二十七最"加以简化,实行"四善三最"。"四善"基本沿袭隋唐的做法,"三最"包括治事之最,即狱讼无冤,催科不扰;劝课之最,即农桑垦殖,水利兴修;抚养之最,即屏除奸盗,人获安处,抚恤困穷,不致流移。这样,宋代考绩机构在建置和施行细则上更趋完备,并根据宋代社会经济变迁与政治制度变革的特点,一年一考,文官三年一任,武官五年一任,重视对州县考绩法令的制定,加大了对地方政府官员考绩的力度。宋代且首创"磨勘"制度,各部门长官每年对所属官吏的善恶功过进行考评,在朝廷为每位官员统一颁发的"历纸"上"岁书其功过"是为"小考";小考之后经"解状"(入仕之初解发赴阙候选的证明文件)、"举状"(推举者所写的荐举书或担保书)、"家状"(个人履历)、"考状"(由本部门长官填写评语并评定等级的"历纸")等考核过程,相关材料报中央主考部门"磨勘"。"磨勘"主要是对应考者考核材料的审核和推究,以决定对其善恶功过及任职资历的认定和批准。① 宋代更重视品德而不是政绩的考核,更重年资,且对官吏尤其是大臣们恩赏有加,优宠文臣,厚待百官。

元代对"吏员"和"职官"采用不同的考核标准,实行"计年"和"廉访"。"计年"考核的方法是无论官吏大小,均由中书省各发给历纸(称"考功历"),调任时由上级官长注明任职年月以及任期内的功过、行状。填写"考功历"有关官员最后还须联衔结保具状,以免敷衍塞则或营私舞弊,吏部以"考功历"为依据决定任命。"廉访"是为弥补"计年"缺陷而设,由御史台及其下属机构对各级官吏进行考察。但是元代不重考绩,奖惩与考绩没有太大的关系,基本上是按资历升迁晋级,论资排辈,不重业绩。

明代对官吏考核分为"三等八法"。"三等"是"称职、平常、不称

---

① 宋代绩效考评具体参见魏捷先:《宋代绩效考评制度及其当代价值》,硕士学位论文,湘潭大学,2008年。

职"三种政绩表现;"八法"是指"贪、酷、浮躁、不及、老、病、罢、不谨"等八种行为过失或问题。考核分为"考满"与"考察"。"考满"是对每个官员在任职年限中的政绩所进行的考核,"满三年为一考,六年再考,九年通考黜陟"。"考满"实行由下而上评议鉴定的方法,分成五个序列分别进行考核,即将京官、外官、杂职官、教官、吏员等分开考核。每期任职届满,应考者还须亲自赴京,持主管上司发给的考绩凭据向吏部报到,由吏部进行最后的考核。"考察"是对官员是否有不称职或过失行为进行审查和处理的一种考绩方法,由吏部会同都察院负责,每三年一次(外任武官每五年一次)。京官考察每六年一次。京察在某些特殊情况下也可临时举行,由皇帝决定,称为"闰考"或"不时考"。明代重视考绩与奖惩,对于"考满"结果明确规定了奖惩标准。对于"考察"的结果,被查出犯有八法的官吏,另有处罚措施:凡年老有疾者为民,贪者发边充军,不谨者冠带闲住,浮躁、浅露、才力不及者,俱降一级调外任。对于特别贪酷的官吏,还要给予刑事制裁。而所有受八法处分的官员,均不准复职起用。

清朝官吏考核标准分为"四格八法",后改为"四格六法"。"四格"是:才(才能)、守(操守)、政(政绩)、年(年龄),每一格又被分为三个等级:才则或长或平或短,守则或廉或平或贪,政则或勤或平或怠,年则或老或中或青。"六法"是:不谨、罢软、浮躁、才力不及、年老、有疾。除涉及"六法"者有特殊处分办法外,将"四格"十二级标准结合起来考评,即得出被考者称职、勤职、供职三个不同的考绩结论。将考满法的功能全部并入考察法之中,并对京官和外官分开考核,京察与大计都是三年举行一次,分别交叉进行,由吏部考功司主要负责,部院各衙门及地方督抚藩臬等各级行政长官要事先配合组织考核,并由下往上逐级考评"递察"。此外,都察院有关科道也要协助吏部考功司"纠检"考绩事宜,以保证考绩质量。清代继承了明代考核奖惩制度,对于称职和尽职者,一般都升任;而对于不称职的官吏,则要"纠以六法",给予严厉处罚。

(三) 民国时期的考核管理

民国时期,虽然存在战乱和军阀割据,但考核未断。考核以中央政府任命的官员为主,主要形式有检定考试、高等考试、普通考试、特种考试、县长考试等。考核制度经历了几个不同时期的政府,并不断完善,形成制度化的考核体系。各类考核制度包括《文官考试委员官职令》《文官考试令》《考试法》《公务员任用法》《公务员登记条例》《考绩法》《公务员奖惩条例》《公务员服务法》《公务员惩戒法》《整理官制厘定官等办法》《文官俸给条例》《文官官等官俸表》《官吏恤金条例》等一系列法规,对公务员的考试、任用、甄别登记、考绩、奖惩、权利义务、官等官俸、抚恤等作了详尽的规定。南京政府将公务人员的任用、考绩、升调、奖惩等一应事务统称为"铨叙",并在考试院下专门设立铨叙部管理这些事务。

民国考试制度主要是借鉴近代西方文官制度的产物,同时也保留了中国传统科举制的部分特征,无论是从制度规定还是从实际运作的层面来看,它都是一个传统与现代的混合体。① 其现代性主要体现为法制化程度的提高、平等性和开放性的增强、考试权的独立以及考试内容的现代化。但是对经义考试的保留,对传统科举制考试程序的模仿,考试与任用的脱节,党治和军治色彩的存在,个人因素的干扰,派系势力的抗拒等,又使民国文官考试制度的现代性受到极大的限制,难以发挥其应有的功效。

(四) 中国历代考绩制度的特点

中国古代考绩制度是以皇权控制下的官僚制度为基础的,其目的

---

① 李里峰:《现代性及其限度:民国文官考试制度平议》,《安徽史学》,2004年第5期。

是加强对地方官员的控制,维护和巩固王朝专制统治,但客观上也起到了一些激浊扬清、奖优罚劣的积极作用。从整个考绩制度看,它具有以下几个方面的特点:

一是起步早。中国考绩制度源远流长,尧舜时期就已经有考绩制度的雏形,《尚书》记载尧舜每隔三年对官员的政绩进行一次考核。真正的考绩制大约始于战国时期秦国的商鞅变法,《商君书》中对此有记载①,"上计"制度正是源于此。

二是最高统治者高度重视。历代王朝的最高统治者都特别重视对官员的考核,他们很多时候都亲自参与对官员的考核,考核与奖惩权力很大程度地集中在君主手中。

三是组织体系健全。由于最高统治者的重视,考绩工作大多设有专门的组织机构,并由专人负责考绩事项。例如在唐朝,考绩事项由吏部负责,有时由皇帝直接指派朝廷大员负责,必要时也临时派员巡察各地,以防止地方的考绩作弊行为。这使考绩制度的执行有了组织保证。

四是考评导向明确。古代的考绩制度经过历朝历代的探索和完善,在评价内容上日趋全面,基本上涵盖了德、能、勤、绩、廉等方面,强调"修己治人"。在考核程序上,也会有固定的考核周期和明确的考核步骤,对考核操作形成清晰的预期。

五是注重结果应用。古代考绩制度具有明显的为统治者服务的权力特征和职能属性。统治者非常重视考绩结果,将它与官员的赏罚紧密相连,这种赏罚包括升迁、罢免、废黜等,通过考绩的形式控制官员,达到管理官吏、治理国家和维护统治的目的。

古代考绩制度历经两千多年的实践,尽管有其历史局限性,也不是现代意义上的政府绩效管理,但对于我们研究和探索中国式的政府绩

---

① 叶林生、丁伟东、黄正术:《中国封建官僚政治研究》,江苏:南京大学出版社,2009年,第220页。

效管理仍然有一定的价值和意义。我们在研究和推进政府绩效管理时,一方面,要借鉴中国古代考绩制度的一些有益做法,诸如高层对绩效考评的重视,设置专门机构,明确考评标准、内容、方法、程序,注重结果的运用等;另一方面,也要扬弃中国古代考绩制度维护皇权专制的糟粕和历史局限性,按照政府治理现代化的要求,进行现代性的转换,并在此基础上,建立起一套既与国际接轨又适合当代中国改革发展现实需要的政府绩效管理体系。

二、当代中国政府绩效管理的理论探索

20世纪80年代以来,有关政府绩效管理的研究成为公共管理领域的主题之一,一些学者对西方国家开展的绩效管理实践和理论成果进行了系统的研究,中国古代官吏考核制度也得到一定程度的挖掘,当前各地政府绩效管理的实践更是成为众多学者研究的对象。截至2014年1月,搜索中国期刊网,以"绩效评估""政府绩效评估"为篇名分别可以检索到4 777篇和2 054篇论文,以"绩效管理""政府绩效管理"为篇名分别可以检索到8 810篇和828篇论文,以"政府绩效评估""政府绩效管理"为关键词,分别可以检索到1 318条和586条。纵观这些研究论文,研究的主题主要包括三个方面:一是介绍国外和中国港台地区政府绩效管理的理论与实践经验,尤其是英国、美国、新西兰等西方发达国家以及中国台湾、香港等地区政府绩效管理的理论与实践;二是一般性地阐述政府绩效评估、政府绩效管理的基本理论问题,探讨诸如政府绩效管理的内涵、意义、特点、功能和价值以及理论基础、理念等;三是分析和探讨中国地方政府绩效管理的理论探索和实践经验,包括中国地方政府绩效管理的制度、评估方法、指标设计、模式、具体做法和成效等。

对于中国当代政府绩效管理理论与实践的发展,有的学者认为是

外源型的,即是对西方国家政府绩效管理实践经验的学习与借鉴。也有学者认为中国当代政府绩效管理是内生的,源于中国古代官员的考绩、考课制度,在传统目标责任制考核、干部政绩考核的基础上形成。总体上讲,中国绩效管理的形成与发展是一条综合性的道路:既受古代官员考绩传统的影响,又遇西方国家新公共管理改革运动,受到西方国家管理思想、绩效评估实践的影响。①

由于国情差异,中国的政府绩效管理实践尚未如西方发达国家一样取得显著成效,甚至出现了水土不服的现象。因此,需要反思中国的政府绩效管理研究与实践,用现代的视角来探究中国古代的绩效考评思想与制度,汲取中国古代在考绩方面的实践智慧。中西方政治、经济、社会发展历史阶段不同,政治制度、历史文化环境、政府定位和发展战略不同,决定了中国的政府绩效管理不可能完全照搬西方政府绩效管理的理论、方法和模式。相反,中国的政府绩效管理要在借鉴西方政府绩效管理的基础上,挖掘中国的历史经验,结合当下政府行政管理改革和公共管理的现实需要,创新中国的政府绩效管理理论、方法和模式,提高政府绩效管理水平。

中国的政府绩效管理模式和特征往往以地名冠以某种特色模式,比如甘肃的"第三方评价"、青岛的"目标管理绩效考核"、福建的"效能建设"、杭州的"公民导向的政府绩效评估"②,等等。这一方面说明,中国政府绩效管理模式具有鲜明的地方特色,推行绩效管理的实践结合了地方领导和地方发展的实际要求;另一方面也说明,中国政府绩效管

---

① 高小平、盛明科、刘杰:《中国绩效管理的理论与实践》,《中国社会科学》,2011 年第 6 期。

② 2007 年 7 月 10 日至 11 日,在由国际经济合作与发展组织(OECD)亚洲公共治理中心、浙江大学与杭州市人民政府联合举办的"绩效评估与政府创新"国际研讨会上,中国人民大学公共管理学院的蓝志勇教授和浙江大学公共管理学院的胡税根教授将杭州综合考评实践誉为"公民导向的政府绩效评估模式"。

理总体上还处于地方和基层探索与试验阶段。从理论上看,目前中国政府绩效管理本土化的理论研究较少,理论提炼和抽象概括尚有不足,统一的规范、共识性的理论概念和知识体系有待进一步研究、提炼,达成共识。

三、中国地方政府绩效管理实践与发展

自20世纪90年代以来,中国行政管理体制改革逐步深入,政府绩效管理的理念开始在政府管理中得到应用。各级地方政府在推动政府绩效管理方面发挥了积极的作用,他们在推动地方政府改革和创新上有更大的动力与压力。进入21世纪以来,中央政府日益关注绩效评估,2005年国务院的《政府工作报告》提出了"建立科学的政府绩效评估体系",推动了地方政府绩效评估的进一步发展;2008年的《政府工作报告》中提出"推行政府绩效管理制度",标志着政府绩效评估开始转向绩效管理。党的十八大报告提出,要"创新行政管理方式,提高政府公信力、执行力,推进政府绩效管理",进一步明确了政府绩效管理的方向。地方政府绩效管理的实践也逐渐抛弃了运动式的特点,逐步走出了一条具有中国地方特色的政府绩效管理道路。

从中国地方政府绩效管理的实践来看,基本可以分为三个阶段。①

(一) 起步阶段:20世纪80年代初开始

20世纪80年代初期到90年代初期这一时期,真正意义上的绩效评估并没有在中国的行政部门开展,但作为绩效评估的前身,主要有两种形式的探索:一是落实"目标责任制",二是1989年开始的效能监察制。

---

① 对中国地方政府绩效管理的发展问题,周志忍、蓝志勇、胡税根等学者均有论述,本书对上述学者的观点给予采纳,在此致谢!具体文献请参见周志忍:《公共组织绩效评估:中国实践的回顾与反思》,《兰州大学学报》,2007年第1期;蓝志勇、胡税根:《中国政府绩效评估:理论与实践》,《政治学研究》,2008年第3期。

1. 目标责任制

目标责任制是前述目标管理技术在中国的变通应用。1982年,劳动人事部下发《关于建立国家行政机关工作人员岗位责任制的通知》;1984年,中共中央组织部、劳动人事部又联合下发《关于逐步推行机关工作岗位责任制的通知》。这两个通知的下发和贯彻,都是规范党政干部工作行为和加强党政干部管理的重要举措。在此后的几年中,就全国范围来看,均不同程度地建立了岗位责任制,并进一步发展为机关工作目标管理责任制。1988年,中国城市目标管理研究会成立时,共有13个大中型城市参加,表明此时的目标责任制已经运用得比较普遍了。随着行政管理体制改革的深入,目标管理责任制及其考核工作无论在广度上还是在深度上,均获得了较大的发展。20世纪90年代的目标责任制具有两个明显的特征:一是自上而下地系统推进,二是关注和聚焦经济增长。中央和上级机关制定各项定量的经济增长目标,以指标和任务的形式分派给下级单位,形成目标的金字塔结构。这些指标、任务的完成情况是评价考核政绩的主要依据,下级单位官员的升迁、奖励都与上级单位下达指标的完成情况挂钩。层层经济目标责任制的推行,推动了中国经济的快速增长。

2. 效能监察制

效能监察始于1989年,是对效能的监督检查活动,其主体是纪检监察部门,对象是党政机关和国有企事业单位,内容是管理和经营中的效率、效果、效益、质量等。1989年12月,第二次全国监察工作会议明确提出,行政监察机关的基本职能"既包括效能监察,又包括廉政监察"。开展效能监察,目的在于将监督的关口前移,加强事前、事中监督,做到防范在先,使纪检监察工作紧贴改革和经济建设中心,更好地为经济建设服务。到1999年,全国已有23个省(自治区、直辖市)不同程度地开展了效能监察工作。效能监察的重点包括行政审批中的不规范行为、行政执法中的滥用权力、行政不作为问题、行政机关工作作风方面的突出问题。

作为对行政机关履职和管理活动的效率、效果、质量等的考察和评价,效能监察是组织绩效评估的一种特殊形式,主要体现为问题导向。这种问题导向既表现在效能监察的侧重点上,又表现在效能监察的工作方式和结果上。就侧重点而言,效能监察虽然涵盖效率、效果、质量等组织绩效的诸多方面,但侧重于查找履职和管理中存在的问题。侧重点上的问题导向,决定了效能监察采取立项检查、立案调查、受理投诉等方式开展工作。从结果利用的角度来看,效能监察体现了纪检监察机关作为行为主体的特征。

(二) 探索阶段:20世纪90年代初到90年代末期

这一时期,目标责任制考核仍然是政府绩效考核的主要方式,同时也出现了社会服务承诺制和效能建设等新的形式。

1. 社会服务承诺制

社会服务承诺制,就是承担社会服务职能的组织,按行业要求把服务内容、标准、程序、时限、责任等向社会公开作出承诺,在社会的监督下组织实施,违背承诺要承担法律和经济责任的一种具有契约性质的社会服务机制。社会服务承诺制是由承诺、内部践诺机制、社会监督、应诺(违诺处罚)等环节组成的有机整体,其根本目的是提高服务质量和水平,使老百姓得到利益和实惠,真正将政府的公共服务置于社会监督之下,将监督权交给群众,动员全社会的力量来监督政府公共部门的工作,提高政府部门的服务水平。社会服务承诺制源于1991年英国的"公民宪章"运动。中国率先推行社会服务承诺制的是烟台市。1996年7月,在总结烟台市社会服务承诺制经验的基础上,中共中央宣传部和国务院纠正不正之风办公室向全国推广社会服务承诺制。

作为一种公共服务的质量改进机制,社会服务承诺制包括三个核心内容:顾客协商和顾客真实需求的确认,设立和公开服务标准并根据这些标准评价实际工作结果,在未达标准时承担责任并采取有效的改进措施。显然,社会服务承诺制以提高公共服务水平和公众满意程度为目标,以公众的广泛介入和监督为实现目标的主要手段。但社会服务承诺制中的绩效评估仅属于合格评价,只有低于预先确定的标准的事件发生时才会启动纠正机制,这与一般意义上的绩效评估有明显的不同。

2. 效能建设

20世纪90年代中期,福建省漳州市开始开展效能建设工作,后在福建省委、省政府的指导和推动下,在福建全省乡镇以上各级机关和具有行政管理职能的单位全面开展。第一,各地、各部门根据各自的工作职责加强制度建设,以岗位责任制来明确工作职责,以服务承诺制来规范管理和服务要求,以公示制来推行政务公开,以评议制来强化民主监督,以失职追究制来严肃工作纪律。第二,强化内部管理规范,严格依法行政,同时优化管理要素,简化工作程序,提高办事效率。第三,牢固树立服务意识,努力提高服务水平。具体措施包括首问责任制、否定报备制、一次性告知制、限时办结制等。第四,强化监督机制,严肃行政纪律。将检查考核结果与奖惩相结合,与干部使用相联系,增强单位及其工作人员的责任感和紧迫感。

在实践中,各地、各部门根据行业特点和具体业务工作实际,制定科学、量化的绩效考评标准,对机关工作人员的目标完成情况、政策执行情况、制度落实情况、工作作风和效率状况实施考评,并运用考评结果,落实奖惩措施。福建省效能建设办公室会同人事厅等部门制定了《机关效能建设工作考评试行办法》等,推动了绩效评估的规范化。

与效能监察相比,效能建设中的绩效评估属于组织绩效的全面评价,不同于效能监察着眼于发现组织中存在的违纪、违规行为和浪费、低效等行为,组织绩效评估的覆盖面比较宽,而不像效能监察那样选择中心工作、热点问题以及问题比较多的领域和环节。组织绩效评估的主体多元化,即"在党委统一领导下,党政齐抓共管,纪检监察组织协调,部门各负其责,群众广泛参与",而不像效能监察那样基本上是纪检监察机关"孤军奋战"。

(三) 深化发展阶段:21 世纪以来

进入 21 世纪,随着社会主义市场经济改革的深入,中国政府的施政理念发生了新的变化。新的施政理念要求政府治理模式进行转型,新施政理念和治理模式的转变,不仅明确了组织绩效评估的地位,而且带来评估模式、实施机制、关注重点和覆盖范围的重大变化。中国的政府绩效评估由此进入了一个新的发展阶段。

为响应"构建科学的政府绩效评价体系"的要求,学术界和实践界付出了巨大的努力,构建体现科学发展观的评价体系。"绿色""小康社会"等体现科学发展的评价指标逐步在实践中得以体现。兰州的第三方评估、福建的综合效能考核、青岛的目标责任制考核等不断成熟,并形成地方特色。2004 年,人事部课题组提出了由 3 个一级指标、33 个二级指标构成的比较系统的"地方政府绩效评价指标体系",用于评价中国地方各级政府,特别是市县级政府的绩效和业绩状况。

2009 年 4 月 25 日,人事部中国地方政府绩效评估体系研究课题组发布《中国政府绩效评估报告》(以下简称《报告》),这是中国第一部有关中国地方政府绩效评估的报告。《报告》对青岛、邳州、贵州、上海杨浦、南通和洛阳六个地方的政府绩效评估模式进行了典型分析。《报告》显示,对处于转型期的中国而言,地方政府的绩效评估已不再只照顾经济发展单一指标,而是以民生为重、以社会协调发展的综合指标为参照系,政府绩效的"终极标准"指向公民满意度。《报告》最大的亮点是探讨如何让普通公众参与政府绩效评估。《报告》认为,公众是政府的服务对象,对政府的工作最有发言权,引入公众对政府绩效的评估,是真正把公众的需求和意愿作为政府改进工作的导向,是政府绩效评估的终极发展目标。

哈尔滨市在2009年10月出台中国首部政府绩效管理地方性法规——《哈尔滨市政府绩效管理条例》,意在将哈尔滨市政府所辖部门和区、县一级政府的绩效考核纳入法制化管理的轨道,这也是中国地方政府在推进绩效管理法制化方面所作的最初尝试。

(四) 中国地方政府绩效管理的特点

当代中国政府绩效管理的理论和实践无疑受到了西方政府绩效管理理论和实践的影响,但是中国的政府绩效管理是立足于中国的政治制度、社会环境、政府发展目标和职能转变的需要展开的,同时中国古代的考绩传统也对当下中国政府绩效管理的理论和实践产生了深远影响。

中国地方政府绩效管理的实践特点可概括如下:

第一,先地方实践,后中央推动。西方国家的政府绩效管理通常是由中央政府或联邦政府或者最高层自上而下推动实施的。当代中国的政府绩效管理既不是由自上而下的最高领导层和中央政府推动的,也不是由乡镇和县市层级的政府推动的,而主要是由地市或省推动的。比如武汉、南京、苏州、青岛推行的目标责任制,烟台推行的社会服务承诺制,福建推行的综合效能建设,甘肃推行的第三方评估,等等。

第二,重实践探索,轻制度建设。与西方国家的立法先行不同,中国的政府绩效管理更多地体现在各个地方政府的具体实践上,而不是立法过程中。中国的政府绩效管理既缺乏中央层面的政府绩效管理立法,也缺乏地方层面的政府绩效管理立法。① 目前,中国政府绩效管理

---

① 哈尔滨虽然于2009年制定了《哈尔滨市政府绩效管理条例》,成为全国首个地方政府绩效管理法规,但其实施缺乏实质性进展。

制度化的主要形式不是人大制定颁布的法律法规,而是主要以党委政府"红头文件"或《政府工作报告》等形式为绩效管理提供依据和支撑。直到 2015 年,杭州市颁布了被专家誉为国内第一部具有实践意义的政府绩效管理地方性法规——《杭州市绩效管理条例》,这种局面才真正被打破。

第三,是一种综合性管理方式,任务繁多。中国地方政府的绩效管理强调对政府在履行公共职能、行使公共权力、完成工作目标过程中的结果和效益等进行全面的评价,重点是政府部门的常规工作、政府的重点工作目标任务、公务员的个人业绩等,强调政府部门和公务员行为的积极性与创造性的发挥,鼓励对工作进行创新,是一种相对综合的管理方法。①

第四,缺乏统一标准,地方特色鲜明。中国各地的政府绩效管理主要是由具有改革和创新意识的领导支持、推动,并服务于地方发展目标,体现了地方领导的意志,具有地方特色,这也是中国政府绩效管理不是在全国范围内全面推行,而是先由地方探索,国家层面选取试点逐步推进形成的特色。

四、全国政府绩效管理试点

中国改革实践的一个显著特点是,一些地方自主自发地进行实践和探索,取得了相应的成效之后,国家层面开始选取有代表性的地方,进行试点,然后再行推广。政府绩效管理在中国的实践也基本遵循了这一路径。2008 年 3 月,温家宝总理在十一届人大一次会议上作的《政府工作报告》中提出要"推行政府绩效管理"。2010 年 7 月,中央纪

---

① 高小平认为,中国政府绩效管理是一种创效式的绩效管理模式,实质是评估政府创造的业绩效果,参见高小平、盛明科、刘杰:《中国政府绩效管理的理论与实践》,《中国社会科学》,2011 年第 6 期。

委监察部正式组建绩效管理监察室。2011年6月,国务院批复建立由监察部牵头的政府绩效管理工作部际联席会议,确定北京、吉林、福建、广西、四川、新疆、杭州、深圳和发展改革委、财政部、国土资源部、环境保护部、农业部、质检总局等14个地区和部门开展绩效管理试点工作,这标志着全国政府绩效管理工作开始逐步铺开。

在试点过程中,以往开展政府绩效管理工作的薄弱环节,如组织机构、制度建设等有了一定的突破。各地为了有序推进试点工作,搭建了政府绩效管理试点工作的领导体制和相应的工作机构,确保了对绩效管理工作的统一领导和高效运作。有关绩效管理的办法、实施细则等一系列绩效管理制度在试点地区得到确立,对政府绩效管理工作起到了良好的示范作用。这里选择国土资源部、北京市、深圳市的试点情况作简要介绍。

(一) 国土资源部

国土资源部是六个国务院部门绩效管理试点单位之一。国土资源部高度重视,鼓励创新,积极试点,加强绩效计划目标制定、绩效执行和绩效评估,将绩效管理与领导班子考核和干部考核相结合,提升了绩效管理水平。[①]

国土资源部按照"简便易行、全员参与、信息化管理"的原则,在设计年度绩效目标和指标体系时,按照工作难易程度量化赋分,合理分配权重;在流程设计上,把绩效评估同领导班子考核、党风廉政建设、创先争优等工作考核进行有效整合,减少重复考核;鼓励试点和创新,出台了覆盖全面、体系完备、规定详细的一套制度,包括《绩效管理试点办法》《履职效能评估暂行办法》等,并修订了与绩效管理相配套的《干部年度考核暂行办法》,不断完善制度体系,加强评估工作,大力开发信息

---

① 具体参见刘振国:《推动国土资源改革发展的新动力——国土资源部绩效管理试点探索综述》,http://www.mlr.gov.cn/xwdt/jrxw/201209/t20120917_1141385.htm。

系统，推进政府绩效管理。

国土资源部的绩效管理内容主要为"3＋2"。"3"是职责履行、依法行政（依法办事）、领导班子建设3个方面的主体内容，"2"是创优与创新、违规与违纪2个方面的附加内容。国土资源部提出"年初看目标、年中看执行、年底看结果"的考核评估思路和方法，分级分类设置考评指标及分值权重，初步形成了科学合理、简便易行、各具特色的考评指标体系。

"年初看目标。"为了使绩效管理试点与部中心工作有机衔接，国土资源部将全年的重点任务及各单位的重点工作逐一分解量化。重点任务包括：党中央、国务院的重大决策部署，部党组当年确定的双保工程、城乡统筹、资源保障、社会管理、制度创新和基础建设等6大平台任务，共22大项、143小项。在分解量化后，部层面形成职责履行具体指标，体现在各单位绩效管理量化表中，明确评估标准、责任主体、落实措施、完成时限。44家单位又制定了二级指标，任务更加细化、具体化。

"年中看执行"。每月月末，部机关各司局根据《年度绩效指标量化表》和下达的新增部重点工作等，利用信息系统在线报送本月重点工作落实情况，部办公厅负责审核完成状态并逐项评估。完成状态包括按期完成、在办、未完成、逾期完成、延期办理五类。评估结果将自动、实时进入量化表中，作为对各司局年度职责履行评估的重要内容。对督察局和事业单位，则在年中进行一次重点工作进程评估，主要评估职责履行绩效目标中的重点工作任务动态完成情况；同时，每半年进行一次履职效能评估，主要评估职责履行绩效目标任务实施过程的效率效能情况。有的单位设计得更细，执法局自行设计了过程管理的"周督办、月检查、季评估、年考核"制度，各项工作均指定两名以上的责任人，第一位主办，第二位协办，其他同志补办，逐级落实责任，将绩效管理延伸到每个处室、每个人。

"年底看结果"。国土资源部将过程管理、年终评估分别按40%和60%的权重,按百分制对各单位进行考评,并将此作为对领导干部、领导班子考核的依据。

绩效考评的结果作为评价改进工作、加强管理的重要依据,并与领导班子和领导干部考核、干部选拔任用和调整交流等工作有机结合,加强绩效管理结果的应用,切实通过考评推动工作。根据国土资源部制度的规定,年度评估结果即为各单位领导班子年度考核结果,并与所在单位局级干部个人年度考核结果适当挂钩,分别占主要负责人、其他领导班子成员、其他局级干部年度考核结果权重的70%、60%、50%。年度评估为优秀档次的单位,授予荣誉称号并通报表彰,其主要负责人年度考核评定为优秀等次,其中机关司局、督察局年度评估为优秀档次的,适当增加所在单位处级以下公务员年度考核优秀等次名额;年度评估结果不达目标的单位,其主要负责人年度考核不得评定为优秀等次,并应向领导小组提交书面报告,由分管部领导或委托人事司对领导班子进行诫勉谈话,必要时对领导班子作相应的调整。

(二)北京市

北京是14个试点单位中唯一的直辖市。北京市以原来的目标管理、督查考核工作为基础,在行政机关探索建立以"三效一创"为核心内容的政府绩效管理体系,提升政府绩效管理科学化、规范化和精细化水平。

北京市政府绩效管理创建了"三效一创"绩效评估指标体系,市级机关评估体系以"履职效率、管理效能、服务效果、创新创优"4个组成部分为主要内容,下设8大指标、13项考评内容,不同的指标赋值不同;区县政府评估体系以"战略绩效、行政效能、服务效果、创新发展"为主要框架,涵盖10个评价维度、24个评价层面、37个评价要点(见表1-3)。"履职效率"是指基本职责任务的完成情况,设置"职责任务"

指标以评估各部门常规的"三定"职责的履行情况和重点工作任务完成情况,分值为40分;"管理效能"指依法行政和能力建设的情况,设置"依法行政"(8分)和"能力建设"(7分)2大指标来评估政府部门依法行政、行政审批、行政效能监察以及公务员队伍建设的质量;"服务效果"包括工作效果和服务对象满意程度2个方面,设置"服务中央(5分)、公众评价(20分)、领导评价(10分)、协调配合(5分)"4个指标;"创新创优"(5分)鼓励各部门的创新意识,主要涵盖重大工作创新成果、重要表彰奖励的情况。在"三效一创"之外另外设置了"行政问责"扣分项目,发生违法违纪案件、重大责任事故、造成重大社会负面影响三种情形之一,并被行政问责的,予以减分,一项扣5分,累计不超过10分。"三效一创"考评得分之和减去行政问责扣分为最终考评得分,绩效评估结果按部门得分进行排序。

表1-3　2012年度北京市政府绩效管理指标评估体系

项目	一级指标	二级指标	权重(分)	指标含义
市级机关（三效一创）	履职效率	职责任务	40	各部门常规的"三定"职责的履行情况和重点工作任务完成情况
	管理效能	依法行政	8	依法行政、行政审批
		能力建设	7	行政效能监察、公务员队伍建设质量
	服务效果	服务中央	5	工作效果和服务对象满意度
		公众评价	20	
		领导评价	10	
		协调配合	5	
	创新创优	/	5	重大工作创新成果、重要表彰奖励的情况
扣分项目	行政问责	/	-5	发生违法违纪案件、发生重大责任事故、造成重大社会负面影响,累计不超过-10分

在政府绩效管理制度和组织上,北京市建立由常务副市长任组长、34个部门参加的市政府绩效管理工作领导小组,设立市政府绩效办和绩效管理监察室,构建"领导小组统筹协调、成员单位分工协作、责任单

位狠抓落实"的组织与制度框架。"三效一创"绩效管理体系的组织架构包括三个部门:① 最高决策机构——政府绩效管理联席会议。市政府秘书长任召集人,联席会议由市政府办公厅、市监察局、市人力社保局、市法制办、市编委办等部门组成。② 日常协调执行机构——政府绩效管理办公室。绩效办与原有的政府督查室为一个机构、两块牌子,负责绩效管理的日常组织协调和监督指导职能,组织汇总、评审绩效计划,加强日常监督检查,协调各专项考评部门做好绩效考评工作,并承担"公众评价""协调配合""创新创优"等专项考评工作。③ 绩效考评执行部门——各专业部门。按照市政府绩效管理联席会议的要求,负责制定专项考评实施细则并开展考评工作;市政府办公厅、市编委办负责"职责任务"考评,市法制办、市监察局负责"依法行政"指标的考评,市监察局和市人力社保局负责"能力建设"指标的考评,市政府办公厅负责"服务中央在京单位"指标的考评,市政府绩效办负责"公众评价""协调配合""创新创优"指标的考评,"领导评价"考评由市领导进行。①

北京市"三效一创"绩效管理体系的整体运行流程是"绩效计划制订—日常监控管理—年终考评—绩效结果应用",形成闭合高效的管理运行体系。年初统筹编制《市政府绩效管理任务书》,分别设置目标值、挑战值;依托信息管理系统,实施过程监控;统筹开展集中检查,并跟踪监察;年终组织开展多元评价和绩效"诊断"反馈,督促制定整改措施,并将整改内容列为下一年度的绩效任务,形成了"任务制定—过程管理—多元评价—综合反馈—督促整改—绩效提升"的政府绩效管理工作流程。

---

① 陈雪莲:《政府绩效管理体制改革的制度环境和发展空间——以北京市"三效一创"绩效管理体系为个案》,《天津行政学院学报》,2011年第11期。

（三）深圳市

深圳市把政府绩效管理作为效能监察和效能建设新的平台与抓手,由市监察局牵头,2007—2009年连续三年进行局部试点,2010年在全市政府系统全面施行。2011年,深圳市和杭州市被国家监察部列为全国政府绩效管理试点单位,成为全国仅有的两个城市试点单位。深圳市以此为契机全面推行绩效管理,对市政府工作部门、各区政府(新区管委会)落实市委市政府重大部署和履行职责等情况进行过程监控、专项评估和综合评估。

深圳市建立了政府绩效管理组织和制度框架。市政府绩效评估与管理委员会由市长任主任,分管副市长、市政府秘书长任副主任,成员包括市政府分管副秘书长和市发展改革、监察、财政、人事、审计、统计、法制部门主要负责人,市政府绩效评估与管理委员会办公室为日常办事机构。

深圳市政府绩效管理工作秉持"标杆管理、过程控制、结果导向、持续改进、公众满意"的基本理念,体现了"科学合理、公开透明、动态开发、简便易行"的基本要求。政府绩效评估对象包括市政府32个委、局、办,6个区政府和2个新区管委会。根据是否具有行政审批和行政执法职能,是否直接提供公共服务,市政府工作部门划分为A、B 2类;A类是对外提供公共管理和服务的部门,B类主要是政府内部进行协调管理的部门。根据法律地位和功能定位的不同,将各区分为行政区和功能区2类。

深圳市直单位绩效评估指标包括行政业绩、行政效率、行政执行力、行政成本等4个一级指标,下含22个二、三级指标(见表1-4)。区政府和新区管委会绩效评估指标包括公共服务、社会管理、经济调节、市场监管等一级指标,下含33个二、三级指标。一级指标保持相对稳定,二、三级指标根据市政府年度工作重点和上年度绩效评估与管理结果可进行适当调整,根据不同的对象,实行有差别的指标设置、权重分配、评分方法和结果运用。同时采取内部评估和外部评估相结合的方法,其中,内部评估占70%(包括电子系统评估和市政府领导评价意见,分别占65%和5%),外部评估占30%(包括社会公众满意度调查和电子民意调查系统测评,分别占25%和5%)。评估结果分为优、良、中、差4个等级。

表1-4 2012年度深圳市政府绩效评估指标

单位	一级指标	权重百分比	权重百分比	考核等级
市直单位	行政业绩	45%	内部评估70% ——电子系统评估65% ——市领导评估5%	优 良 中 差
市直单位	行政效率	20%	内部评估70% ——电子系统评估65% ——市领导评估5%	优 良 中 差
市直单位	行政执行力	25%	内部评估70% ——电子系统评估65% ——市领导评估5%	优 良 中 差
市直单位	行政成本	10%	内部评估70% ——电子系统评估65% ——市领导评估5%	优 良 中 差
区政府	经济调节	10%	外部评估30% ——社会公众满意度调查25% ——电子民调系统测评5%	优 良 中 差
区政府	市场监管	20%	外部评估30% ——社会公众满意度调查25% ——电子民调系统测评5%	优 良 中 差
区政府	社会管理	25%	外部评估30% ——社会公众满意度调查25% ——电子民调系统测评5%	优 良 中 差
区政府	公共服务	45%	外部评估30% ——社会公众满意度调查25% ——电子民调系统测评5%	优 良 中 差

在试点过程中,各试点单位结合实际,积极在所属地区和部门开展专项工作绩效管理,创造了很多好的做法和经验。总的来看,各试点单位绩效管理工作日趋规范,成效逐渐显现,有力地推动了各项工作任务的落实,提高了行政管理科学化、精细化、规范化水平,为总结推广试点经验,探索实现绩效管理常态化、制度化积累了条件。在这些试点工作的推动下,政府绩效管理在我国各地加速扩散,截至2012年年底,政府绩效管理进一步扩展到27个省(自治区、直辖市)的范围。

2014年3月,按照中央全面深化改革领导小组的统一部署,由中央机构编制委员会办公室(以下简称中央编办)负责研究制定推进政府绩效管理的相关改革举措。为此,中央编办落实了相关司局承担政府绩效管理职能,积极开展了调研工作,并将出台推进全国政府绩效管理的指导性意见。可以期待,政府绩效管理将成为中央全面深化改革的一项重要目标任务,成为国家治理体系尤其是治理能力现代化的一个重要组成部分。

第四节　政府绩效管理与国家治理体系和治理能力现代化

十八届三中全会提出了"完善和发展中国特色社会主义制度,推进国家治理体系和治理能力现代化"的全面深化改革总目标,这是中国共产党治国理政思想的一个重大创新。在推进国家治理体系和治理能力现代化的进程中,政府绩效管理责无旁贷,其发挥的作用将越来越凸显出来。

一、国家治理体系和治理能力现代化的科学内涵

（一）国家治理体系

2014年2月17日,习近平总书记在"中央党校省部级主要领导干部学习贯彻十八届三中全会精神全面深化改革"专题研讨班上,对国家治理体系和治理能力现代化作了清晰及明确的界定。他指出,国家治理体系是党领导人民管理国家的制度体系,包括经济、政治、文化、社会、生态文明和党的建设等各领域的体制、机制和法律法规安排,也就是一整套紧密相连、相互协调的国家制度。[①]

这一论述从政治属性、治理结构和治理目标三个层次,对国家治理体系进行了阐述。在政治属性上,强调国家治理体系是在党的政治领导下进行的,是中国特色社会主义制度体系的集中体现;在治理结构

---

① 习近平:《完善和发展中国特色社会主义制度,推进国家治理体系和治理能力现代化》,《人民日报》,2014年2月18日,01版。

上,包含经济治理、政治治理、文化治理、社会治理、生态治理和党的建设六大体系,这六个体系是有机统一、相互协调、整体联动的运行系统,明确了政府、市场、社会三者的职能定位和相互关系;在治理目标上,就是要实现国家治理体系的现代化。

(二) 国家治理能力

国家治理能力就是运用国家制度管理社会各方面事务的能力,包括改革发展稳定、内政外交国防、治党治国治军等各个方面的能力。[①] 国家治理能力包含了与整个国家以及公民利益密切相关的所有公共事务和公共事务治理过程,不仅包括对政治、军事、文化、经济、社会等所有领域的治理能力,而且包括对公共产品的生产与供给、社会资源的协调与分配、公共政策的制定和实施、社会认同的维系、国家安全的维护以及国际关系的维持等所有过程的治理能力。

国家治理能力可以从不同的角度理解。从治理主体看,包括国家机构履职的能力,人民群众依法管理国家事务和社会公共事务的能力,推崇多元化的治理主体,政府、市场、社会三者是治理的主体。从权力结构的关系,国家治理能力可以分为中央政府的治理能力、地方政府的治理能力和社会治理能力。而从组织结构角度看,有效的治理以科学合理的政府组织结构为基础,也就是优化政府职能配置、机构设置、工作流程,完善决策权、执行权、监督权既相互制约又相互协调的行政运行机制,用机制再造流程、简事减费、加强监督、提高效能。

(三) 国家治理体系和治理能力的逻辑关系

国家治理体系和治理能力是一个国家的制度及制度执行能力的集中体现,两者相辅相成。[②] 建立现代国家治理体系,需要全面推进经

---

① 习近平:《完善和发展中国特色社会主义制度,推进国家治理体系和治理能力现代化》,《人民日报》,2014年2月18日,01版。

② 同上。

济、政治、文化、社会、生态文明、党的建设领域的各项改革和制度建设,综合协调政府、市场和社会多元治理主体之间的关系,培育国家维护公共秩序、推进制度改革、促进发展、维护社会公平正义的治理能力。国家治理体系和治理能力是一个相辅相成的有机整体,有了好的国家治理体系,才能提高治理能力;提高国家治理能力,才能充分发挥国家治理体系的效能。

国家治理体系是有效提升国家治理能力的前提。国家治理体系是在党领导下管理国家的制度体系,是一整套紧密相连、相互协调的国家制度,国家治理体系的变迁和成长,在很大程度上决定着治理能力的高低。作为治理体系核心内容的制度,其作用具有根本性、全局性、长远性。科学的国家治理体系,能为提升国家治理能力拓展空间。

国家治理能力是发挥国家治理体系效用的保障。国家治理能力是运用国家制度管理社会各方面事务的能力,包括驾驭市场经济的能力、构建社会主义和谐社会的能力、建设社会主义民主政治的能力、处理国际事务的能力等。高效的国家治理能力是国家有序运行、健康发展的基本条件,也是人民安居乐业、社会安定有序、国家长治久安的重要保障。只有国家治理能力卓越,中国特色社会主义制度的优越性才能转化为国家治理的效能。

二、政府治理现代化的评价维度

推进国家治理体系和治理能力现代化,工作纷繁复杂、千头万绪,如果就事论事、头痛医头,只会事倍功半,所以必须分析实现有效治理的战略路径,找到国家治理的制高点、切入点、着力点。从国家治理体系结构上看,目前政府与市场、社会三者间的职能地位和相互间的关系并未理顺,表现为政府过多地干预市场活动,过多地承担社会职能,过多地操纵资源分配等。就地方政府在国家治理体系和治理能力现代化进程中的角色而言,关键在于如何处理好政府与市场、社会、资源分配间的关系。

一是政府要正确处理"放权"和职能"归位"的关系。政府应该把本来属于市场、属于企业、属于社会的权力还给市场、企业和社会,而不是简单地在政府上下之间、横向之间搞权力转移。从管制型政府向服务型政府转变,各类经济审批权总体上是应该取消的,市场和企业能解决的问题政府没必要干预,这样才能实现市场在资源分配中的决定性作用。

二是全面推进机构改革。推动全面的机构改革,其难点是解决好资源分配问题,在职能定位和权力划分的基础上,进行机构和人员编制的优化配置,将精简压缩下来的一部分人员编制调整充实到需要加强的政府部门。

三是坚持依法行政。从一元单向治理向多元交互共治的结构性变化,意味着我们要彻底改变长期以来依靠红头文件、领导讲话、批示这样一种政府运作模式,要把各项行政权力都纳入法治轨道,从而在政治生态上铲除人治隐性存在的可能。国家治理、政府治理、社会治理的基本方式必然是法治。要以法治的可预期性、可操作性、可救济性等优势来凝聚转型时期的社会共识,使不同利益主体求同存异,依法追求和实现自身利益最大化。[①] 要努力形成办事依法、遇事找法、解决问题用法、化解矛盾靠法的良好法治环境。

四是治理要民主化。要坚持人民主体地位,不断发展社会主义民主政治。国家治理要以保证人民当家做主为根本,推动人民代表大会制度与时俱进,推进协商民主广泛、多层、制度化发展,发展基层民主。要扩大公民的有序政治参与,而且要使这种参与制度化、程序化、组合

[①] 中央党校中国特色社会主义理论体系研究中心:《加快推进国家治理体系和治理能力现代化》,《解放军报》,2014年3月19日,01版。

化,从而确保政府决策的民主性、正当性,提升公民参与的有效性。

五是强化政府绩效管理。要改变以往那种"只算政治账不算经济账"的思想观念和行为方式,真正确立绩效的理念,加快建立政府绩效管理体系。党的十八大提出"创新政府管理方式,提高政府公信力和执行力,推进政府绩效管理",首次把政府绩效管理上升为国家战略。要从立法的层面确立这项制度,使其成为政府管理的常规和主流方式。

六是鼓励政府创新。建立常态化的政府创新创优推进机制,通过创新来推进政府职能转变和服务水平的提升。坚持创新导向,积极鼓励开展制度创新、管理创新,通过创新,不断加强政府自身的改革建设。建立有效的激励机制,形成足够强大的激励力量,激发各地、各部门的创新积极性,要引导各地、各部门在推动经济结构战略性调整、促进经济发展方式转变、加快城乡区域统筹发展、创新和加强社会管理、保障和改善民生等方面积极探索创新,取得新突破。

七是加强吏治。要改进干部选拔使用和管理方式,实现权力与责任、管事与用人、监督与问责、惩罚与奖励相协调的管理机制。要建立决策科学、执行坚决、监督有力的权力运行体系,健全惩治和预防腐败体系,建设廉洁政治,努力实现干部清正、政府清廉、政治清明。同时,要加强各级公务员的能力建设,使之能够适应政府治理现代化的要求。当前,要在深入开展反腐败斗争、统筹推进"四个全面"战略布局的同时,从立法、政策、制度等层面,系统研究、科学设计公务人员的监督、管理和激励机制,切实解决好"不作为、不担当、不落实"等庸政懒政问题。

三、政府绩效管理在国家治理体系与治理能力现代化中的作用

政府绩效管理具有民主、责任的基本价值理性和提升行政效能与治理能力的工具理性,这是其他政府行政管理手段和工具所无法替代

的。现代国家治理需要建立综合性的协调和推动机制,这为政府绩效管理提供了机会,促使政府绩效管理成为推进构筑国家治理体系、提升政府治理体系现代化水平的重要手段和推动力量。

(一)政府绩效管理能够实现治理主体角色分配合理化、执行高效化

从治理主体角度讲,有效的治理,突出强调社会公共事务的多方合作治理,包括政府、公私企业、社会组织和公民个人在内的多元主体,都是公共事务的重要参与者。政府、市场和社会回归各自的本位,在政府与市场关系上,充分发挥市场在资源分配中的决定性作用,是治理能力现代化的关键;在政府与社会关系上,要让社会公众以主体身份参与到社会治理中去,实现自我管理。政府绩效管理的功能在于促进多元主体共治的高匹配度和低合作成本,提升治理的系统性、整体性、协同性。

执行力是有效利用资源、保质保量达成目标的能力,是贯彻战略意图、完成预期目标的操作能力。政府绩效管理通过评估和监督政策执行落实情况,影响决策权、执行权、监督权等既相互制约又相互协调的行政运行机制,从而提高政府和个人的执行力。

1. 强化主体责任

如何引导和调动各级部门及公职人员有效地执行政府的各项重要决策,贯彻和落实地方政府发展及改革意图,是非常重要的,这直接关系到政府绩效的高低和决策目标的实现与否。政府绩效管理以明确政府工作目标为出发点,强化主体责任意识,通过多元化主体参与,引入外部监督,将政府外部压力转化为政府部门和公职人员为民服务的动力。

2. 合理分配角色

政府、市场、社会关系定位不合理,必然导致政府职能的越位、缺位、错位等情况。政府绩效管理通过指标设置,能够有效地引领政府职

能转变,推动政府部门和公职人员履行好经济调节与市场监管职能,把社会治理和公共服务职能放在更加突出的位置上,实现政府、市场、社会三者角色的合理分配。凡是市场能够解决的问题,让市场去解决;凡是社会能处理的问题,依靠社会去处理;凡是应该由政府办理的事情,政府必须切实负起责任,不折不扣地办好。

3. 评估督查落实

通过绩效管理指标体系,激励、引导和督促政府部门与公职人员按照绩效计划开展工作,完成预期的目标任务,实现组织的使命和战略;根据绩效计划、绩效监控和绩效沟通反馈情况,可以分析政策执行的进展状况;通过绩效评估,掌握政策执行过程的信息乃至反馈到政策制定环节,可以分析评估决策执行和落实的进度安排,评估政策实际执行的状况。通过对政策执行的评估,监督和落实决策,提高决策的执行力。

(二) 绩效管理能够推动政府治理规范化、诉求回应制度化

规范政府治理过程的一个重要途径就是强化权力运行制约和监督体系。构建完善的政府绩效管理体系,可以引导各级政府规范决策流程、多方吸纳意见、主动接受监督,及时回应社会公众的诉求。"诉求"是社会公众在自身利益受到损害时或者针对周边的一些社会问题,通过一定的渠道所表达出来并期望能够得到满足的愿望、观点和要求;"回应"是政府部门对社会公众的前述要求作出及时、负责任的反应。公众诉求和政府回应的良性互动,是公共利益最终得到实现的必然选择。

1. 绩效管理可以为政府治理提供健全的公众参与和民意吸纳的制度化平台

现代政府绩效管理以治理主体的多元化为特征,积极鼓励社会公众参与公共事务,为实现公民的有序政治参与提供了现实途径。社会公众参与政府绩效管理,主动发表意见和建议,并积极作出客观的评价和表达利益诉求,为政府提供了一个稳定的民意获取来源。渠道的畅

通和制度化建设,减轻了社会对政府决策和施政行为的压力,并以此促进各级、各部门增强自我约束,规范治理行为,提升政府治理能力。

2. 绩效管理可以提升政府回应的有效性

在政府绩效管理中,社会公众通过有序参与获得公共治理的话语权,所提的意见和建议以及一系列的评价,经过绩效管理机构系统的分析、归纳和整理,及时反馈给相关的责任部门,这使得绩效管理具有问题发现的功能。这一功能让政府在治理过程中,能够深入地获取民情民意,找准问题,找到社会聚焦问题的症结所在,为及时、有效地解决问题、缓解矛盾提供了可能。绩效管理除这种问题发现功能外,还可以通过专业的绩效分析和治理诊断调查,对于政府绩效管理中带有一定普遍性的突出问题,组织相关部门和有关专家深入研究问题根源,共同商讨解决方案,以提高政府的整体绩效。

(三)绩效管理能够促进政府治理民主化、决策科学化

民主是现代国家治理体系的本质特征,是区别于传统国家治理体系的根本所在。所以,政治学家通常也将现代国家治理称为民主治理。[1] 政府绩效管理可以通过制度设计,为社会公众广泛参与政府公共事务决策提供渠道,搭建政府与社会公众之间的良性互动平台,增强政府公共事务决策的民主性、科学性,减少决策在执行过程中的阻力。

政府决策的科学性是指决策过程中价值理念、方法和程序要始终坚持民主、科学,以减少决策的风险,降低决策成本,提高政府决策质量。构建政府科学决策机制最重要的是在决策主体、决策思维和决策程序三个方面实现根本的转变。

1. 推动决策主体多元化

社会公众不仅是政府决策的参与主体之一,同时也是政府决策发

---

[1] 王全宝:《"多一些治理,少一些管制"——专访中共中央编译局副局长俞可平》,《中国新闻周刊》,2014年3月10日。

生作用的基本对象之一。作为决策主体,社会公众有权向政策的直接制定者表达其意见和愿望,有权通过各种途径表达其利益要求,并影响政府决策;作为决策对象,社会公众实质上在政府决策的执行中起着非常重要的作用,直接影响着政府决策的执行情况。政府绩效管理的实施可以评估和诊断政策制定及执行中出现的问题,为政策调整、修正、终止提供必要的信息和依据。而公民参与和评价政府绩效,可以提高政府界定政策问题的针对性,契合社会公众的关切。在绩效管理沟通、绩效反馈和绩效结果应用过程中,绩效评估意见的反馈、整改过程既能实现公共决策的民主化,也能提高公共决策的科学化水平。

2. 推动决策思维科学化

政府绩效管理能够引导党政部门和公职人员树立正确的政绩观,引导各级政府和各级领导将工作重心同党中央与国家总体战略保持一致。在区域发展决策上,通过考核指标的设置,有效解决发展过程中当前与长远、潜绩与显绩的关系问题,统筹经济发展、社会治理、民生改善、资源环境保护等方面,既考虑当前,又着眼长远。通过围绕公共服务、社会治理等政府自身职能需求来设计指标内容,引导各级政府部门更加注重民生改善、提升公共服务治理、优化社会治理。

3. 推动决策程序规范化

科学的决策程序体现为规范决策。规范的决策程序需要确立公正的决策规则、前后一致的决策标准、民主集中的决策过程。通过设置科学合理的绩效评估指标体系,明确考核内容和评价标准,可以对政府决策形成较明确的预期,预测政策运行对决策者、执行者以及利益关系人的影响及其需求的满足状况;通过绩效分析和治理诊断调查,对政策及其运行状况进行分析,作事实研判,有利于决策者和执行者准确地把握与诊断政策运行的实际状况;通过政府绩效管理还可以及时有效地将政策运行状况、绩效评估情况、相关意见建议等信息,反馈给决策者和执行者,为监督与控制政策运行提供手段和依据。

(四)绩效管理能够激发创新活力,促进政府改革创新和职能转变

政府绩效管理通过运用科学的标准、程序和方法对政府绩效作出客观公正的评估,是评判政府治理水平和运作效率的重要依据,是落实政府责任、改进政府管理、提高公共服务能力和政府运行效能、增强政府治理能力的重要工具。政府绩效管理的意义不限于方法论的变革和管理手段的改进,而是行政管理理念和行政管理模式的根本创新。[①]

1. 引领政府改革创新

政府绩效管理推行和实践的过程,也是行政管理体制改革和创新的过程。我国目标责任制、效能监察制、社会服务承诺制、效能建设、政府绩效评估和政府绩效管理等一系列行政管理理念、方式和方法的推进,促进了行政管理体制的改革和发展。政府绩效管理的绩效计划、绩效监控、绩效评估、绩效反馈和绩效改进等环节,对组织和个人进行评估,促使内部展开竞争,将绩效考核结果与奖励挂钩,实现了奖优罚劣。这种竞争的结果必然激发组织和个人的创新动力,从而积极创新管理和服务方式。

政府绩效管理多元化的治理方式和注重过程与结果相结合的管理模式,使得它本身具备强大的问题发现功能和治理诊断能力。这可以及时有效地帮助政府部门发现工作过程中的问题,为克服这些问题及其所带来的后果,政府部门必然重新审视自己的工作流程、职能职责,并为解决这些问题采取新的举措,这就为政府部门的创新提供了动力。

2. 推动政府职能转变

政府绩效管理对政府运作方式和公职人员履职尽责的影响是非常

---

① 桑助来:《完善政府考核导向》,《瞭望》,2007年第27期。

巨大的。首先,通过指标体系的设置,引导政府部门把政府工作重点转到创造良好的发展环境、提供优质的公共服务、维护社会公平正义上来。其次,政府部门的职能履行情况、公共事务的处理是否能够满足社会公众的需求、是否实现了公共利益目标等,都可以通过绩效管理进行科学、客观、细致的评估分析。最后,政府绩效管理有助于克服公共部门系统内部的官僚主义习气,优化业务流程,实现政府再造,推动政府职能转变,提高公共服务供给能力和社会管理水平。

第五节 政府绩效管理与政治合法性问题

开展政府绩效管理还有一个更深层次的原因,即政治的合法性问题。任何政权统治的存在都必须以人民的认可和接受为前提,即必须具有政治合法性。合法性问题关系到国家政权的存续,是一国政治统治成败的关键。托克维尔对此有独到的见解,他在论及这一问题时指出:"每个人都因贫困而指责政府,连那些最无法避免的灾祸都归于政府。"[①]因此,当权者一般都会去谋求社会经济发展,以增强自身统治的合法性,以此作为各国政治活动的核心问题和首要目的。政府绩效管理能够提升政府绩效和治理水平,维护和增强政治合法性。

一、政治合法性问题探源

政治合法性是政治权力及其遵从者证明自身合法性的过程,是对统治权力的认可。

合法性的概念较早由卢梭从社会契约的角度提出。卢梭的《社会契约论》认为,统治的合法基础在于"公意",否认了以往"君权神授"的

---

① 〔法〕阿历克西·德·托克维尔:《旧制度与大革命》,冯棠译,北京:商务印书馆,1992年,第131页。

观念,这构成了近代政治合法性理论的政治哲学基础。

马克斯·韦伯丰富并发展了政治合法性的概念,他从社会学的角度分析政治合法性问题,认为政治统治的合法性有三大来源:一是传统型,政权是建立在传统的、意识形态的基础上,这是被自古就有且世代相传的遵从传统和习俗观念而神圣化了的权威,如王朝统治、世袭君主制等;二是克里斯玛型,也叫魅力型,政权主要依赖于领袖人物的个人品格魅力,追随者相信领袖具有神秘的力量和某种天赋的神圣权力,并对他极度忠诚;三是法理型,是通过竞争性的民主选举建立的政权,它建立在对正式制定的规则和法律的遵守之上,依靠对合法章程的有效信任、依靠由理性制定的规则建立起来。① 马克斯·韦伯是从经验论证政治合法性的既定事实,从他的观点可以看出,任何稳定的、成功的统治,无论它以何种形式出现,都必然是合法的,因为不合法的统治本身就没有存在的余地。

哈贝马斯对政治合法性的观点更为理性,他认为"合法性意味着某种政治秩序被认可的价值"②,衡量政权合法性的标准在于政治秩序与所处时代价值规范的兼容度。强调统治秩序的稳定性也依赖于自身在事实上的被承认,合法性危机是一种认同危机。通过对自由资本主义阶段和垄断资本主义阶段不同国家采取稳定与发展经济的策略分析,他把政治合法性归结为以价值规范为基础、获得广大公民的支持和忠诚。

芝加哥大学的赵鼎新教授修正了马克斯·韦伯的观点,重新定义了政治合法性的三大来源:一是法治选举型,二是意识形态型,三是政

---

① 〔德〕马克斯·韦伯:《经济与社会》(上卷),林荣远译,北京:商务印书馆,1997年版,第238—242页。
② 〔德〕哈贝马斯:《交往与社会进化》,张博树译,重庆:重庆出版社1989年版,第184页。

绩型。他用意识形态合法性代替传统合法性,以此来涵盖任何基于价值观之上的国家政权的正当性。他认为,克里斯玛合法性只是意识形态合法性的一种极端形式。作为最重要的一点,他将政绩合法性列为政治合法性的一个主要方面。赵鼎新认为,"政绩合法性是指一个政权统治权利的合法性来自该政权经济绩效和/或道德功绩以及捍卫领土的能力"①。三种类型并不是纯粹的分类,而是不纯粹的理论构建,一个政权绝不可能凭借单一的合法性来确保其生存。不过,在某个特定时期,一个国家往往存在一种主导性的合法性,来决定该政权的性质。

政治合法性的争论焦点经历了从自然法、契约精神,到价值规范,再到政府绩效这种更加务实的探讨历程,这是不同时期经济社会发展对政治的反应和对正义的追求,"基于对人类社会实现良善政治治理的希望,正义从古至今一直都是合法性或者正当性的终极诉求"②。对政治合法性的探讨也体现了社会价值多元化的发展趋势。

二、政绩始终是中国政治合法性的来源之一

中国政治合法性问题的争论和探讨也由来已久。中国的古代社会,以帝王将相为代表的统治阶层亦深谙此道,他们取得政权之前或之后,都会竭力寻找一种主导性的理论,为自己统治秩序的确立和存续提供合理的依据。这种理论以"天命观"最为常见,西周时期即有"顺乎天而应乎人"的合乎自然的理论出现。其次是首领的个人道德与品行。而法律仅作为当权者的统治工具,它与现代意义上的法律并不相同,几乎未见统治阶层以此证明自己统治的政治合法性。尽管法律不是古代

---

① 赵鼎新、龚瑞雪、胡婉:《"天命观"及政绩合法性在古代和当代中国的体现》,《经济社会体制比较》,2012 年第 1 期。
② 王海洲:《合法性的争夺》,江苏:凤凰传媒集团、江苏人民出版社,2008 年版,第 3 页。

中国政府的基础,但诸如君权神授(真命天子)、合法的王位继承者(正统),以及统治者正当的行为等构成了古代中国政治理论的内核,同时这些原则也属于现代意义上政权合法性的范畴。①

历史上,当中国的政权更迭时,"天命观"便成为政权合法性的首要因素,构建这种"天命观",实际上强调的是帝王端正的操行。西周在其以区区六万人口的小国身份征服强大的商汤王朝之际,期望借此观念削弱民众对商汤的认同并建立其统治的正当性。"天命观"中,王朝更替的原因被解释为,上天因为商朝君主的暴政和周朝统治者的德政,便将授予商朝的神圣权力收回,而赐予周朝。这种思想由中国西周的统治者首先提出,春秋战国时期被儒家学说吸收,并成为后世中国历代政权合法性的基石。

当更迭后的政权趋稳时,政绩逐渐成为政权合法性的核心要素。首先提出"天命观"的西周统治者就已经认识到这一点了,他们认为,要承续天命维持政权统治,唯有勤理朝政,治国有方。政绩决定人心向背,历代统治者中的"明君""贤臣"推行仁政,实施富民、惠民、安民、爱民的政策时,国家繁荣昌盛,社会太平稳定,百姓丰衣足食、安居乐业。政绩成为对中国古代统治者的强大约束,主导着国家社会与统治集团的关系,直接影响着人民对统治者的认同和顺从。

新中国成立前夕,毛泽东一行以"进京赶考"的心态,决定将中共中央进驻北平。这是中国共产党对即将成为执政党的政治考量,其背后正蕴含着政治合法性的核心要素——政绩。在这个重大历史关头,中国共产党所肩负的任务是非常繁重的,所面临的挑战是十分严峻的。毛泽东的"进京赶考",不是一时的赶考,而是永无止境的赶考,只要共产党执政,都是在赶考。

---

① 赵鼎新、龚瑞雪、胡婉:《"天命观"及政绩合法性在古代和当代中国的体现》,《经济社会体制比较》,2012年第1期。

1978年,中国共产党十一届三中全会的召开,标志着中国改革开放与现代化建设进入全新的时代。三中全会是在当时政治合法性遭遇严重挑战的背景下召开的。经过"文革"的十年浩劫,经济社会受到重创,人们普遍比较彷徨、迷茫,各阶层纷纷反思发生在政治、经济、文化领域的各种反常现象。这种背景下,以邓小平为核心的新一代领导集体开始审视新中国成立以来党和国家的种种方针策略,寻找维系和增强政治合法性的实质性载体。[①] 改革开放和以经济建设为中心的发展战略成为当时的必然选择。由此建立的以经济建设为中心的改革策略和国内生产总值(GDP)导向的政治晋升考核机制,促进了经济的快速发展,同时也满足了社会公众日益增长的物质文化需求,提升了社会公众对中国共产党领导的政权和政治体制的认同、信任及支持。"发展是硬道理""必须始终坚持以经济建设为中心,聚精会神搞建设,一心一意谋发展",改革开放三十多年以来,这种政绩的合法性集中体现在经济的高速增长上。2014年,美国田纳西大学政治学系教授钟杨利用大样本实证研究数据,测量并分析了中国十个大城市居民的政治信任程度。研究表明,城市政府的执政绩效往往更直接而显著地决定着人们的政治信任。执政者如果需要获取民众更高程度的支持,需要进一步提高政策绩效,着力解决城市运行中存在的腐败和低效问题,并努力改进政府工作人员的服务态度。[②] 该研究结果与当前中国地方政府对高绩效的追求和依赖十分吻合,地方政府希望通过创新政府管理方式来提升治理绩效,具有非常现实的政治意义。

在经济建设和发展成就中获取政治合法性,是因为中国正处于一

---

① 王伟,《改革开放以来我国政治合法性的依赖途径及变迁瞻望》,《中共石家庄市委党校学报》,2014年3月,第16卷第3期。
② 转引自陶郁:《政府高绩效更易获得市民信任》,《青年参考》,2014年5月21日,03版。

个政治、经济、社会的快速转型期,传统的意识形态在一个开放、多元的社会面临挑战,其感召力趋于下降,尚处于建构过程中的新意识形态系统难以独立支撑政治合法性,法理资源相对匮乏,因而政府迫切需要通过发展经济取得的经济绩效来证明政权的政治合法性。但是从长远来看,单一的以经济绩效作为政治合法性的来源同样会受到诸多挑战:一方面,经济的发展本身就具有不确定性;另一方面,经济的快速发展,必然会使社会公众对政府的预期有所增长,包括社会福利、政治参与等都会有更高的要求。"高增长率或许不能永远持续下去,政治体系高度碎片化,贫富差距和社会冲突都在加剧,绩效危机或价值变迁均有可能导致合法性流失。"①随着时间的推移和片面追求 GDP 带来的负面效应,经济增长所提供的"边际合法性"在下降,过分依赖经济增长的政绩合法性在经济增长到一定阶段后,容易陷入"政绩困境",即:由于它们的合法性建立在政绩的标准之上,如果政府不能获得好的政绩,就将失去合法性;如果政绩好了,合法性也会由于经济增长放缓而处于下降趋势。

中国共产党对"政绩困境"带来的政治合法性危机有着清晰的认识。2004 年,党的十六届四中全会《决定》就指出:"党的执政地位不是与生俱来的,也不是一劳永逸的。"强调这一观点,目的在于提醒全党同志特别是党的各级领导干部警觉起来,增强忧患意识和执政意识,以实际行动来加强党的执政能力建设。2008 年 12 月 18 日,在纪念中国共产党十一届三中全会召开 30 周年的大会上,时任中共中央总书记胡锦涛再次警示全党:"党的先进性和党的执政地位都不是一劳永逸、一成不变的,过去先进不等于现在先进,现在先进不等于永远先进;过去拥有不等于现在拥有,现在拥有不等于永远拥有。"要求全党同志"坚持

---

① 转引自俞可平、〔德〕托马斯·海贝勒、〔德〕安晓波:《中共的治理与适应——比较的视野》,北京:中央编译出版社,2015 年,第 12 页。

以改革创新精神加强党的自身建设,不断提高党的执政能力、保持和发展党的先进性"。习近平同志2010年在中央党校秋季学期开学典礼上强调:"权为民所赋,权为民所用。领导干部不论在什么岗位,都只有为人民服务的义务,都要把人民群众利益放在行使权力的最高位置,把人民群众满意作为行使权力的根本标准",进一步阐述了政治权力的来源和对谁负责的问题。2015年9月9日,中共中央政治局常委、中央纪委书记王岐山在人民大会堂会见出席"2015中国共产党与世界对话会"的外方代表时指出,"中国共产党的合法性源自于历史,是人心向背决定的,是人民的选择。办好中国的事情,就要看人民高兴不高兴、满意不满意、答应不答应。执政党代表人民、服务人民,就要确立核心价值观,坚守在行动上"。这是中国共产党第一次直面回应政治合法性问题,显示了在这一问题上的自信。

当前,我国正处于经济社会转型发展的重要时期,依靠经济高速增长带来的政绩合法性的"红利"正在削减。"民主而非专制,法治而非人治,善治而非善政,成为现代政治权威的主要合法性来源。与此相一致,只有沿着民主、法治和善治的道路,政治权威的增强才符合现代政治文明的要求和趋势。"[①]因而,要维护社会的长治久安,实现中国共产党的长期执政,必须不断拓展执政的合法性资源,增强政治合法性的多元基础,运用法治思维和法治方式深化改革,用民主的理念安排制度设计,扩大公民有序政治参与,切实有效地加强权力制约和监督,早日实现全面依法治国,推动以经济增长为核心的政治合法性向以民主法治为核心的政治合法性的转变。

三、政府绩效管理有利于巩固和提升政治合法性

一个政权的政治合法性,除其历史来源与意识形态之外,还要看其

---

① 俞可平:《权力与权威:新的解释》,《中国人民大学学报》,2016年第3期。

统治的有效性。美国政治学家利普塞特指出:政治的有效性是指"政治统治能否满足社会各阶级或阶层的功利性需求",一个政权"一再地或长时期地缺乏有效性,也将危及合法制度的稳定",而"延续几个世代,长期保持效率的政治制度可以得到合法性"。① 在一个政权政治合法性因素——历史来源和意识形态确定并稳定下来以后,政府治理的有效性就成了政治合法性的核心要素。政府治理的有效性包括多个方面,其中政治、经济、社会是最主要的三个方面,即政治绩效、经济绩效和社会绩效状况反映了政府治理有效性的程度。政治绩效是通过一定的制度安排实现政治体制的完善和政治民主水平的提高、国家凝聚力的增强和政治文明的提升,它具体表现为依法行政、国家安全与稳定、廉洁高效、公开、透明、公正、民主。在市场经济环境下,经济绩效主要表现在促进和维持经济的可持续发展上,不仅经济总量扩张,而且还需有质的提升。具体如 GDP 增长率与人均收入增长率、扩大就业与失业率、通货膨胀与物价水平、利率与汇率等。社会绩效是要建立与经济发展和政治文明相适应的社会治理体系,不断改善基本公共服务,维护社会公平正义,满足社会公众的需求,增强社会公众的获得感,实现居民安居乐业。

政府绩效管理能够提升政府治理的政治绩效、经济绩效和社会绩效,政府绩效管理的价值从其存在的领域看,本身就包含了这三个方面。因而,政府绩效管理对巩固和提升政治合法性具有重要意义。

首先,政府绩效管理契合了参与式民主的现代发展趋势。政治秩序的维护不仅仅依靠国家暴力机关及军队作为最后的监管保障,其根本要素在于民众的情感认同和心理支持,并由此转化为理性的行为。这种转化的动力来自社会公众能够直接参与到政府决策和公共事务的

---

① 〔美〕西摩·马丁·李普塞特:《政治人——政治的社会基础》,刘钢敏译,北京:商务印书馆,1993 年,第 53—56 页。

管理之中。因为民众对政府的理解、认同、支持，以及政权合法性和正当性认知不再局限于选举及投票等政治过程，而是延伸到行政管理和公共政策过程，逐步聚焦于对政府公共管理行为和结果绩效的感知与评价。政府绩效管理正是通过绩效计划、绩效监控、绩效评估、绩效反馈、绩效改进等一系列的绩效管理链条，确保了社会公众的有序政治参与和政府及时有效的回应，为政府与社会公众之间形成良性互动提供了条件和可能。良性互动增强了社会公众对政府的理解和认同，可以有效地减少政策推行的阻碍，从而大大地提高政府效率。这种效率的提高，又能够进一步增强政府公信力。

其次，政府绩效管理是促进经济可持续发展的有效抓手。推进经济可持续发展的关键在于转变经济发展方式，一个国家或地区的经济发展方式具有明显的体制属性，体制机制决定了经济发展方式的选择，而且会让这种方式沿着既定的方向不断强化。因此，加快经济发展方式转变，必须加快改革创新步伐，在冲破旧体制机制约束的基础上，建立健全新的科学有效的体制机制，特别是推进政府改革。政府绩效管理通过指标设计会直接影响领导干部的政绩观，它如同指挥棒，引导领导干部采取措施让政府行为与转变经济发展方式的目标要求相一致。在考核内容上，更加重视经济发展方式转变方面的内容，不仅考核是否完成了经济增长任务，还将资源成本、环境保护、人民群众生活质量等反映经济发展方式的内容纳入考核范围，从根本上激发、调动各地、各部门转变经济发展方式的主动性和积极性。通过政府绩效管理，强化职能职责的考核，转变政府职能，推动政府更好地适应市场经济体制的要求，把工作重心从直接干预微观经济活动转向改善宏观调控，加强市场监管，建立健全法律制度，从而激发市场主体的活力。

再次，政府绩效管理是优化社会治理实现社会和谐的突破口。优化社会治理体系，一方面，需要完善党委领导、政府主导、社会协同、公众参与、法治保障的社会治理体制,实现政府治理和社会调节、居民自治良性互动;另一方面,需要提升政府治理能力和水平,增强社区服务功能,发挥社会组织作用,增强社会自我调节功能,完善公众参与机制,健全权益保障和矛盾化解机制。政府绩效管理以多元化的治理为特征,能够充分发挥社会公众、社会组织的主体参与作用,在政府与社会之间建立制度化的沟通渠道,从而推动社会治理从政府包揽和管制取向,转向多元主体协商协作。政府绩效管理通过助推政府部门和公职人员转换管理理念、树立服务观念、坚持问题导向,及时关注并有效地回应社会公众的诉求,提高政府对社会需求的回应能力。政府绩效管理的开展能够形成与现代市场经济和民主政治相适应的政府治理理念,加强多元主体间的对话协商,为社会基层组织的自治预留足够的空间,激发社会治理主体的权能,使社会成员在社会治理过程中拥有发言权和影响力。

最后,政府绩效管理通过消除"不绩效"问题,能够提升人民群众对政府的政治信任。解决好"不绩效"问题既是治理问题,也是政治问题。所谓"不绩效"问题,从政治生态上来说,包括"四风问题"(形式主义,官僚主义,享乐主义,奢靡之风),"三不问题"(不作为,不落实,不担当),唯GDP,短期行为,竭泽而渔;不计成本,不惜代价,搞"政绩工程"。从体制机制方面来说,如重复建设,公共资源不能共享,建设和管理脱节,政出多门、部门之间协同不够,缺乏长效机制,等等。政府绩效管理可以通过优化考核指标、强化公众评价、开展绩效评估、治理诊断、效能建设、绩效问责等"多管齐下",较大程度地解决"不绩效"问题,从而提高政府执行力,减少消极腐败现象,改进机关作风,提升治理能力和治理水平,打造人民满意政府。

第二章　杭州政府绩效管理的演进

杭州政府绩效管理发端于20世纪90年代初期的目标责任制考核;2000年,引入外部评价,在市直单位开展"满意单位不满意单位"评选(以下简称"满意评选");2005年,实施综合考核评价;2011年以后,逐步向全面绩效管理转变,经历了四个阶段、三次跨越,是一个从封闭式内部考核,到开放式外部评价,再到综合性绩效考评和全面推进绩效管理的发展过程,其实质是从封闭式政府管理逐步向多元化政府治理的转变,是中国地方政府治理从传统走向现代的一个缩影。

第一节　绩效管理的起源:目标责任制考核

目标责任制考核以行政管理目标为导向,以行政责任制为基础,通过组织定期检测行政组织或行政人员的工作行为,并以奖惩制度进行正向和负向激励,肯定积极行为,否定消极行为,提供了激励行政组织不断改进自身行为、努力创造工作佳绩的动力源泉。从20世纪60年代起已经成功地运用于企业管理之中,成为现代管理学理论体系的重要组成部分。目标管理的中心思想是引导管理者从重视流程、管理制度等细节问题转为重视组织的目标,强调高层、中层、基层管理者职责的不同,高层管理者"制定目标",保留最终的目标批准权,而操作层面的管理者"发展目标",但不能逾越高层对管理的终极控制。

目标责任制考核是杭州政府绩效管理的第一个阶段,它基本上参考了当时国内的普遍做法,具有两个明显的特征:一是在考核方式上依靠自上而下的系统推进,二是在考核内容上主要关注经济增长。这与当时的政治经济和社会发展背景有着密切的关系。

一、目标责任制考核:内生驱动型绩效考核

(一)目标管理在国内的应用和探索

发达国家在目标管理方面有成功的实践。从20世纪40年代到70年代,发达国家的政府绩效评估研究一直被称为行政效率研究,它是对传统行政绩效评估模式的延续。1940年伊始,以美国为代表的各国政府对政府绩效评估作了进一步的探索。"政府的行政机构,特别是预算署,开始制定工作绩效考核办法和工作绩效标准。"[①]随后,西蒙等人提出了评估的需求、结果、成本、努力、业绩五个方面的内容。胡佛委员会将自己的报告称为绩效预算,从而开创了政府绩效预算的新时代。在此基础上,20世纪60年代末至80年代初,美国政府又相继实行了计划—规划—预算(Planing-Programming-Budgeting,PPB)、目标管理(MBO)和零基预算(Zero-Based Budgeting,ZBB)。这对提升服务质量、控制成本、提高生产率和解决特殊问题都有着重要作用。

国内的目标责任制考核在考核原则、方法运用、评价指标等方面都借鉴了目标管理的基本做法,并将国外的研究成果和实践经验广泛应用在工商管理领域和政府部门。20世纪60年代中期,目标管理开始传入我国,最初在一些工商企业中应用,称为"方针目标管理"。进入20世纪80年代后,国家经委在对一些大中型企业试点取得经验的基础

---

① 〔美〕尼古拉斯·亨利:《公共行政与公共事务》,项龙译,北京:华夏出版社,2002年,第209页。

上,将目标管理作为18种现代管理方法之一,向全国的工矿企业进行推广。企业将生产经营方针分解制定成具体的经营目标,按照不同的岗位分级负责的方法,把目标管理与岗位责任制有机结合起来,推行方针目标管理,初步形成了具有我国特色的目标管理体系。

我国党政机关的目标管理,是在国有大中型企业推行目标管理责任制取得明显成效的基础上,由少数省市试行后在全国展开的。机关岗位责任制最早在辽宁省等一些省级机关试行,继而逐渐在各地展开。1982年12月,劳动人事部发出了《关于建立国家行政机关工作人员岗位责任制的通知》;1984年1月,中央组织部、劳动人事部联合召开了全国党政机关岗位责任制座谈会;1985年、1986年,劳动人事部先后在吉林、四川、湖南三次召开全国岗位责任制和人事制度改革理论研讨会,认真总结机关责任制的经验,深入探讨岗位责任制的理论和实践问题。此后,机关目标管理以责任制的形式在机关中广泛推广。到2002年,包括20多个省会城市在内的200多个城市采用了目标管理。

(二) 杭州市开展目标责任制考核的社会历史背景

十一届三中全会以来,在邓小平同志建设有中国特色社会主义理论的指导下,中华大地发生了历史性的伟大变革,社会生产力获得新的解放,整个国家焕发出了勃勃生机,安定团结的政治局面不断巩固。但是,随着改革开放的逐步深入,许多"瓶颈"问题也随之出现。特别是20世纪80年代末和90年代初,面对复杂的国际局势和国内环境,邓小平提出了"摸着石头过河"的主张,认为"要善于把握时机解决我们的发展问题",强调"不要怕冒一点风险"推进改革开放,"改革开放越前进,承担和抵抗风险的能力就越强"。1992年,针对当时经济发展徘徊不前的局面,很多人还把计划经济和市场经济当作一个姓"资"姓"社"的重要标志来看待,邓小平发表了著名的南方谈话。"计划多一点还是市场多一点,不是社会主义与资本主义的本质区别。计划经济不等于社会主义,资本主义也有计划;市场经济不等于资本主义,社会主义也有市场。计划和市场都是经济手段。"①邓小平南方谈话,从根本上解除了把计划经济看作属于社会主义基本制度范畴的思想束缚,解决了姓"资"姓"社"的问题。1992年年初邓小平南方谈话后,10月召开的中共十四大明确提出以建立社会主义市场经济作为改革目标,成为我国全面推进和深化经济体制改革的重要里程碑,启动了新一轮的经济改革,使我国经济和社会发展进入一个新的增长周期。

进入20世纪90年代后,世界经济形势发生了巨大的变化,出现了一系列新现象。经济全球化不断发展,世界市场的整合不断加深,世界经济的发展空间也不断地扩大,这一切对处于世界经济核心地区的美国与欧盟的影响巨大,也为我国的改革开放带来了新的机遇。综合国内外各种有利因素,党中央和国务院作出关于加快改革开放和经济发展的一系列决定。党的十四大进一步刺激了本已旺盛的投资热情,"九十年代我国经济的发展速度,原定为国民生产总值平均每年增长百分之六,现在从国际国内形势的发展情况来看,可以更快一些。根据初步测算,增长百分之八到九是可能的,我们应该向这个目标前进"②。

在世界经济形势和国内宏观政策的影响下,全国掀起了新一轮经济发展热潮,国民经济迈上了快速发展的轨道,改革开放和社会主义现代化建设进入新的阶段。这对地方政府和政府官员都带来了新的挑战,特别是20世纪90年代以后,我国的改革重心全面向城市转移,区域和城市的发展战略开始受到地方政府的重视。地方政府不仅要适应并融入我国经济社会的高增长周期,而且要让更多的社会成员享受到经济社会发展的成果,转型期政府最重要的政治合法性基础仍然在于

---

① 邓小平:《邓小平文选》(第3卷),北京:人民出版社,1993年,第373页。
② 江泽民:《加快改革开放和现代化建设步伐,夺取有中国特色社会主义事业的更大胜利》(1992年10月12日在中国共产党第十四次全国代表大会上的报告)。

发展经济。

杭州市作为沿海开放城市,对宏观政策和世界经济发展趋势更加敏感,对转型期政府的主要任务更加明确。在认真学习邓小平南方谈话和党的十四大精神之后,进一步明确了检验改革开放的是非标准,按照更加改革开放的新思路来加快杭州的发展步伐。杭州市确定了"三、四、五"发展战略目标和基本思路,提出把杭州建设成为中国长江三角洲南翼重要的经济、旅游、科技、文化中心,成为经济繁荣、科教发达、社会安定、环境优美的国际旅游名城。杭州市委、市政府决定加大改革力度,加速由过去单项性、浅层次的改革向深层次、全方位的配套改革转变,党政各部门职能向以经济建设为中心转变。

20世纪80年代中后期以来,目标管理责任制作为绩效管理的重要手段,在政府机关管理中被广泛采用。1989年,我国将效能监察引入目标管理中,从而加强了对政府机构事前、事中的监督,使之更好地服务于经济建设的需要。在此背景下,1992年,杭州市在政府机关管理中也引入了目标管理责任考核制度,旨在提高行政机关的办事效率和工作质量。随后,目标责任制在政府机关内部以及与政府相关的企事业单位中被广泛推广开来,旨在最大限度地调动各责任单位的积极性,实现上级规定的发展目标。

二、目标责任制考核的主要做法与特色

(一) 杭州市目标责任制考核的发展历程

1992—1998年是杭州市目标管理责任制考核的起步阶段。1992年,邓小平南方谈话后,由于机关干部工资福利较低,部分机关干部"下海"经商办企业,给机关干部队伍的稳定带来了一定的影响。为了把推进机关工作与调动机关工作人员积极性有效地结合起来,学习外地经验,杭州市在市级机关范围内开始推行目标责任制。具体做法是:第

一,各市直属单位考核采取"首长目标责任制",即政府部门首长的目标完成情况代表了整个部门的绩效考核。第二,每年年底或次年年初,杭州市市级机关按系统召开各单位负责人会议,将本单位一年的工作情况在会上进行介绍,参会人员根据介绍的情况进行投票,选出先进单位。第三,考核结束后,对获选的先进单位进行表彰,给所有参评单位发放目标责任制考核奖。对于先进单位的表彰,主要以精神鼓励为主,先进荣誉不同物质奖励挂钩,各单位在目标考核奖金额度上也没有拉开差距。对于考核过程,机关干部的参与程度非常有限,更谈不上社会公众的参与。

1998年以后,杭州市目标管理责任制考核进入发展阶段。经过几年的实践,实施目标管理对推进机关部门的工作,确保完成市委、市政府提出的工作目标任务,起到了积极的作用,也使机关干部的收入有了一定的提高。但是,这一考核办法存在考核目标设置不够科学、考核流于形式、目标完成情况与奖罚不够紧密、激励作用不足等问题。为进一步完善考核办法,有效发挥目标考核的激励作用,1998年,在学习宁波市目标考核办法的基础上,结合杭州实际,提出了具有杭州特点的目标管理考核办法,并以市委办公厅、市政府办公厅名义正式下发了《关于进一步完善市级机关目标管理责任制工作的通知》,从三个方面对目标责任制考核办法进行修改和调整:一是对考核内容作了调整,对每个市直单位设置职能目标和共性目标两部分,各占50%的权重;二是对考核方法作了调整,取消了系统投票的考核方式,改为由市目标办联合系统牵头单位,采取平时考核和年终考核相结合,按项评估、以项计分、综合平衡的百分制考核方法;三是将考核结果与奖惩挂钩,适当拉开奖金的差距。这一考核办法的出台,标志着杭州市政府目标管理考核工作进入了基本成型的阶段,从而更有利于营造政府部门自我管理的良好氛围、提高自我管理的能力。

（二）杭州市目标责任制考核的基本做法

杭州市自开展目标责任制考核开始，逐步建立起比较完善的管理体系。

一是成立组织机构。分别设立目标管理领导机构和办事机构，目标管理的领导机构为市级机关目标管理领导小组，由市委分管党群工作的副书记、市委常委、常务副市长为组长、副组长，市委办公厅、市人大常委会办公厅、市政府办公厅、市政协办公厅、市纪委（市监察局）、市委组织部、市委宣传部、市委政法委、市发改委、市经委、市农办、市建委、市贸易局、市财政局、市统计局等部门的主要负责人为成员。领导小组的主要职责是确定当年目标考核工作的原则和重点；审议确定当年目标考核成绩显著和工作先进单位；审议确定当年目标考核不合格单位；审议决定市目标办提交的有关重要工作事项。目标管理的办事机构为市级机关目标管理办公室，其为非常设机构，设在市政府办公厅。办公室主任由市政府办公厅分管副主任兼任（后改由市政府秘书长兼任），成员由市委办公厅、市政府办公厅、市人事局、市发改委、市财政局、市文明办、市统计局等单位相关处室负责人兼任。市目标办的主要工作职责是：负责市级机关各单位的目标制定、检查、考核工作，提出成绩显著和工作先进单位建议名单。

二是明确考核范围和组织体系。杭州市实行目标责任制考核的范围为市级机关各工作部门以及市级各垂直管理部门。考核采取分系统管理的组织体系，根据工作隶属关系和工作性质相近的原则，市级机关分为十大系统：① 党群系统；② 市政府系统；③ 发改委系统；④ 经委系统；⑤ 农办系统；⑥ 建委系统；⑦ 旅委系统；⑧ 宣教文卫系统；⑨ 政法系统；⑩ 统战系统。市委办公厅、市政府办公厅、市发改委、市经委、市农办、市建委、市旅委、市委宣传部、市委政法委、市委统战部为各相应系统的牵头单位，负责本系统各单位的目标制定审查、目标考核检查及目标完成情况评价等工作。

三是目标设置内容和分类。一类目标为市委、市政府年度重点工作任务,以及在社会评价("满意评选"活动)中,社会各界对市直机关提出的整改意见和建议;二类目标为本部门职责范围内事关全市的重点工作;三类目标为根据工作重要性和必要性设置的其他涉及面广的综合性工作任务。

四是规范目标考核程序。目标考核按月、半年、年底进行,月考核分别由本单位和牵头部门组织实施,半年和年底的检查考核由市目标办组织实施。年度考核的基本程序为:① 单位自评。各单位对职能目标和共性目标实施情况进行对照检查,按照考核计分标准对目标项目逐项进行自我评分,并写出目标完成情况的书面总结,分别报牵头部门和共性目标职能部门。② 系统初评。各牵头部门和共性目标职能部门根据各单位的自评意见,结合具体考核情况,进行考评打分,提出初评意见,报市目标办。③ 考核评价。市目标办根据牵头部门和共性目标职能部门的考评意见,结合检查情况进行考核评价,并将考核扣分原因告知被考核单位征求意见,经过复议后提出各单位考核得分意见和先进单位建议名单,报市级机关目标管理领导小组。④ 意见反馈。市目标办将考核扣分情况向被考核单位通报,被考核单位对扣分有异议的,可在规定时间内提请市目标办复议。⑤ 公告公示。对一、二类目标和创新、创先目标的初步考核结果,由市目标办在政府门户网站等媒体上进行公告公示,并根据公众评价和意见进行复审。⑥ 审核确定。市级机关目标管理领导小组进行审核,确定考核结果。

五是制定评分办法。目标考核的计分标准采取按项评估、以项计分、综合平衡的百分制考核方法。根据完成目标任务的数量、进度和工作质量等实际情况,按每个考核项目的分值评定相应分数。按时全面完成目标任务,工作质量达到目标管理要求的,给满分;未按目标进度,但在考核年度内完成目标任务,工作质量达到目标管理要求的,给予该项分值98%的分数;完成目标任务或工作量60%以上且完成部分工作质量达到目标管理要求的,按目标任务完成量的百分比乘以0.98的系数折算分数;按时完成目标任务,但工作质量未达到目标管理要求的,给予该项分值90%的分数;完成目标任务和进度60%以下的,或工作质量差,造成重大损失的,该项目不给分。实行领导班子建设、廉政建设、计划生育、社会治安综合治理4个"一票否决",其中有1项一票否决的单位,取消被评为先进单位的资格;有2项一票否决的单位,目标考核确定为不合格单位。

六是完善奖惩办法。目标考核坚持奖优罚劣、鼓励先进的原则,按照责任大小、工作实绩实施奖惩,考核结果按分数高低分为成绩显著、工作先进、基本合格、不合格4个等次,与年度的目标管理奖挂钩,根据考核档次和不同职务拉开奖金的额度。

(三) 目标责任制考核的成效与不足

目标责任制考核的实施量化了各级政府、各职能部门的工作,更容易衡量各部门工作目标的完成情况,为制定下一个年度的工作目标提供了参照,同时也能将考核结果与干部奖罚结合起来,调动了各级政府、各部门工作人员的积极性。1992—1999年,随着目标责任制考核的不断完善,政府的治理能力和行政绩效提升明显,目标责任制考核为杭州市各级机关注入了新的活力,促进了杭州经济社会的全面发展。

但目标责任制考核作为政府管理方式,在实施过程中存在明显的不足:一是目标责任制考核本身的缺陷。考核价值取向单一,过于关注经济增长,片面追求以GDP为中心、工程项目的完成、招商引资的数量等;考核维度单一,目标责任制考核是单纯的组织内部的考核,考核结果缺乏其他维度的佐证和支撑;考核方式单一,基本采用查台账、开座谈会听取意见、现场查看等传统的考核办法,缺乏对考核对象的精细化考核。二是制度设计上存在缺陷。首先,目标管理力量分散。承担市一级考核和评比的单位数量众多,主要有市委办公厅、市政府办公厅、市委组织部、宣传部、人事局、发改委、统计局、财政局、信访局、市纪委(监察局)等。市目标办作为非常设机构,成员多为兼职,存在考核力量分散、人员精力不足、专业知识不够、运行机制不顺等现象。其次,多头考核现象严重。年终各类名目的市级考核繁多,严重影响了机关的工作精力,也影响了考核的系统性和协调性。

从总体上看,目标责任制考核舍弃了国外目标管理的第二阶段,仅仅追求目标的设定和对结果的评价,缺乏对目标的过程管理。在传统行政体制下,各级政府作为推行政府目标考核的主体,在目标设定、调整等方面独立于公众和社会组织,从而导致考核内容单一、考核方式落后等问题。目标责任制以上级对下级评估为主、各职能部门自评为辅,社会公众评估缺失,导致各级政府机关只对上级负责,对公众评判和需求的回应性不足,公共责任意识淡薄。因而在实际工作中,出现了追求行政效率但缺少科学有效的考核方法,追求经济目标但忽略了社会的协调发展,单方面追求工作目标的完成但忽视了社会公众的切实需求和监督权利等问题。

第二节 从目标责任制考核到"满意评选"

目标责任制考核与20世纪70年代以来西方发达国家开展的新公共管理运动的思路类似,都是经由下放权力和责任,来提高政府的治理绩效。在运作方式上,目标责任制考核是运行于政府内部的一种管理方式,它与政府外部基本不存在对应的关系。2000年,杭州市针对机关"四难综合征"(门难进、脸难看、话难听、事难办),在市直单位开展了"满意评选"活动,以社会公众为主体,对党政机关的年度工作情况进行满意度评价。"满意评选"着眼于转变机关作风,改善城市发展软环境,提升城市竞争力。通过引入外部监督评价的方式,改变了以往政府绩效考核单一、内部封闭的运作模式,实现了第一次跨越——从目标责任制考核到"满意评选"的跨越。由此,杭州政府绩效管理进入第二个阶段,即"满意评选"阶段。

一、"满意评选":外部压力型绩效评估

随着改革开放的逐步深入,中国区域经济的发展呈现迅猛势头,珠三角、长三角和环渤海湾成为中国经济发展的火车头,特别是上海浦东的开发,给长三角城市的发展带来了更强劲的动力。作为长三角南翼的政治、经济、文化中心城市,杭州的经济发展长期以来在全省保持领先地位,在全国也保持在较前的位置。但是到20世纪90年代末,随着其他城市,特别是省内被列为计划单列市的宁波的快速发展,杭州的发展优势已不再明显。2000年,杭州市实现GDP 1 380亿元,比上年增长11.8%,在全国15个副省级城市中列第12位,与广州(13.6%)、深圳(14.2%)等标兵的差距越来越大,与武汉(12.0%)、青岛(15.2%)等追兵的距离越来越小,招商引资工作也落后于国内其他先进地区。

当时的浙江省委也认为,杭州作为中心城市的集聚、辐射和服务功能不强,对全省的带动作用较弱;产业层次较低,技术创新能力较弱,综合竞争力不强;高等教育发展相对滞后,国有企业改革难度和就业压力较大,社会生活中存在一些不稳定的因素;政府部门服务职能转变滞后,服务观念不强,投资环境仍然不够理想。部分省属单位的许多大项目原本希望放在杭州,但由于各种原因,特别是杭州个别政府部门不配合,最终定在其他地区。

进入新世纪,省委对杭州市的工作提出了新的要求,希望杭州在全省现代化建设中发挥龙头作用。地域之间的竞争和兄弟城市的快速发

展,也使市委、市政府倍感压力,危机感和紧迫感愈加强烈。为此,市委、市政府提出了"建经济强市、创文化名城"的奋斗目标,坚持"两步走"率先基本实现现代化的阶段性目标和"构筑大都市、建设新天堂"的总体战略。与此同时,市委对杭州跨入新世纪所面临的困难和问题进行了深入的研究分析,认为影响杭州发展主要有两大问题:一是发展空间问题,二是机关作风问题。对前一个问题,杭州市通过区划调整,将萧山、余杭"撤市设区",划入市区范围,市区人口从179万人增加到373万人,面积从683平方公里增加到3 068平方公里。空间的拓展,提升了杭州优化资源配置的能力,增强了城市集聚和辐射功能,为杭州的发展提供了难得的机遇。在解决"发展空间问题"的同时,杭州市着手解决"机关作风问题",这是一项更加长期而艰巨的任务。

从某种意义上讲,环境就是生产力,城市的发展环境就是城市竞争力,发展环境、投资环境决定着一个城市未来的命运。而这个发展环境,很重要的部分就是政府服务的"软环境"。当时,新到任不久的市委主要领导非常清晰地认识到这种"软环境"对推动杭州发展的重要意义,对影响"软环境"优化的制约因素进行了深刻的剖析,指出杭州市市级机关作风的问题主要表现在四个方面:第一,少数机关单位部门利益至上,存在政令不畅的问题。工作中考虑的往往不是全局利益、长远利益,而是部门利益。手中的权力被用作谋取部门利益、个人利益的工具,部门权力化、权力利益化、利益法制化的倾向在不少机关部门不同程度地存在。第二,形式主义现象严重,存在落实不力的问题。有的干部做工作习惯于做表面文章,沉湎于文山会海,靠会议布置任务,用文件指导工作;有的干部热衷于达标、评比活动,看起来热热闹闹,实际上劳民伤财;有的干部只说空话、套话,不抓具体落实。第三,审批环节过多,存在办事效率不高的问题。审批一个项目往往需要盖几十个图章、跑几十个部门,基层部门反映有"盖不完的印,烧不完的香,扯不尽的皮",甚至订报纸也与部门的审批权挂在一起。第四,官僚主义现象严重,存在职责错位的问题。部分机关干部的群众观念、宗旨意识淡薄,听不见群众的呼声,对群众的疾苦和困难漠然处之。①

"门难进、脸难看、话难听、事难办"的机关"四难综合征"成了当时杭州市政府职能部门的"顽疾"。这些问题表明,随着经济社会的迅速发展,不但新的经济发展形势对政府的市场监管、宏观调控能力提出了新的要求,而且社会公众对公共服务的数量和质量也提出了更高的要求,目标责任制这种政府内部自上而下的封闭式的考核机制,已经无法满足杭州市实现新世纪跨越式发展的现实要求,必须寻求一种新的、更有效的绩效管理制度来切实提高政府的行政效能——"满意评选"活动遂应运而生。

开展"满意评选"活动,是杭州市委、市政府决定从解决自身问题入手,着重针对市级机关存在的大局观念不强、部门利益至上、形式主义严重、工作落实不力、审批程序复杂、办事效率低下、服务质量不高等问题,制定出台的一项整顿机关作风的重要措施。时任浙江省委常委、杭州市委书记王国平在2000年10月30日召开的市直机关作风建设大会上指出:"对满意单位,市委、市政府要进行表彰;对不满意单位,要进行必要的处罚。这样做,是为了探索建立一种促进机关作风建设的激励机制、动力机制。这是我市转变机关作风、改善投资环境的重要载体,也是市委、市政府抓落实的重要手段。市直机关各单位都要以此为契机,认真查找本单位在作风建设上存在的问题和不足,采取有力措施,借好这一东风,在转变机关作风上取得突破。"

"满意评选"是杭州市主动适应我国社会主义市场经济逐步形成、民主政治逐步健全的经济社会发展趋势,以社会公众评选的方式来加

---

① 2000年10月30日,浙江省委常委、杭州市委书记王国平在市直机关作风建设大会上的讲话。

强和改进机关作风建设的一个重大举措。工作方式的改变,意味着政府更多地关注社会公众,更多地倾听社会呼声,使政府原有的封闭式的运转方式发生了根本性改变,是一种创新的做法,它标志着杭州市的政府绩效管理走上了一个重点突破、与时俱进的新阶段。

二、"满意评选"的主要做法与特色

(一)"满意评选"的基本做法与逐步完善

2000年10月,杭州市直机关首次"满意评选"活动在市级54个单位全面展开。活动目标定位明确,针对性强。市里专门成立"满意评选"活动领导小组办公室负责全面工作,对评选的指导思想、评选对象、评选内容、评选办法和具体要求进行了全面的宣传,对公共部门的绩效状况即各单位的全局观念、服务宗旨、服务质量、办事效率、勤政廉洁、工作业绩六个方面进行评价。活动的评价者包括四大层面(含11个小层面):一是市委组织部、市人大常委会、市政协分别组织445名市党代会代表、469名市人大代表、427名市政协委员开展评选;二是由市政府办公厅组织100家省部属企业和市属城建、旅游、商贸企业,100家市、区工业企业,100家个体私营企业,100家外商独资企业,100家外地来杭投资企业进行评选;三是随机抽取4 000个杭州市民开展评选;四是组织市直机关互评。

"满意评选"的基本做法是,通过设计相应的问卷,邀请社会各界群众对市直部门的党风、政风进行满意度评价,并对各部门的工作状况提出书面的批评和建议。在调查表上,填表人可对全市作风建设的总体状况和存在的主要问题发表看法。在"满意评选"中,对市直部门按照其职能职责进行相应的分类,赋予不同的评选系数,对参评的社会各界群众根据情况给予相应的评价权重。"满意评选"活动办公室负责评价数据的处理和评价意见的梳理,并将评价情况反馈给相应的市直部门,各单位根据通过问卷调查以及其他途径收集到的意见和建议,认真查找原因,进行全面的整顿和改进,努力以更好的业绩,接受人民群众新一轮的评价。

第一次"满意评选"共发出选票5 969张,回收5 736张,回收率达到96.1%。征集到各方面的意见10 700多条,约18万字,梳理归并后为2 650条。"满意评选"活动办公室日夜接待市民来访、来电和来信,及时反馈,并汇集成册。事实表明,"满意评选"活动受到了社会各界广泛的关注和支持,富有成效。

2001年度的评选和第一次相比,活动的各方面有了新的变化,整个评价系统更加完善。这次共有85个单位参与评选(其中79个为评选单位,6个为评议单位),评选出9个平均满意率最高的单位和3个平均不满意率较高的单位。参加投票评选的共有9个层面、8 919个单位和个人,其中,市党代表347人,人大代表381人,政协委员354人,老领导和专家学者132人,省直机关101家单位,市直单位领导班子成员467人,区、县(市)四套领导班子成员337人,各类企业代表500人,市民代表6 300人。发出选票8 919张,回收8 848张,回收率为99.2%。评选中征集到意见和建议15 041条,近50万字,其中,对79个评选单位的意见计6 242条,对6个评议单位的意见和建议计8 799条。

2002年度的评选活动与2001年相比,又有较大的调整:第一,根据参评单位的不同职能进行分类。将参评单位分成政府部门及审判、检察机关和人大、政协机关,党群及其他部门,分别进行统计和结果排位。第二,对部分投票层面进行了调整。增加了社区、乡镇、街道层面,参评人数大幅度增加,特别是市民所占的权重明显增加,从10%提高到20%,真正体现群众评议、群众满意。第三,改变评选计分办法。由原先的3个量表(满意、基本满意、不满意)增加到5个量表(满意、比较满意、基本满意、不太满意和不满意);同时考虑到前两次评议存在的同一个单位"高满意率与高不满意率并存"的现象,评选采取单指标赋分值的方法。

2003年度的评选活动在总结前三年工作的基础上得到了进一步的完善,逐步走向成熟。一是扩大评选对象的范围并细化分类。参评单位增加到93个,分为评选单位、评议单位和征求意见单位三类,评选单位细分为"政府部门——社会服务相对较多单位""政府部门——社会服务相对较少单位"和"人大、政协机关、党群及其他部门"三类。二是调整了参评层面代表。取消市直机关的互评,增加区、县(市)部委办局这一层面。三是在统计和计算方法上采用差别权重。根据参评单位的分类,分别设置各投票层面权重,各投票层面采用随机抽样统计;对不同类别的评选单位设置不同的评选系数,其中,政府部门社会服务功能相对较多的单位设置了1.05的难度系数。四是改进评选结果产生办法,实行达标制考核。综合各评选单位的满意评选得分、职能目标考核得分、"12345"考核得分及其他专项考核得分,按比例折算确定评选结果,从高分到低分进行排序。以参加评选单位总数15%的比例产生满意单位,取足12位(如有"一票否决"情况,取消其满意单位资格;如出现综合得分并列情况,以平均满意率高者列前),低于达标线(达标线确定为综合得分72分)的单位中处于末位的单位为不满意单位(如出现综合得分并列情况,以平均不满意率高者列后)。五是强化满意评选结果的应用。市委、市政府对评选结果进行通报,并在《杭州日报》上公布。被评为满意单位的,由市委、市政府予以通报表彰奖励。连续三年评为满意单位的,授予荣誉奖牌。被评为不满意单位的,由市委、市政府予以通报,并给予相应的经济处罚;连续三年被评为不满意单位的,依照有关规定和干部管理权限,对其领导班子进行调整。

2004年度评选活动基本沿用2003年度的办法,略作调整。参评单位增加到 95 个；根据单位的职能情况，将城管办列入"政府部门——社会服务相对较多"单位，杭州电信公司、杭州旅游集团等涉及公共服务的经营性国有企业列为征求意见单位；适当提高市民代表的比重。

(二)"满意评选"的主要特色

对杭州来说，尽管将"满意评选"定性为活动，但它并不是克服机关"四难综合征"的一场运动式的工作性举措，而是一个长期的工作思路和方法。它的开展和后续的逐步完善，为"满意评选"活动演绎成制度化的社会评价奠定了基础。

1. 突出人民满意导向

杭州希望通过开展"满意评选"活动，努力建设务实、开拓、高效、廉洁机关，切实优化城市发展环境，提升政府服务效能，增强城市发展动力和竞争力。"满意评选"的宗旨是"让人民评判、让人民满意"。"让人民评判"是工作的最基本方式，"让人民满意"是检验工作的基本标准。

"满意评选"活动的开展就是在转变机关作风上引入了群众路线的机制和工作方法。通过"开门整风"的方式，让群众知情、参与、评判和监督，真心诚意地听取群众意见。对征集到的意见和建议作为改进作风的重要导向、重要依据，对评选中反映的意见和问题进行梳理归纳，原汁原味地反馈给有关责任单位。责任单位按照"谁家孩子谁家抱"、谁家问题谁解决的原则，深入查找原因，明确落实责任，扎实整改，给人民一个令人满意的答复。

"满意评选"推动了热点、难点问题的解决。每年的"满意评选"都能从征集到的意见中发现群众关注的热点、难点问题，如 2002 年，通过对"满意评选"活动征集到的上万条意见的梳理分析，提炼出人民群众最关心的七大问题，即：困难群众生活就业难、看病难、上学难、住房难、行路停车难、办事难、清洁保洁难。这些问题占每年意见总量的一半以上,事关民生、事关发展,引起杭州市委、市政府的高度重视。2004 年,市委、市政府在此基础上将其进一步提升为战略决策,制定了《关于健全解决事关群众切身利益"七大问题"长效机制的实施意见》,由此建立了以破解民生难题为主要内容的"破七难"工作机制,把解决机关作风问题与解决群众实际问题有机地结合起来,努力从群众满意的地方做起、从群众不满意的地方改起,促使各单位改进服务态度,提高办事效率和服务质量,想方设法让群众到机关来"好办事",通过"好办事"着力为群众办好事。

2. 社会公众广泛参与

"满意评选"活动的开展得到社会各界群众的大力支持。随着评选活动的深入开展,社会参评代表层面从最初的 4 个扩大到 9 个,直接参评人数从 6 000 人增加到 15 000 余人,参评代表的范围更广,代表性也更强,使得评选活动的结果更具说服力(见表 2-1)。

表 2-1　2000—2004 年度杭州市满意评选参评人数统计

评选年度	2000 年度	2001 年度	2002 年度	2003 年度	2004 年度
参评层面	4	9	9	9	9
参评人数	5 916 人	8 919 人	15 310 人	15 516 人	15 232 人

"满意评选"活动的开展引起了各级媒体的广泛关注。《人民日报》在华东新闻专栏上刊发《让权力"晒晒太阳" 调整"不满意"班子 杭州 6 000 代表评议市机关》的报道,指出:"杭州市每年在市级机关开展这种评选满意不满意单位活动,是杭州市委、市政府近几年让市民广泛参与重大决策的又一次还权于民之举"。

3. 更多注重负向激励

2000—2002 年度,"满意评选"采用的是淘汰制,用"重典"治理机关作风的"四难综合征"比较符合当时的实际。一方面,机关作风问题已经严重影响到杭州市的发展环境,"门难进、脸难看、话难听、事难办"成为党政机关的"顽症",以及制约杭州经济社会发展的"瓶颈";另一方面,杭州希望通过开展"满意评选",从根本上消除机关"四难综合征",真正树立"务实、创新、高效、廉洁"的机关形象,以提升城市竞争力。机关作风问题的客观事实与杭州期待蜕变的主观愿望,促使"满意评选"活动以"重典"治乱成为现实的选择。

经过三年的努力,杭州市机关作风有了明显的转变。如果继续采用淘汰制办法,即使每个单位的满意率都比较高了,达到80分、90分,甚至更高,仍然还要评出不满意单位,这种做法于情于理都不够妥当,既不利于保持和巩固各单位的争创积极性,也不利于评选活动的持久性。同时,杭州还认识到,机关作风不良问题是一个顽症,不是一朝一夕就能解决的,也不是一味药就能治愈的。评选活动不是为了淘汰干部,而是希望通过"黄牌警告",使被评为不满意单位的领导班子能够采取扎实有效的整改措施,实现"摘帽进位"。因而,在2003年度,"满意评选"活动作了相应的调整。变"淘汰制"为"淘汰制+达标制",实行"两制并用",在坚持淘汰制的同时,设置一条达标线,得分在达标线以下的,采用公示的办法以示告诫,其中,得分最低的一个单位被评定为不满意单位。设置一条达标线,可以使排位靠后的单位追有目标、赶有方向,从而激发起这些单位争先创优的原动力,有利于评选活动的长期开展,有利于机关作风建设的长远发展。"满意评选"活动机制的调整,使激励机制和约束机制有机地统一起来,压力和动力相辅相成,促进市直单位不断提高综合绩效。

(三)"满意评选"的主要成效

"满意评选"活动的开展,改变了目标责任制考核这种单一的组织内部考核方式,形成了目标考核与"满意评选"活动双轨并行的政府绩效管理方式。它引导政府部门更多地"眼睛向下",倾听老百姓的声音,赋予社会公众参与社会管理的话语权,建立政府与公民之间良好的对话交流的平台,逐步形成"公民导向"的考评机制。在"满意评选"活动深入开展的同时,目标责任制考核也得到了逐步的完善,杭州政府绩效管理形成了"双轨并行"的局面,即内部考核与外部评价并行。"满意评选"和目标责任制考核一起在提升政府绩效方面取得了积极的成效,杭州市委对此给予高度评价,认为开展评选活动的5年,是杭州机关作风改善最快、机关效能提升最快、群众满意度上升最快、经济社会发展最快的5年。①

1. 机关作风得到改善,促进了服务型、责任型政府的建设

"主人"评"公仆","公仆"感到了前所未有的压力,杭州市直各机关积极投入评选活动,许多单位都是"一把手"带队,赴基层征求意见,主动结合实际,采取措施改进工作,争创人民满意单位。在争创活动中,各单位以培养务实、开拓、廉洁、高效的工作作风为目标,把评选活动作为推进机关作风建设的有效载体,着力在增强服务意识、强化内部管理、简化审批程序、提高办事效率、为人民群众提供优质高效的服务上下功夫,迅速形成了人人关心争创活动、积极参与争创活动的良好氛围。市直机关作风转变非常明显。2001年,在6 295个接受调查的人中,认为杭州市机关作风"明显好转"和"有所好转"的占95.15%。2002年、2003年和2004年三年中,在接受调查的一万多人中,认为杭州市机关作风"明显好转"和"有所好转"的分别占98.25%、96.36%、95.55%。同时,社会各界和群众对市直单位的满意度逐渐提高,2000年度满意率为22.84%,2001年度满意率为36.24%,2002年采用5点量表后,满意率和比较满意率加起来达到67.55%,2003年度、2004年度的满意率和比较满意率之和连续保持在67.85%的水平。

---

① 2005年12月20日,浙江省委常委、杭州市委书记王国平在2005年度市直单位综合考评工作动员大会上的讲话。

评选活动的开展,推动了党政机关内部管理制度的改革,大大增强了各级政府官员的责任意识。在各个党政机关内部,普遍实行了岗位责任制,并将争创满意单位和以岗位责任制为基础的年度工作考核与干部评议、奖惩、选拔和任用挂钩,从而把责任落实到每一个岗位和每一个工作人员身上。在评选活动中,市委、市政府按照事先的规定,对两次被评为不满意单位的主要领导实行"末位淘汰"。对在评选中发现的各种渎职或失职者,也敢于动真格,依法进行严肃处理。所有这些做法,都使对人民负责不再成为一句空话。

2. 机关效能不断提升,城市发展环境显著改善,城市竞争力显著提升

"满意评选"活动和目标管理责任制考核,形成内、外两种相互作用的考核评价方式,引导政府部门将外部压力转变为内部动力,积极寻求政府管理和服务的转变,改善了政府服务和公共治理,降低了企业成本,城市发展的软环境得到较大的改善。2003年、2004年,杭州连续两年被世界银行评为"中国城市总体投资环境最佳城市"第一名,被美国《福布斯》杂志评为"2004年度中国大陆最佳商业城市排行榜"第一名,被"2004CCTV城市中国系列活动"组委会评为"中国十大最具经济活力城市"之一,被《瞭望东方周刊》评为"最具幸福感的城市",被人民日报社主办的《中国经济周刊》评为"2004年十大协调发展城市"第一名。根据2005年中国社会科学院发布的《中国城市竞争力报告NO.3》,杭州城市竞争力排名在上海、深圳、广州、北京之后,列全国200个城市的第五位,而作为综合竞争力的重要评价指标之一的政府管理竞争力列全国第四位。这些都说明,"满意评选"活动已不仅仅是转变机关作风的一个有效载体,它对于优化投资发展环境,提升城市综合竞争力,加快发展、率先发展、协调发展,具有明显的放大效应。

3. 治理方式实现转变，推动了一大批与人民群众切身利益相关问题的解决

"满意评选"活动建立了一个让各阶层、各方面的人士向党和政府充分表达自己的意愿以及对政府工作提出批评和建议的机制，使各级党政机关能够更全面、更细致地了解人民群众的意见和要求，进而使他们能更好地集中人民群众的智慧，围绕人民群众最关心的问题去开展工作。

"满意评选"活动的开展，也体现了人民当家做主这一社会主义民主政治的本质要求，促进了党的执政方式的转变。人民当家做主主要有两种形式：一种是选举，即民主授权；另一种是治理，即以民主的方式行使国家权力。"满意评选"活动，便是一种以"评选"作为切入口或载体开展的民主治理活动。除了各单位执行民主集中制的自觉性有较大的提高外，在意见整改过程中，市政府每年承诺要为人民解决的重大事项或重点问题的确定，各单位整改计划的制订，许多公共设施建设方案的选择，都是在广泛听取人民群众意见的基础上，通过民主方式，由人民群众参与决定或直接就由人民群众决定的。评选活动还促进了民主管理和民主监督，由人民来评判政府工作的绩效，指出其中存在的问题，提出纠正意见，帮助政府改进自身的工作，这本身就是民主管理和民主监督的生动实践。

从动态过程来看，在评选活动中，每年通过问卷调查、公开的意见和建议征集、公开电话、面对面的访谈和电子信箱等途径，有数十万条各类反映社会公众愿望和要求的信息被收集与传递到政府，政府在经过调查核实后，确定自己的施政方针和内容。这些政府施政的方针和内容及其实施的成效，在新一轮评选活动中，再重新接受社会公众的评判。社会公众在评判的同时，又向政府表达出新的利益诉求。政府与社会公众之间的这种经常的、制度化的、平等的互动，促进了与人民群众密切相关的民生问题的解决。"破七难"工作机制的形成和发展正是得益于政府与社会公众之间的这种良性互动。

第三节 从"满意评选"到综合考评

杭州市在政府绩效管理运行的第二个阶段,目标责任制考核与"满意评选"双轨并行,两者按各自的规则操作,相互间少有结合,随着时间的推移,两者的不足和内在的缺陷也逐步暴露出来。目标责任制考核由于内部封闭式运作导致"信度"不足,"满意评选"因信息不对称问题导致"效度"缺失,两者之间的评价结果差异较大,结果运用上也缺乏协调性,杭州政府绩效管理亟须实现新的突破。2003年,中央提出了"科学发展观"的指导思想,要求地方探索符合科学发展观的综合考核评价体系;时任浙江省委书记的习近平同志也对建立符合科学发展要求的考核评价体系发表了一系列重要观点,这些都为杭州创新政府绩效管理指明了方向,促使杭州加快探索建立以科学发展观为统领的新的绩效考评体系。2005年年底,杭州市委、市政府经过大半年的深入调研,决定整合目标责任制考核与"满意评选"活动,形成目标考核和社会评价两个维度,并增加领导考评,实施三位一体的综合考核评价;2006年,增设创新创优绩效评估,自此形成了"3+1"模式的综合考评体系,实现了第二次跨越——从"满意评选"到综合考评的跨越。由此,杭州政府绩效管理进入第三个阶段,即综合考评阶段。

一、综合考评:全方位、多维度的绩效评估

(一)科学发展观的确立对政府绩效管理提出了新要求

2003年7月28日,胡锦涛同志在全国防治"非典"工作会议上指出,要更好地坚持全面发展、协调发展、可持续发展的发展观。同年10

月中旬,中共十六届三中全会明确提出了"坚持以人为本,树立全面、协调、可持续的发展观,促进经济社会和人的全面发展";强调"按照统筹城乡发展、统筹区域发展、统筹经济社会发展、统筹人与自然和谐发展、统筹国内发展和对外开放的要求",推进改革和发展。在党的十七大上,胡锦涛同志在《高举中国特色社会主义伟大旗帜,为夺取全面建设小康社会新胜利而奋斗》的报告中,指明了进一步推动中国经济改革与发展的思路和战略,明确了科学发展观的指导思想地位。

在中共浙江省委十一届四次全会上,时任省委书记的习近平同志代表省委在总结浙江经济多年来的发展经验基础上,全面系统地概括了浙江发展的八个优势,提出了指向未来的八项举措,确定了一个指导浙江改革发展的高远长策——"八八战略"。"八八战略"提出之时,正是科学发展观创新理论逐步成为我们党的指导思想之际。实现什么样的发展、怎样发展,是关系到中国发展前途和命运的大问题,科学发展观正是回答和解决这一问题的最新理论成果。"八八战略"强调全面、协调、可持续的发展,是科学发展观在浙江的生动实践和具体体现。

践行科学发展观,需要政府改变发展观念和思路,转变经济增长方式,深化社会各领域的改革,最重要的是要进一步转变政府职能。建立对工作实绩进行考核评价的新的指标体系,不应仅仅考核 GDP 的增长,还要同时考核城镇居民人均可支配收入、农民人均纯收入、环境保护和生态建设、扩大就业、完善社会保障等其他指标,从而引导各级干部树立正确的政绩观,以科学发展观指导政府管理和运作。

2004 年,浙江省委开始部署探索建立符合科学发展观要求的领导班子和领导干部考核评价体系。时任浙江省委书记的习近平同志明确指出,"政绩观与发展观密切相连。有什么样的政绩观,就会有什么样的发展观;反之亦然""衡量领导干部政绩,首先要坚持群众公认、注重实绩的原则,并以此作为考评干部的重要尺度""在考核中,既看经济指标,又看社会指标、人文指标和环境指标,切实从单纯追求速度变为综合考核增长速度、就业水平、教育投入、环境质量等方面内容"①。

杭州市先前开展的"满意评选"活动等一系列成功做法,与中央和省委的要求非常吻合,也引起了中组部的极大兴趣,专程派员到杭州调研,邀请杭州的相关部门到中组部介绍基本做法,并希望杭州进一步探索符合科学发展观的综合考核评价体系。当年12月23日召开的中共杭州市委九届八次全会提出:"要以满意单位不满意单位评选活动为主要载体,建立符合科学发展观要求的市直单位考核评价体系。"

(二)"双轨制"运行的制度缺陷要求对政府绩效管理进行更深入、更全面的完善

"满意评选"活动自身仍存在局限性:一方面,经过5年的深入开展后,群众的评价内容已经由以机关作风为主转向了以工作实绩为主,"满意评选"活动已经超越了单纯的转变机关作风的功能,政府机关的效能、工作业绩以及民生难题的破解等,都成了"满意评选"需要面对的问题;另一方面,"满意评选"制度设计上也有不合理的地方,如评价对象分类不尽合理,评选系数设置不够完善,信息不对称问题较为突出。这些变化和不足,客观上要求对"满意评选"活动进行完善和深化,使群众对工作实绩的评价更客观、更全面、更准确,以保持"满意评选"活动的生命力。

双轨并行导致两者间的掣肘难以消弭。"满意评选"活动与目标责任制考核虽然在考评结果上有某种程度的相互运用,但相互间的融合机制并没有形成,基本上是各自独立运行,社会公众的外部评价和组织机构的内部考核没有实现有机的统一,考评的综合效应难以充分发挥。2004年2月24日,杭州市委、市政府在全市"加强机关效能建设、

---

① 习近平:《之江新语》,杭州:浙江出版联合集团、浙江人民出版社,2007年,第73页。

争创人民满意单位"表彰大会上,决定在全市乡镇以上机关和有行政管理职能的单位,正式开展机关效能建设活动,并把它与"满意评选"活动有机结合起来。机关效能建设活动由市委组织部牵头的"杭州市效能建设领导小组办公室"负责,次年转入常态化以后,改为"杭州市机关效能建设工作办公室",挂靠市纪委(监察局)。这样,在政府绩效管理组织机构上,同时设立了"目标办""满意办""效能办"三个办公室。其中,"目标办"负责目标责任制考核,"满意办"负责满意单位评选,"效能办"负责机关效能督查,考核、评价、督查活动独立运行,这种机构设置制约了政府绩效管理作用的发挥。三个机构的职能存在交叉,考核标准、奖惩措施不一致,既增加了考核成本,也影响到政府考核工作的执行效果。当时,由杭州市一级设置的各种考评活动每年多达40余项,重复考评、交叉考评现象普遍,牵涉了市直单位大量的人力、物力和财力。

为探索建立符合科学发展观要求的新的考核评价体系,同时解决"满意评选"和目标责任制考核双轨并行带来的一系列问题,杭州市委成立了由分管副书记朱报春牵头,市有关部门负责人和浙江大学有关专家参加的课题组,在深入研究和充分论证的基础上,确定了开展综合性考核评价的基本原则和思路,杭州综合考评也由此应运而生。"开展市直单位综合考核评价工作,可以整合各种资源,减少重复浪费,提高工作效能,使市直机关考核评价工作更具综合性、权威性和实效性。……这种做法体现了整合执政资源的要求,代表了建设节约型政府的方向,回应了基层干部群众的呼声,值得我们给予高度重视和积极探索。"[①]

[①] 2005年12月20日,杭州市委副书记朱报春在2005年度市直单位综合考评工作动员大会上的讲话。

二、杭州综合考评的主要做法与特色

杭州综合考评经历了一个不断深化和完善的过程,考评体系和方法在实践中不断优化,并加快了向功能型绩效管理的探索和转变,用绩效的理念和方法推进综合考评,形成了"公民导向、注重绩效"的鲜明特色。具体做法主要体现在以下几个方面:

(一)建立全方位、多维度的考评体系

2005年,杭州市委、市政府在经过深入调研和分析后,决定将目标责任制考核与"满意评选"(改称"社会评价")进一步结合,同时增设领导考评,对市直单位实行综合考评,形成"三位一体"的综合考评体系;在2006年度的综合考评中,又增设创新创优考评维度,正式构建了"3+1"的杭州综合考评体系,实现"全方位、多维度、综合性"的绩效考核和评估。其中,社会评价比重最大,为50分,其次为目标考核45分,领导考评5分。创新创优作为加分项目,由市直单位自愿申报。杭州综合考评的演变如图2-1所示。

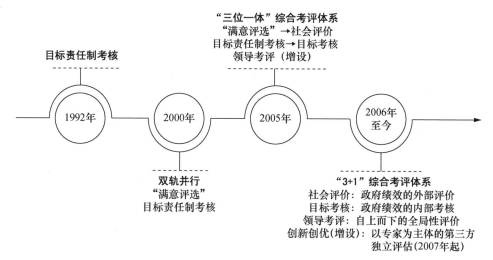

图2-1 杭州综合考评的演变

在综合考评体系中,社会评价主要延用"满意评选"活动的做法,侧重于各界群众的定性分析和感观度评价,群众在考评中的主体地位突出;目标考核主要延用市级机关目标考核的方法,但在指标设置和评价体系上有了更多的创新与突破,侧重于组织的定量分析和准确度评价,主要目的是弥补社会评价中存在的信息不对称等问题,使考评的维度更加多元;领导考评是市委、市人大、市政府、市政协四套班子领导和法院院长、检察院检察长的评价,侧重于领导的综合分析和整体性评价,赋予相对更加熟悉全面情况的领导成员以独立的评判权,进一步提高考核评价的准确性;创新创优则主要是为了增强创新意识和创新能力,鼓励开拓创新,邀请相关领域的专家和学者以第三方身份开展绩效评估,以优化政府服务,着力解决制约发展的深层次困难和问题。

(二)设立专门的综合考评常设机构

2005年,为加强对综合考评工作的领导,市委、市政府成立了杭州市综合考评委员会(以下简称"市考评委"),作为领导全市综合考评工作的综合协调机构,由市委分管副书记担任主任,市委、市政府有关领导担任副主任,市有关部门主要负责人担任委员。在市考评委的领导下,市满意办、市目标办联合制订了杭州综合考评实施方案,并首次开展了综合考评工作。2006年8月,市委决定,在整合市级机关目标管理、"满意评选"和机关效能建设等职能的基础上,将原市目标办、满意办、效能办"三办合一",组建正局级的杭州市综合考评委员会办公室(以下简称"市考评办"),作为杭州市综合考评委员会的常设办事机构,履行目标考核、社会评价、效能建设三位一体的职能。杭州市考评办的成立具有重要意义,它是国内第一家高规格的政府绩效管理常设机构,它的设立,不仅是贯彻落实科学发展观、正确政绩观,推进杭州市绩效管理的重大举措,也是杭州市在体制机制上的一大创新。市考评办的设立,也标志着杭州市综合考评和绩效管理实现了组织化、制度化、专业化。

市考评办作为单独设置的正局级常设机构,直接对市委、市政府和市考评委负责,具有较强的独立性与权威性。市考评办成立后,积极健全组织体系,设立杭州市绩效评估中心,专门从事政府绩效评估工作;成立杭州市综合考评资讯中心,建立政府绩效管理的信息发布平台;建立吸纳各方面高层次人才的绩效评估专家库,组建由来自不同领域的志愿者和热心市民组成的绩效信息员队伍,形成了集聚各界力量服务综合考评和绩效管理的专业化网络。

(三) 实现综合考评的全覆盖

2005年实施综合考评的范围和对象为市直机关各部、委、办、局及市直有关单位。考评对象分为两类:一类是综合考评参评单位,即实行目标考核、领导考评和社会评价相结合的单位,分为社会服务相对较多的政府部门、社会服务相对较少的政府部门及其他单位、党群部门;另一类是非参评单位,即实行目标考核和领导考评相结合的单位,社会评价中只征求意见。2005年首次参评的综合考评单位66家,非参评单位38家,覆盖了所有的市直机关单位。

在推动综合考评深化发展的同时,杭州市逐步扩大了综合考评的范围:

一是将承担公共服务和社会管理职能的企事业单位纳入考评范围。随着行政管理体制的改革,一些原本由政府承担的社会服务职能转移到了相关的企事业单位,这有利于政府回归本位,更好地集中精力做好公共服务和社会管理工作。但对承担社会服务职能的市直属企事业单位,有必要加强监管。例如,杭州公积金中心担负着杭州公积金管理的基本职能,其工作成效的好坏牵涉到千千万万的家庭;杭州地铁集团担负着杭州地铁等基础设施的建设,尽管是按照企业的模式运作,但它关系到百万杭州人民的出行安全问题。2008年起,市公积金中心、市运河综合保护委员会(以下简称综保委)(运河集团)、市地铁集团等承担公共服务和社会管理职能的企事业单位被陆续纳入市直单位综合考评。

二是杭州综合考评加快了向区、县(市)延伸的步伐。市直单位综合考评的开展取得了积极的成效,这为开展区、县(市)综合考评创造了条件。2007年6月,时任杭州市委副书记、市长蔡奇专程到市考评办视察调研工作时指出,"对市直部门考评主要是解决服务问题,对块块考核更能体现全面性、体现科学发展。杭州的发展是13个区、县(市)支撑起来的,这块不纳入进来,杭州综合考评是不完整的。从市里来讲,一定要坚持条块结合,既要考核部门,也要考核区块"。很显然,此时的市委、市政府已经认识到,对区、县(市)实行综合考评,有利于促进区域、城乡的全面、协调发展,有利于有效地传导与落实市委、市政府的战略决策和工作部署。2007年12月召开的杭州市委十届三次全会,进一步明确了综合考评的发展方向,提出了"进一步健全综合考评体系,组织开展对各区、县(市)综合考评"的意见,这是杭州市委扩大综合考评实施范围,建立"条块结合、覆盖全市"的综合考评体系的重大决策。为贯彻落实市委工作部署,在市考评委的直接领导下,2008年,市考评办专门成立了课题组,对开展区、县(市)综合考评进行广泛调研。课题组先后走访了13个区、县(市),多次召集市有关部门进行座谈,专门听取了有关专家学者的意见建议。在此基础上,形成了区、县(市)综合考评试行意见,市委、市政府主要领导均给予充分肯定。市委两次召集13个区、县(市)党委、政府主要负责人,征求对区、县(市)综合考评办法的意见。市考评办认真梳理、汇总了各地、各部门的意见和建议,积极研究吸纳,数易其稿,同时对发展指标反复进行模拟测算。10月30日,市委常委会第51次会议原则同意市考评办提交的《关于对区、县(市)

实行综合考核评价的意见(试行)》。12月12日,在再次征求区、县(市)党政主要负责人意见的基础上,市委、市政府正式下发了《关于对区、县(市)实行综合考核评价的意见(试行)》。区、县(市)综合考评办法既运用了市直单位综合考评的基本框架内容,又借鉴了各区、县(市)对街道、乡镇考评的有效做法;既吸收了国内外的最新成果,又结合了杭州市发展的具体实际,凝聚了各级、各部门特别是区、县(市)广大干部群众的智慧和心血,试行后取得了良好的效果,很快得到各地的认可。2009年起,对区、县(市)的综合考评正式实施,考评指标体系和方法也在实践中得到不断完善。

(四) 积极扩大考评主体的多元参与

杭州综合考评坚持考评主体的多元化,注重公民制度化参与渠道的建设,形成了一个政府主导、覆盖全市的公民参与网络,有力地保障了公民的有序政治参与。

考评主体的制度设计尤其强调社会公众的参与度。2007年,杭州市首次将外来务工人员作为市民代表纳入社会评价体系之中,从外来人员较为密集的行业中随机抽取了1 000名外来人员参与社会评价。2010年,市考评办组建绩效信息员队伍,采集政府绩效管理的相关信息;社会评价中,适当增加市民代表层面农村居民参评代表的数量,以适应统筹城乡发展,推动城乡社会管理一体化、城乡公共服务均等化发展的需要。2011年,在社会评价代表层面,调整充实"社区党组织和居委会负责人"代表,将原"社区党组织和居委会负责人"代表层面更名为"社会组织代表"层面,具体包含社区居委会负责人、行业协会负责人、民办非企业单位负责人三个子层面。评价主体层面的调整,完善了社会评价的代表层面结构,进一步实现了政府绩效管理主体的多元化,为扩大社会组织的有序政治参与渠道创造了条件。

(五) 逐步应用绩效的理念和方法

在杭州综合考评的实践中,绩效理念和方法经历了一个不断探索、逐步应用和持续强化的过程,这也是杭州政府绩效管理从传统的目标责任制考核向功能型政府绩效管理不断转变的过程。

(1) 绩效评估的范围逐步扩大。2007年年初,市考评办制定发布了《杭州市市直单位创新创优目标绩效考核办法(试行)》,聘请专家以第三方身份对2006年度市直单位申报的40个创新项目进行了绩效评估,这是杭州市首次正式将绩效的理念和方法运用于综合考评的一次成功尝试。2008年,对市政府为民办实事项目开展绩效评估,考核内容包括实事项目完成程度、市民满意度和绩效程度三个部分,分别采取组织考核、满意度测评和专家评估的方式进行。2009年,杭州综合考评尝试开展公共政策评估,利用政策的相关信息,对政策实施中的价值因素、事实因素、实施效果、社会影响等进行评估,形成绩效测评报告。2010年,制定发布《杭州市市直单位绩效考核目标考核办法(试行)》,对市直单位绩效考核目标实施绩效考核,考核项目要求能反映单位某项主要职能的履行情况。绩效评估范围的逐步扩大,推动了杭州综合考评由任务型目标责任制考核向功能型绩效管理转变。

(2) 建立健全绩效改进机制。市考评办充分运用考评资源优势,探索绩效分析和治理诊断调查的应用,帮助各地、各部门及时发现问题,查找差距,协同相关部门研究解决问题、改进绩效的办法,合力解决社会公众反映多年而又难以解决的突出问题和深层次矛盾。强化年度目标绩效改进工作机制,加强过程管理,建立目标管理绩效动态发布制度,以"绩效卡"的形式,全面反映目标完成进展情况及绩效改进信息。建立"绩效信息库",以《绩效改进通知书》的形式向责任单位通报有关问题。开展年度工作目标抽查测评工作,形成专项测评报告。组建绩效信息员队伍,定期编发《社情民意与绩效信息》。

（六）更加注重社会评价的意见整改和结果应用

杭州综合考评通过多种途径,进一步加强社会评价意见的整改,增强各级党政机关对公众诉求的回应能力。强化社会评价意见整改结果的应用,经过梳理、分析和归纳的社会评价意见,很多都成为各级党政机关确立下一步施政方针和内容的参考依据,解决民生问题的"破七难"机制的内涵不断丰富,实现"破七难"由"七难"到"7+2",再到"7+X"的与时俱进。

（1）建立社会评价意见报告发布制度。2008年起,杭州综合考评每年向社会公开发布年度市直单位社会评价意见报告,对当年度社会评价意见的主要内容和基本特点作出梳理分析,并提出对策建议,促进社会评价意见的整改。

（2）建立社会评价意见重点整改目标公示制度。在对社会评价收集到的各类意见和建议进行分析与整理后,分解落实到各责任单位,要求全面分析梳理本单位的意见,在抓好面上整改的同时,将社会评价意见反映集中的热点、难点问题列为本单位向社会公开承诺的重点整改目标。重点整改目标和整改结果都向社会公布,接受社会监督和再评价。

（3）建立健全"评价—整改—反馈"诉求回应机制。在每年的综合考评中,邀请社会各界九大层面的上万名代表参与,赋予社会公众话语权,让社会公众进行全面评价,形成评价机制;对收集到的社会评价意见,一一分解落实到相关单位,确定整改重点,形成意见整改机制;公示社会评价意见重点整改目标,要求相关单位就整改工作向社会作出承诺,并对整改的过程和结果进行监督与考核,形成反馈机制。这三个过程互为前提,循环往复,构成了一个政府绩效持续改进的工作机制。

（七）建立常态化的创新创优推进机制

杭州综合考评邀请绩效评估专家进行创新创优（特色创新）目标

绩效评估,逐步构建回应公众诉求、创新社会管理、推动政府绩效持续改进的政府创新机制,成为杭州市委、市政府激励创新的重要平台。

创新创优目标绩效考核机制主要由三个环节构成:一是立项环节,由各单位自愿申报,绩效评估专家对创新项目的合法性、必要性、可行性、突破性和预期性进行立项评审;二是绩效评估环节,由绩效评估专家对创新项目实施情况进行评估;三是跟踪环节,对已完成绩效考核的创新项目,定期进行跟踪,了解运行状态、完善情况和主要成效,确保务实创新。在创新目标绩效考核工作中,杭州相继增加了创优目标和克难攻坚目标,鼓励市直单位积极主动地面对新情况、新问题,以创新的精神解决长期困扰的突出问题和深层次矛盾。

(八)积极探索网络信息技术在综合考评中的应用

2009年,市考评办启动了杭州"数字考评"系统建设,运用网络和现代信息技术,强化综合考评的日常管理,实现绩效管理的信息化、现代化。"数字考评"系统集考评业务、办公资源系统和"杭州考评网"[①]于一体,互联互通,协同运用。"数字考评"业务系统分为市直单位综合考评、区、县(市)综合考评和效能建设三大部分,建有目标管理、社会评价、领导考评、绩效评估、综合评定、公共窗口服务评价等子系统。

杭州综合考评不仅在转变机关作风、优化发展环境、扩大人民群众有序政治参与、促进民生问题解决、推动杭州经济社会又好又快发展等方面发挥了积极的导向助推作用,而且在推动杭州政府管理和公共治理由传统向现代转变的过程中扮演了重要的角色。从2000年的"满意评选",到2005年的市直单位综合考评,再到2008年的综合考评向区县延伸,杭州市建立了"条块结合、覆盖全市"的比较完整的综合考评

---

① 网址为 www.hzkpb.gov.cn。

体系。该体系始终坚持公民导向,在考评主体上多元化,考评对象上广覆盖,考评方法上求实效,结果运用上强激励,是杭州市转变机关作风,推进政府转型,建设服务型、责任型政府的重要载体。杭州综合考评构建了杭州市民表达利益诉求的有效平台,形成了一张公众有效参与公共事务的网络,拓宽了公众利益的诉求渠道,公民的民主参与权力得到切实保障;建立常态化的政府管理创新工作机制,激活了各个部门的创新活力,推动了政府绩效管理的整体提升。

第四节 从综合考评到绩效管理

杭州综合考评深植于杭州本土,探索出了一条与其他地区不同的政府绩效管理路径。杭州综合考评以"创一流业绩、让人民满意"为宗旨,在实践探索中不断创新和完善,促进各级政府及各部门优化运作流程,改善行政管理,提高行政效能,创新管理方式。杭州综合考评基本承载了政府绩效管理的大部分功能,但还不是严格意义上的政府绩效管理,而是介于绩效评估和绩效管理之间的一种管理方式。

尽管从2006年杭州市考评办成立不久,就提出了要将绩效的理念和方法运用到综合考评,逐步从传统的任务型目标责任制考核向功能性绩效管理转变,2007年也首次实施了创新目标绩效评估,并以此为突破口,绩效评估方法不断扩大运用,但总体上杭州综合考评与政府绩效管理的要求仍然存在一定的差距。2011年6月,杭州市被确定为全国政府绩效管理试点城市,这是国家对杭州多年来综合考评和绩效管理探索实践的充分肯定,也为杭州市深化综合考评、全面推进政府绩效管理提供了难得的机遇。杭州市以此为契机,积极落实和部署政府绩效管理试点工作,推动综合考评全面转型升级,从而实现了第三次跨越——从综合考评到绩效管理的跨越。由此,杭州政府绩效管理进入发展进程中的第四个阶段,即全面推进政府绩效管理阶段。

一、绩效管理:政府治理能力现代化的一个有效路径

政府绩效管理是行政改革的重要组成部分。20世纪90年代初,国内部分地方政府开始了探索实践;2000年以后,政府绩效管理开始引起中央层面的重视。2005年3月,温家宝在《政府工作报告》中首次提出,要"加紧研究建立科学的政府绩效评价体系和经济社会发展综合评价体系"。2008年2月,在中共中央政治局集体学习会上,胡锦涛要求"加强公共服务部门建设,推进以公共服务为主要内容的政府绩效评估和行政问责制度"。党的十七届二中全会通过的《关于深化行政体制改革的意见》明确提出,要"推行政府绩效管理和行政问责制度,建立科学合理的政府绩效评估指标体系和评估机制"。2008年颁布实施的《国务院工作规则》要求在国务院及各部门实行绩效管理制度。2011年颁布的"十二五"规划纲要再次强调,要推行政府绩效管理制度,实行综合评价考核。在中央政府的重视和指导下,我国一些地方政府和政府部门开始积极地试行绩效管理,并取得了一定的成效,理论研究和实践操作上都逐步趋向成熟。

2011年6月10日,政府绩效管理工作部际联席会议办公室(国家监察部)印发了《关于开展政府绩效管理试点工作的意见》,从两个层面选择部分国务院部门和地方开展绩效管理工作试点:国务院政府部门层面,选择了在国土资源部、农业部、质检总局、发改委、环境保护部和财政部进行试点;地方政府层面,选择了工作基础比较好的北京市、吉林省、福建省、广西壮族自治区、四川省、新疆维吾尔自治区,以及杭州市、深圳市,开展地方政府绩效管理试点。6月28日,政府绩效管理工作部际联席会议在北京召开政府绩效管理试点工作动员会,正式拉开了我国政府绩效管理试点工作的帷幕。开展政府绩效管理试点工作

意义深远。从总体上看,这次被选为试点单位的8个地区和6个部门工作基础较好,规范化水平较高,典型意义较强,既有地方政府绩效管理,也有国务院机构绩效管理;既有重大专项工作绩效管理,也有财政预算资金绩效管理,点面结合、统筹兼顾。各试点单位结合实际,围绕地方政府及其部门工作、国务院机构机关工作、节能减排专项和财政预算等进行了积极探索,初步构建了各具特色的绩效考评指标体系,引导群众和社会各界有序参与政府绩效评价,强化对政府及其部门工作的过程监管和结果考评,并根据考评结果奖优治庸罚劣,发挥了导向和激励约束作用,有效地促进了政府职能转变和管理创新,对全面推进绩效管理工作起到了很好的示范引导作用。

2012年,党的十八大提出"深化行政体制改革"的要求,强调"创新行政管理方式,提高政府公信力和执行力,推进政府绩效管理"。行政管理方式是政府履行职能的机制和制度,决定着政府职能的充分履行和政府工作效率的不断提高。党的十八大指出了行政体制改革的方向,要通过推进政府绩效管理的方式,实现行政运行机制和政府管理方式向规范有序、公开透明、便民高效转变。

2013年9月,国务院首次委托全国工商联,对鼓励民间投资"新36条"的落实情况进行第三方评估。在2014年6月的国务院大督查中,再次邀请全国工商联和部分研究咨询机构,围绕简政放权、棚户区改造、精准扶贫、重大水利工程等部分重点政策措施落实情况展开评估,以便与自查和督查情况进行对表分析,成为此次国务院督查最大的创新和亮点。8月27日的国务院常务会议上,李克强总理听取政策落实第三方评估汇报,并强调"要用第三方评估促进政府管理方式改革创新"。2015年的第二次大督查期间,国务院再次委托7家第三方机构,对简政放权、放管结合、优化服务,促进大众创业、万众创新,增加公共产品和公共服务供给,金融支持实体经济,全面支持小微企业发展,实施长江经济带发展战略,实施精准扶贫、精准脱贫等重点政策措施的落实情况进行评估。8月26日的国务院常务会议上,李克强总理听取了其中3家机构关于"推进大众创业、万众创新""增加公共产品和公共服务供给""实施精准扶贫、精准脱贫"3项政策措施落实情况的第一批评估汇报。李克强总理指出,"第三方评估是本届政府创新管理方式的重要措施,通过加强外部监督,更好推动国务院各项政策措施落实"。2016年3月10日,国家主席习近平在参加第十二届全国人大四次会议青海代表团审议时也强调了"第三方评估"的作用:"建立精准扶贫台账和扶贫成效第三方评估机制。"第三方评估是中央国家机关对政府绩效管理方法的进一步探索和应用。

党的十八届三中全会指出,"全面深化改革的总目标是完善和发展中国特色社会主义制度,推进国家治理体系和治理能力现代化"。国家治理体系与治理能力是社会的、历史的,现代社会的国家治理体系与治理能力有着时代的内涵和要求。当代中国,完善和发展中国特色社会主义制度,必须推进国家治理体系和治理能力现代化。这一总目标表明,中国的改革开放,领域不断拓展,程度不断加深,层次不断提升,国家治理体系和治理能力建设,是中国改革进入新的阶段、达到新的高度的根本标志。从管理国家到治理国家,体现出中央深化改革的大决心,也使得行政体制改革的空间得到释放。围绕国家治理体系和治理能力现代化建设,政府运作方式将发生一系列非常重要的特征性的改变,这对政府绩效管理将会带来新的挑战。

二、杭州市政府绩效管理的新阶段

在被定为试点城市后,杭州市迅速启动了相关的工作。2011年10

月 27 日,市政府召开全市政府绩效管理试点工作动员大会,明确"要注重政府绩效管理与综合考评工作的有机衔接,不要'另起炉灶'"①,这成为杭州市开展政府绩效管理试点工作的一个基本原则。秉持这一原则,杭州市对多年来的综合考评工作进行了深入总结,制订了试点工作方案并作了全面部署。2012 年,杭州市考评办申报的"公民导向的杭州综合考评",获得了第六届"中国地方政府创新奖"提名奖。2013 年,在试点工作的基础上,杭州市委、市政府对优化综合考评、强化绩效管理提出了 23 条意见,正式提出综合考评要向绩效管理转型升级,杭州政府绩效管理进入了新的发展阶段。

(一)按照绩效管理的要求重新设计指标体系

2012 年,在总结杭州综合考评多年实践经验,特别是绩效管理实践经验的基础上,市考评办对市直单位绩效目标考核指标体系进行了重新架构(见表2-2),将原有的职能目标和共性目标改为绩效指标和工作目标,其中,绩效指标包括关键指标、职能指标和通用指标;工作目标包括重点工作目标、专项协作目标、诉求回应目标和自身建设目标。在绩效指标设置上,新增了反映市直单位法定职责履行情况的职能指标,并编制了行政效能指标,综合反映市级机关审批效率、审批质量、公开透明、网上办事、群众满意度和效能建设情况;在工作目标设置上,精简和调整了原有的部分考核目标,同时根据绩效管理试点的要求,新增了财政绩效评估和机构编制评估。考核的维度由单维度向多维度转变,即从实现程度和绩效测度两个维度对工作目标进行绩效考核。完善后的绩效考核指标体系更能综合反映市直单位的执行力、协作力、回应力、公信力,绩效导向更加鲜明,考评重点更加突出。

---

① 2011 年 10 月 27 日,杭州市委常委、常务副市长杨戌标在全市政府绩效管理试点工作动员大会上的讲话。

表2-2 杭州市绩效评估指标体系调整对照表

考评维度	2013年以前			2013年(含)以后		
	一级指标	二级指标	考核或评价指标内容	一级指标	二级指标	考核或评价指标内容
目标考核	职能工作目标	一类目标	关键指标	绩效指标	关键指标	市委、市政府确定的涉及本部门的相关国民经济和社会发展定量指标
			市委、市政府确定的年度重点工作任务		职能指标	市直单位法定职责履行情况相关绩效指标
			市委、市政府确定的中长期发展战略和重大决策部署中分解到当年的相关工作任务		通用指标	适用于市直各单位的部分综合性绩效指标,包括依法行政、电子政务、行政效率和简报信息质量等指标
		二类目标	常规指标	工作目标	重点工作目标	省委、省政府对杭州市的重点考核目标
			各单位职责范围内事关全市、反映部门主要职能履行情况的年度重点工作,包括牵头负责的专项工作			市委、市政府中长期战略目标和重大决策分解到当年的相关工作任务
			协调配合工作,由若干专项目标组成			市委、市政府确定的其他年度重点工作任务
		三类目标	根据工作的重要性和必要性设置的其他涉及面广的综合性工作任务			市政府为民办实事项目
			通用指标			市委、市政府重点专项工作
			社会评价意见整改目标		部门协作目标	由有关部门牵头、多部门协作配合的,事关全市、有明确年度目标任务,适于量化考核的阶段性工作目标,由若干专项组成
	共性工作目标		"96666"投诉查办和明察暗访情况		诉求回应目标	信访和"12345"办理、社会评价意见整改(含市考评办跟踪督办意见整改目标)、效能投诉处理、公共服务窗口评价、建议提案办理
			领导班子年度考核情况			
			违纪、违规、违法案件查处情况		自身建设目标	领导班子建设、党风廉政建设、目标绩效管理(包括督查工作)、财政绩效评价、机构编制评估
			督查完成情况,目标组织及考评管理			

第二章 杭州政府绩效管理的演进

（续表）

考评维度	2013年以前			2013年（含）以后		
	一级指标	二级指标	考核或评价指标内容	一级指标	二级指标	考核或评价指标内容
领导考评	总体工作实绩		主要考评各单位工作目标和市委、市政府交办任务的完成情况	总体工作业绩		总体考评各单位完成工作目标和市委、市政府交办任务的情况
社会评价			服务态度和工作效率	综合社会评价		服务态度和工作效率
			办事公正和廉洁自律			办事公正和廉洁自律
			工作实效和社会影响			工作实效和社会影响
				专项社会评价		采用按事项评价的方法，一事一评
创新创优			创新目标	创新目标		原创性创新
						继承性创新
			创优目标（含提升服务质量项目）	创优目标		综合性表彰奖励成果
						提升服务质量项目
			克难攻坚目标	克难攻坚目标		经济社会热点、难点问题破解
						机关绩效改进难题破解

注：1."目标考核"的变化如下：(1) 一级指标由职能工作目标和共性工作目标改为绩效指标和工作目标；(2) 绩效指标分为三类，各类指标考核内容明确；(3) 工作目标分类更加科学合理，突出重点工作的考核；(4) 增加省委、省政府对杭州市的考核内容。

2."领导考评"无变化。

3."社会评价"增加专项社会评价。

4."创新创优"项目分类归属更加清晰，指导性更加明确。

与此同时，对区、县（市）综合考评指标体系也作了适当调整，提高目标考核量化程度，发展指标权重从20%增加到30%，并适度增加反映创新发展的指标权重，增设个性化指标，以进一步反映各地工作的特色和亮点。

探索重大经济政策和改革措施的绩效评估。重点做好重大经济政策、改革措施、重大规划、政府预算内投资重大项目四项工作的绩效管理。制定出台《杭州市重大规划实施情况绩效评估实施方案》《杭州市政府预算内重大投资项目绩效评估实施方案》，开展重大经济政策、改革措施执行情况绩效评估研究。

(二) 初步形成全方位的政府绩效管理格局

为实现综合考评与政府绩效管理有机衔接,推动杭州市绩效管理工作全面深入持续地发展,2012年8月,市委、市政府决定,杭州市综合考评委员会增挂"杭州市绩效管理委员会"(以下简称"市绩效委")牌子,统一领导全市综合考评和绩效管理工作;杭州市综合考评委员会办公室同时增挂"杭州市绩效管理委员会办公室"(以下简称"市绩效办")牌子,负责全市综合考评和绩效管理日常工作。由此,杭州市在推进政府绩效管理之路上迈出了更加坚实的一步,形成了综合考评、效能建设、绩效管理新"三位一体"的职能架构。

(1) 建立部门联动机制。充分发挥纪检、考评、组织、监察、发改、编委、人力社保、财政、审计、统计、法制等部门的职能作用,做到绩效管理工作机构统筹协调和各责任单位各负其责相结合,密切配合,在建立绩效制度、确定绩效目标、加强过程管理与监督检查、采集绩效数据、运用绩效结果等方面形成合力。

(2) 统筹协调管理各类考核。理顺综合考评与专项考核的关系,统一协调管理各类考核评比。按照"突出重点、体现导向、统筹协调、总量控制,严格准入、规范管理"的基本原则,在调查清理的基础上,制定各类检查考核和评比表彰的管理办法,明确设置条件和基本要求,规范日常管理和年终集中检查考核行为,严格控制年终各类检查考核项目,避免重复考核、多头考核。做好各类考评与综合考评的衔接,整合涉及市委、市政府工作重点和战略目标的专项考核,使之成为综合考评中的一个考核指标或专项工作目标。

(三) 进一步优化综合考评

绩效管理试点工作后,杭州综合考评的绩效考核指标体系进一步得到完善,政府绩效改进机制进一步健全,特别是在探索重大经济政策和改革措施的绩效评估、推进财政预算绩效管理、实施机构编制评估、开展绩效审计、强化综合考评专项目标绩效测评等方面都取得了新突破。2013年,为适应杭州市经济社会发展和政府绩效管理持续深入推进的要求,市委提出要在认真总结经验的基础上,以改革创新精神继续深化完善综合考评机制,进一步突出重点工作,进一步重视工作实效,进一步加强中期评估工作,更加有效地推动全市党政机关"创一流业绩、让人民满意"。

根据市委的要求,市考评办(市绩效办)会同市委政研室、市政府研究室、市纪委(监察局)、市委组织部、市统计局等单位组成课题组,开展了"优化杭州综合考评制度设计"课题研究。课题组通过发放问卷调查表、召开座谈会等形式,广泛征求意见。结合群众路线教育实践活动,市考评办(市绩效办)主要负责人还先后走访了10多家单位,与这些部门的主要领导进行面对面的交流,交换意见。2013年,"优化综合考评"被确定为市委常委领衔建立的12项贯彻党的群众路线的长效机制之一。

市考评办(市绩效办)针对征集到的意见建议,提出了"简化、优化、管用"的工作思路,在全面细致的实证分析和反复论证的基础上,从部门分类、考核导向、指标设置、考核方式等方面,对优化完善综合考评制度设计进行了全面深入的研究,草拟了具体意见,最终以市委、市政府名义下发了《关于优化综合考评强化绩效管理的意见》。该意见共23条,主要内容包括:

一是完善指标体系。突出省、市确定的发展战略和重点工作部署,把贯彻落实科学发展观的实际成效作为综合考评的基本内容和主要依据。在区、县(市)综合考评中,适当降低GDP考核权重,增加生态建设、民生改善等方面的考核指标权重;根据各地实际,增加个性化考核指标。按照绩效管理的要求,在市直单位目标考核中,设置实现程度和绩效测度两个维度,分类进行考核;立足当前,面向长远,注重考评体系的稳定性和开放性,综合反映市直单位的执行力、协作力、回应力、公信力,逐步扩大绩效考核的覆盖面,推动政府绩效的整体提升。

二是简化目标考核。大幅削减一般性工作目标数量,对目标设置实行总量控制。改进绩效测评方式,设置挑战目标,鼓励横向、纵向标杆比对。对专项考核目标实行分类管理,突出重点、体现差别,精简考核、减负增效。优化目标日常管理,目标考核以月度分析、日常跟踪督查为主,建立定期通报和公示制度,推行"现结现报",尽量减少年底集中检查考核内容;加快"数字考评"系统建设,实现考评数据的实时采集和共享利用;大力精简台账,推行目标管理电子化。

三是优化社会评价。科学分类参评单位,将市直参评单位由原来的三类(社会服务相对较多、社会服务相对较少和党群部门),细分为社会服务多、社会服务较多、社会服务相对较少和党群部门四类,分别赋予1.05、1.03、1.01和1的评价系数。实施专项社会评价,将一批重点工作目标列为专项社会评价项目,通过设置评价系数,对承担市委、市政府重点工作任务较多的单位强化激励导向。优化社会评价方法,适当压缩样本规模(九大层面样本总量从15 000人压缩到12 000人,其中,市民代表样本量调整为6 000个,企业代表样本量增加到2 000个),调整评价代表抽样方法、量标赋分标准,改进选票发放方式,扩大信息公开,进一步提高评价质量。扩大服务相对人评价结果的运用,将公共服务窗口服务评价数据逐步纳入社会评价。

四是做实创新创优。市直单位创新创优由原来的"参与加分制"改为好中选优的"竞赛制+淘汰制"办法,即根据绩效考核结果,分别按每年创新创优申报项目总数的15%,评出创新奖、创新提名奖和创新鼓励奖项目,在综合考评中实施加分;加分后如晋档的,不挤占综合考评已进入先进档次单位的名额。改进创新创优绩效评估标准和实施办法,正确引导各地、各单位务实创新、可持续创新,切实提高创新项目质量和效益,防止和克服形式主义。

五是突出重点工作。围绕市委、市政府重点工作,加强督促检查和中期评估,将重点工作目标实施中落实不够到位、绩效不够好、群众满意度不够高的情况作为督查重点,开展专项绩效评估,促进整改落实,圆满完成目标任务。设立综合考评重点工作单项奖,按照"有奖有罚"的原则实施奖惩;重点工作单项奖一律纳入综合考评,不单独建奖。

六是统筹推进绩效管理。明确通过三到五年的努力,使各地、各部门普遍建立绩效管理基本制度和工作体系,形成导向明确、统筹协调、有效管用的绩效管理机制。主要任务包括:进一步健全绩效管理组织体系;加强绩效管理制度化、规范化建设,加快绩效管理立法工作;探索绩效分析和治理诊断调查;开展重大公共政策、重大改革措施执行、政府投资项目等专项绩效评估;建立绩效管理工作联动机制;加强对各类考评的协调管理;强化绩效评估结果的综合运用。

(四) 加快推进绩效管理法制化

要持续深入地推进政府绩效管理,很关键的一点,就是要实现政府绩效管理的法制化。杭州政府绩效管理经过长期的实践,有必要通过立法的方式,使多年来行之有效的制度设计和实践经验法制化,将多元参与主体、参与方式和程序、结果运用、责任追究等以地方性法规的形式固定下来。

杭州政府绩效管理的法制化是在实践的基础上不断推进的。2009年,市考评办提出了推动杭州综合考评立法的最初构想。2010年,市考评办启动了相关的准备工作。2012年,市考评办(市绩效办)将立法课题列为年度调研项目,对杭州市开展绩效管理立法进行了系统的研究,比较研究了国内外立法实践,提出了杭州市绩效管理立法的基本框架,为后续立法工作打下了基础。7月30日,时任浙江省委常委、杭州市委书记黄坤明主持召开市委书记专题会议,听取市考评办关于综合考评和绩效管理工作汇报,充分肯定了多年来杭州综合考评和绩效管理工作的成效,同意启动杭州市绩效管理立法工作,要求加快实现绩效管理法制化。

2013年3月,全国人大代表、时任杭州市委副书记兼市考评委主任的王金财在参加全国"两会"时,提交了《积极推进绩效管理,努力打造人民满意政府》的建议案,提出要加快政府绩效管理立法进程,建议国家层面开展政府绩效管理立法调研,适时制定绩效管理法律法规。在全国性的政府绩效管理法律法规尚未出台之前,鼓励和支持有条件的地区开展相关的立法工作,并加强指导。同年,杭州市人大常委会将绩效管理列为2013年度的预备立法项目。2013年11月,市委、市政府出台《关于优化综合考评强化绩效管理的意见》,提出要加快政府绩效管理立法工作,实现杭州绩效管理法制化。12月27日,杭州市委十一届六次全会审议通过的《关于学习贯彻党的十八届三中全会精神全面深化重点领域关键环节改革的决定》,明确要加快实现绩效管理法制化,提升政府工作绩效,增强政府公信力和执行力,要求市考评办(市绩效办)认真抓好绩效管理立法调研工作。

2013年年底,市考评办(市绩效办)专门成立了由办主要领导担任主持人、分管领导担任协调人、相关单位人员参加的立法课题组。经过大量的调研、座谈、研讨,数易其稿,形成了《杭州市绩效管理条例(草案)》。2015年3月17日,市十二届人大常委会第二十六次会议初审《杭州市绩效管理条例(草案)》。5月25日,新华社《浙江领导参考》刊发《杭州立法管理政府绩效破解庸官懒政》,而后又在新华社《国内动态清样》上刊载,浙江省委书记夏宝龙专门批示:"通过立法治慵懒,解决蜗牛问题,路子对";时任浙江省委常委、杭州市委书记龚正批示,要求"抓紧出台,促进简政放权,整治'三不'行为"。省、市领导的重视,加快了杭州市绩效管理的立法进程。8月12日,杭州市人大法制委员会举行会议,对条例草案进行审议修改,形成了《杭州市绩效管理条例(草案)》修改稿。8月27日,杭州市十二届人大常委会第三十次会议审议通过《杭州市绩效管理条例》。9月25日,浙江省第十二届人民代表大会常务委员会第二十三次会议批准《杭州市绩效管理条例》。10月14日,杭州市十二届人大常委会发布第57号公告,正式颁布《杭州市绩效管理条例》,从2016年1月1日起施行。

《杭州市绩效管理条例》是杭州市运用法治思维和法治方式推进政府绩效管理的一个最新尝试,实现了政府绩效管理"于法有据、依法管理"、绩效管理机构"职责法定",标志着杭州在政府绩效管理法制化建设方面走在了全国前列。清华大学社会科学学院政治学系副主任景跃进教授对此高度评价:"从政治建设的角度看,治理现代化包含着两个基本过程:一是政府过程管理的自我优化,二是政府与民众关系的不断改善。绩效评估中的公众参与是连接这两个过程的一个重要环节。杭州的实践,探索出了一条既具有中国特色又具有普遍意义的路子。《杭州市绩效管理条例》以立法方式将这些经验系统集成并加以制度化,确立了'公众参与'在绩效考评中的核心价值。这是一种令人欣喜的首创,它为国内城市提供了可资借鉴的样本,也为域外地方治理提供了中国经验的参照。"

2016年6月23日,杭州市第十二届人大常委会召开第三十八次会议。市考评办(市绩效办)主任伍彬受市绩效委委托,在会上就2015年度杭州市绩效管理工作情况作了报告,这是《杭州市绩效管理条例》正式施行以来,市人大常委会首次听取上年度绩效管理工作情况报告。会议认为,经过多年的实践探索,杭州市绩效管理工作制度设计日趋科学,考评机制不断完善,导向激励作用得到发挥,社会参与度高,社会各方对绩效管理工作的关注度、认可度不断提升。会议指出,杭州市绩效管理工作要坚持法治化、专业化、精细化、科学化的方向,进一步健全完善绩效考评机制,改进绩效管理工作,充分发挥其"指挥棒""助推器"作用,促进杭州经济社会发展,助推 G20 峰会取得圆满成功。

在全面推进政府绩效管理的新阶段,杭州市不但健全了绩效管理机构,对综合考评进行了全面的优化,而且实现了政府绩效管理的法制化,推动政府绩效管理上了一个新的台阶。杭州市委、市政府也希望在未来杭州经济社会发展和城市治理中,综合考评和绩效管理能够更好地发挥导向助推作用。浙江省委常委、杭州市委书记赵一德在 2016 年 3 月 30 日视察市考评办时,对此寄予了厚望:"综合考评可以有效传导压力,是制度建设的一部分。要通过考评加强制衡监督,把权力关进笼子里。政府的低效运行总有一天要结束,绩效管理要与深化改革有效地结合起来,可以更好地把问题解决掉。"此后,他进一步强调,"要继续用好综合考评机制,坚持'让人民评判,让人民满意'的理念,坚持法治化、专业化、精细化、科学化的方向,发挥综合考评'指挥棒''助推器'作用,考出好导向、好作风、好成效、好口碑"①。

---

① 2016 年 4 月 21 日,浙江省委常委、杭州市委书记赵一德在 2015 年度杭州市综合考评总结讲评大会上的讲话。

第三章　政府绩效管理的价值体系

20世纪70年代以来,新公共管理运动同时关注政府绩效的效率和民主取向,让工具理性与价值理性、政治与行政二分法在某种程度上出现融合的趋势,政府绩效管理不再单纯是管理的工具,它还包含着现代政府施政的一系列核心价值诉求。杭州市在推进政府绩效管理过程中,始终坚持"创一流业绩、让人民满意"的宗旨和"让人民评判、让人民满意"的核心价值观,逐步形成了"开放、民主、责任、绩效"的价值理念。

第一节　政府绩效管理的价值定位

一、政府绩效管理的双重价值

政府绩效管理与企业绩效管理不同,具有工具与理念的双重价值。只有双重价值的政府绩效管理,才能在当代治理体系和治理能力现代化中发挥导向助推与价值引领作用。

政府绩效管理基本价值的争论,早在"政治和行政二分法"提出时就开始孕育了,因为二分法基于公共行政现代化是一个绝对理性化的过程。伴随着公共行政实践的发展,尤其是20世纪七八十年代以目标管理、绩效管理、质量管理等企业领域的管理技术和理念被大量引入公共部门,以"Do More With Less"为标志的新公共管理运动在全球开展,随着对新公共管理运动的反思和批判,对政府绩效管理价值的思考又再次成为理论和实践热点。"工具理性对于提高治理能力增进治理效果有显著的作用,它是审视和理解治理不可或缺的向度。但是,必须同时警惕工具理性的膨胀过度,防止其走向技术至上和制度崇拜,忘却了人文精神和意义追寻的价值。"[①]纵观西方公共管理实践与理论,对于政府绩效管理价值的探究似乎沿着一个从倡导工具理性,到高扬价值理性,最后走向二者融合的轨迹。国内学者也基于20世纪80年代后期我国政府开展的实践与理论的探索,通过对我国公共行政生态现实的关照提出基于服务型政府目标的公共价值导向的政府绩效管理价值体系重建问题。

工具价值,是政府绩效管理的主体价值,也是其自然属性。政府绩效管理作为西方新公共管理运动的产物,具有鲜明的管理主义特征,其本质是工具性的,它可不受价值和文化差异的约束,是贯彻执行管理者战略、高效实现预期结果的有效管理工具。因为绩效管理的各种具体化手段有效地实现提高政府行政效率的改革目标,工具价值就是要求人的行为必须选择最有效的手段,以实现既定的目的,或者以手段的最优化作为理性的最高要求。作为目标结果意义上的绩效,正是对管理过程是否运用管理方法,以及运用的管理方法是否达到预定目标的有效验证。因此,在其引进公共部门的发展历程与现实效应上,都明显体现着一种工具性和管理主义倾向。在微观层面,公共部门绩效管理是多种管理工具的融合与共同作用,并逐渐形成了包括绩效评估、绩效合同、绩效审计、绩效预算、绩效规制、绩效申诉等一整套管理方法,其终

[①] 蔡拓:《全球治理与国家治理:当代中国两大战略考量》,《中国社会科学》,2016年第6期。

极目标都指向公共部门绩效的提升;在宏观层面,绩效管理因追求组织内部执行力和向心力为组织效能提升的目标实现注入活力,绩效管理在贯彻落实政府管理理念、目标上发挥着有效的工具功能,因此被称为公共部门"管理工具箱"中最有力的武器。

理念价值是指绩效管理的社会属性,是绩效管理的目的性价值。人类的实践从来就不是价值无涉的过程,理念价值,本质上是管理的终极价值,即寄予了人们实现生存的最终目的和最高理想。公共行政意义上的政府绩效管理,其理念价值要求人们"关注政治制度、政策与政治思想、文化、价值观的相应性,即政治制度的假设必须与改革相应的政治思想、价值观的培育相结合"①。政府绩效管理理念价值更是政府管理的终极目标,这种理念价值包含的开放、民主、责任、绩效等,即为公共价值的体现,它是主导性的、思想性的,能赋予工具价值以灵魂和能动性。唯有具有理念价值的工具,才不会走向极端,迷失方向。

政府绩效管理具有工具价值和理念价值双重价值。二者正如一个硬币的两面,理念价值通过工具价值得以实现,工具价值因理念价值的注入得以升华,成为能动自主的有思想的工具,二者既相互区别又相互依存,形成对立统一体,这就是政府绩效管理价值的双重性。

(一) 工具价值是理念价值的载体

工具价值是绩效管理存在的物质基础与保障,是理念价值得以实现的基础和前提。工具价值可以保障绩效管理在政府管理中的有用性、有效性。在政府管理中,作为一个政府管理工具,其有用性主要表现在是否能将党委政府的战略目标转化为各个职能部门的重点工作,并通过过程管理,确保其有效地落实。绩效管理的工具价值,也是绩效管理组织机构存在的前提和基础。与现有很多部门不同,政府绩效管

---

① 郭小聪:《论中国近现代政治文明转型的工具理性思维》,《政治学研究》,2003 第3期。

理是行政改革和治理创新的一个产物,努力证明自己在政府管理中的作用和价值是这项事业存在的前提。因此,绩效管理的工具价值是绩效管理的物质基础。

（二）工具价值本身渗透了理念价值

正如科学管理之父泰勒所说:"科学管理其本质是一场精神革命",工具价值中经济、效率、质量、结果等价值,体现了绩效管理持续改进、不断超越的价值理念。对于工具价值的实现方式、具体技术选择、路径设计和制度安排,如果没有理念价值作为引领和出发点,必将走向极端。

（三）理念价值依托工具价值得以实现

理念价值通过工具价值来实现,还体现在合法性判断上。如果没有一个有效的工具对责任作出判断,那么公共组织就失去了合法性的权威基础。绩效管理是公共领域责任的度量工具与实现路径,责任作为一种价值理念,需要通过绩效管理工具实现对责任的度量。正如英国学者邓赛尔指出:绩效管理建立在有效公共责任的基础上,责任不仅仅意味着在自己的权限内回答已经发生或正在发生的事情,在大部分场合下责任还有另外一个含义,就是你的责任应该能够由监管主体依据一定的标准或预期通过测量来进行评估。[①]

二、我国地方政府绩效管理价值定位的嬗变

政府绩效管理是公共行政的重要内容,公共行政的价值定位必然会影响政府绩效管理的价值定位。从20世纪90年代起,我国的地方政府绩效管理在引入发达国家政府绩效管理的理念和方法的同时,积

---

① Dunsir, *Control in a Bureaucracy: The Execution Process*, Oxford: Martrin Robertson, 1978: 41.

极开展符合地方实际的绩效管理实践,从实践的发展演变看,其价值定位大致经历了三个阶段。

第一阶段:以效率为主导(20世纪80年代中期到90年代末)

这一时期,从我国学者翻译大卫·伯宁翰的《英国地方政府中运用绩效评估尺度的观察》一文起,国内学者开始介绍和引入发达国家政府绩效评估的理念与方法体系,政府绩效评估开始进入我国。在实践中,主要引入国际通用的"MBO"技术,把它运用到各级政府的考评之中。价值定位则是以"效率"为主,重点在于行政目标和任务完成的数量与时间。

第二阶段:效能与满意度双重考量(2000年到2005年)

21世纪初,新公共管理运动席卷全球,我国的政府实践中开始更多地关注和应用政府绩效评估,通过引进和介绍西方国家政府绩效评估的理念与方法体系,很多地方也逐渐建立起了自己的评估制度和评估体系。这一时期,随着经济社会的发展,政府通过改革自身的评价方式,吸纳社会公众参与政府的绩效评价,将社会公众的满意作为要素之一纳入政府绩效考核体系之中。

第三阶段:以责任、服务为主导(2005年至今)

2005年前后,各地政府纷纷尝试和探索符合科学发展观要求的政府绩效管理。同时,公共领域的研究者也在不断地细化和深入研究国外政府绩效管理理念和方法,国内地方政府的实践也不断得到理论指导和提升,使国内政府绩效管理逐渐系统化。随着科学发展观的提出,以人为本的核心价值理念得以推广,各地的政府绩效管理强调以人为本、人民满意的价值导向,与以往单纯强调效率、效果的价值定位相比,有了很大的转变。在推行动力上,法制化开始成为选择之一。这一时期的价值定位以"公共利益、公民导向、为民服务"为主导,注重政府治理的有效性和合法性,强调治理成果为民所享,保证人民能够直接或间接参与公共事务管理。

综观我国政府绩效管理价值定位的演变历程,总体上可以体现为"效率、效果、责任、服务、满意"等要素,并将随时间的推移和社会的发展不断拓展与丰富。

三、政府绩效管理价值定位的偏差

近代西方政治学家洛克认为,政府的目的和责任就是保障人们的生命、自由和财产等基本权利。① 在社会主义市场经济条件下,政府绩效管理要解决的核心问题,仍然是如何通过绩效评估提升政府的管理服务效能,进而保障和维护好人民的各项权利。政府绩效管理所秉持的效率、效益、服务、责任等价值定位,也都是为了切实增强人民的幸福感,提高人民的满意度,这是政府绩效管理工作开展的出发点和落脚点。但从目前我国的政府绩效管理实践看,在价值导向和价值定位上均不同程度地存在一些偏差:

一是以效率作为政府绩效管理单一的价值取向。"以人为本"是政府绩效管理的价值核心,因而政府的行政行为在多大程度上促进了社会公共利益应该成为衡量政府绩效的根本标准。然而,由于公共利益的界定是模糊不清的,甚至存在将部门利益、地方利益置于公共利益之上,一些地方依旧以效率为主要价值取向,陷入经济发展至上的误区,忽视社会公平和民众需要,从而引发社会矛盾。以"效率至上"作为政府绩效的价值,无法真正践行为人民服务的宗旨,且政府行为容易为各种利益所裹挟。

二是"以人为本"的价值定位偏于形式化。在传统文化和行政体制影响下,官本位、政府本位的观念依旧存在。政府在经济社会生活中

---

① 〔英〕洛克:《政府论(下篇)》,叶启芳、瞿菊农译,北京:商务印书馆,1964年,第55—56页。

处于绝对主导地位,在政府与民众的关系上过多地强调政府的权威,忽视政府的义务。在制度设计上,一些地方政府绩效考核忽视公民的需求和权益,过于强调政府的管理和控制功能,考核的目的主要从政府自身的需要出发。在实践中,非制度化的权力因素大于制度性安排的影响力,上级部门和领导的约束力远超政府绩效管理。因而,绩效管理常常成为上级政府管理下级政府、下级政府迎合上级政府的工具,"以人为本""为民服务"实际上蜕变为"以上级意见为主""为上级要求服务",社会公众不能有效地参与政府绩效管理,群众意见未作为决策的重要依据,政府也不能及时地回应公众诉求。

三是经济发展的价值定位出现偏差。十一届三中全会以来,以经济建设为中心成为中国共产党在社会主义初级阶段基本路线的中心、发展中国特色社会主义的工作重点和兴国之要。因而三十多年来,经济发展一直都是政府绩效考核中的重要指标,甚至是决定性指标。然而,"以经济建设为中心"在不少地方却被片面理解为"以 GDP 为中心",将"发展是硬道理"理解为"GDP 增长是硬道理",甚至陷入了"数字出官、官出数字"的怪圈。很多地方政府由于缺乏现代治理理念和对绩效管理的正确认识,往往将经济发展特别是 GDP 增长作为绩效考核的主要指标,但不讲投入产出,不计成本,或者虽然表面上讲绩效,实际上却没有具体的绩效评估和考核机制,导致片面追求经济增长,生态环境遭受到严重的破坏,社会发展滞后,人民群众的认可度和满意度较低,也违背了经济发展的初衷,不利于全面、协调、可持续发展。

四、政府绩效管理价值评判的标准

政府治理现代化不仅需要政府自身努力,还需要政府、社会和个人的通力合作,共同解决治理过程中的难题。从服务型政府建设层面,则是要求把为社会、为公众服务作为政府存在、运行的基本目标,体现社会公平正义、经济社会发展以及责任政府的核心内涵。政府绩效管理也要按照政府转型的要求,进一步调整其价值取向和定位。在未来很长一段时间内,应该从以下几个方面确定我国政府绩效管理的价值定位:

(一) 提升政府治理的有效性

传统行政理念下的政府管理,由于缺乏对于行政效果的评估和管理,一定程度上造成了政府做得越多效果越差的尴尬局面。因而新时期的政府绩效管理,"有效性"应成为绩效评估的一个重要标准;同时,它不仅是一种价值层面的概念,还必须通过实践将其作为一种实实在在的行为过程。

政府绩效管理中的有效价值定位,具体应体现在以下三个方面:① 明确政府的角色,即在日常运行和管理中,政府应履行的职能和担当的角色应该是什么;② 提高行政能力,在相关制度以及框架内,提高自身能力来实现政府的既定目标;③ 完善监督机制,通过民主法治建设,拓宽民众参与渠道,完善对公共权力的监督,防止政府权力的滥用、资源浪费等。

(二) 推进社会的公平正义

政府绩效管理的主要目的是保证政府高效运转,从而更好地推动社会发展。但是,在追求发展的同时,不能忽视公平性价值选择。公平是公共治理与服务型政府建设中所包含的基本要求与理念,政府管理必须兼顾不同地区、不同领域之间的差距,统筹兼顾,缩小地区差距、贫富差距等,这就更需要在提高效益性的同时注重公平,否则,就会造成不平衡和不公平的问题,破坏长期发展的稳定性。公平正义同样应该成为我国政府绩效管理的重要价值导向,这不仅有助于提升政府绩效管理的公信力,更能体现政府绩效管理在提升政府治理能力和推动经济社会发展中的价值。

(三) 践行为人民服务的宗旨

政府作为公共服务和公共产品供给的统筹者以及公共服务和公共产品的首要提供者,应该通过财政支持、政策引导等手段向社会提供优质服务。通过服务的准确价值定位,政府从管理者转变为服务者,为公民的全面发展提供优质、高效的服务,提高社会发展的活力。"以人为本""人民满意"作为政府绩效管理的核心价值,也是人民政府为人民服务的最基本的要求。党的十七大要求政府在政府职能上更加重视政府的公共服务职能,要以优质、高效的公共服务满足公共需求,真正做到"权为民所用,情为民所系,利为民所谋"。其中,服务内容由民意决定,服务方式要公开透明,服务效果要人民来评判。党的十八大明确要求推动政府职能向创造良好发展环境、提供优质公共服务、维护社会公平正义转变。"服务"已经成为我国政府管理的本质和灵魂,也必然是政府绩效管理的一项根本性的价值定位。

(四) 增进行政民主与回应性

行政民主或民主行政是指民众是否有权并积极参与到政府的管理活动中;回应性则是指政府是否构建了良好的平台让民众表达利益诉求、参与公共事务以及反馈民众问题等。政府绩效管理中的民主与回应性,主要体现在两个方面:一是从政府内部考核评估以及管理来说,组织成员之间的民主是一个组织可以不断发展、保持活力的重要因素。回应性则代表了内部上下级、同级之间的沟通交流渠道。内部绩效管理的考核等制度体系设计要科学合理,同时也要通过组织内部民主的方式使得结果容易让人接受,比如考核规则制定过程中征求各被考核者的意见,考核过程和结果的公开透明等,同时拥有良好的意见反馈渠道,可以使得政府内部沟通更加有效。二是从政府绩效管理的外部评价来说,现代社会是一个开放的、价值多元的社会,社会中充满了各种矛盾和利益冲突,政府能否很好地去听取和吸纳各方意见与利益诉求,畅通社会公众诉求表达和参与公共事务渠道变得十分重要。多元化的绩效管理方式,可以让社会公众参与公共事务决策、评价施政结果,并推动政府主动接受民众的监督,落实"四问四权",以共治共享的方式实现善政。

政府绩效管理的价值定位取向,从宏观层面来讲,与政府所追求的价值定位应该是相一致的。从微观层面上讲,由于各级政府及部门的职能定位不同,因而绩效管理的价值定位标准也会存在一定的差异,但是就政府绩效管理的基本价值定位而言,经济、效率、责任、服务、满意等价值要素,还是具有统一性的。

第二节 杭州政府绩效管理的价值体系

杭州政府绩效管理始终坚持"让人民评判、让人民满意"的核心价值观,秉持"创一流业绩、让人民满意"的宗旨,致力于转变机关作风、提高行政效率、提升公共治理和政府服务能力,推动杭州经济社会又好又快地发展,在实践中形成了"开放、民主、责任、绩效"的价值理念。

一、宗旨:创一流业绩、让人民满意

在政府绩效管理的发展历程中,杭州市通过一系列的制度变革和组织创新,不断探索符合地方实际的政府绩效管理之路,较早地确立了综合考评"创一流业绩、让人民满意"的宗旨。

"创一流业绩"强调的是高质量的"绩",遵循了政府绩效管理"以质量为本"的理念。在政府绩效管理中,"创一流业绩"旨在提升政府治理能力、提高政府服务质量,是效率和结果导向的绩效理念的体现。在政府绩效管理制度设计上,杭州市对考核目标按照"实现程度""绩效测度"两个维度,强化绩效目标考核;设立创新创优和特色创新目标

绩效考核,对重点工作和重大项目开展第三方绩效测评。在政府绩效管理实践操作上,杭州市形成了"评价—整改—反馈"工作机制,不断推动政府绩效的持续改进。制度的设计和实践操作旨在引领各级党政部门努力取得一流的工作业绩,促进政府机关工作绩效的持续改进,增强依法履职能力,推动服务型、效能型政府建设。

"让人民满意"强调的是"效",遵循政府绩效管理"顾客至上"的服务理念。在政府绩效管理中,"让人民满意"强调以群众的意见和需要作为政府工作的根本出发点和落脚点,以群众的满意度作为检验政府工作好坏的根本标准。"让人民满意"是政府管理和服务的宗旨,也利于增强政府施政的合法性,充分体现了我国社会主义政体的本质。在杭州综合考评中,以社会公众为主体的社会评价占整个考评体系权重的50%,这确保了"让人民满意"能够在制度和实践中得到落实。

"创一流业绩"和"让人民满意"是一个统一体。"让人民满意",首先要"创一流业绩",这是让人民满意的前提和基础。杭州政府绩效管理历年的考评结果和实践一再显示,凡被评为优胜(满意)单位、成绩显著单位的,必定是以一流业绩为支撑的;凡是被百姓称颂的单位,必定是在创一流业绩上下了大功夫的。"创一流业绩"的目的就是要"让人民满意",这是我们党和政府的性质所决定的。政府业绩是否优秀,人民满意是唯一的评判标准。"创一流业绩"是工具理性的表现,"让人民满意"是价值理性的表现。杭州政府绩效管理的实践正是通过"创一流业绩"的工具理性,实现"让人民满意"的价值理性。

二、核心价值观:让人民评判、让人民满意

杭州政府绩效管理始终坚持"人民满意就是前列、人民满意就是一流、人民满意就是第一",通过完善政府绩效管理体系,把"让人民评判"与"让人民满意"有机地结合起来,使"让人民评判、让人民满意"成

为政府绩效管理的核心价值,用以指引杭州政府绩效管理工作。

从政府与公民的关系来看,"让人民评判,让人民满意"是"以人为本"的绩效管理理念的生动体现。"运动员不能同时兼裁判员",政府的服务态度、服务质量、服务水平如何,政府的绩效怎么样,被服务对象和专家的评估更能体现客观、公正、准确的评估要求,尤其是社会公众作为政府的服务对象,有着最直接、最真实的切身感受,最具有发言权。因此,"让人民评判"是评估政府绩效最基本也是最有效的方式之一。

"让人民评判"既是杭州政府绩效管理的工作方式,也是它的最大特色。杭州政府绩效管理通过制度化的建设,保障人民评判的权力。首先,在指标权重设置上,市直单位社会评价占50%的权重,如果加上社会评价意见整改考核权重和创新绩效评估的影响,社会公众参与的权重就远超50%,这确保了社会公众在综合考评中的主体地位。其次,让人民评判不是让个别人评判,参评人员具有广泛的代表性。市直单位参评代表从九大层面,区、县(市)参评代表从五大层面,随机抽样产生,近年来又开通了网上社会评价,保证了参评人员的广覆盖。最后,人民评判的渠道多样化。除了年度的综合社会评价和专项社会评价,还有公共服务窗口即时评价、网上评议、"绩效杭州"展示厅的现场评议等多种形式。

"让人民评判、让人民满意"是杭州政府绩效管理的生命力所在,也是新时期贯彻党的群众路线、落实"四问四权"的生动实践。遵循"让人民评判、让人民满意"的核心价值观形成的"评价—整改—反馈"工作机制,与党的"从群众中来,到群众中去"的工作方法是相一致的。杭州政府绩效管理在坚持这一核心价值观的实践中,真正做到了"办不办"问情于民、"办什么"问需于民、"怎么办"问计于民、"办得好不好"问绩于民,真正落实了社会公众的知情权、参与权、选择权、监督权。

三、四大导向：战略导向、公民导向、职责导向、创新导向

（一）战略导向

战略导向，就是要以科学发展观为统领，聚焦中央重大战略部署，以贯彻落实省、市战略决策为着力点，将市委、市政府提出的战略目标和重大决策作为区、县(市)和市直单位年度工作任务的重点，以战略目标的实现程度、推进力度作为衡量各地、各单位工作的基本尺度。当前，正确把握战略导向，需要以五大发展理念为指引，围绕十八大以来形成的"四个全面"战略布局，助推地方切实贯彻落实中央的路线、方针、政策。

综合考评和绩效管理是一种战略管理，它的首要目标就是紧紧围绕中央和省、市党委、政府提出的战略目标和重大决策的实现，来设定指标、评估结果，它与战略管理有着一种先天性的"默契"。

首先，绩效管理目标的设定以市委、市政府战略目标为核心。通过考核指标的设置，将市委、市政府的中心工作和重点工作转化为具体的工作目标和考核指标。在指标内容上，既考核显绩又考核潜绩，注重打基础、立长远的工作实绩。增强不同时期重点工作的延续性与关联度，推动各地、各部门既抓好当前急需解决的重点工作，又做好长远规划，把实现阶段性目标与长远发展目标有机结合起来。在实践操作中，一是大幅削减一般性工作目标的数量，突出市委、市政府的重点工作任务。对承担重点工作目标任务较多的部门，可以不列或少列职能目标；对未列入年度目标考核，但属于"三定"职能范畴或市委、市政府交办的工作，实行"兜底"考核。二是突出重点工作，实行专项考核。将市委、市政府年度重点推进、涉及多部门联动的重点工作列为重点专项目标，单独设置分值进行考核。

其次，绩效监控以市委、市政府战略目标的落实和执行情况为重

点。在过程管理中,杭州政府绩效管理强化目标督促检查,开展重点工作督查和绩效评估。重点工作督查由市委督查室、市政府督查室牵头,组成若干个督查组,采取平时随访、明察暗访、实地回访、专项调查等方式,了解重点工作落实和执行的情况。督查组对督查中发现的问题"问诊把脉",相关市直部门和相关区、县(市)结合工作实际,需要对所提问题认真研究,对所提建议积极吸纳,并逐项逐件整改落实。绩效测评由市考评办委托第三方,主要针对公众关注度高、影响面广的工作项目开展,例如,2015年度的绩效测评项目包括:综合试验区建设、扬尘治理、智慧公共服务("一号工程")、分级诊疗、鼓励社会力量兴办养老机构、市政府为民办实事项目等。

最后,工作实绩以战略目标的实现程度、推进力度为基本尺度。对重点工作目标的设置,要求市直各单位针对目标任务,提出具体的可量化指标。工作目标能够量化的尽量量化,确实难以量化的,需提炼出能反映工作质量和成效的结果性描述。在确定最终的考评结果时,部分重点工作设置了"一票否决"项目,比如,2014年度的区、县(市)综合考评中,"一票否决"事项从原来的5项调整为6项,即将原来的"节能减排"1项调整为"节能"和"减排"2项。按照"有奖有罚"的原则,将重点工作完成情况与综合考评奖直接挂钩,加大对重点工作的激励。从多年的实践结果看,完成市委、市政府战略目标情况较好的,综合考评的名次相对靠前;反之则靠后。各区、县(市)和市直单位要在综合考评中取得好的成绩,必须扎扎实实地把市委、市政府的重大战略和重点工作任务落到实处。

(二) 公民导向

公民导向,即以"让人民评判、让人民满意"为综合考评的核心价值观,把解决群众关注的热点、难点问题作为各地、各单位工作的根本出发点和落脚点,把群众满意度作为检验各地、各单位工作好坏的根本标准。公民导向是杭州综合考评和绩效管理的鲜明特色,十多年来,杭州市始终坚持人民群众在政府绩效评估中的主体地位,不断扩大社会公众的覆盖面,拓宽社会公众的参与渠道,实现治理主体多元共治。

1. 社会公众在绩效评估中居于主导地位

杭州综合考评设置社会评价、目标考核、领导考评和创新创优四个维度(即"3+1"的考评模式),既有上对下的领导评价和组织内部的工作目标考核,也有以社会公众为主体的满意度评价,还有采取第三方评估方式的创新项目。按总分 100 分计,社会评价 50 分,目标考核 45 分,领导考评 5 分,创新创优作为加分项目。由于目标考核中还包含社会评价意见整改目标、公共服务窗口评价等公众参与的内容,创新创优项目由专家和受益对象评估,因此在综合考评分值权重上,社会公众参与的实际权重超过 50%,突出了社会公众在政府绩效评估中的主体地位。

2. 参评代表覆盖社会各阶层

杭州在开展政府绩效管理的过程中,非常重视参与主体的广泛性和代表性。每年征集上万名社会各界代表自愿参与年度社会评价,这些参评代表通过随机抽样的方式产生,对政府机关一年来的工作情况进行独立的满意度评价,并可以提出具体的意见和建议。在年度社会评价中,参与市直单位评价的社会公众分为九大层面,其中,比重最大的是市民代表,其次是企业代表。这九大层面的代表还包括有一定政治身份的党代表、人大代表、政协委员,上下级政府部门和各类社会组织、行业协会,以及专家学者、新闻媒体等代表,形成了覆盖社会各阶层的评价主体。

3. 公众参与渠道畅通且形式多样

杭州政府绩效管理积极创设公众利益表达的渠道,致力于公众参与的制度化建设,任何一个市民都可以通过不同的方式参与到政府绩效管理中来。公众参与渠道具体包括：

年度社会评价。以抽样调查形式组织开展年度社会评价。通过邮寄、入户调查等方式，组织公众对政府部门进行满意度评价，并可在问卷调查表上提出具体的意见和建议。年度社会评价期间，"杭州考评网"上同步开通网上评议，凡有参评意愿的社会公众均可上网参加。从2015年度综合考评开始，杭州市正式实施网上社会评价，社会公众可以通过手机或网站对市直单位进行打分评价，提出意见和建议。2016年又将网上评价扩大到区、县(市)综合考评。

服务对象即时评价。在全市719个行政审批和公共服务窗口，统一设置评价器，建立服务评价制，由接受公共服务的行政相对人作为评价主体，进行即时的满意度评价，即顾客评价。

第三方评估。建立绩效评估专家库，聘请各方面的专家对政府创新创优项目进行绩效评估。几年来，参与绩效评估的专家129人次，评估各类创新创优项目600余项。此外，委托第三方评估机构对重大项目或公众关注的热点工作，进行专项绩效测评，形成翔实客观的第三方绩效测评报告。

参与目标管理。目标管理的全过程都有社会公众参与。在制定考核目标时，邀请绩效评估专家和绩效信息员进行咨议，参与审定政府各部门年度考核目标；目标实施过程中，通过绩效信息员和第三方信息咨询机构收集及整理各类绩效信息，实现绩效目标动态跟踪管理；年度目标考核时，吸收市民代表参与检查验收。

日常评议渠道。在市民中心设置"绩效杭州"展示厅，实时展示政府工作情况，接受社会公众的现场评议和诉求表达。由市考评办主办的"杭州考评网"设有主任信箱、民意征集、绩效评议、网上调查等互动栏目，开设在线评议窗口，公众对政府各部门的职能工作、社会评价意见整改、民生工程等项目及其进展情况，随时可以进行评议。

"公述民评"电视问政。每年围绕相关主题,邀请职能部门和城区的负责人与民评代表,在电视上开展面对面的问政活动。参与电视问政的民评代表由"两代表一委员"、民主党派代表、群众团体组织代表、绩效信息员和特邀监察员代表、绩效评估专家代表、民情观察员代表、市民监督团代表、热心听众代表、媒体代表、市民代表、九城区代表等组成。其中,市民代表向全社会公开征集,城区范围内符合条件的市民都可通过"杭州考评网""中国杭州"政府门户网站、杭州网、"绩效杭州"微信公众号、"廉洁杭州"微信公众号等渠道,报名参与现场问政活动。报名时需提交问政问题,市考评办从报名者中选取符合基本条件且问政问题质量较高的报名者,作为现场问政的民评代表。

(三) 职责导向

职责导向,即重视各地、各单位履行职责和完成目标的过程与结果,正确评价各地、各单位的工作实绩,强化依法行政、依法管理,促进政府职能和机关作风转变。职责导向是强化绩效管理的前提,杭州市通过不断完善绩效考核指标体系,努力探索过程管理与结果管理的有机结合,强化过程管理和绩效监控,增强各地、各部门的履职能力,以提高政府服务质量。

一是推动履职尽责,有效治理慵、懒、散。在市直单位绩效考核指标中,职能指标直接针对部门职责进行考核,通常根据各单位的"三定"方案,结合杭州市实际,提炼出反映各单位履职情况的指标,指标内容体现效率、效益、效果等结果性指向。重点工作目标的分解和下达,以市直单位职能划分为前提,涉及本部门的重点工作任务,确定为该部门的重点工作目标考核内容。其他目标,如部门协作目标、诉求回应目标等内容的确定,均遵循职责导向。对未列入年度目标考核,但属于"三定"职能范畴或市委、市政府交办的工作,实行"兜底"考核。考核指标依据部门职责、对标国内先进确定,较好地解决了"干与不干""干得好与干得差""积极干与消极干"等由于缺乏明确的法律依据而难以追责的问题,遏制"不作为""懒作为""慢作为"。同时,强化问责机制,绩效评估结果作为政策调整、预算管理、编制管理、奖励惩戒、领导人员职务升降任免等方面的重要依据。根据《杭州市绩效管理条例》的规定,对连续两年绩效评估结果不合格的单位,直接负责的主管人员和其他直接责任人员当年或者次年取消评优评先资格,一年内不得升职;连续三年以上不合格的单位,其直接负责的主管人员和其他直接责任人员,将被调离岗位、降职、免职、解聘或者辞退。

二是推动依法履职,提高行政效能。一方面,通过内外结合的绩效考评体系,给各部门增加新的压力和动力,使其树立起正确的履职观,强化服务意识,切实履行职能、提升工作效能。另一方面,根据考评中收集的各类意见建议,详细了解各部门在履职中所存在的问题,着力解决缺位越位、职责交叉、推诿扯皮等方面的问题,促进各部门认真查找问题,及时回应社会公众的诉求,着力解决好群众最关心、最直接、最现实的利益问题,高效履职,依法行使职权。

三是推动科学履职,绩效考核指向履职实际效果。杭州绩效管理注重绩效理念在工作中的应用,逐步扩大绩效评估的范围,在创新创优和特色创新目标绩效评估的基础上,将绩效评估逐步扩大到专项目标;对涉及民生的重大项目实行专项社会评价,并探索建立"追溯考核"制度;对各类目标实行动态绩效跟踪管理,定期通报和公示目标进展情况,以《绩效改进通知单》和《绩效告知书》的形式进行绩效沟通和互动;发挥综合考评内在的发现、协调、改进功能,强化绩效分析和治理诊断功能,坚持问题导向,帮助各单位不断改进工作。这一系列新举措,改变了传统考核年底"一锤定音"的做法,实现了目标考核精细化、过程化、科学化管理,推动政府整体绩效的持续提升。

(四)创新导向

创新导向,即开展创新创优目标绩效考核,营造创新氛围,培育创新精神,鼓励各地、各单位在理念思路、体制机制、方法手段上不断探索,勇于创新,着力解决工作中遇到的突出矛盾和深层次问题,推进政府治理体系和治理能力的现代化。杭州绩效管理在致力于转变政府职能、推动政府绩效持续提升的同时,十分注重鼓励政府创新,以创新创优目标绩效考核为平台,推动政府创新常态化运行,为社会创新和企业创新营造好的服务环境。

一是注重对政府创新的引领。杭州绩效管理积极引导、鼓励和推动政府创新回应公众诉求,通过运用年度社会评价意见和广大人民群众对改进政府工作提出的意见与建议,对杭州市创新政府服务和管理的方向进行梳理与规划,编制《杭州市政府创新指南》,对政府创新工作作适度规划;在制度设计上,鼓励制度性、全局性创新,鼓励联合创新、协同创新,对联合申报项目选自《中共中央关于全面深化改革若干重大问题的决定》或《杭州市政府创新选题目录》的,牵头单位、配合单位均按实际评估结果全额赋分,激励各单位围绕中心工作和难点问题,对覆盖面广、实施难度大、需多部门合力攻坚的重大项目,积极主动地开展联合创新,形成"1+1>2"的创新效应。

二是建立完善的绩效评价机制。首先,在创新目标设置上,分为创新、创优和克难攻坚三类,满足不同部门、不同时期的创新需求。其次,在项目申报上,对申报项目是否符合改革创新的方向和法治原则,是否符合本单位的主要工作职能,创新创优的目标是否明确,项目的主要创新点(创优点、突破点)是否突出、创新创优层次高低,申报材料的内容是否完整等作出评判,以确定是否立项。最后,在项目绩效评估上,实行两轮专家评审的方式:首轮按项目领域进行专业评审,采用网上远程分组评审的方式进行,淘汰20%的项目;二轮组织专家从项目的重要程度、突破程度和效益程度进行现场综合性评估。

三是强化政府创新的激励功能。市直单位创新创优目标实行"竞赛制+淘汰制"的办法,即根据绩效评估结果,按年度创新创优申报目标总数的各15%(不超过10项),分别评出创新奖、创新提名奖、创新鼓励奖项目,在综合考评中分别给予不同的加分激励,加分后如晋档的,不挤占综合考评已进入先进以上档次单位的名额。设立政府创新奖和政府服务质量奖,政府创新奖奖项在市直单位创新创优目标和区、县(市)特色创新目标绩效考核的基础上,确定得分较高的项目为获奖项目,其中,市直单位要求在创新创优目标绩效考核中总得分排名前10位,区、县(市)要求在特色创新目标绩效考核中总得分排名前3位;政府服务质量奖是在对市直单位申报的创优目标"提升服务质量"项目绩效评估的基础上,确定前3名为获奖项目。

四、四大理念:开放、民主、责任、绩效

政府绩效管理继承了传统公共行政对工具价值的追求,致力于提高行政效率、推动科学决策、提升政府的治理能力和水平。然而,政府绩效管理作为体现政府使命和核心价值的战略管理,不能仅仅满足于工具价值的运用。在实践中,政府绩效管理需要不断地增进社会福祉,保障社会公平正义,提升社会公众的满意度,从而体现政府对民主、责任、服务等价值理性的追求。

(一) 开放

任何一个组织都不是封闭的、孤立存在的,都是一个需要同外部环境进行资源交换的开放系统。政府作为嵌入政治系统的行政组织体系,本质上也具有开放性的组织特征。尤其对于现代政府而言,主权在民、"权为民所赋"的政治理念,决定了行政管理所包含的对国家事务的管理和机关内部事务的管理都应向公民开放,这是尊重公民知情权、保障公民参与权的前提和基础。因此,政府绩效管理作为政府治理的有效方式之一,首先也应秉持开放的价值理念。

自从开展"满意评选"活动以来,杭州政府绩效管理就从政府机关内部的"封闭式考核",逐步向社会开放,直至综合考评实施以后,杭州政府绩效管理形成了一个开放的、多元的综合考评体系。在这个体系内,既有组织内部的目标考核、领导考评,也有以社会公众参与为主体的社会评价,整个过程公开透明,考评结果及相关的考评政务信息也都及时向社会公开。在这个开放的体系内,社会公众不再是一个旁观者,而是城市治理的共同参与者。这不仅尊重了公民的知情权,保障了公民的参与权,还体现出政府治理的开放性价值理念。

一是考评主体具有广泛性。党的十七大提出的"从各个层次、各个领域扩大公民有序政治参与,最广泛地动员和组织人民依法管理国家事务和社会事务、管理经济和文化事业",杭州市在推动社会公众有序政治参与上有丰富的实践。杭州市委、市政府于2000年首次开展了"满意评选"活动,考评主体包括四大层面:市党代会代表、市人大代表和市政协委员层面,企业层面,市民层面,市直机关互评。2001年,参评主体扩大为九个层面,既包括了市党代表、人大代表、政协委员、老领导和专家学者等直接参政议政的群体,也包括了省、市、区县各级部门代表,突出了市民和企业代表的评价主体地位,初步形成了一个多元化、多维度的评价主体结构模式;2002年,将区、县(市)的部委办局、街道、乡镇和城区社区作为一个投票层面纳入评选主体,取消了市直机关互评层面;2003年,评选活动又取消了市直属各单位领导班子成员投票层面;从2007年起,把外来务工人员纳入市民代表层面,这在考评主体的确立方面是很大的改进;2013年起,又完善了社会组织代表、社会监督代表和企业代表层面构成,并对整体的样本量进行了调整。目前,市民代表样本量为6 000个,其中,外来务工创业人员、农村居民代表各为1 000个,参评代表中市民代表的抽样充分考虑年龄、性别、学历和职业等特点,力求实现市民代表样本的全覆盖;企业代表样本量为2 000个,涵盖不同类型和规模的企业。

二是公众参与有便捷的渠道。从政府绩效管理的实践进程来看，杭州市委、市政府一直致力于推进公众参与，为公众参与创设了多种制度化的渠道。这主要包括市考评办组织开展的一年一度的社会评价、公众自主参与的日常服务评价和监督、网上社会评价、服务对象的即时评价、参与过程管理、专项问题的问卷调查、网上评议、热线电话等。便捷多样的参与渠道，为政府绩效的过程管理创造了条件，也推动了杭州政府绩效管理的全程开放。

三是建立完善的信息公开制度。杭州政府绩效管理从启动、过程督促检查到年终考核评定都有相应的信息公开环节，保证了绩效管理信息的全过程公开。

（1）绩效考核目标进展情况公示。绩效考核目标进展情况在"杭州考评网"和各考评对象的门户网站上进行公示，内容包括责任单位、责任人、目标类型、目标名称、考核指标说明、指标属性、完成时限（以月度计算），每条目标的分页面，展示当月进展情况、每月进度比较，以及累计进度，同时附有相关反映目标实施的节点性明细文档、单位网站地址和单位职能。

（2）重点整改目标公示。杭州市很早就建立了社会评价意见重点整改目标公示制度，坚持开门抓整改。年初社会评价意见整改目标确定后，市直单位通过《杭州日报》、"杭州考评网"等媒体向社会公示市直单位公开承诺的社会评价意见重点整改目标。各区、县（市）也通过不同方式，如当地党报、主流媒体等，对于社会评价意见重点整改目标，向社会进行了公示和承诺，切实抓好整改落实，取信于民。"杭州考评网"按月度公开重点整改目标的进展情况。重点整改目标的完成情况也在年底通过媒体向外公开，以接受社会公众的再次评价。

（3）年终检查考核中的"晒清单"和"晒亮点"。"晒清单"是市直各单位在上报目标完成情况时,按照具体明确、社会公众可感知的原则,同时上报与目标完成情况表述相对应的具体项目明细表。市考评办对各单位填报的目标完成情况梳理汇总后,通过"中国杭州"政府门户网站、"杭州考评网"及各单位网站进行公示,以进一步扩大社会监督。"晒亮点"从2014年度市直单位社会评价开始实施,由各单位提供当年履行主要职能,承担市委、市政府的重点工作任务,推进民生保障、公共服务和社会评价意见整改中群众关注度高、易感知的突出工作成果,由市考评办汇编成册提供给评价代表,以便更好地了解参评单位年度主要工作情况,进一步增强社会评价信息的对称性。

(4) 年度考评结果公布。年度的考评结果由市委、市政府在年度综合考评总结讲评大会上宣布,以文件形式予以通报,并在《杭州日报》、"中国杭州"政府门户网站、"杭州考评网"上公开发布。对于在年度社会评价中征集到的意见和建议,也形成年度《社会评价意见报告》,通过《杭州日报》等媒体,向社会公开发布。

四是指标体系动态调整。杭州政府绩效管理的指标体系并非一成不变,每年的考核指标会根据考评导向和实际工作需要作出适当的调整,这包括经济社会发展状况,市委、市政府重心工作和战略决策,各地、各部门的特殊情况,部分突发因素,以及每年调研走访反馈的情况等,保持指标体系的开放、动态调整,防止绩效管理在制度上的钝化和僵化,赋予绩效管理制度以生机和活力。

(二) 民主

民主一词源于希腊语中的"Demos",意思为"人民"。尽管世界各民主政体间存在形式上的多种差异,但民主政府本质上都是由全体公民——直接或通过他们自由选出的代表——行使权力和公民责任的政府,它以多数决定、同时尊重个人与少数人的权利为原则。20世纪90

年代,在突破选举制民主理论局限的基础上,哈贝马斯提出了公共领域的民主理论主张,认为民主政治不仅具有议会中的商议制度形式,也表现为公共领域中的商议制度形式。① 对普通公民而言,民主不仅仅体现在国家层面上的选举行为,还体现在地方层面上普通公民影响政府决策和政策过程的行为。公民参与决策和政策执行是行政民主化的重要标志之一。学者对公民参与有不同的界定,譬如,诺曼·H. 尼(Norman H. Nie)和西德尼·伏巴(Sidney Verba)认为公民参与是指"普通公民或多或少以影响政府官员的选择及(或)他们的行动为直接目的而进行的合法活动"②。S. 钱伯斯(S. Chambers)声称,公民参与并"不是指公民直接作出决策,而是为决策的形成提供意见和观点"③。虽然学者对公民参与有不同的见解,但普通公民参与政策制定过程、影响政府决策是公民参与的核心。杭州政府绩效管理的创新实践,构建了民情民意表达的制度化渠道,较好地尊重和体现了行政民主化的施政理念,为普通公民参与公共政策的制定提供了切实可行的路径。

一是社会公众切实参与到政策制定与执行过程中。杭州市在开展综合考评中,要邀请社会各界的上万名代表,代表除了政府官员、人大代表、专家学者、企事业单位的工作人员以外,还包括城市居民、农村居民和外来务工人员,其中,市民代表占到代表总数的50%以上(见图3-1)。由此可见,杭州市主动把市民纳入政府绩效管理的过程中,通过样本量和评价权重的设计,让社会公众能够直接评价政府的工作成效,并影响政府决策和政策执行过程。

---

① 〔德〕哈贝马斯:《公共领域的结构转型》,曹卫东等译,上海:学林出版社,1999年,第32页。
② 〔美〕塞缪尔·P. 亨廷顿、乔治·I. 多明格斯:《政治发展》,载〔美〕格林斯坦、波尔斯比编:《政治学手册精选(下)》,储复耕译,北京:商务印书馆,1996年版,第188页。
③ Chambers, S., *Reasonable Democracy: Jürgen Habermas and the Politics of Discourse*, Ithaca, NY: Cornell University Press, 1996, p.171.

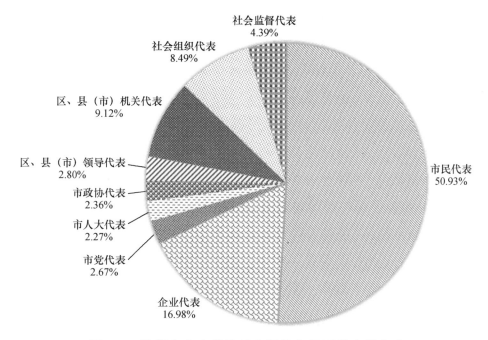

图 3-1 杭州市市直单位社会评价各层面样本量占比

二是推动政府与社会公众之间形成良性的互动。每年参与综合考评的一万多名社会公众,可以对政府施政情况进行评价,并提出意见、建议,杭州政府绩效管理为社会公众评价政府工作、参与公共治理提供了一个稳定的、制度化的平台。公众评价的意见和建议通过这个平台上报给市委、市政府,成为政府制定公共政策的重要依据,而一些具体问题、具体意见,则被反馈给各个职能部门进行整改。公共政策和意见整改情况会在新一轮的社会评价中接收社会公众的再评价,在新一轮评价中,又会有许多新的意见和建议被充分地表达出来,从而在政府与社会公众之间形成了一种循环往复、制度化的、平等的互动。

三是形成了一个以社会公众参与为基础的协同治理方式。在确定公共政策需求时,社会公众直接参与发表的意见,成为制定公共政策的指向之一。人民群众最关心、最迫切需要解决的问题,通过社会评价这种方式得到了有效的表达、传递和接收,人民群众的呼声和意愿以最原始的方式完整地呈现在各级党政机关面前;在公共政策的执行过程中,执行政策的工作进度全程展示给社会公众,社会公众表达的愿望和需求成为政策纠偏的基本标准;在开展政策评估时,既开展以专家为主体的专业的技术评估,也有以社会公众为主体的主观评价,"民众作为政策作用直接承受者作出的评价更准确真实,更能揭示公共政策的政治效用和社会效用,以及社会公平与正义的实现程度,因而人民作出的评价成为衡量政策效用大小并决定它是否延续、调整或终止的首要依据"[①]。以社会公众广泛参与为基础的协同治理,保证了公共治理出发点和落脚点的统一,能够有效地降低政府治理成本,提升政府公信力。

在民主社会中,民主是一种生活方式。政府绩效管理的公众参与和民意运用,增添了城市公共治理的民主特性,成为实现"增量民主"的现实途径和落实公民"四问四权"的制度化安排。杭州政府绩效管理积极搭建不同形式的公民参与平台,让公民参与政府的绩效考评工作,把评估政府部门工作成效的主要权重主动让渡给普通市民,让民众有权对政府职能部门的施政绩效作出评判,并积极引导各级政府部门问政于民、问情于民、问需于民、问计于民,切实保障了社会公众的知情权、参与权、表达权、监督权。

(三) 责任

一般将"accountability"译为"责任",意指"有契约关系的、有束缚的、有义务的、不可推卸的"等含义。所以,在公共行政责任中,行政机关或行政人员必须迅速、有效地反映公民的意愿、实现公民的诉求。[②] 在如何确保政府对人民负责的问题上,主要有两种解决方式:一是通过

---

① 余逊达:《公民参与与公共民生问题的解决:对杭州实践的研究和思考》,《浙江社会科学》,2010年第9期。
② 鲍静:《公共行政责任——国际行政学会第一次专门国际会议简况》,《中国行政管理》,1999年第11期。

第三章 政府绩效管理的价值体系

政府内部控制的方式,二是通过外部控制的方式。所谓内部控制就是在科层制中,在一个组织机构中所确立和实施的控制标准与控制措施;外部控制可能涉及立法监督、预算和审计活动,以及普通公民、利益集团和其他个体的监督。① 在赫伯特·芬纳(Herbert Finer)看来,外部控制是确保行政责任的最佳手段,行政官员听取和服从公民的意见及要求,直接对人民负责。如果没有外部控制,那么权力滥用就不可避免。② 杭州政府绩效管理通过开展社会评价的方式,直接推动了政府责任机制的建立和完善。

一是社会评价形成的"外部压力"有效地转变为"内在动力"。综合考评注重社会公众对政府的评价,社会评价的权重占了50%。将考评的一半权重交给社会各界,意味着政府部门的服务好不好,工作业绩怎么样,是否令人满意,主要由社会公众来决定。社会各界不仅可以评判一年来机关工作的好坏,还可以向政府建言献策,提出自己的诉求。每年的社会评价中,考评办收到的社会各界的意见和建议都达上万条。对这些意见,考评办都会组织专人进行系统的梳理分析,形成一个年度社会评价意见报告,为市委、市政府下一年度的施政提供民意依据,并向社会公开发布;同时,把上万条具体意见分解落实到各个相关部门,要求他们认真研究,积极整改,对其中社会关注度高、群众意见比较集中的问题,列为重点整改目标,向社会公示,年底时还要把整改结果在媒体和网站上公布,让普通公民再评价,这样就形成了一个"评价—整改—反馈"循环往复的绩效持续改进机制。

二是以制度化的形式推进公众诉求回应机制的形成。美国学者弗

---

① 〔美〕B.盖伊·彼得斯:《官僚政治》,聂露等译,北京:中国人民大学出版社,2006年,第219—233页。

② Finer, H., Administrative Responsibility In Democratic Government, *Public Administration Review*, 1941, 1(4): 335—350.

朗西斯·福山认为,中国目前的发展模式面临两个挑战,其中一个是政治方面的挑战,即"在缺乏一种对下负责的政治体制下,中国是否能够始终保持高质量的治理"。他认为,中国的政治责任体制是对上负责的责任体制,即对党负责。因此,如果地方官员犯错,那么有权惩罚他的是党,而不是一般作为政治权力来源的人民。[①] 但杭州政府绩效管理多年的实践表明,通过公众参与的制度化平台建设,不仅可以有效地构建一种对人民负责的"道德责任机制",同时也可以保持高质量的治理绩效。杭州市在政府绩效管理中引入社会评价,并赋予社会公众超过50%的权重,从制度上落实了人民政府必须对人民负责的宗旨;坚持"让人民评判、让人民满意"的核心价值观,宣示了以人为本、向人民负责的执政理念;以公众满意为导向的绩效评价指标体系和绩效管理工作机制,迫使政府部门和公职人员"眼睛向下",重视公众意见,及时回应公众诉求,按照广大人民群众的意愿制定施政目标和改进计划。这样的一种举措,将"责任"的理念通过一种制度化的安排落到了实处:制定年度社会评价意见整改计划—确定重点整改目标—实行跟踪督办—公示整改进度和结果—接受社会公众再评价,从而确保社会评价意见的整改落实,取信于民,对人民负责。

(四)绩效

政府施政不仅要履行基本的管理和服务职能,而且要用最小的公共投入来获取最大的公共收益,要重视结果和产出。杭州政府绩效管理始终坚持"创一流业绩,让人民满意"的宗旨,这一宗旨本身正是绩效管理价值理念的体现:"创一流业绩"秉承"以质量为本"的绩效理念,就是要追求高质量的"绩";"让人民满意"反映了"顾客满意"的价值导向,就是要追求人民满意的"效"。"创一流业绩,让人民满意"的

---

① 陈家刚:《危机与未来——福山中国演讲录》,北京:中央编译出版社,2012年,第18—19页。

宗旨,十分契合"绩效"的理念,也体现了现代公共治理中"以质量为本"和"顾客满意"的完美结合。

一是考核指标设计上,正确处理当前和长远、显绩与潜绩的关系。把市委、市政府提出的战略目标和重大决策按年度分解后,作为区、县(市)和市直单位年度工作任务的重点,列入考核目标,实现中长期战略目标和年度考核目标的统一。通过增强不同时期政府绩效管理的目标导向、内容设置、考评重点的延续性和关联度,推动各地、各部门既着力抓好当前急需解决的重点工作,又做好长远规划,把实现当前阶段性目标和长远发展目标有机统一起来。既考核显绩,又考核潜绩,注重打基础、立长远的工作实绩,引导各地、各部门克服急功近利的心理和盲目短视的行为,增强工作的计划性、有效性,充分发挥政府绩效管理在推动科学发展上的导向、助推作用。

二是在管理机制上,正确处理结果管理与过程管理的关系。绩效管理是一个包含过程管理和结果管理的管理体系,不仅在结果中寻找绩效,而且注重在过程中提升绩效。杭州政府绩效管理重视考评结果的排位,更关心考评对象工作的改进、群众反映问题的解决、机关效能的提升和社会公众对政府绩效的满意度。在目标管理上,从重数量、轻质量向数量、质量并重转变,从重结果、轻管理向过程和结果并重转变。对目标任务的考核,不仅考核任务完成量,更考核完成目标任务的质量和效果,社会各界的评价和认可度,以及投入产出情况。在管理过程中,积极探索与考评对象建立开放的、合作的新型关系,加强绩效沟通,进一步拓宽政府绩效管理的功能空间,帮助各地、各部门及时发现问题,查找差距,协同相关部门研究解决问题、改进绩效的办法,开展绩效分析和治理诊断调查,合力解决社会公众反映多年而又难以解决的突出问题,在过程管理中发现问题,提升机关的整体绩效。

三是注重社会公众在提升政府绩效中的作用。在杭州政府绩效管理中,广泛的公众参与所形成的民意,从三个角度改善和提升了政府的管理与服务绩效。首先,通过评价发现问题。年度社会评价、公共服务窗口评价、网上评议等不同形式的评价方式,使综合考评具备了强大的发现功能,能够通过意见征集和整理,帮助各部门发现问题,查找差距,有效地把握社会公众诉求。通过对各类意见和建议的梳理、分析,能够让政府了解到多数人的意见、各个阶层普遍关注或不同阶层关注的主要问题,以及社会公众意见表达强度最大的问题是什么。其次,通过意见整改改进工作。对于发现的问题,要求各责任单位制定具体的整改措施,并将重点整改目标向社会公布,作出承诺,整改进展情况和结果都及时向社会公示。市考评办也针对社会公众反映多年而未得到较好解决的一些问题,实行跟踪督办,通过建立考评部门、责任单位和社会公众(绩效信息员、媒体)三方联动机制,推动社会评价意见的整改落实。最后,通过创新提升绩效。公众的意见和建议不少都直接指向了政府在管理和服务过程中的弊端与缺陷,这也迫使各级公共部门坚持问题导向,主动查找短板,积极探索理念思路、体制机制、方法手段的创新,不断自我革新,努力提升政府管理绩效和社会公众的满意度。

这里特别需要指出的是,政府绩效管理在追求绩效的过程中,一定要防止和克服绩效主义。如果不注意这个问题,政府绩效管理的作用和效果,可能就不是正向的,而是负向的。所谓"绩效主义"(Performancism),是指"唯绩效是举"、以绩效论英雄,单纯以绩效考核结果作为奖惩和各种资源分配决定因素的绩效管理行为。绩效主义注重"绩效",忽视"管理",将一个全过程的管理简化为几个定量化指标,没有过程管理,漠视管理中人的因素,最终的结果就是管理僵硬化、冰冷化,工作人员的主观能动性降低甚至丧失,与指标有关或有利于绩效的就做,与考核无关或者不能"立竿见影"的就不做,甚至为达目标不择手段,这就会使绩效管理失去原本的意义和存在的价值。此为政府绩效管理的领导者、组织者和操作者不得不察之所在。

第四章　政府绩效管理体系

政府绩效管理体系的构成,包括绩效管理的组织体系、指标体系和工作体系。组织体系是政府绩效管理系统的主干结构,一般包括组织机构、制度体系及运行机制,领导、组织、参与完成政府绩效管理的各项活动。指标体系则是政府绩效的内容及相关尺度,是绩效评估不可缺少的工具。工作体系则是政府绩效管理组织基于其使命、核心价值观、愿景和战略建立的由绩效计划、绩效监控、绩效评估、绩效反馈和绩效改进这五个环节共同组成的循环系统。本章主要介绍杭州的政府绩效管理组织体系和指标体系。从下一章开始,将逐章专门介绍绩效管理的工作体系,包括绩效计划、绩效监控、绩效评估、绩效反馈、绩效改进。

第一节　政府绩效管理组织体系

一、各地现有绩效管理组织体系的几种类型

绩效管理组织架构,包括领导机构、执行机构和协同机构。领导机构负责本地区绩效管理工作的组织领导,需明确由谁牵头,由哪些部门、什么级别的领导参与;执行机构主要是指承担绩效管理日常工作的机构;协同机构主要是指与绩效管理职能相关、承担部分绩效管理工作

的相关部门和机构。

从国内各大城市开展的绩效管理实践来看,绩效管理的领导机构一般为党委、政府以"委员会"或"领导小组"名义设置的议事协调机构,由党委、政府领导担任主任(组长)、副主任(副组长),相关部门负责人担任成员。其执行机构,即绩效管理机构,则因历史和现实原因,组织形式各异。从各地现有绩效管理机构的设置情况来看,主要有以下三种形式:

一是作为非常设机构设置,即在领导小组下设办公室,挂靠某一部门。办公室无专门人员编制,成员由挂靠单位和相关部门有关人员兼任,根据工作需要进行会商,或临时集中开展工作。以往国内许多地方政府绩效管理机构多采用此类组织形式。

二是合署设置或附属设置,即根据当地工作需要,在现有某一部门增挂绩效管理机构的牌子,或在该部门增设相关内设机构,配备若干人员编制,专职从事绩效管理工作。

以上两类情况均为挂靠或与某部门合署,目前国内绩效管理机构大多采用这两种方式。至于具体挂靠哪个部门,不同地区、不同时期的情况都不一样,大致有以下几种情形:

同纪检监察部门合署办公的。如广西绩效考评领导小组下设办公室,作为自治区绩效考评领导小组的常设办事机构,挂靠自治区纪委(监察厅)。深圳市政府绩效评估委员会下设办公室,负责绩效评估日常工作,与深圳市监察局(全国唯一保持独立运作的监察机关)合署办公。监察局效能监察室增挂市政府绩效管理办公室的牌子,开展行政问责、绩效管理工作,承担市政府绩效评估委员会办公室的日常工作。近两年来,随着纪检监察机关"三转"(转职能、转方式、转作风),其承担的政府绩效管理职能已陆续转出。

同党委或政府督查部门合署办公的。如北京市设立政府绩效管理联席会议,下设日常协调执行机构——政府绩效管理办公室,与市政府督查室为一个机构、两块牌子。青岛市成立的市目标管理考核委员会,由市委主要领导任主任,有关部门负责同志为成员,市委督查室、市政府督查室为办事机构,负责组织实施全市的目标管理考核。成都市分别设有市委、市政府目标管理督查办公室,与市委、市政府督查室合署。

同组织部门合署的。如山西省的政府绩效管理议事协调机构为山西省年度目标责任考核领导小组,领导小组办公室设在省委组织部,负责日常考核工作。山东省的绩效考核办公室也设在省委组织部。

同人力资源和社会保障部门合署的。如辽宁省政府绩效管理工作领导小组,是负责辽宁省政府对各市政府绩效管理工作的领导机构,下设省政府绩效考核办公室,主要负责拟定政府绩效考评内容、方法和指标体系并组织实施。省政府绩效考核办公室设在省人力资源社会保障厅。

此外,各地政府根据当地政府机构组织体系的特点和实际工作需要,还有将政府绩效管理机构与机关党工委、发展改革、审计等部门合署办公的。随着中央层面的政府绩效管理职能由监察部移交给中央编办,今后一段时间内,将有越来越多的政府绩效管理机构与机构编制部门合署,尤其是尚未开展政府绩效管理工作的地区。

三是独立设置机构,即设立直接隶属党委、政府领导的专门的绩效管理机构,配备相应的人员编制,专职承担绩效管理工作。该类组织设置的形式目前主要以杭州为代表。具体情况将在下一部分作详细介绍。

各地绩效管理组织形式的选择,与一个地区政治、经济、社会发展水平和阶段性要解决的突出矛盾和问题有关,也与当地党委、政府主要领导的主政理念、认知水平和施政策略有关。因而,绩效管理机构无论是作为非常设机构设置,还是与其他部门合署设置,都有其合理性、有效性。但总的来说,绩效管理是现代政府加强自身建设和实现治理现代化的一个制度性安排,是一项涉及面广、工作层面高、专业性强的系统工程,要持续深入地推进这项工作,需要强有力的组织保障。建立独立的专门机构,更有利于推进政府绩效管理工作的规范化、制度化、专业化。因而,独立设置高规格的专门的绩效管理机构,是全面深入推进政府绩效管理的必然选项。

二、杭州市绩效管理机构

杭州市绩效管理机构的沿革,最早可以溯源到20世纪90年代初期的市级机关目标管理办公室(隶属市政府办公厅)。2000年10月,市委、市政府建立市"满意评选"活动领导小组,领导小组下设办公室(设在市直机关工委),负责评选活动的日常工作。2005年12月,中共杭州市委、市政府决定成立杭州市综合考评委员会(简称市考评委)。2006年8月,杭州市在整合市级机关目标管理办公室、"满意评选"办公室和机关效能建设工作办公室[隶属市纪委(市监察局)]职能的基础上,设立杭州市综合考评委员会办公室(简称市考评办),为杭州市综合考评委员会的常设办事机构(正局级),标志着杭州综合考评实现组织化、制度化、专业化。2012年8月,杭州市综合考评委员会增挂"杭州市绩效管理委员会"(简称市绩效委)牌子,统一领导全市综合考评和绩效管理工作;杭州市综合考评委员会办公室同时增挂"杭州市绩效管理委员会办公室"(简称市绩效办)牌子,负责全市综合考评和绩效管理日常工作。2015年10月,杭州市第十二届人民代表大会常务委员会发布第57号公告,公布《杭州市绩效管理条例》,明确市和区、县(市)绩效管理委员会及绩效管理机构的职责,实现了绩效管理委员会和绩效管理机构的职责法定。目前,杭州市绩效管理已形成了市、区两级联动,相关部门协同推进,社会力量广泛参与的组织架构体系,为持续深入推进绩效管理工作提供了强有力的组织保障。杭州市绩效管理组织架构如图 4-1 所示。

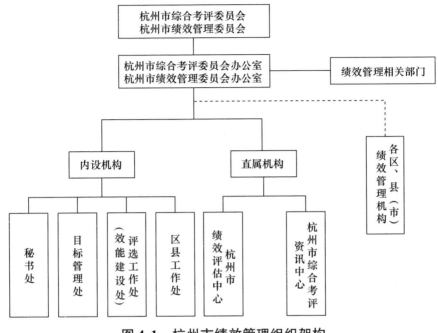

图 4-1　杭州市绩效管理组织架构

（一）领导机构

杭州市综合考评委员会（杭州市绩效管理委员会）作为市委、市政府设立的绩效管理领导机构，负责批准杭州市绩效管理总体规划、绩效评估制度和年度评估工作方案和绩效评估结果，统筹协调涉及综合考评和绩效管理的重大事项与重要工作。委员会由市委专职副书记任主任，市委秘书长、组织部长、常务副市长、纪委书记任副主任，由市人大、市政府、市政协秘书长、市考评办（市绩效办）主任及相关部门的主要负责人担任委员。绩效管理委员会高规格的成员配置，能够有效地整合跨部门资源，有利于政府绩效管理集中统一领导，协调工作。

（二）绩效管理机构

根据《杭州市绩效管理条例》规定，市考评办（市绩效办）作为杭州市绩效管理机构,负责拟定本级绩效管理总体规划、绩效评估制度和年度绩效评估工作方案,经批准后组织实施;批准绩效责任单位的绩效管理规划,审核和调整绩效责任单位的年度绩效目标,依法规范、协调各类考核事项;负责绩效管理的日常工作,对绩效责任单位的绩效管理工作进行指导、管理和监督;协调相关部门共同推进绩效管理工作;制定绩效管理规划、年度绩效目标、绩效自评报告的范本;负责其他与绩效管理相关的具体工作事项。

根据职能业务的需要,市考评办(市绩效办)设置了目标管理处、评选工作处、区县工作处三个业务处室和秘书处一个综合处室,下辖杭州市绩效评估中心、杭州市综合考评资讯中心两个正处级直属事业单位。

杭州市绩效管理组织体系的另一个重要组成部分是机构编制、发展改革、监察、财政、人力资源和社会保障、审计、统计、政府法制等绩效管理相关部门(见图4-2)。这些部门在市考评办(市绩效办)的具体协调下,各司其职,密切配合,在建立绩效制度、确定绩效目标、加强过程管理与监督检查、采集绩效数据、运用绩效结果等方面形成合力,确保绩效管理的整体成效。

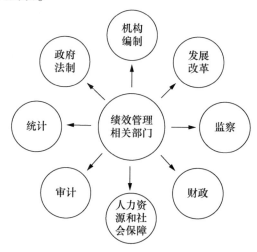

图4-2 绩效管理相关部门

在市考评办(市绩效办)的指导下,各区、县(市)依据本地区机构职能分工,结合工作实际,设置相应机构,负责本行政区域内的绩效管理工作。截至 2015 年年底,杭州 13 个区、县(市)全部建立了相应的绩效管理机构。其中,3 个区、县(市)设立独立机构,4 个区、县(市)设在直属机关工委,4 个区、县(市)设在党委办公室,2 个区、县(市)绩效管理职能分属党委办公室和直属机关工委。

三、杭州市绩效管理工作协同组织

政府绩效管理具有开放和民主属性,决定其过程需要不同的主体协同参与,需要在多元的主体间形成经常性、制度化的良性互动。政府一家独揽,市场、社会、民众的力量薄弱,甚至缺席,导致社会资源配置效率低下,不仅是政府绩效管理,也是当前国家治理中存在的一个重要问题。杭州市的政府绩效管理,在纵向实施市和区、县(市)两级联动,横向建立部门联动机制,同时积极吸纳社会力量,形成了以政府为主导,绩效评估专家、绩效信息员和第三方评估机构等多方力量共同参与的政府绩效管理工作协同体系。

(一)绩效评估专家队伍

2008 年,为了提升杭州政府绩效管理的专业性、公正性、科学性,市考评办通过社会公开招募、组织推荐或个人自荐等方式,组建了一支专业理论素养高、管理实践经验丰富、熟悉了解行政机关和国有企事业单位基本情况及工作特点,具有独立分析和综合判断能力的绩效评估专家队伍。绩效评估专家队伍的建立,使杭州综合考评和绩效管理在政策咨询及绩效评估上获得了强有力的智力支持。专家队伍由来自浙江省决策咨询委员会、省直机关、中直单位、国内其他城市相关机构和国内著名高等院校、科研院所的百余名专家学者组成,成员涵盖经济、政治、文化、社会、生态建设等各个领域。市考评办根据《杭州市绩效评估专家管理暂行办法》,对专家的任职资格、权利与义务、使用和管理等进行规范管理。

自组建以来,绩效评估专家全面参与杭州政府绩效管理,在政府绩效管理体系完善、绩效目标制定、为民办实事项目评估、创新创优(特色创新)项目绩效评估等工作中,发挥了重要作用。

绩效评估专家能够从专业的视角来评估政府部门的工作情况和效益、效果,有助于绩效责任单位树立绩效管理理念,接受先进的管理工具和技术,不断改进管理方法,提高工作绩效。

绩效评估专家的价值中立性和利益非相关性,可以有效减少绩效考核中出现的干扰,保证绩效管理的公正性。专家作为第三方,在绩效评估工作中坚持实事求是、客观公正、廉洁自律、遵纪守法的行为准则,同时又了解和熟悉机关的基本情况和工作特点,既弥补了现有绩效管理活动信息不对称等问题,又保证了评价的客观、公正和专业性,使评价结果的信度增强。

绩效评估专家在参与政府绩效管理工作的过程中,也基于自身实践,不断反馈政府绩效管理工作中存在的问题,并且对如何深化、优化、完善政府绩效管理工作提出前瞻性、建设性的意见和建议,发挥专家智囊团的独特作用。

(二) 绩效信息员队伍

2010年,为了拓宽绩效信息的收集渠道,丰富社会评价形式,扩大公民有序参与,市考评办组建了一支具有较强公益精神、熟悉公共事务、关注民生问题的绩效信息员队伍。绩效信息员分别来自政府、企事业单位、街道社区、行业协会等,涉及政法、教育、医疗、金融、科技、旅游、城建等不同领域,既有在职人员,也有退休职工。绩效信息员队伍的建立,使杭州政府绩效管理有了自己的社会"触角",从被动接收社情民意变为主动发现公众诉求,进一步强化了综合考评与绩效管理的公民导向。市考评办专门制定了《杭州市综合考评绩效信息员管理暂行办法》,规范其使用管理。

在6年多的实践中,绩效信息员全方位、全过程地参与杭州综合考评与绩效管理工作,通过信息收集、跟踪评价、参与问政等方式,充分发挥"社情民意的信息员、政府绩效的监督员、综合考评的宣传员"的作用,是推动杭州绩效管理深化发展的一支重要力量。

绩效信息员参与政府绩效管理,能提高信息采集的针对性,实现市民代表的有效监督,增强与政府职能工作的贴合度。杭州绩效管理涉及全市百余家市直单位和13个区、县(市),每年确定的工作目标任务有上千项,要全面、准确、客观地衡量其工作成效,需要掌握大量的第一手资料。信息员紧扣信息收集主题和范围,在充分了解各绩效责任单位的工作职责和年度工作目标任务的基础上,广泛收集身边的群众对政府职能部门的评价、意见及建议,及时发现苗头或倾向性的问题,发挥信息上传的媒介作用,为绩效管理提供原汁原味的第一手信息。

绩效信息员参与政府绩效管理,能增强发现绩效责任单位履职中存在问题的敏锐性,提高政府解决问题的有效性。绩效信息员反映的问题,一般为机关工作和社会层面上的问题,这是绩效信息员采集信息与信访、个人诉求最大的区别,也是绩效信息员发挥社会监督作用的突出体现。分析绩效信息员采集信息的内容,政府可以提炼出社会公众关注度高、迫切需要解决的,或是带有某些倾向性的问题,作为阶段性重点问题加以解决。

绩效信息员参与政府绩效管理,能够进一步畅通党政机关与社会公众的沟通渠道,有益于形成政府与社会公众的良性互动。一方面,来自不同领域(行业)的绩效信息员,能够从不同侧面、不同视角观察和分析杭州经济社会发展中政府部门在履行职能上的作为与缺失,直观反映广大市民的共同需求和诉求;另一方面,作为政府绩效管理组织体系的重要组成部分,绩效信息员直接参与政府管理,充分了解政府部门的工作内容和程序,自觉成为绩效管理的宣传者、政府各类准确信息的传播者,从而在社会公众与政府之间架起有效沟通的桥梁。

(三) 第三方评估机构

第三方评估是指"由与政府无隶属关系和利益关系的第三部门和民间机构所组织实施的评估政府及其部门绩效的活动"[①]。目前,第三方评估机构主要是指社会化的专业评估机构及科研院校。由于"第三方"与委托方、被评估方、被评估方的服务对象,既不具有任何行政隶属关系,也不具有任何利益关系,因而在第三方评估中,第三方的独立性被认为是评估结果公正的一个重要保证,而第三方的专业性则被认为是保证评估结果公正的基础。

多年来,第三方评估在杭州政府绩效管理中得到广泛应用,第三方评估机构通过承担市直单位绩效目标测评、为民办实事项目市民满意度调查、重点工作目标专项绩效测评、提升服务质量项目服务对象满意度测评、区县特色创新项目顾客满意度评价、市直单位社会评价意见重点整改目标专项满意度调查、社会评价(数据和文字)信息处理等工作,已经成为杭州市政府绩效管理组织体系中不可或缺的一部分。

在不断的探索实践中,杭州市也逐渐形成了一套较为科学稳定的第三方绩效评估工作规范,从遴选到结果验收,对第三方评估机构进行全过程监管,在推进第三方合作等方面发挥了重要作用。一是严把"遴选关"。按照政府采购的要求,审定第三方的参选资质,评估第三方的综合实力,通过招投标、遴选会或其他询价程序确定合作第三方。二是严把"技术关"。每个绩效评估项目确立专门的负责人,承担与合作第三方的联系及项目实施监管工作,审定项目评估工具及其标准,确保第

---

① 包国宪、张志栋:《我国第三方政府绩效评价组织的自律实现问题探析》,《中国行政管理》,2008年第1期。

三方提交的方案具有可操作性。三是严把"质量关"。要求第三方严格按照评估流程开展项目调查研究,做好调查人员培训和试调查工作,确保评估项目的实施质量。项目负责人在项目执行过程中,及时对第三方评估的工作质量和工作进度进行核查与纠偏。四是严把"验收关"。绩效评估项目的结果主要以量化数据和绩效评估报告的形式呈现。第三方需对结果的真实性负责,项目负责人对结果的真实性和结果提交形式的规范性进行核对、质询、验收。

目前,第三方评估结果已成为杭州绩效管理基础数据的一个重要组成部分,其结果也得到市考评办(市绩效办)的综合运用:将反映市委、市政府重点工作的绩效评估分析报告,形成工作专报,上报市委、市政府,供决策参考;把绩效评估分析报告发送给绩效责任单位,帮助查找问题,为改进工作、提升绩效提供参考;对绩效评估中发现的问题,以《绩效改进通知单》的形式,督促相关绩效责任单位在规定的期限内进行整改,并将整改成效作为年度绩效目标考核的内容。

总的来说,杭州政府绩效管理借助第三方评估机构独立、专业、权威的特点,科学整合社会资源,有效防止权力寻租,形成了一种过程公开透明、结果相对客观的外部制衡机制,弥补了政府自我评估的缺陷,在推动政府绩效管理中发挥了重要的作用。

第二节 政府绩效管理指标体系

政府绩效管理指标是人们认识与把握政府活动的本质、科学测评政府绩效实际水平、系统总结政府绩效管理的重要工具。绩效管理指标体系被视作绩效管理的核心和逻辑起点,它确定绩效评估的内容,反映政府履行职责的范围和情况,是量化政府绩效的标杆。要推进政府绩效管理,必须建立一套科学合理的绩效管理指标体系。

一、绩效指标体系的设计

指标体系是政府绩效管理体系的核心,绩效计划、过程管理、考核评价以及结果应用都要以其为基础和依据。指标体系的科学性和合理性,在很大程度上影响着政府绩效管理活动的质量和水平。

(一) 政府绩效指标体系的设计原则

政府绩效指标体系的设计要充分体现政府职能转变的发展方向和要求,体现政府提高公共服务的能力和质量要求。具体应当遵循以下五个基本原则:

1. 稳定性与动态性相结合

地方政府及政府部门的职能是评估指标设计的重要依据,它在一定时期内相对固定,同时也会随着经济和社会环境的变化而有所调整,因而绩效评估指标就要同时具备"稳定性"和"动态性"。另外,国内外绩效管理实践表明,一级指标一般在较长的时间内保持稳定,二级指标稳定的期限相对短一些,三级指标及进一步细化的指标就需根据政府管理实践的发展而进行相应的调整,保证其"动态性"。当然,绩效指标的权重和评分标准也需根据评估的价值导向与实际情况进行相应的调整,如此才能从技术层面上确保绩效评估符合政府管理的实际和发展趋势,也才能确保政府绩效评估的信度和效度。[①]

2. 共性与个性相结合

政府绩效指标体系的设计既要坚持考评规则的通用性和考评指标的整体平衡,又要充分考虑考评对象的个性特点和差异。在设计地方政府绩效指标体系时,要因地制宜,根据当地政府管理的现状和特点,遵循绩效指标设计的基本规律和要求,并要体现层次性,进行系统分析

---

① 薄贵利:《推进政府绩效评估亟待解决的主要问题》,《国家行政学院学报》,2008年第1期。

和深入调查研究,突出一些重点领域和关键性工作的特色指标,即:一方面要从地方政府应承担的责任出发,设计经济发展、社会管理、公共服务、政府自身建设等普适性指标;另一方面,要通过科学分类考评对象、设置个性化指标、实行差别权重等方法,强化分类考核,体现差异性、特色性,从而更好地体现导向引领作用。

3. 显绩与潜绩相结合

地方政府绩效体现在促进当地的经济发展和社会全面进步上,对其进行评估要从经济、政治、社会、环境等多方面入手,是一个复杂艰巨的系统工程。政府绩效管理要把党委政府的决策部署,转化为具体的工作目标和考核指标,加强跟踪督查,推进工作落实。既考核显绩,又考核潜绩,注重打基础、立长远的工作,将地方发展实绩通过不同维度和指标构建来体现。通过增强不同时期绩效指标的延续性和关联度,推动各地、各部门既抓好当前急需解决的重点工作,又做好长远规划,把实现阶段性目标和长远发展目标有机地统一起来。

4. 定量与定性相结合

绩效指标要做到定性与定量相结合,定量指标优先,确保绩效实绩可量。在指标类型中,对于能量化的指标,通过量化直接进行评价,定量指标必须做到可计算;对于定性指标,要积极探索具有可操作的量化方法,做到精确测量。定性指标的"量"化技术有两种:一是对定性指标进行量化分解;二是在定性分析的基础上,以测评打分等方式作出定量评估,从而使其结果具有数理统计特性。[①] 数据要有权威可信的来源文件和来源渠道,也服从数据的实际可得性原则。

5. 内部考核与外部评价相结合

各级政府最根本的职责是为社会和公民提供公共服务。我国各级

[①] 汪玉凯、黎映桃:《公共部门绩效评估——从标准、指标和制度视角的分析》,《中国行政管理》,2006年第12期。

政府正处于向服务型政府转变的时期,公民导向尤为重要。这就要求政府绩效指标体系的设计,应从公民的需求出发,切实反映人民群众的愿望和要求,做到源于群众、服务群众、惠及群众。通过对组织内部考核与外部评价两种评估方法的整合,既可以保证组织内部考核的有效性,又有利于提升绩效考评的公信度,这种"内外结合"的考评机制有利于实现对单一维度考核的"调校",保证考评结果的全面、客观、公正。

(二) 政府绩效指标的内容

政府绩效指标的内容包括指标的类别、性质和要素。

1. 指标类别

无论何种类型的政府部门,其指标类别都可以分为战略性指标、职能性指标、自身建设指标和非权重指标四大类。对于一级政府及其派出机构,战略性指标是指经济、社会、资源与环境等政府战略任务类指标,职能性指标由反映政府行政管理效率、能力、成本类的指标构成。对于政府部门,战略性指标由一级政府战略任务分解到各个职能部门的关键业绩指标构成,职能性指标是指政府部门的法定职责分解形成的指标。非权重指标包括在战略性指标和职能性指标基础上对特色创新的奖励性指标以及对违法违规、工作严重失职的惩罚性指标。

(1) 战略性指标。把一个地方的重大战略规划,党委和政府重大决策、年度重点工作任务细化分解为具体的工作指标,确保战略目标的实现。

(2) 职能性指标。根据各单位的法定职责制定的反映本单位履行职能情况,体现效率、效益、效果等结果性内容的指标。

(3) 自身建设指标。主要包括领导班子建设、党风廉政建设、机构编制评估、财政绩效评价等反映各地、各单位自身建设方面的评估指标,一般由组织、纪检、编制、财政等职能机关负责考核。

(4) 非权重指标。非权重指标包含特色加分指标和问责减分(否决)指标两类。一方面,在落实战略、明确职责的基础上,可以设置加分指标,为政府的创新创优提供激励;另一方面,对于公共权力履职过程中出现的违法违纪行为、社会负面影响事件、严重渎职行为,予以扣减分,情节严重的,实行"一票否决"。

2. 指标性质

(1)约束性指标。约束性指标是指必须确保实现的目标,完成即得分,完不成则不得分。

(2)预期性指标。预期性指标是体现党委、政府的意愿,努力争取实现的目标,根据完成程度赋分。

(3)挑战性指标。绩效责任单位根据本地、本部门经济社会发展要求和以往工作实绩,设定具有一定挑战性的目标值(指标)。对其中的关键性挑战指标,年终超额完成的,可给予适当加分。

3. 指标要素

一个完整的绩效指标,应该包含各层级指标名称、指标释义、设置依据、目标值、权重、评分标准、完成时限、考评周期、考评主体、数据来源与数据采集单位、负责人/负责部门等要素。

各层级指标名称、指标释义和设置依据三个要素其实是对绩效考评与管理内容的内涵构成和来源的具体界定。各层级(如一级/二级/三级/四级)指标是对各指标类别中政府目标的逐级逻辑分解、层层细化落实。指标释义是对末级指标具体考评内容的阐述和解释,其目的有两个:一是在考评主体与考评对象之间建立对考评内容的一致性理解,从而避免考评产生不必要的纠纷;二是让考评对象明确今后的努力方向。设置依据是指,指标设计不能"拍脑袋""主观随意化",而是要找到权威的来源,主要是文件依据,以体现单位职责法定、指标来源有据的理念。

目标值、目标性质、权重、评分标准、完成时限和考评周期六个要素是对绩效内容考评方式的具体界定。目标值明确各项指标要达到的目标数值,一般按照适度挑战性("跳一跳,够得着")的原则进行设置。目标性质用于区分在完成要求上的是硬指标还是软指标,硬指标(也可称"约束性指标")未完成或出现质量问题即不得分,软指标(也可称"预期性指标")可根据工作完成的比例相应赋分。权重反映某项指标在整个指标体系中的相对重要程度,一般采用德尔菲法、层次分析法、权值因子判断表法等方法进行设置。评分标准是对每项指标实际评分方法的规则设计,包括计算公式、评分细则等内容,应本着科学性、简易性、激励性的原则进行设置。完成时限是对考评对象达成绩效目标值的具体时间要求。考评周期反映的是各项指标的监督与考评频率,为考评主体的过程监督与管理提供指引。上述六个要素,实际上体现了对绩效目标任务的具体管理理念、管理思路、管理方法和管理手段,目的在于为考评主体跟踪监督目标按时保质完成提供管理支持。

考评主体、数据来源与数据采集单位、负责人/负责部门三类要素实际上是对三类责任主体(考评主体、数据主体和责任主体)的明确。考评主体明确的是谁来负责考评,在绩效管理的体系中,考评主体应该担负起所负责指标的日常监督与管理工作。数据来源与数据采集单位明确的是指标考评数据的来源文本与责任单位。在政府绩效管理体系中,每项指标都应该有权威、一致的数据来源,有明确的数据采集单位,从而避免年终考评时因统计口径不一致造成的考评结果争议,增强考评的公平与公正。此外,我国的数据采集与统计体系不太健全,现实中很多的指标缺乏数据来源,通过设立数据来源和采集单位也可以促进地方政府统计体系的不断完善。负责人/负责部门明确的是每项指标的职责履行主体,对于需要多个部门联合承担的指标,要明确牵头负责部门及相关责任人,做到分工到位、责任到人。①

二、杭州"3+1"综合考评的总体架构

杭州综合考评是市委、市政府以科学发展观为统领,以"创一流业

---

① 臧志彭:《政府绩效管理的基本流程与方法》,《中国人力资源开发》,2013年第15期。

绩,让人民满意"为宗旨,从目标考核、社会评价、领导考评以及创新创优(特色创新)四个维度,对市直单位和区、县(市)实施的全方位、多维度、综合性考核评价,即"3+1"综合考评体系(见图4-3)。

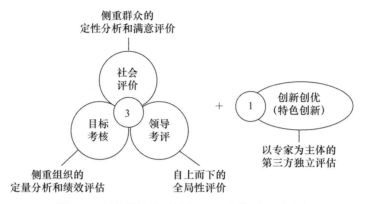

图4-3　杭州综合考评"3+1"体系示意图

从综合考评指标体系的构成来看,目标考核主要侧重组织的定量分析和绩效评估;社会评价侧重的是群众的定性分析和满意度评价;领导考评的指标设置主要是在传统5分评定模式的基础上,运用了标准打分的办法;市直单位的创新创优采用好中选优的"竞赛制+淘汰制"方法,区、县(市)特色创新则采用"参与加分制"的方法来衡量。社会评价与组织考核(目标考核、领导考评)相结合,既保证了内部组织考核的有效性,又通过民情民意表达渠道的制度化建设,进一步提升了综合考评的公信度,较好地解决了"自上而下"考评的信度缺失和"自下而上"评价的效度缺失问题。

三、市直单位综合考评指标体系

杭州市根据单位的职能和工作性质,把参加综合考评的市直各部、委、办、局及有关单位分为综合考评参评单位和综合考评非参评单位两大类,设置不同的考评内容、不同的权重,统一组织考核评价(见表4-1)。

表 4-1 杭州市市直单位综合考评单位分类

单位分类		单位名称	考评内容
综合考评参评单位（63个）	社会服务多的政府部门（15个）	市城管委(市城管执法局)、市公安局、市市场监管局(市工商局、市食品药品监管局)、市住保房管局、市人力社保局、市环保局、市卫生计生委、市交通运输局、市物价局、市教育局、市规划局(市测绘与地理信息局)、市建委、市国土资源局、市财政局(市地税局)、市质监局	目标考核领导考评社会评价
	社会服务较多的政府部门（14个）	杭州西湖风景名胜区管委会(市园文局、市运河综保委)、市民政局(市老龄工办)、市信访局("12345"市长公开电话受理中心)、市旅委、市农业局(市水产局)、市安全监管局(市安委办)、市文广新闻出版局(市版权局)、市林水局、市体育局(市体育总会)、市司法局、市审管办(市公共资源交易管委会办公室)、杭州经济开发区管委会、杭州大江东产业集聚区管委会、市公安消防局	
	社会服务相对较少的政府部门及其他单位（18个）	杭州公积金中心、市经信委、市发改委、市商务委(市粮食局、跨境综试办)、市科委(市知识产权局、市地震局)、市人防办(市民防局)、杭州文广集团(杭州广播电视台)、杭报集团(杭州日报社)、市档案局(市档案馆)、市民族宗教局、市国资委、市金融办、市农办、市法制办、市供销社、市外办(市港澳办)、市侨办、市经合办	
	党群部门（16个）	市委组织部(市委人才办)、市委宣传部(市文明办)、市委统战部、市委政法委(市综治办)、市编委办、市直机关工委、市委党史研究室、市委党校(市行政学院、市社会主义学院)、市总工会、团市委、市妇联、市文联、市科协、市侨联、市残联、市社科联(市社科院)	

(续表)

单位分类		单位名称	考评内容
综合考评非参评单位（49个）	征求意见单位（34个）	市委办公厅(市委政研室、市委改革办)、市人大常委会机关、市政府办公厅(市政府研究室)、市政协机关、市纪委(市监察局)机关、市法院、市检察院、杭州城西科创产业集聚区管委会、市委老干部局(市机关工委)、市委台办(市台办)、市审计局、市统计局(市调查局)、市机关事务局、市钱江新城管委会、市商旅集团、市城投集团、市交投集团、市地铁集团、市金融投资集团、市运河集团、市贸促会(市国际商会)、市国税局、国家统计局杭州调查队、杭州海关(在杭单位)、杭州铁路公安处、杭州检验检疫局、市邮政管理局、市气象局、市烟草局、国网杭州供电公司、杭州邮政公司、杭州电信公司、杭州移动公司、杭州联通公司	目标考核领导考评社会评价（征求意见）
	不参加社会评价单位（15个）	市委610办公室、市国安局、市政府驻北京办事处、市政府驻上海(深圳)办事处、市农科院、西泠印社委会、民革市委会、民盟市委会、民建市委会、民进市委会、农工党市委会、致公党市委会、九三学社市委会、市工商联、市红十字会	目标考核领导考评

（资料截止时间:2016年12月。）

市直单位综合考评总分为100分。其中,社会评价占50分,目标考核占45分,领导考评占5分。创新创优作为综合考评加分项目,由市直各单位自愿申报(见表4-2)。

表 4-2 杭州市市直单位综合考核评价指标体系

维度		分项指标	组织单位	分值
目标考核	绩效指标	关键指标	市考评办及相关牵头部门	45 分
		职能指标		
		通用指标		
	工作目标	重点工作目标		
		部门协作目标	专项牵头单位	
		诉求回应目标	市信访局、市考评办、市监察局、市政府办公厅、市人大提案委、市政协提案委	
		自身建设目标	市委组织部、市纪委（监察局）、市考评办、市委、市政府督查室、市财政局、市编委办	
领导考评		总体工作业绩	市考评办	5 分
社会评价		专项社会评价	市考评办	50 分
		综合社会评价		
创新创优		创新目标	市考评办（专家评估）	"竞赛制+淘汰制" 100 +
		创优目标		
		克难攻坚目标		

（资料截止时间：2016 年 12 月。）

综合考评非参评单位只设置目标考核和领导考评，其中，目标考核90 分，领导考评 10 分，社会评价只征求意见不评价打分。

（一）目标考核

杭州市从 2005 年实施综合考评，就建立市直单位目标考核指标体系，经过多年的运行，积累了不少好的做法和经验。2012 年，杭州市以列入全国政府绩效管理试点为契机，不断优化综合考评、强化绩效管理，对市直单位目标考核指标体系作了重大调整。目前的杭州市直单位目标绩效考核指标体系中，绩效指标包括关键指标、职能指标、通用指标三类，工作目标包括重点工作目标、部门协作目标、诉求回应目标和自身建设目标四类。这样的指标设计，既体现了量化的工作任务，又明确了定性的工作质量要求（见表 4-3）。

表4-3　杭州市直单位目标绩效考核指标体系

类型	分项指标	考核或评价指标内容	考核维度 实现程度(1)	考核维度 绩效测度(2)	目标(指标)解释	权重(4)
绩效指标(3)	关键指标	市委、市政府确定的涉及本部门的相关国民经济和社会发展定量指标	●	√	市人代会通过的杭州市国民经济和社会发展主要指标	
	职能指标	市直单位法定职责履行情况相关绩效指标(3)	●	√	由各单位根据"三定"方案,结合杭州市实际,提炼反映本单位履行职能情况,体现效率、效益、效果等结果性的内容	
	通用指标	适用于市直各单位的部分综合性绩效指标,包括依法行政、电子政务、行政效率和简报信息质量等指标	●	—	由"两办"、市法制办、市电子政务办公室、市考评办、市审改办等提供	
工作目标	重点工作目标	省委、省政府对杭州市的重点考核目标	●	√	以杭州市与省委、省政府签订的目标责任状为依据	80%
		市委、市政府中长期战略目标和重大决策分解到当年的相关工作任务	●	√	如"杭改十条""杭法十条"等明确的年度工作任务	
		市委、市政府确定的其他年度重点工作任务	●	√	市委、市政府确定的年度重点工作任务分解、可考核的目标任务(以市委全委会报告、市政府工作报告为依据,其中政府预算内投资重大项目评估由市发改委提供)	
		市政府为民办实事项目	●	√	按《市政府为民办实事项目考核办法》考核	
		市委、市政府重点专项工作	●	√	市委、市政府主抓的阶段性重点专项工作	

（续表）

类型	分项指标	考核或评价指标内容	考核维度		目标(指标)解释	权重(4)
			实现程度(1)	绩效测度(2)		
工作目标	部门协作目标	由有关部门牵头、多部门协作配合的,事关全市、有明确年度目标任务、适于量化考核的阶段性工作目标,由若干专项组成	●	—	由专项工作牵头单位提出,按照必需、可行、有效和总量控制的原则设置。专项目标由牵头部门提出具体的分解依据、考核内容和考核办法,经市考评办审核后下达,纳入相关单位年度绩效目标考核。专项牵头单位对该项目负总责	
	诉求回应目标	信访和"12345"市长公开电话办理、社会评价意见整改(含市考评办跟踪督办意见整改目标)、建议提案办理	●	—	分别由市信访局、市考评办和市政府办公厅、市人大代表工委、市政协提案委牵头负责	
	自身建设目标	领导班子建设、党风廉政建设、绩效管理、财政绩效评价、机构编制评估	●	—	分别由市委组织部、市纪委(监察局)、市考评办、市财政局、市编委办等牵头负责	20%

注：(1)"实现程度"是指目标(指标)实际完成情况与设定目标(指标)内容之间的比较,通过进度、工作量、覆盖面等反映,按实际完成百分比赋分。

(2)"绩效测度"是指反映达成目标(指标)的挑战程度、工作质量、成果运用及效益性、满意度等指标。表中带√的栏目为可设置绩效测度的目标,分别按挑战指标、表彰奖励和绩效测评三种类型选定。

(3)"职能指标"选择部分反映市直单位法定职责履行情况相关绩效指标,其中,党群政务类单位绩效指标重点反映贯彻落实、服务保障,突出工作的保障性、前瞻性、政务的质量和水平;执法监督类单位绩效指标重点反映公正、效率,突出职责法定、依法行政;社会管理和服务类的单位绩效指标重点反映公平、均衡,突出服务质量和群众满意度;经济管理类单位绩效指标重点体现科学发展,突出工作效率、公平;国有企业单位的绩效指标应突出承担市委、市政府的重点工作,主要体现在承担社会责任、城市公共服务水平、产业示范带动、城市空间优化布局等方面,企业经营性指标不建议作为该类指标。

(资料截止时间:2016年10月。)

(二) 领导考评

领导考评是基于上级领导的视角,由市四套领导班子成员及市法院院长、市检察院检察长,对市直单位的总体工作实绩进行评价,具体包括市直单位工作目标和市委、市政府交办任务的完成情况,部门在全国同行业内横向比较和部门对全市的贡献程度等。

(三) 社会评价

社会评价作为一种自下而上的外部评估,它对市直单位形成强大的外部压力,促进部门改进机关作风,提高行政效能。

1. 社会评价的组成

社会评价由综合社会评价和专项社会评价两部分组成。综合社会评价是指社会公众对市直综合考评参评单位当年度履职情况的总体满意度评价;专项社会评价采用按事项评价的方法,选取若干市委、市政府部署、由多部门协同推进的事关民生、有较高公众知晓度的年度重点工作事项,进行一事一评,根据评价结果,对工作关联单位予以赋分。

2. 评价内容

综合社会评价包括服务态度、工作效率、办事公正、廉洁自律、工作实效和社会影响等各方面;专项社会评价按不同的评价事项,设计相关的评价指标。

3. 评价主体

综合社会评价按比例随机抽取市党代表、市人大代表、市政协委员、区县(市)领导代表、区县(市)机关代表[含部、委、办、局及街道(乡镇)负责人]、社会组织代表(含社区居委会负责人、行业协会负责人、民办非企业单位负责人)、社会监督代表(含老干部、专家学者、省直机关、新闻媒体、绩效信息员及市行风评议代表)、企业代表、市民代表(含城镇居民、外来创业务工人员、农村居民)9个层面约1.2万名投票人员。专项社会评价选取评价事项相关的服务对象,进行满意度测评。

（四）创新创优

创新创优采取"竞赛制＋淘汰制"的办法，按照"自愿申报、绩效评估、好中选优"的原则实施考核激励。根据绩效评估结果，给予加分激励。

1. 项目类型

创新创优项目分为创新、创优、克难攻坚三种类型。创新项目包括原创性创新项目和继承性创新项目；创优项目包括综合性表彰奖励成果和提升服务质量项目；克难攻坚项目包括经济社会热点、难点问题破解和机关绩效改进难题破解。

2. 评估办法

创新创优项目实行"竞赛制＋淘汰制"的办法，即根据两轮专家绩效评估结果，分别按年度创新创优申报项目总数各15%、不超过10项，评出创新奖、创新提名奖和创新鼓励奖项目，在综合考评中分别给予适当的加分激励。加分后如晋档的，不挤占综合考评已进入先进以上等次单位的名额。

四、区、县（市）综合考评指标体系

杭州区、县（市）综合考评的考评对象为杭州市所辖的 13 个区、县（市），其中，淳安县作为"美丽杭州"建设实验区，单列考评。在考评内容与权重设置上，目标考核占 65% 的权重（包括发展指标和工作目标两部分），领导考评占 5% 的权重，社会评价占 30% 的权重。特色创新作为加分项目，由区、县（市）自愿申报，实施绩效评估（见表4-4）。

表4-4 杭州区、县(市)综合考评指标体系

考评维度		考核或评价指标内容	分值	合计
目标考核	发展指标	经济建设	30	30分
		社会管理和公共服务		
		发展潜力		
		个性化指标		
	工作目标	重要工作目标:市委、市政府确定的涉及区、县(市)的重点目标任务,包括市委、市政府与各区、县(市)以签订责任状形式明确的一些工作任务,需要区、县(市)完成的年度重要工作,以及其他专项目标任务	25	35分
		共性目标:各区、县(市)机关自身建设以及其他具有共性特征的工作目标任务,包括领导班子建设、党风廉政建设、机关效能建设、社会评价意见整改和信息督查及目标管理等	10	
领导考评		综合评定各区、县(市)领导班子的领导力、执行力、协作力、创新力和总体工作业绩	5	5分
社会评价		总体评价各区、县(市)党委和政府在经济建设、社会管理、公共服务、依法行政及自身建设等方面的工作业绩和社会效果	30	30分
特色创新		对各区、县(市)在经济建设、社会管理、公共服务、政治民主、行政改革、党的建设等方面具有地方特色和推广价值的改革与创新举措实施绩效考核	5	5分(加分)

(资料截止时间:2016年10月。)

(一) 目标考核

目标考核占区、县(市)综合考评分值权重的65%,考核内容包括发展指标和工作目标完成情况。

1. 发展指标

发展指标分值设定30分,包括经济建设、社会管理和公共服务、发展潜力,以及个性化指标四个方面。设置四方面内容的考核主要基于以下考虑:"经济建设"指标体现了以经济建设为中心的基本路线,要求各区、县(市)把发展作为第一要务,推动区域经济又好又快地发展;"社会管理和公共服务"指标的设计以民生为导向,引导地方党委和政府树立以人为本、以人民为中心的执政理念;"发展潜力"要求地方党

委和政府树立正确的政绩观,既要注重当前的发展,又要着眼长远目标,追求可持续发展;"个性化指标"按照把握导向、分类指导的原则,根据市委、市政府的战略部署和各地实际,反映各地的区域特色和发展方向。发展指标的每个方面又细分若干项具体指标,具体见表4-5。

表4-5 杭州区、县(市)综合考评发展指标设置

维度	指标名称	分值设定
经济建设	1.1 人均地区生产总值增长率★	3
	1.2 地区生产总值增长率▲	3
	1.3 人均一般公共预算收入增速★	5
	1.4 一般公共预算收入增速▲	5
	1.5 农林牧渔业增加值增长率★	2
	1.6 规模以上工业增加值增长率★	4
	1.7 服务业增加值增长率▲	6
	1.8 信息经济产业增加值增长率	4
	1.9 "两化"融合发展指数	3
	1.10 城镇常住居民人均可支配收入增长率★	2
	1.11 农村常住居民人均可支配收入增长率★	2
	1.12 社会消费品零售总额增速	3
	1.13 居民消费价格指数(CPI)★	2
	1.14 外贸出口总额增长率	4
	1.15 工业技改投入增速★	2
社会管理和公共服务	2.1 社会治安秩序评价指标	4(3)
	2.2 安全生产综合指数	3
	2.3 群众上访诉求化解率	3
	2.4 行政诉讼综合评价指数	3
	2.5 教育优质均衡发展指数	3
	2.6 社会保障支出占地方财政支出比重	3(2)
	2.7 城镇登记失业率★	2
	2.8 城乡居民医疗保险参保率★	2
	2.9 自然灾害防治安全指数	0
	2.10 数字城管问题解决率	3(2)
	2.11 行政执法综合评价指数	4(2)

(续表)

维度	指标名称	分值设定
发展潜力	3.1 R&D(科学研究和试验发展)经费占GDP比重	4(3)
	3.2 人才发展指数	4(3)
	3.3 万人发明专利授权量	3(2)
	3.4 万元GDP综合能耗降低率★	3
	3.5 万元GDP综合电耗降低率▲	4
	3.6 高新技术产业产值占工业产值的比重	3(2)
	3.7 区域建设用地集约利用综合评价指数	4
	3.8 地方政府性债务率	2
	3.9 环境质量综合评价指数	9(10)
个性化指标	4.1 区、县(市)个性化指标	10

注：1. 本指标体系适用于杭州市12个区、县(市)，不包括淳安县。

2. 标有▲的指标适用于6个老城区[上城区、下城区、江干区、拱墅区、西湖区、杭州高新开发区(滨江)]。

3. 标有★的指标适用于6个区、县(市)(萧山区、余杭区、富阳区、桐庐县、建德市、临安市)。

4. "自然灾害防治安全指数"为倒扣制指标，如有扣分事项发生，以发展指标的4分权重为满分折算扣分。

(资料截止时间:2015年12月。)

个性化指标系根据市委、市政府统筹城乡发展的要求，结合各地工作实际，由市直有关单位或相关区、县(市)申报，考核项目可以针对单个区、县(市)，也可以涉及多个区、县(市)。个性化目标(指标)设置需要具体明确、可执行、可度量，并有可比性和连续性。设置个性化目标(指标)时，优先考虑能够反映当地区域优势、发展优势和发展重点的指标，有一定的先进性和导向性。考核数据由市级以上部门或权威的第三方机构提供。

2. 工作目标

工作目标分值设定35分，分为重要工作目标和共性目标两类。其中，重要工作目标主要包括市委、市政府与各地党政领导班子签订的工作责任状和市委、市政府确定的其他重要工作任务等考核目标，每年动态调整;共性目标主要是领导班子建设、党风廉政建设、机关效能建设、社会评价意见整改和目标组织管理等。

(二) 领导考评

领导考评主要是由市四套领导班子成员及市法院院长、市检察院检察长,对区、县(市)领导班子的领导力、执行力、协作力、创新力和总体工作业绩进行考评。领导力是指区、县(市)领导班子总揽全局、科学决策、组织实施的能力;执行力是指区、县(市)领导班子贯彻落实中央和省、市战略决策与工作部署,完成上级下达的目标任务的能力;协作力是指区、县(市)领导班子团结合作、协调各方的能力;创新力是指区、县(市)领导班子紧密联系本地实际,解放思想、实事求是、积极探索、勇于创新、开拓进取的能力;总体工作业绩是指区、县(市)领导班子按照科学发展观的要求,组织领导当地经济、政治、文化、社会、生态建设取得的实际成效。

(三) 社会评价

1. 评价主体

评价主体的五个层面包括市民代表,各级党代表、人大代表、政协委员及老干部代表,企业代表,部委办局和街道(乡镇)代表,以及社区居委会和行政村村委会代表,其具体权重如表4-6所示。

表4-6 杭州区、县(市)社会评价样本权重设置情况

样本来源[所在区、县(市)]	所占权重
1. 市民代表(按照各地情况确定城镇人口与农业人口的比例)	40%
2. 各级党代表、人大代表、政协委员及老干部代表	25%
3. 企业代表	15%
4. 部委办局和街道(乡镇)代表	10%
5. 社区居委会和行政村村委会代表	10%
合计	**100%**

(资料截止时间:2015年12月。)

各区、县(市)社会评价的样本量,按照当地总人口(各地人口数以第六次人口普查数据为准)予以确定。

2. 评价内容

杭州区、县(市)社会评价,按照以人为本、以人民为中心的执政理念和"创一流业绩、让人民满意"的综合考评宗旨,在经济建设、社会管理、公共服务、依法行政及自身建设等方面,共设计了16项指标(详见表4-7)。

表4-7　杭州区、县(市)综合考评社会评价指标内容

序号	评价指标内容
1	您对物质生活改善情况是否满意
2	您对本区、县(市)公共文化生活是否满意
3	您对本区、县(市)公民道德素质和社会风气是否满意
4	您对本区、县(市)政府提供的就业服务是否满意
5	您对本区、县(市)城乡扶贫济困情况是否满意
6	您对本区、县(市)义务教育是否满意
7	您对本区、县(市)医疗服务是否满意
8	您对本区、县(市)环境卫生状况是否满意
9	您对本区、县(市)社会治安状况是否满意
10	您对本区、县(市)安全生产状况是否满意
11	您对本区、县(市)政务公开、依法办事情况是否满意
12	您对本区、县(市)基层民主政治建设是否满意
13	您对本区、县(市)党政机关工作作风、办事效率是否满意
14	您对本区、县(市)选拔任用干部情况是否满意
15	您对本区、县(市)党风廉政建设是否满意
16	您对本区、县(市)党委、政府工作的总体评价

(资料截止时间:2015年12月。)

(四) 特色创新

特色创新是区、县(市)综合考评的加分项目,主要是各区、县(市)上报的当地在经济建设、社会管理、公共服务、政治民主、行政改革、党的建设等方面实施的具有地方特色和推广价值的改革与创新举措,分值为5分,按照"自愿申报、绩效评估"的原则实施考核。

(五) "美丽杭州"淳安实验区单列考评指标体系

党的十八大把生态文明建设纳入"五位一体"的总体布局,明确建设美丽中国的战略目标,并提出要努力走向社会主义生态文明新时代

的重大命题。按照习近平总书记的重要指示和中央、省委关于生态文明建设的一系列要求,2013年7月30日,中共杭州市第十一届委员会第五次全体会议审议通过了《关于建设"美丽杭州"的决议》和《"美丽杭州"建设实施纲要(2013—2020年)》,正式作出建设"美丽杭州"的战略决策,并将淳安列为实验区,在生态文明建设上先行探索。

为贯彻落实好市委决策,市考评办(市绩效办)会同有关部门,研究建立了"美丽杭州"淳安实验区综合考评指标体系,在保持综合考评体系完整性的基础上,突出"美丽杭州"实验区单列考核,把淳安的资源消耗、环境损害、生态效益等体现生态文明建设状况的指标纳入经济社会发展评价体系。新的单列考评指标体系从2013年度区、县(市)综合考评开始实施,当年即取消了对淳安县的GDP考核,优化了环境质量综合评价指数,突出生态保护、生态经济、改善保障民生等内容,原则上不再考核工业经济总量等相关指标。具体指标见表4-8。

表4-8 "美丽杭州"淳安实验区单列考评指标

类别		目标名称	计算方法	分值及权重	
发展指标	生态保护	环境质量综合评价指数	C1	2	
		镇村污水治理率	C1	2	
		区域建设用地集约利用综合评价指数	A4	2	
	生态经济	财政可用资金保障率	C1	2	
		高新技术产业增加值增长率	C1	2	
		服务业增加值增长率	C1	2	
		农林牧渔业增加值增速	A2	2	
		社会消费品零售总额增长率	C1	2	30
		万元GDP综合能耗降低率	C1	2	
		信息经济产业增加值增幅	C1	2	
		"两化"融合指数	C1	2	
	改善保障民生	社会保障支出占地方财政支出比重	A2	2	
		城镇居民人均可支配收入增长率	A4	2	
		农村常住居民人均可支配收入增长率	A4	2	
		社会治安秩序	C1	2	

(续表)

类别	目标名称	计算方法	分值及权重	
重要工作目标	生态文明建设和"五水共治"工作	/	5	35
	美丽杭州实验区工作(含国家良好湖泊建设工作)	/	3	
	城乡区域统筹发展(新农村建设)	/	3	
	"三改一拆"行动	/	3	
	信息经济智慧应用工作("一号工程")	/	5	
	食品安全综合评价	/	2	
	打造"美丽杭州"建设"两美"浙江示范区	/	倒扣制	
	旅游休闲业转型升级	/	2	
	法治政府建设(依法行政)	/	3	
	领导班子建设	/	3	
	党风廉政建设	/	3	
	社会评价意见整改目标	/	2	
	信息督查与目标管理	/	1	
领导考评	综合评定县领导班子的领导力、执行力、协作力、创新力和总体工作业绩	/	5	
社会评价	评价淳安生态保护、社会管理、公共服务、依法行政及自身建设等方面的工作业绩和社会效果	/	30	
特色创新	发展绿道经济,推进秀水富民	/	5	

注：A类计算方法为功效系数法,C类计算方法为得分率法。
(资料截止时间:2015年12月。)

对淳安实行单列考评,按照加强主体功能区建设这一思路,立足"县域景区化、生态化",把加强生态保护、发展生态经济、改善保障民生等作为考核的核心内容,考核的方式注重指标标准值、控制比和增幅考核,采取历年来的纵向比较,以更好地体现发展质量和效益。"美丽杭州"淳安实验区单列考评指标的设置,可以引导淳安以更多的精力和财力开展生态保护和社会建设工作,保护青山绿水,发展以旅游经济为特色的服务型经济,努力建成"绿水青山就是金山银山"的样本。

第五章 绩效计划

绩效计划是指在新的绩效周期开始时,绩效责任单位与绩效管理机构就其在该绩效周期内要做什么、为什么做、需要做到什么程度、何时应做完等问题进行讨论,并最终促成理解、达成协议的过程。绩效计划是绩效管理的起点,也是绩效管理成功的首要条件。通过制订绩效计划,可以将政府的战略目标形成全面、系统的绩效目标和指标体系,并明确落实到各责任单位及相应的人员,使得各绩效责任单位有清晰的绩效目标实现路径。因此,绩效计划在整个政府绩效管理的过程中具有非常重要的地位。

在杭州的实践中,绩效计划包括绩效管理规划的编制和年度绩效目标的制定。

第一节 绩效管理规划的编制

一、绩效管理规划的内涵

规划是对未来进行战略引领,制订相应的行动方案,实施有效控制的过程。规划包括对组织目标的识别,为实现组织目标而制定战略,确定具体计划以统一和协调工作。它同时关注结果(是什么)和途径(如何做)。规划的目的和作用在于,给出行动的方向,降低变化的冲突,减少浪费和冗余,设立标准以利于控制。

《杭州市绩效管理条例》第十条规定:"绩效责任单位应当根据本地区(行业)经济社会发展规划和本单位工作职责编制绩效管理规划,绩效管理规划期限为五年。绩效管理规划应当报绩效管理机构批准。经批准的绩效管理规划是绩效责任单位制定年度绩效目标和绩效管理机构实施监督管理的基本依据。"

绩效管理规划是指绩效责任单位根据本单位的职责,就推进本地区国民经济和社会发展各项战略目标任务的落实、加强政府自身建设、依法推进绩效管理、提升城市治理的现代化水平,制定一个绩效周期内(一般为5年)的专项规划,报送绩效管理机构批准后实施。简单来说,绩效管理规划包含两个方面的内容:做什么和如何做。

绩效管理规划是分层级的,市和区、县(市)绩效管理机构拟定本级的绩效管理总体规划,其负责管理的绩效责任单位制定本单位的绩效管理规划。绩效管理规划可以根据实际情况,结合本地区(行业)的经济社会发展五年规划、本单位的五年工作规划一同编制。

二、绩效管理规划的重要作用

"凡事预则立,不预则废",规划在整个管理活动中具有重要的作用。绩效管理规划在政府绩效管理体系中具有不可替代的重要作用。

(一) 绩效管理规划是政府绩效管理体系的首要环节

在整个政府绩效管理链中,绩效管理规划是首要环节,后面的绩效监控、评估等一系列工作都基于该环节来展开。绩效管理规划明确单位的主要职责、工作总目标和主要指标、完成目标的方法和措施以及完成期限等内容,年度绩效目标的制定和绩效监控、绩效评估、绩效反馈以及绩效改进都必须以此为前提。如果没有明确的绩效管理规划,绩效管理的整体性、系统性和精准性都会大打折扣。

（二）绩效管理规划是实现高水平政府绩效的必要条件

通过制定绩效管理规划，各级政府及部门可以了解并掌握本绩效周期的工作安排和目标，以及会遇到的障碍和对策措施。为此，绩效管理规划不仅仅是一份简单的工作规划，作为绩效管理系统的一个环节，规划的过程更加强调通过互动式的沟通手段，使绩效管理机构和绩效责任单位之间在如何实现预期的绩效问题上达成共识，为年度绩效目标的制定和实施、追求高绩效奠定良好的基础。

（三）绩效管理规划是落实政府战略规划的重要方式

为了有效提升政府服务水平、加强对经济和社会资源的统筹规划，各级政府都会制定相应的国民经济和社会发展中长期发展规划以及每年的工作计划，但有很多工作常常因为没有落实举措和控制机制而不了了之。通过绩效管理规划，可以将政府战略规划和目标分解细化为绩效责任单位的具体年度工作目标与指标，并落实到各级政府各部门每一位工作人员身上，以保证经济社会发展规划的可操作性和可达成性。

（四）绩效管理规划是一种有效的前置控制手段

绩效评估是确保绩效责任单位工作目标得以实现的有效控制手段，通过绩效评估，能够促使各绩效责任单位按照绩效管理机构的要求开展工作，推进整体目标的顺利实现；而绩效管理规划，作为一种具有前瞻性的控制手段，在组织资源投入阶段就起到了前期控制的作用，能够合理规划目标任务，有效分配组织资源，提高绩效目标的可实现性。绩效管理规划从源头上提升了控制效果，避免了资源浪费。

三、绩效管理规划的主要内容

国外政府绩效管理起步较早，对绩效管理规划的内容、编制等作了深入的探索和实践。如美国的《政府绩效与结果法案》规定，战略计划的基本内容有:系统的部门使命陈述;覆盖主要职能和运作领域的部门长远总目标,包括与结果相关的目标;部门实现既定目标的手段和策略的阐述,包括运作过程、技能和技术投入以及实现目标所需的人力、资金、信息等方面的资源需求;阐述年度绩效目标与总目标之间的有机联系;确认对部门目标实现具有重大影响但部门又无法控制的关键外部因素;明确说明目标设定和目标调整所使用的项目评估技术,并列出项目评估实施时间表。

我国政府绩效管理起步较晚,目前国内尚没有地区编制过绩效管理规划。杭州市在以往实践基础上,积极探索绩效管理规划编制工作。

2015年通过的《杭州市绩效管理条例》,专门设置了"绩效管理规划和年度绩效目标"一章,确定绩效管理规划应当包括以下主要内容:单位主要职责和承担的工作任务概述;履行主要职责和完成工作任务的总目标和主要指标;影响目标和工作任务的关键因素分析;完成目标和工作任务的方法、措施;与绩效管理有关的其他重大事项。依据《杭州市绩效管理条例》规定,2016年,杭州市考评办(市绩效办)在充分调研的基础上,出台了《关于做好首轮绩效管理规划编制工作的通知》,对绩效责任单位绩效管理规划的内容构成作了进一步明确:

(一)科学分解中长期战略目标和重点工作目标

一个地区的国民经济和社会发展五年规划纲要中明确的战略目标任务,是一个地区中长期经济社会发展的关键目标,这些关键目标的实现需要依靠各级政府和部门的齐心协力落实。为保障战略目标任务按期保质保量完成,必须将这些战略目标任务分解落实到各个绩效责任单位。对本市国民经济和社会发展五年规划纲要中涉及绩效责任单位的指标,有关责任单位通过编制绩效管理规划,将其分解为可量化、可考核的年度目标。同时,绩效责任单位结合本职工作,明确绩效管理规划周期内本部门、本单位履行主要职责和完成工作任务的目标与主要指标。

（二）促进绩效问题整改

坚持问题导向，把解决群众关注的热点、难点问题和工作中遇到的突出矛盾和深层次问题，作为工作的出发点和落脚点，通过绩效分析和治理诊断调查，建立高效运转的发现机制、整改机制，不断推进绩效问题的整改，增强人民群众的获得感，提升人民群众的满意度。要求各绩效责任单位围绕热点、难点问题，梳理社会评价意见中反复提出但多年尚未得到有效解决的问题，注意收集在日常管理中发现的影响绩效提升的问题，如重建轻管、建管脱节、长效机制不健全、资源不能共享利用、部门协同性不高等，提出整改计划、举措和预期目标。

（三）适度规划创新创优工作

在全面深化改革，推进国家治理体系和治理能力现代化的新形势下，引领政府部门适度规划创新创优项目，持续务实地推进创新创优显得尤为重要。杭州市在编制首轮绩效管理规划时，要求各地、各部门围绕"十三五"期间提高城市国际化水平、推动经济结构战略性调整、促进经济发展方式转变、加快城乡区域统筹发展、创新和加强社会管理、保障和改善民生、提高自身能力建设等方面的重大课题和长期困扰制约杭州市发展的一些深层次矛盾和问题，全面分析、深入研究、认真谋划，制定好五年创新创优规划，以提高创新创优工作的系统性、配套性和持续性，推动重点领域和关键环节改革取得新的突破。

（四）构建公共治理和政府服务的标准体系

通过标准先行，提升公共治理和政府服务的科学化、规范化、专业化水平，提高公共服务的效率和质量，推动政府整体绩效持续提升，是打造服务型政府、效能型政府的必然要求。在绩效管理规划的编制中，要求各地、各部门结合本地区工作实际和本部门履行的职能，查找公共治理和政府服务中的短板，对接国际标准，整理汇总现有国家、行业、地方标准等，制定出本地区、本部门、本行业的公共治理和政府服务标准体系目录,组织编制相关标准、规范并积极推行,着力打造规范化、精细化、专业化、高品质、高绩效的公共治理和政府服务的"杭州标准",进一步提升杭州治理的现代化水平。

四、绩效管理规划的编制

(一) 编制期限和编制责任单位

杭州市绩效管理规划的编制期限为5年,与国民经济和社会发展五年规划纲要同时编制、同步实施。编制责任单位为纳入绩效管理的各区、县(市)人民政府和市直单位。

(二) 文本体例

1. 第一部分:使命和愿景

(1) 本地、本单位发展背景,主要职责和承担的工作任务概述(可参照"三定"职能、部门责任清单和权力清单);

(2) 依据使命,结合形势分析,按照本地、本单位发展的需要,明确规划期间的努力方向和发展目标(应与国民经济和社会发展五年规划以及相关专项规划内容相衔接)。

2. 第二部分:关键指标和重点工作目标

(1) 国民经济和社会发展五年规划涉及本地、本部门的工作任务以及绩效指标逐项分解的年度目标;

(2) 体现履职情况的主要职能绩效指标和重点工作的分年度目标。

3. 第三部分:绩效管理重点目标

(1) 梳理近3年社会评价意见中反复提出的意见和建议,对其中较为突出的问题,提出整改方向、举措以及预期成效(以表式逐项列出,能用具体指标衡量的,以指标形式体现);

(2) 针对日常绩效信息、绩效测评、绩效整改通知单反映的尚未得

到有效解决的绩效问题,举一反三,提出整改方向、举措以及预期成效(以表式逐项列出,能用具体指标衡量的,以指标形式体现);

(3)结合本地、本部门工作需要,按照《杭州市政府创新选题目录》明确的方向,提出创新创优(特色创新)申报方向、项目来源和创新路径等(以表式体现);

(4)分析本地、本单位公共服务和社会治理标准化建设现状,结合实际,对标国际和国内先进,按照已有的标准、需要修订的标准、计划制定的标准等,列出标准目录,明确需制(修)订标准的具体编制时限和标准编制依据等。

4. 第四部分:保障措施

保障绩效管理规划顺利实施的相关举措,如组织领导、制度保障等相关机制建设情况。

(三) 编制步骤

1. 前期调研

各地、各单位要准确把握上级党委、政府一个时期(一般为5年)的战略要求,深入开展现状调查,对本地、本单位工作实绩进行分析评估,查找短板,了解相关目标实施的外部环境、政策环境和国内外同行业的先进水平。

2. 文本编写

各地、各单位按照绩效管理规划必须具备的内容和规划文本体例要求进行编制。编制单位可以根据实际情况,单位内部作适当的分工,分块进行撰写,最后统稿完成绩效管理规划文本。

3. 征求意见

规划编制过程中,要充分征求社会公众、相关部门、专家学者的意见,加强与相关规划的衔接协调。涉及经济社会发展的重大事项或专业性较强的事项,要事先组织必要性和可行性论证,切实提高规划编制的科学性、合理性和可操作性。

4. 定稿报送

各地、各单位对论证和征求的意见进行分析梳理,并根据意见进行修改完善,经讨论研究,形成绩效管理规划定稿,报送绩效管理机构。

5. 审核批准

绩效管理机构对各地、各单位提交的绩效管理规划文本进行初审、专家会审,然后反馈给各地、各单位进行修改完善,各地、各单位修改完善后提交绩效管理机构审定。绩效管理机构可视情将绩效管理规划文本在一定范围内进行公示,接受社会监督,对公示无意见的绩效管理规划,绩效管理机构予以批准。

6. 公开发布

经批准的绩效管理规划文本,绩效管理机构以正式发文的形式在政府机构内部公布,同时可以通过政府门户网站、绩效责任单位网站等平台,向社会公布。

绩效管理规划一旦确定,应保持相对的稳定性,一般不作调整。确实需要根据形势变化和上级要求作出调整的,应按原报批程序办理调整手续。

第二节 年度绩效目标的申报

年度绩效目标是绩效管理的一项短期计划,服务于一个组织的战略性绩效管理规划和年度重点工作,实施期为一年。绩效目标制定应当遵循"SMART"(即"明确的、可度量的、可达到的、面向结果的、有时限的")原则,通过科学制定绩效目标,确认政府工作的"5W",即"What(要做什么),Why(为什么做),When(在什么时间做),Where(在何处做),How(如何做)"。

一、绩效目标的申报依据

（一）绩效管理规划

绩效管理规划充分反映本地区（行业）经济社会发展规划和本单位工作职责，确定了规划期限内绩效管理责任单位履行主要职责和完成工作任务的总目标与主要指标，以及完成目标和工作任务的方法、措施。经绩效管理机构批准的绩效管理规划，是绩效责任单位制定年度绩效目标和绩效管理机构实施监督管理的基本依据。

（二）党委、政府年度重点工作

绩效目标申报的另一个重要依据是党委、政府重要会议确定的年度重点工作和中心工作。根据党委全委会通过的《年度工作要点》和人大常委会审议通过的《政府工作报告》，按照具体化、责任制、项目化的要求，逐项、逐条分解细化各项年度重点工作目标，制订实施方案，落实相关责任部门和责任人，明确完成时限和要求。其内容包含党委、政府年度重点工作，与上级党委、政府或部门签订的责任状和目标责任制考核项目，人大通过的年度国民经济和社会发展主要指标等。

另外，市发改委每年拟订《重点实施项目进度计划》，作为重点项目建设目标制定的主要依据。市直单位绩效目标也与财政部门确定的财政绩效目标相关联，确保工作绩效与财政绩效的统一。

（三）单位主要职能

单位法定职责履行情况是职能指标制定的基本依据。其中，党群政务类单位绩效指标重点反映贯彻落实、服务保障，突出工作的保障性、前瞻性、政务的质量和水平；执法监督类单位绩效指标重点反映公正、效率，突出职责法定、依法行政；社会管理和服务类单位绩效指标重点反映公平、均衡，突出服务质量和群众满意度；经济管理类单位绩效指标重点体现科学发展，突出工作效率、效益；国有企业单位绩效指标应突出承担社会责任、城市公共服务水平、产业示范带动、城市空间优化布局等方面。

(四) 政府创新选题目录

为引导绩效责任单位有针对性地创新创优,2010 年,杭州市考评办在全面总结多年来市直单位创新创优和区、县(市)特色创新实践经验,以及征求市直各单位和有关专家学者等多方面意见的基础上,根据全面推进五大建设和建设创新型城市的要求,编制了《杭州市政府创新指南》,并推出《政府创新选题目录》。2016 年对政府创新选题目录进行了全面修订,从经济建设、政治建设、文化建设、社会建设、生态文明建设、执政能力建设及社会评价意见整改七个方面,列出 70 多个选题,引导各地、各单位围绕中心工作、重点工作开展创新。

二、绩效目标的申报主体和申报内容

(一) 市直单位绩效考核目标申报

杭州市市直单位绩效目标包括绩效考核目标、专项目标和创新创优目标。其中,绩效考核目标和创新创优目标由绩效责任单位申报,专项目标由绩效管理相关部门负责申报,见表 5-1。

表 5-1 杭州市市直单位目标考核维度和申报主体

类型	分项指标	考核或评价指标内容	考核维度		申报单位
			实现程度	绩效测度	
绩效指标	关键指标	市委、市政府确定的涉及本部门的相关国民经济和社会发展定量指标	●	√	本单位
	职能指标	市直单位法定职责履行情况相关绩效指标	●	√	本单位
	通用指标	适用于市直各单位的部分综合性绩效指标,包括依法行政、电子政务、行政效率和简报信息质量等指标	●	—	考核组织单位

(续表)

类型	分项指标	考核或评价指标内容	考核维度		申报单位
			实现程度	绩效测度	
工作目标	重点工作目标	省委、省政府对杭州市的重点考核目标	●	√	本单位
		市委、市政府中长期战略目标和重大决策分解到当年的相关工作任务	●	√	本单位
		市委、市政府确定的其他年度重点工作任务	●	√	本单位
		市政府为民办实事项目	●	√	本单位
		市委、市政府重点专项工作	●	√	考核组织单位
	部门协作目标	由有关部门牵头、多部门协作配合的,事关全市、有明确年度目标任务、适于量化考核的阶段性工作目标,由若干专项组成	●	—	考核组织单位
	诉求回应目标	信访和"12345"办理、社会评价意见整改(含市考评办跟踪督办意见整改目标)、建议提案办理	●	—	考核组织单位
	自身建设目标	领导班子建设、党风廉政建设、绩效管理、财政绩效评价、机构编制评估	●	—	考核组织单位

1. 绩效目标申报内容

在绩效考核目标申报前,绩效管理机构根据年度经济社会发展指标、政府重点工作任务、部门历年申报的反映法定职能履行情况的绩效指标等,对绩效考核目标进行初始化,将有关工作任务、指标,通过杭州"数字考评"系统初步分配至相关绩效责任单位。绩效责任单位以初始化下达的工作任务为基础,将其细化分解为具体的工作目标和指标,或根据实际情况进行修正和调整后,形成正式申报的绩效目标,上报绩效管理机构审核。

市直单位绩效考核目标主要包括以下要素:

(1)类型。对照市直单位绩效目标考核指标体系的基本分类,分为绩效指标和工作目标两大类型。

（2）分项指标。绩效指标分为关键指标、职能指标和通用指标，工作目标分为重点工作目标、部门协作目标、诉求回应目标和自身建设目标。

（3）目标名称。绩效责任单位根据工作目标任务概括提炼出主题，要求简明扼要，一般是名词词组或动宾结构词组。

（4）考核内容及指标。对完成任务的数量、质量和效果等结果性的内容以定量指标和定性要求的方式确定，要求职能指标能通过效率、效益、效果等结果性的内容体现履行职能的绩效。

（5）绩效测度选项。绩效目标的考核维度分为实现程度和绩效测度两类。"实现程度"是指目标（指标）实际完成情况与设定目标（指标）内容之间的比较，通过进度、工作量、覆盖面等反映，按实际完成百分比赋分；"绩效测度"指反映达成目标（指标）的挑战程度、工作质量、成果运用及效益性、满意度等指标。绩效测度设置挑战指标、绩效测评和表彰奖励三种类型，根据绩效责任单位的申报类型，进行分类考核。"挑战指标"是指在目标基本实现程度的基础上，根据全市经济社会发展要求和以往工作实绩，设定具有一定挑战性的目标值（指标）；"绩效测评"是指目标属于公共服务和民生保障的工作范畴，成效外显、社会公众易感知、适合采用社会公众（服务对象）满意度评价的，可申报为绩效测评目标；"表彰奖励"是指绩效责任单位获得国家部委和省委、省政府综合性表彰奖励和体现其主要职能绩效的单项奖励。

（6）指标属性。指标属性分为约束性和预期性。"约束性指标"是指必须确保实现的目标，完成即全额赋分，完不成则不得分；"预期性指标"是体现党委、政府意愿，努力争取实现的目标，根据完成程度赋分。

（7）完成时限。目标完成的最后期限。

（8）建议分值。根据目标在全市经济社会发展和本单位职能工作中的重要程度、完成的工作量及难易程度等，按百分制提出分值设置建议。属于市委、市政府重点工作的目标，原则上每项分值不得低于10分。

（9）目标制定依据。在符合绩效目标申报基本要求的基础上，需作具体翔实的表述，主要包括与上级党委、政府或部门签订的责任状，市委、市政府有关文件，上级业务主管部门的要求，国内同类先进城市对应的指标（业绩）情况，前三年同类目标的实际完成值等。此外，为做好与财政预算绩效目标编制的对接，制定依据中还需注明本项目标与市本级财政专项资金保障项目的关系。

（10）考核方式。对年度目标进行分类考核。绩效责任单位可根据目标的实施进度、重要程度和考核适宜度，设置合适的考核方式，由市考评办（市绩效办）审定。考核方式包括指标考核、日常考核、专项评价、年度考核4种，"指标考核"以有关部门及本单位收集的日常和年度结果数据为考核依据，进行核准比对考核；"日常考核"是依据数字考评系统对重点工作目标进展情况进行月评季考；"专项评价"指市考评办对下达的绩效测评目标进行专项测评；"年度考核"指通过年底集中检查考核部分重点工作。考核以月度分析、日常跟踪督查为主，尽量减少年底集中检查考核内容。绩效目标进展情况通过信息化采集渠道与杭州"数字考评"系统实时进行数据交换的，在确保数据真实性和完整性的前提下，不再对该项目标实施年终考核。

具体绩效考核目标（指标）申报表样式见表5-2。

表 5-2　杭州市市直单位绩效考核目标(指标)申报表

单位名称:(加盖公章)　　　　　　　　　　　　　　　　负责人:

类型	分项指标	目标(指标)名称	考核内容及指标	指标属性	完成时限	建议分值	绩效测度选项 是/否	绩效测度选项 测度类型	目标制定依据	考核方式
绩效指标	关键指标						如前列选择"是",则在以下三种类型中选定一项: □挑战指标 □绩效测评 □表彰奖励	财政专项项目编号(下同):	每项目标请在以下考核方式中选择一项: □指标考核 □日常考核 □专项评价 □年度考核
绩效指标	职能指标								财政专项项目编号(下同):	
工作目标	重点工作目标									

联系部门:　　　　联系人:　　　　联系电话:　　　　手机:

(资料来源:杭州市综合考评委员会办公室。)

2. 创新创优目标的申报内容

市考评办(市绩效办)在每年上半年下发关于申报年度创新创优目标有关事项的通知,组织绩效责任单位做好创新创优目标申报和立项评审工作。绩效责任单位按照自愿申报的原则,填报创新创优项目申报表(创新创优申报表样式见表 5-3)。

(1)项目名称。要求概念清晰、指向明确,有可感知的内涵、外延和实施载体,不同于一般性的工作安排。

(2)实施时间。项目开始实施的时间至项目完成的时间。申报的项目可以是当年实施、当年完成并参加绩效考核的项目,也可以是已经开始实施、在申报当年完成并参加绩效考核的项目。

（3）项目类型。申报的项目分为创新（A）、创优（B）、克难攻坚（C）三种类型，其中，"A"类包括原创性创新（A1）和继承性创新（A2）；"B"类包括综合性表彰奖励成果（B1）和提升服务质量项目（B2）；"C"类包括经济社会发展热点、难点问题破解（C1）和机关绩效改进难题破解（C2）。

（4）项目领域。根据项目从事的范围，在经济建设、市场监管、公共服务、社会治理、文化建设、环境保护、党的建设、决策服务、绩效管理9个领域中选定1项。

（5）责任单位。指创新创优项目组织实施中的直接承担者或具体负责单位。可以由机关本级承担，也可由直属单位承担。

（6）申报方式。分为"单独申报"和"联合申报"。各单位可以单独申报1项创新创优项目，也可以联合申报1项。对涉及面广、工作难度大、需多部门协作的重大项目，根据实际情况，允许不超过5家单位共同申报，但应明确牵头单位。选择"联合申报"的，需要填报项目中各配合单位的主要工作任务和主要创新点（创优点、突破点）。相关配合单位应围绕申报的项目，在自身职能范围内有新的突破。

（7）项目来源。可根据实际情况，从上级主管部门部署、市委、市政府要求，自选项目3个选项中选择1项；或从年度重点改革任务、《杭州市政府创新选题目录》、社会评价意见和其他4个选项中选择1项。

（8）工作范畴。指创新创优项目涉及绩效责任单位的某项职能，选项包括主要职能和一般性业务工作。主要职能，指编制机构下达的本单位"三定"方案中确定的主要职能；一般性业务工作，指"三定"方案中未列入的主要职能，但写入处室职能的工作。

（9）项目背景和动因。指项目发起的背景、动因，包括项目在国内外及本市的现状、目的和意义等。

（10）主要创新点（创优点、突破点）。指该项创新创优项目的主要创新（创优或克难攻坚）点，以及清晰明确要达到的目标；A2类项目要重点填写持续、深化的内容,B2类项目填写项目匹配程度、规范程度和优化程度方面的内容。

(11)成本投入。指预计直接用于组织实施该项创新创优项目总的资金投入,包括用于项目课题支出与专项业务经费(实际建设成本);总经费中用于项目课题支出,是指项目研究论证、组织落实中的工作经费,不包括后续应用实施的专项业务经费。

(12)预期效益。指预计该项目实施过程中或实施后在经济、社会、政治、管理等方面产生的效益。

(13)实施方案。指实施项目时有关的组织领导、时间步骤、方法措施等。

表 5-3　杭州市市直单位创新创优项目申报表

申报单位:　　　　　　　　　　　　　　　　　　负责人:

项目名称						
实施时间	＿＿＿年＿＿月—＿＿＿年＿＿月					
项目类型	□A1　□A2 □B1　□B2 □C1　□C2	项目类别	□经济建设　□市场监管　□公共服务 □社会治理　□文化建设　□环境保护 □党的建设　□决策服务　□绩效管理			
责任单位	□由机关本级承担　　□由直属单位承担					
申报方式	□单独申报					
	□联合申报	配合单位名称1: 主要工作任务和创新点(创优点、突破点):				
		配合单位名称2: 主要工作任务和创新点(创优点、突破点):				
		……				
项目来源	□上级主管部门部署　　□市委、市政府要求　　□自选项目 □市委全面深化改革领导小组＿＿＿年重点改革任务第＿＿＿项 □杭州市政府创新选题目录＿＿＿类＿＿＿项 □社会评价意见＿＿＿＿＿＿＿＿＿＿＿＿＿＿＿＿＿＿＿ □其他＿＿＿＿＿＿＿＿＿＿＿＿＿＿＿＿＿＿＿＿＿＿＿					

（续表）

工作范畴	□主要职能_____ □一般性业务工作 □其他_____			
项目背景和动因	（300字以内）			
主要创新点（创优点、突破点） （B2：项目匹配程度、规范程度和优化程度）	（500字以内）			
成本投入	总经费（万元）：	财政		总经费中用于项目课题支出：
		上级		
		自筹		
预期效益（经济、社会、政治、管理效益）	（500字以内）			
实施方案（计划）	（1000字以内，主要内容是组织领导、时间步骤、方法措施等，可另附纸张）			

联系人：　　　　联系电话：　　　　申报日期：　　年　月　日

（资料来源：杭州市综合考评委员会办公室。）

3. 专项目标的申报

专项目标既包括事关全市、有明确的年度目标任务、适于量化考核的阶段性重点工作，也包括一些反映部门基本履职情况和自身建设的工作，具体由重点工作目标、部门协作目标、诉求回应目标、通用指标和自身建设目标等组成。市委、市政府年度重点推进、涉及多部门联动的重点工作目标列为"重点专项目标"，实行赋分制；通用指标、诉求回应目标、自身建设目标和部门协作目标列为"一般专项目标"，实行赋分

第五章 绩效计划

制和等次考核相结合的方式。专项目标根据市委、市政府的年度中心工作动态设置和调整。

专项目标由考核组织单位提出申请,由考核组织单位负总责。申请的要素包括考核对象、考核内容、考核要求和评分标准、考核方式、考核周期以及当年度的考核内容分解等(见表5-4)。凡在相关文件或工作部署中,要求列入绩效管理体系的工作,应事先征求绩效管理机构的意见。经绩效管理机构同意后,纳入绩效考评,并在一定范围内公示。

表5-4 杭州市市直单位综合考评专项目标申报表

	专项名称					
基本信息	申报单位		负责人		联系电话	
	联系部门		联系人		联系电话	
专项目标基本情况	1. 专项目标设立依据: 2. 专项目标的基本内容: 3. 专项目标的实施年限：_____年___月至_____年___月 4. 专项年度总体目标 5. 专项目标的进度安排 6. 专项目标经费预算安排(包括资金筹措及来源渠道) 7. 专项目标的日常管理方式(请在相应选项上打"√") □采用信息化管理 □采用人工报表方式 □其他: 8. 专项目标考核方式(请在相应选项上打"√") □以平时考核为主,定期通报 □年终参加综合考评检查组统一考核 □其他: 9. 具体考核办法和目标任务分解附后					

填报单位(盖章):   填报日期:
(资料来源:杭州市综合考评委员会办公室。)

专项目标考核实施周期最长为3年。到期后,需对考核工作的实施情况进行评估,再行确定是否继续列入综合考评。

(二) 区、县(市)绩效目标申报

区、县(市)绩效目标主要包含发展指标、重点工作目标和特色创新目标。其中,发展指标相对稳定,变动较小。各类目标中除个性化指标、为民办实事项目、特色创新目标由区、县(市)自主申报外,其他均由市直相关部门负责申报,见表5-5。

表5-5 杭州市区、县(市)综合目标申报主体

考评维度	考核或评价指标内容		申报主体	分值合计
目标考核	发展指标	经济建设	市直部门	30
		社会管理和公共服务		
		发展潜力		
		个性化指标	区、县(市)/市直部门	
	工作目标	重要工作目标	区、县(市)/市直部门	35
		共性目标	市直部门	
特色创新	各区、县(市)在经济建设、社会管理、公共服务、政治民主、行政改革、党的建设等方面具有地方特色和推广价值的改革与创新举措。		区、县(市)	5(加分)

1. 个性化目标(指标)

个性化目标(指标)是各区、县(市)根据市委、市政府统筹城乡发展的要求,结合各地工作实际,设置的能够反映当地区域优势、发展优势和发展重点的指标。申报内容包括名称、概念、统计口径和范围界定、考核数据来源及责任部门、计算公式、前三年该目标(指标)相关数据、以上年度为例的目标测算、计算方法、考核对象、适用区、县(市)等(见表5-6)。个性化目标在申报时要求体现客观性、可比性、长期性。

表 5-6　杭州市区、县(市)个性化目标(指标)申报表

申报单位：　　　　　　　　　　　　　负责人：

目标(指标)名称	
目标(指标)概念	
统计口径和范围界定	
考核数据来源及责任部门	
计算公式	
前三年该目标(指标)相关数据	
目标测算（以上年度为例）	
适用区、县(市)	

联系人：　　　　　　联系电话：　　　　申报日期：　　年　月　日
(资料来源:杭州市综合考评委员会办公室。)

2. 专项目标

工作目标中由市直有关单位牵头涉及区、县(市)，有明确年度目标任务、适于量化考核的阶段性重点工作被列为专项目标，包括部分重点工作目标和共性目标。申报内容包括项目名称、申报单位基本情况、目标内容、各责任主体的年度目标任务、目标实施年限及进度安排、目标日常管理方式、目标的考核方式、目标的设立依据、考核办法等。

3. 特色创新目标

特色创新目标主要是各区、县(市)从当地实际出发，在经济建设、社会管理、公共服务、政治民主、行政改革、党的建设等方面实施的具有地方特色和推广价值的改革与创新举措。特色创新目标的申报内容和市直单位的创新创优目标申报内容类似，包括目标名称、主要内容、实施单位、特色创新领域、相关工作现状(国内、省内)、重点解决问题(创新点和突破口)、预期效益、主要受益对象、实施时间、实施方案(计划)、实施成本等(见表5-7)。

表 5-7 杭州区、县(市)特色创新目标申报表

申报单位：

目标名称	
主要内容	
实施单位	
特色创新领域	□经济建设 □社会管理 □公共服务 □政治民主 □行政改革 □党的建设 □其他方面(请注明：＿＿＿＿)
相关工作现状 (国内、省内)	
重点解决问题 (创新点和突破口)	
预期效益 (包括社会、经济、 政治、管理效益)	
主要受益对象	
实施时间	启动时间 ＿＿＿年＿＿月 完成时间 ＿＿＿年＿＿月
实施方案 (计划)	主要内容是组织领导、时间步骤、方法措施等(可另附纸)
实施成本	经费预算：总费用(万元)＿＿＿ 经费来源＿＿＿ 投入人员
填表说明	1. 有"□"框的栏内，请在相应选项前的"□"内打"√"。2. 实施单位：是指具体实施特色创新目标的党政机关、群团组织、行政村(社区)。3. 经费预算：是指用于组织实施该项目标总的资金投入，包括用于课题研究支出与专项业务经费(实际建设成本)。4. 投入人员：是指直接负责、从事该项目标的工作人员。

(资料来源：杭州市综合考评委员会办公室。)

三、绩效目标的申报要求

绩效目标的申报要坚持"必需、可行、有效"的原则，具体要把握好以下三点：

一是数量精简。目标制定要突出市委、市政府的重点工作任务，削

减一般性工作目标数量,精简列入考核的目标数量。杭州市考评办(市绩效办)在目标申报时作出具体要求:原则上,承担重点工作目标任务较多(8项以上)的部门,常规职能目标可不列或少列;承担重点工作任务较少(3项及以下)的部门,可列适当数量的职能目标(原则上不超过5项);介于中间的,两类总数一般不超过8项。但对未列入年度目标考核,却属于本单位"三定"职能范畴或市委、市政府交办的工作,实行"兜底"考核,如因工作重大失误,被上级机关通报批评、媒体曝光和绩效信息反映并查实的突出问题,在"绩效目标管理"专项中予以扣分。

二是指标量化。绩效考核目标中,"关键指标"和"职能指标"系量化指标,一般情况下要求采用比率型的相对数。工作目标能够量化的,应尽量量化;确实难以量化的,应提炼出能够反映工作质量和成效的结果性描述。如目标包含具体项目的,在申报时应列出具体的项目清单;目标包含具体指标数据的,应列明上年完成的绝对值总量,当年目标绝对值及增长率(下降率);重点工程类项目,应列出工程量、形象进度(工程节点)、投资额和完成时限等考核指标。

三是动态调整。专项目标的申报,应有利于市委、市政府战略目标的实现,有利于推进全市阶段性重点目标任务的圆满完成,有利于加强机关自身建设、提升政府绩效。绩效管理机构需严把专项目标进入门槛,避免专项目标泛滥,加大绩效责任单位负担。列入年度综合考评专项目标的总量一般控制在30项以内,对党委、政府年中明确需开展专项考核的重点工作,可以追加下达。专项目标实施动态调整,对实施效果好的项目,予以保留;对实施效果不佳的项目,予以取消;主办单位拟不再举办的考核项目,可申请撤销;对连续2年未扣分的项目,视为自动退出。此外,专项目标考核实施需要设立一定的周期。目前,杭州市直单位综合考评中的专项目标最长周期为3年,期满后,绩效管理机构需对考核工作实施情况进行评估,再行确定是否继续列入综合考评。

第三节　年度绩效目标的审核

绩效责任单位按照规定上报年度绩效目标后,绩效管理机构对照绩效目标制定要求和评估标准,逐项进行审核,对各单位目标制定工作进行评估,并视情征询有关专家、相关业务主管部门或综合部门的意见,必要时征求分管市领导的意见。绩效管理机构认为年度绩效目标有不符合本行政区域的经济社会发展规划或者绩效责任单位职责情形的,需向相关绩效责任单位反馈意见并进行协商,由绩效责任单位进行修改完善。

一、绩效目标的审核标准

绩效目标的审核标准主要把握"五个性",即准确性、完整性、合理性、先进性和时效性。

准确性:要求目标层次清晰,措词准确,简明扼要;对考核内容及指标有明确的数量、质量和效果描述,而不是过程性表述。

完整性:要求申报表填写完整;各要素齐全、具体,情况属实,符合定量分析与定性描述相结合的设置要求;没有遗漏市委、市政府重点工作任务和本单位主体职能工作;没有遗漏相关附件。

合理性:要求目标设置符合相关法律法规,与单位主要职能密切相关,与实际工作需要吻合,与市委、市政府、上级对口业务部门及其他相关部门的要求一致;目标切实可行,具有可操作性;重点突出,权重设置合理,目标能够反映部门履行职责的绩效情况。

先进性:要求目标体现先进性、发展性,对标国际、国内先进,与杭州经济社会发展在全国、全省的地位、作用相一致。

时效性:要求目标按时报送。

二、绩效目标的审核主体和审核流程

绩效目标的审核包括绩效管理机构内部业务审核,绩效管理相关部门和专家的目标咨议,面向社会公众的公告、公示,反馈绩效责任单位修改完善等一系列流程,审核主体既有政府主管部门,又有社会公众、有关专家,公民导向在绩效目标制定中也得到体现。

(一) 业务审核

绩效管理机构对照绩效目标制定要求和评估标准,对申报的目标进行初步审核,提出修改完善意见。绩效责任单位需根据这些修改完善意见,对目标进行调整。如有必要,业务审核环节可多次循环重复,直至绩效管理机构认为可以进入下一环节为止。

(二) 目标制定专家咨议评估

绩效管理机构以业务审核为基础,召集绩效管理相关部门和有关专家,开展目标制定专家咨议评估。目标制定专家咨议评估的参与者一般来自市委督查室、市政府督查室、市财政局、市审计局和市编委办职能处室的人员,以及绩效评估专家。与会人员从各自的职能角度和专业角度,对各单位申报的绩效目标进行咨议评估,提出修改补充意见。目标制定专家咨议评估的意见由绩效管理机构汇总后反馈给绩效责任单位。

(三) 征集公众意见

绩效管理机构在业务审核、目标制定专家咨议评估的基础上,将绩效责任单位申报的绩效考核目标(指标)内容在"杭州考评网""中国杭州"政府门户网站和部门网站上公示征求意见,积极吸纳公众的意见,作为目标审核的重要参考。

(四) 反馈与调整

绩效管理机构根据评估情况,与绩效责任单位沟通相关目标修改完善意见,必要时征求分管市领导的意见。各绩效责任单位根据评估反馈意见,对目标进行修改、补充。

三、绩效目标的审核要点

绩效目标的审核是一项庞大且细致的工作,审核过程中特别是反馈绩效责任单位核实确认前,需要重点关注以下四类目标:

(一)需补报的工作目标

绩效管理机构要重点审核初始化下达的绩效指标的运用情况,特别要关注反映单位核心职能并能固化的职能指标。若绩效责任单位删减职能指标的,绩效管理机构须对其删减依据进行合理性判断。制定依据中设"财政专项项目编号"选项,凡绩效目标(对应杭州市本级财政专项资金保障的项目)均须在该项依据中勾选所属财政专项项目编号,据此做好与财政预算绩效目标的对接,确保"要多少钱办多少事"。此外,对于明确的年度重点任务和工作目标,绩效管理机构要认真筛查分解落实给各单位后是否有漏项、缺项,发现漏项、缺项的,要及时督促绩效责任单位做好补报工作。

(二)需修改完善的工作目标

绩效管理机构要重点审核绩效目标考核内容设置的合理性、表述的精准性及指标量化程度。如果出现以下情况的,要求相关单位予以修改完善:一是考核指标数据明显低于前3年实际完成的平均值,且没有充足的理据的;二是表述过于笼统,没有细化、量化,无法考核的;三是指标数据仅有绝对值或者相对值(增幅),无法清晰地说明已有的工作基础和当年度具体任务量的情况。

(三)需删减归并的工作目标

根据绩效目标制定中精简数量、突出重点的要求,一般性工作目标可删减或适当归并整合。同时,按照科学合理的原则,调整目标分值。

（四）需调整的绩效测度目标

绩效管理机构要认真分析相关单位申报的绩效测度目标是否充分体现了工作在全省乃至全国的突破性和先进性，特别要关注测度目标中的"挑战指标"。挑战指标的设置需结合以往工作实绩，横向比较上优于对标城市，或指标在国内同类城市中处于领先地位（前3位）或进位显著（大于3位）；纵向比较上与自身最佳指标有显著增长（一般不低于10%），以充分体现挑战性、先进性。如属重点改革目标，应形成体制、机制方面的改革成果，把形成可复制、可推广的体制、机制作为挑战内容。同时，也要避免部分承担关键指标或省对市经济责任制考核项目的单位，避重就轻，选择其他指标作为挑战指标。对不属于公共服务和民生保障的工作范畴，成效不外显、服务对象不易感知或服务对象为特殊群体、服务对象数量有限的目标，不适宜作为测评项目。对不是由政府部门获得国家部委、省委省政府以上的综合性表彰奖励或体现其主要职能绩效的单项奖励，或表彰奖励授予对象是个人的，不适宜列为表彰奖励目标。

四、创新创优目标的审核

对于创新创优目标，绩效管理机构主要通过内部审核和组织专家进行立项评审。专家评审主要通过审阅各单位申报材料，即对申报项目是否符合改革创新的方向和法治原则，是否符合本单位的主要工作职能，创新创优的目标是否明确，项目的主要创新点（创优点、突破点）是否突出、创新创优层次高低，申报材料内容是否完整等方面作出评判。

在历年创新创优目标立项评审中发现的主要问题有：一是创新创优项目名称不符合规范，概念不清晰，指向不明确，没有可感知的创新载体。二是项目的创新点（创优点、突破点）不明显，把一般性的工作举措作为创新目标,创优项目看不到优化完善的措施,克难攻坚项目看不到在重点领域和关键环节的突破口,而且在表述中还存在逻辑混乱、表述不清楚的问题。三是预期效益表述不完整,经济效益、社会效益、管理效益缺乏相关数据支撑。四是实施方案中的组织领导、时间步骤、方法措施有缺项,针对性、可操作性不强。

在专家评审中,对三分之二的评审专家同意的申报项目,经审核后予以立项下达。对首次评审未通过的申报项目,允许有关单位在规定时限内修改完善或更换项目,并再次申报参加评审。再次评审仍不符合立项要求的,不再予以更换。

区、县(市)的绩效目标审核流程大体与市直单位相似,流程相对简化。

第四节　绩效目标的下达与调整

一、绩效目标的下达

绩效责任单位申报的绩效考核目标、有关部门拟定的专项目标等,经绩效管理机构按照既定程序审定后,以正式文件的形式下发至绩效管理责任单位,作为年度目标绩效考核的依据。同时,年度绩效目标在"杭州考评网"上向社会公布,接受公众监督。

创新创优目标通过立项评审后,对符合创新创优基本要求,即创新创优方向正确、申报材料内容完整、目标明确具体、保障措施落实的,予以立项下达。

二、绩效目标的调整

绩效目标一经审核下达后,作为实施绩效考核的依据,不得随意调整变更。因宏观形势变化、政府重大政策调整或者自然灾害等不可抗力因素的影响,需要调整年度绩效目标的,有关单位应当于当年10月报绩效管理机构审核。涉及市政府全体会议、市政府常务会议、市长办公会议和市政府专题会议审议确定的市重点工作目标需要作出调整的,应当报经市政府批准。

对年度考核周期中新设立、确需纳入年度绩效目标的重点工作任务,绩效管理机构可以追加绩效目标的形式下达到有关单位。

创新创优项目一般在每年上半年申报,符合规定条件的,可以在每年9月底之前补报。补报项目,必须是获得国家部委试点且申报年度内能够完成的工作,或杭州市因本单位牵头负责的工作在考核年度内被评为全国先进或被授予荣誉称号的,或考核年度内本单位被评为全国行业综合性先进集体的。

第六章 绩 效 监 控

绩效监控是通过获取绩效信息,对绩效责任主体执行目标和履行职能情况进行适时与阶段性的预警、监测及调控,是实现全过程绩效管理的必要环节,也是保障绩效管理实现预期目标的重要手段。

第一节 绩效信息采集

绩效信息是指在绩效管理过程中采集的用于判断绩效的证据,不仅包括绩效指标等特定变量的量化数据,也包含描述性、定性的信息。绩效管理部门通过设定绩效信息采集标准,区分不同信息类型,构建标准化的采集体系,形成一个全面、真实、准确、高效的绩效信息库。杭州市在政府绩效管理中,主要通过绩效管理机构、第三方机构、绩效信息员和公共服务窗口评价四个方面进行绩效信息的采集工作。

一、绩效管理机构采集

绩效管理机构依托信息化系统,定期采集绩效责任单位各类工作目标的进展情况、存在的问题等日常信息,既有工作进度的具体描述及相应的台账信息,也有按百分制计量的定量化进度信息。采集方式主要有定期报送和系统自动抓取两种。

第六章　绩效监控

定期报送是绩效责任单位按绩效管理机构的要求通过绩效管理信息化系统定期报送目标进展程度,包括当月完成情况、累计完成情况、是否存在问题、下一步的工作措施以及相应的项目清单与印证材料。如果该年度目标任务已全面完成,责任单位可申请"现结现报",报送完成情况的同时上传相关电子印证材料,市考评办适时组织核验,年底对该项目标不再进行考核。

报送的材料经绩效管理机构审核后,在绩效管理机构网站和绩效责任单位网站上予以公布,接受社会的监督和评议(见图6-1)。

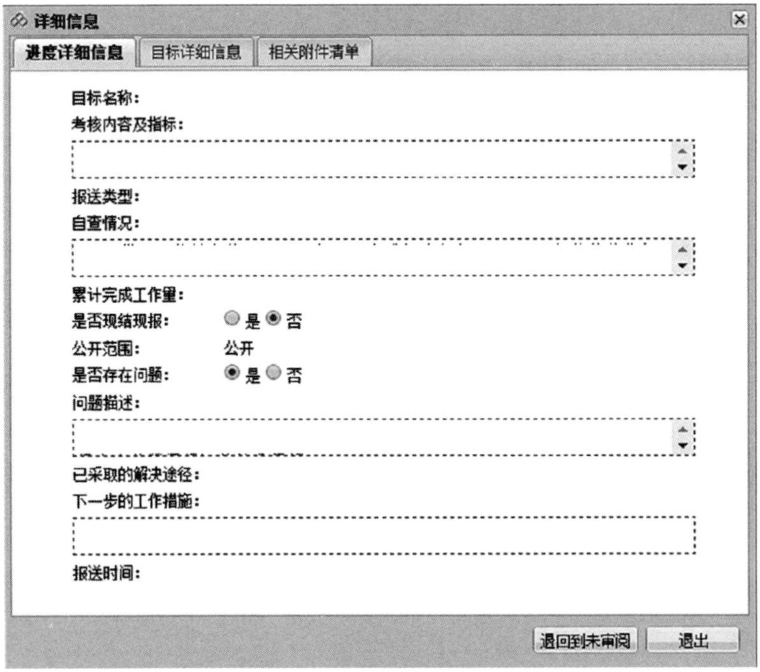

图6-1　目标进度报送界面样图

系统自动抓取是指绩效管理机构通过信息化系统直接访问绩效责任单位或第三方(行业主管部门)的数据库获取目标量化数据,直接纳入绩效信息库进行监控。这种方式可以不受绩效责任单位的影响,获得客观、真实、有效的数据。比如,针对考核指标"人口自然增长率控制在6.8‰以内,人口出生控制在8万以内",可直接从市卫生计生委的信息系统中获取各城区月人口出生数、年累计出生数,即能实时掌握指标的进展情况。

二、第三方机构采集

第三方机构采集是以政府购买服务的形式,委托非利益相关的第三方提供信息监测和信息采集服务,建立中立客观的绩效信息采集渠道。采集的范围主要是与绩效目标相关的媒体舆情信息,具体包括社会各界对绩效责任单位履行职责的评价及反响、媒体的监督性报道、其他地区的政府绩效管理实践以及特殊事件监测等。

绩效管理机构对第三方采集的绩效信息甄别、审核后,对符合要求的进行分类细化应用,并依托信息化系统实现与责任单位的实时共享。与年度绩效目标相关的绩效信息,作为要求整改或年度考核的依据;属于部门职责范围内但不能关联年度绩效目标的,采取责任单位兜底的方式予以应用。在此基础上还应阶段性地整理分析,通过编制月度舆情报告,或根据重点、热点编制信息专报,为深入开展日常绩效沟通、绩效进度跟踪提供线索和依据。

通过第三方机构采集,绩效管理部门可以客观掌握责任单位的绩效动态,有效监测社会热点、疑点、难点问题,及时提醒责任单位重视民意,对相关问题作出整改和回应,提升群众满意度;媒体反复报道得不到整改落实的问题将被作为责任部门绩效考核扣分的依据。

【案例6-1】 "危旧房改造"绩效信息

2012年3月24日,杭州综合频道《新闻60分》报道,有市民反映万松岭隧道严官巷内有32户历史较久的危房老化、破损严重,极易倒塌,存在较大的安全隐患,周边危房都已进行改造,希望该房也能及时修缮。后经记者调查发现,虽然上城区相关单位对危房做过检测鉴定,也制订了修缮方案,但部分居民要求按"三委四局"的意见进行外迁,最终意见不一,故方案没有执行。杭州市考评办将该报道以"百年危房安全隐患大,需尽快启动修缮工作"为题编入《社情民意与绩效信息》简报,建议相关部门改进沟通方式,加大居民协商调解工作力度,统一意见确定解决方案,并加紧落实,尽快改善居民居住条件,消除安全隐患。

简报一经发出,市领导即批示:"请市房管局会同上城区研处,外迁或修缮择一方案。"市房管局经核查后反馈:由于该处房屋已被鉴定为危房,为尽快排除隐患,保障群众安全,经与上城区政府对接,上城区政府将按照危旧房改善政策,制订具体方案,征求住户意见,尽快组织维修,消除房屋安全隐患。

在项目推进中,杭州市、区房管部门克服重重困难,经过耐心细致的工作,在维修整改问题上,与住户居民达成一致。在经过半年的综合治理之后,这里江南街巷的特色已经悄然展现。整修后的严官巷改善了人们的居住环境,营造了良好的居住氛围,也为万松岭旁增添了一处粉墙黛瓦的亮丽风景。

三、绩效信息员采集

2010年,杭州市考评办组建了一支由来自不同领域的志愿者和热心市民组成的绩效信息员队伍,从基层收集社情民意,观测并采集绩效责任单位履行职责和执行年度绩效目标的情况。

绩效信息员采集信息主要围绕四个重点展开:一是围绕市委、市政府年度中心工作、重点工作采集相关专题信息;二是围绕绩效责任单位的工作职责、年度工作目标任务、社会评价意见整改目标和跟踪督办整改目标,采集反映其工作绩效的相关信息;三是围绕绩效责任单位报送的整改工作措施及成效,对其核实后形成相关信息;四是围绕社会关注的热点、难点问题,采集相关社情民意信息。

采集方式主要有两种:自主采集和专题采集。自主采集是绩效信息员在了解掌握绩效责任单位工作职责和年度绩效目标的基础上,通过实地勘察、体验、调研、走访等方式,广泛收集身边群众对绩效责任单位的评价、意见及建议,及时发现苗头或倾向性的问题,为绩效管理提供第一手资料;专题采集是指市考评办确定好采集专题,组织绩效信息员在规定时间内,通过调查研究、实地访谈和体验等,围绕专题集中定向进行重点采集。

【案例6-2】 "社区减负"绩效信息

2009年以来,杭州市在国内较早建立了社区党组织、社区居委会、社区公共服务工作站"三位一体"、交叉任职、合署办公的社区管理新体制,在实现政府管理服务与基层群众自治的有效衔接和良性互动等方面发挥了很好的作用。但自2013年以来在综合考评社会评价中,不少代表反映社区牌子多、台账多等情况,呼吁严格社区准入,切实为社区"减负"。

为此,市考评办确定"社区减负"专题,组织绩效信息员对杭州市主城区社区进行走访调研,采集相关的社情民意信息,经整理,形成题为"社区负担重问题亟待解决"专报。专报中针对调研发现的机构牌子多、考核评比达标创建项目多、信息网络平台多、台账多、盖章证明多和人财物事管理不一致的问题,提出了有针对性、可操作性的对策建议。

专报引起市主要领导的重视,市长张鸿铭批示"社区是政权的基础,是为民服务的第一窗口,针对社区工作中的问题……提出解决办法和召开全市社区工作会议的方案,一并提交市委常委会讨论审议。"随后,市委、市政府专门下发《关于深入整治社区(村)"牌子多"等问题的通知》,对社区减负提出了多项明确具体的要求,并于2014年8月26日召开和谐社区建设推进大会暨社区减负工作会议,提出要进一步推进社区的"减负增效"工作、切实减轻居委会负担、把以工作台账评价为主的方式逐步转移到以提高社区居民满意度为主要评价指标上来等具体要求。

绩效信息员采集的信息从最基层来,都经过现场核实,可信度高,是在日常绩效管理中发现问题的重要途径,能为绩效考核提供一手的重要资料。同时,通过绩效信息员在基层开展信息采集活动,也架设起了一座政府部门与公众进行沟通的桥梁。

四、公共服务窗口采集

公共服务窗口采集是指依托信息化系统,获取接受公共服务的行政相对人对公共服务窗口的服务质量、服务态度等方面的满意度评价信息。具体做法是:在行政审批和公共服务窗口,统一设置评价器,在事项办结时,窗口工作人员触发服务评价系统,提请服务对象对其所提供的服务进行评价。服务评价坚持"五统一"原则,即:统一评价标准、统一评价器数据处理、统一评价器验收标识、统一评价数据发布、统一服务评价考核。

绩效管理机构建立服务评价数据中心,从各公共服务窗口实时采集数据,进行汇总分析。实施公共服务窗口服务评价数据月报制度,按月统一发布公共服务窗口的数量、窗口办件数量、服务评价器使用率等情况。通过公共服务窗口评价月度通报,一是实现对公共服务窗口评价满意度情况的有效监控;二是及时发现系统故障有效防止数据丢失;三是与窗口单位所在的职能部门建立有效的沟通并为其改进流程、精准服务提供数据分析和决策参考。

第二节 绩效目标动态跟踪

绩效目标动态跟踪是绩效监控的主要方式,主要通过绩效卡、月度通报和日常绩效沟通三大载体实现。

一、绩效卡

绩效卡是在绩效管理机构网站上展示绩效考核目标进展情况的一种形式,包括责任单位、责任人、目标类型、目标名称、考核指标说明、指标属性、完成时限(以月度计算)等要素,点击"查看进度"可展示当月进展情况、每月进度比较以及累计进度,同时附有相关反映目标实施的节点性明细文档和项目清单、单位网站地址和单位职能等。

表6-1和图6-2所展示的界面为2016年市林水局部分绩效考核目标的相关情况,在表6-1中点击"为民办实事项目"所对应的考核内容及指标中的"查看进度",得到图6-2中的内容。点击"月历"可选择不同月份查看该项绩效考核目标在不同时期的进展情况,折线图简洁明了地反映了绩效考核目标的进度情况。

第六章 绩效监控

表 6-1 2016 年市林水局部分绩效考核目标的相关情况

目标名称	考核内容及指标	指标属性	完成时限（月）
水利建设总投资	加大水利基础设施建设投资力度,年度水利建设计划总投资目标 73 亿元,其中"五水共治"水利投资 50 亿元。	预期性	12
森林建设	森林覆盖率达到 65.22%,森林蓄积达到 5 799 万立方米;省级以上公益林达到 707 万亩,种植珍贵树种 200 万株;林业有害生物成灾率控制在 1.8‰ 以内。	预期性	12
用水总量控制	全市用水总量控制在 38 亿立方米以内。	预期性	12
节水指标	万元地区生产总值用水量年降低率≥6%、万元工业增加值用水量年降低率≥6%;新增高效节水面积 1.92 万亩。	预期性	12
森林火灾防控	森林火灾受害率不超过 0.8‰,发生率不超过 20 起/10 万公顷。	约束性	12
为民办实事项目	完成农村河道综合整治 210 公里,改善河道水环境 91 条（段）,整治完成率 100%。建立完善"河长制",落实已整治河道的保洁和巡查机制。	预期性	12
重点项目	闲林水库完成投资 0.5 亿元,完成管理房、景观绿化等配套工程建设;做好杭州地铁工程有关涉林涉水的行政审批工作。	预期性	12

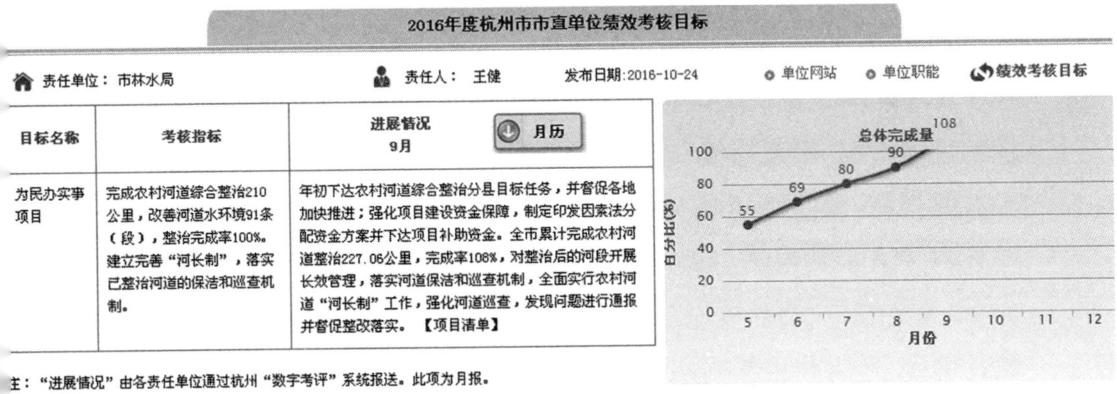

图 6-2 绩效卡功能界面图

除了在"杭州考评网"上通过绩效卡的形式动态展示各绩效责任单位绩效考核目标完成情况外,从2016年起,市考评办要求绩效责任单位每月将本单位绩效考核目标进展情况置于本单位网站的显著位置,供社会公众查阅、监督。

绩效卡的建立,一方面搭建了绩效信息监控的平台,绩效管理机构可通过绩效卡及时掌握各绩效责任单位的工作进展,督促工作进度滞后的单位着力整改,提高工作效率,加快工作进度;另一方面拓宽了公众参与的渠道,有助于推进绩效管理的公开透明,也方便绩效管理机构利用公众监督来核实采信绩效信息。

二、月度通报

月度通报是以《杭州市综合考评和绩效管理工作简报》为载体,及时发布绩效责任单位落实市委、市政府年度重点工作和经济社会发展目标任务进展情况。

区、县(市)月度通报主要包括各地经济责任制指标进度情况和部分重点工作目标进展情况。以2016年为例,月度通报中具体涉及省经济责任制考核指标中地区生产总值增速、规模以上工业增加值增速、服务业增加值增速、外贸出口总额增速、一般公共预算收入增速、城镇常住居民人均可支配收入增速和农村常住居民人均可支配收入增速等指标的进展情况,以及市委、市政府年度重点工作指标(见表6-2),如扩大有效投资、推进重点项目考核、市区经营性用地做地、开放型经济内资外资、"五水共治""三改一拆"、小微企业三年成长计划、治理固定废弃物、养老服务、食品安全等工作。通报中不仅有相关指标当月进度、累计进度,还有与去年同期比较的数据分析。

第六章 绩效监控

表6-2　2016年杭州区、县(市)月度通报重点工作目标进展情况

通报项目	通报指标要素
扩大有效投资、推进重点项目考核工作	投资完成情况(年度目标、实际完成投资、年度增速目标、实际增速)
	重点项目完成情况(年度目标、实际完成投资、完成进度)
市区经营性用地做地工作	年度任务、进展情况(宗数、面积)、完成率
开放型经济内资工作	工作任务、进展情况(当月、累计)、完成率
开放型经济外资工作	工作任务、进展情况(当月、累计)、完成率
"五水共治"工作	黑臭河复查"三色预警"排名情况(红色、黄色、橙色)
	河湖清淤进展情况(任务数、完成数、完成率)
	新增污水管网建设进展情况(任务数、完成数、完成率)
	新增雨水管网建设进展情况(任务数、完成数、完成率)
"三改一拆"工作	拆除违法建筑(年度任务、已完成面积、完成率)
	旧住宅区改造、城中村改造、旧厂区改造(已完成面积、完成率)
	"两路两侧""四边三化"整治(公路沿线问题点位整治任务数、已整治数、完成率;铁路沿线问题点位整治任务数、已整治数、完成率)
小微企业三年成长计划	个体工商户转型升级,发展科技型小微企业,发展七大产业,实施科技、金融"双对接",组织小微企业专场培训,浙江股权交易中心挂牌,培育小微企业成长为"规模以上"工业企业,培育小微企业成长为"规模以上"服务业企业,培育小微企业成长为"限额以上"批发零售、住宿餐饮企业,整治淘汰落后产能、不达标企业和违法企业(任务数、完成率)
治理固体废弃物工作	当月垃圾日均量、与去年同期比;累计垃圾日均量、与去年同期比
养老服务工作	新增养老机构床位(年度目标、累计新增)
	新改扩建城乡社区居家养老服务照料中心(年度目标、累计新增)
食品安全工作	当月扣分情况

通过月度通报,各区、县(市)可以从纵向和横向两个角度进行分析比较。从纵向看,可以总览各分项工作的月度进展情况和年度目标完成情况,及时掌握进程滞后的工作项目,找准问题查漏补缺;从横向看,可以清楚地认识到自身的差距,增强标杆意识和责任意识,促进相互借鉴、相互学习,寻找提升工作绩效的新路径。

三、日常绩效沟通

日常绩效沟通是指绩效管理机构运用掌握的绩效信息,与绩效责任单位就存在的问题进行分析交流,对整改情况进行跟踪督促,推动年度绩效目标全面完成并取得良好的绩效。

《绩效告知书》是日常绩效沟通的主要形式。市考评办对一段时期反映比较集中或连续多次重复出现的问题,以《绩效告知书》等形式向责任单位通报有关问题,责任单位根据其中提到的问题,开展调查、落实整改,必要时要向市考评办以及社会公众就问题整改情况进行反馈。《绩效告知书》中的信息来源主要有专项绩效测评报告、绩效信息员采集的绩效信息、第三方采集的媒体信息等。每份《绩效告知书》涉及一个类型的问题,但可以涉及多个责任单位。表6-3展示了2010年以来发放《绩效告知书》的相关情况。

表6-3 2010—2016年《绩效告知书》发放情况

年份	问题类型	信息来源	涉及责任单位
2010	公共场所控烟	《2010年杭州市公共场所控烟工作绩效测评报告》	市卫生局
	素质教育	《2010年杭州市科技企业孵化器绩效测评报告》	市科技局
		《2010年杭州市素质教育实施情况绩效测评报告》	市教育局
	出租车管理	《2010年杭州市客运出租汽车"5+1"管理制度体系建设绩效测评报告》	市交通局
	庭院、背街小巷改造	《2010年庭院改善和背街小巷改善工程绩效测评报告》	市城管办
	大学生创业就业	《2010年促进大学生就业创业工作绩效测评报告》及相关子报告	市人事局、市劳动保障局等6家单位

第六章　绩效监控

（续表）

年份	问题类型	信息来源	涉及责任单位
2011	安置房管理	中国广播网、法制网、浙江经视频道、《中华工商时报》等媒体信息	市建委、杭州经济开发区管委会
	数字城管建设运行	绩效信息员采集的绩效信息	市城管办
2012	邮件管理	绩效信息员采集的绩效信息	市邮政局
	文化市场专项整治	绩效信息员采集的绩效信息	市文广新闻出版局
	公交车线路优化	绩效信息员采集的绩效信息	市城投集团
	公共场所卫生监督	绩效信息员采集的绩效信息	市卫生局
	养老服务	《2012年市民政局养老服务项目绩效测评报告》	市民政局
	办事服务	《2012年市行政服务中心优化政务环境项目绩效测评报告》	市行政服务中心
	住房保障	《2012年杭州市区经济适用房与公租房管理情况绩效测评报告》	市住保房管局
	创新主体培育	《2012年杭州市科委"雏鹰计划"、"青蓝计划"实施情况绩效测评报告》	市科委
2013	养老服务	绩效信息员采集的绩效信息	市民政局
2014	垃圾处置	《2014年杭州市垃圾处置工作绩效测评报告》	市城管委、市城投集团
	五水共治	《2014年度杭州市五水共治工作绩效测评报告》	市城管委、市林水局等15家单位
	大气污染整治	《2014年度杭州市大气整治工作绩效测评报告》	市环保局、市建委等7家单位
	养老服务	《2014年杭州市养老服务工作绩效测评报告》	市民政局
	E邮站建设	《2014年杭州市E邮站建设工作绩效测评报告》	市邮政公司
	学校体育场地开放管理	《2014年杭州市学校体育场地对外开放工作绩效测评报告》	市教育局 市体育局
2015	综试区建设	《2015年杭州市综试区建设工作绩效测评报告》	市商务委、市国税局等6家单位
	医疗服务	《2015年度杭州市分级诊疗工作绩效测评报告》	市卫生计生委、市人力社保局
2016	企业创新发展服务	《杭州市跨境电商产业创新发展服务工作绩效测评报告》	市商务委、市金融办等7家单位

由表6-3可知,《绩效告知书》反映的问题涉及民生保障、企业服务、城市管理等社会高度关注的内容。单份《绩效告知书》反映的问题可能涉及多个部门,例如2016年关于企业创新发展服务方面的《绩效告知书》,涉及市商务委(市粮食局、跨境电子商务综试办)、市金融办、杭州经济开发区管委会、杭州海关(在杭单位)、杭州检验检疫局、市国税局、市邮政管理局7家责任单位。该份《绩效告知书》的信息来源是《杭州市跨境电商产业创新发展服务工作绩效测评报告》,报告指出了税单不够详细,税收管理流程不够完善;部门间沟通协调力度不够,"单一窗口"工作人员财税业务水平还需提升,对客户问题反馈较慢;仓储空间不够,经常出现爆仓;信用系统建设宣传力度不够;B2B示范园区和O2O体验区的作用没有充分发挥,园区人才工作体系缺乏创新,培训效果不够好等问题。对此,7家责任单位根据各自的职责,制定相关整改措施落实整改工作。《绩效告知书》作为日常绩效沟通的书面载体,全面、及时、准确地传递了绩效信息,方便责任单位查找问题落实整改。

除了《绩效告知书》,通过"数字考评"系统传达社情民意或绩效信息也是日常绩效沟通的一个重要途径。对一些重复反映或比较突出的问题以及建议质量较高的绩效信息,通过关联工作目标、关联责任单位、发《绩效告知书》或《绩效改进通知单》、相关业务处室发信息处理提醒、编入《社情民意与绩效信息》简报、报两办信息处等不同方式,将问题及时传达给责任单位,并视问题的具体情况提出反馈要求。

【案例6-3】 "秋石高架四期工程沿线香樟树死亡"绩效信息

2016年3月,一名绩效信息员通过实地调查,发现在秋石高架四期工程沿线,清江路—复兴立交路段的两侧,有60余棵香樟树毫无生机,枝叶和枝杆枯萎,不见有新芽发出。据其反映,该路段的香樟树是2015年8月种下的,且种植的香樟树全是胸径近20厘米的大树,由于植树的时候,树穴范围过小、过浅,并缺少必要的养护,再加上秋石高架四期的建设单位缺乏必要的监管,导致大量的香樟树枯萎死亡。该绩效信息员曾于2015年11月向有关部门反映此事,当时该地段也有50余棵香樟树死亡,因此他建议尽早补种。后来相关部门进行了补种,但是补种的树木还是因种植标准要求不到位,加之疏于管理,再一次造成大量香樟树死亡。植树成本大大增加,导致大量财力的浪费和损失。对此,绩效信息员建议政府相关部门对此事件加以重视,并对秋石高架四期的建设和施工单位进行必要的责任追究。同时,也建议相关部门抓紧当前大好的植树造林时机,尽早补种,采用"保种保活"的经济管理模式,以避免出现补种的香樟树再次死亡的情况,减少不必要的财力损失。

据此,市考评办下发绩效信息处理提醒至市城管委(市城管执法局)和杭州风景名胜区(市园文局、市运河综保委)两家责任单位,要求调查核实情况、落实整改措施,并予以反馈。杭州风景名胜区(市园文局、市运河综保委)在调查该路段情况后对香樟树死亡现象核查结果予以反馈,并从责令整改、督促指导、加强养护和举一反三等方面落实了整改措施。

第三节 绩效目标督查监测

一、重点工作督查

重点工作督查是指围绕重大决策部署和重点工作任务开展督促检查,切实增强工作整体合力,确保党委、政府重大决策部署和重要工作

任务得到贯彻落实。通过几年的实践,重点工作督查形成了以下几大机制:

(一) 组织领导机制

建立市委督促检查工作领导小组,组长由市委常委、秘书长担任,副组长由市政府副秘书长担任,成员由市委办公厅、市政府办公厅、市纪委(监察局)、市考评办等单位分管负责人担任。领导小组负责党委、政府督促检查工作的组织领导和统筹协调,研究督促检查工作中的重大问题,下设办公室,负责领导小组的日常事务,办公室设在市委督查室。建立市委、市政府重大决策部署和重点工作任务督促检查工作联席会议制度,在市委督促检查工作领导小组的领导下开展工作,研究审议督查报告。联席会议成员单位由市委办公厅、市政府办公厅、市纪委(监察局)、市考评办组成,市委办公厅分管负责人为第一召集人,市政府办公厅负责人为第二召集人。

(二) 力量整合机制

根据督查任务和要求设立若干督查组。督查组一般设组长1名,另配备2—4名成员,还可聘请党代表、人大代表、政协委员、新闻工作者、行风监督员等社会力量共同参与。联席会议成员单位指派专人担任督查联络员,负责与各督查组的日常工作联系。

(三) 督查实施机制

根据工作需要,市各职能部门可以向市委督促检查工作领导小组提出申请,以市委、市政府名义对具体工作进行督促检查。申请事宜一般在每年2月底前提出,特殊情况可以随时提出。提请事项经联席会议研究后,报请市委督促检查工作领导小组同意予以立项。督查立项后,由联席会议召集各督查组组长,统一认识,研究方案,明确任务。督查方案一般由提请部门负责草拟,报市委督查室、市政府督查室核发。各督查组视情召集督查组全体成员召开行前动员会,进行具体工作部署。各督查组灵活采取平时随访、明察暗访、实地回访、专项调查等方式,了解情况,发现问题,查明原因,深入掌握市委、市政府决策部署的贯彻执行情况。根据工作需要,可由市统计局负责开展民意调查,摸清社情民意,也可适当安排新闻媒体参加联合督查。具体方式由联席会议根据实际督查内容决定。

(四) 汇报通报机制

汇报通报的主要形式有汇总通报、情况通报和成果运用。各督查组根据督查中掌握的情况,及时汇总并形成督查意见。督查总报告一般由督查事项提请部门根据各督查组的意见、面上掌握情况和联合督查单位意见,并运用现代信息技术和统计分析方法,汇总草拟,报送市委督查室、市政府督查室或联席会议审定后报市委、市政府。督促检查成果在一定范围内进行通报,对抓落实工作成绩突出、成效显著的单位和个人,予以通报表扬;对敷衍塞责、弄虚作假、落实不力的单位或个人,予以通报批评并督促整改,情节严重的建议纪检监察、组织等有关部门按规定处理。督促检查成果纳入区、县(市)和市直属各单位专项目标考核内容,纳入年度基层党建工作责任制考核内容,并作为评价各地、各部门工作成效及领导干部作风、能力和水平的重要依据。

(五) 约谈机制

市政府专门建立重大决策部署贯彻落实情况约谈制度:市政府办公厅向约谈对象发出书面通知,由市政府主要领导率市政府班子成员及有关部门负责人,或授权委托市政府分管领导代表市政府实施约谈。约谈对象对存在的问题进行实事求是的陈述,并汇报整改目标、措施和时间表;市政府领导对问题进行分析,提出整改要求。约谈事项及整改落实情况纳入综合考评绩效目标考核内容。

二、中期评估

对绩效目标完成情况进行中期评估是绩效监控的重要举措,是发现问题、推进落实的重要手段。

(一)检查评估范围和内容

绩效目标中期评估范围包括绩效考核目标、专项考核目标、社会评价意见重点整改目标等的实施情况。

中期评估可归纳为"四查",即查责任、查进度、查方法、查绩效。查看目标任务是否进行分解,是否落实责任部门和责任人;比照目标进度安排,查看是否符合时间进度要求和质量要求,特别是上级政府下达的年度目标,明确目标的可实现程度;查看目标实施的各项服务、保障举措是否到位,工作方法是否得当;查看是否达到预期的工作效果和外部效益,并进行客观的总结分析。

中期评估工作由市考评办牵头,市委督查室、市政府督查室、市纪委(监察局)效能监察室、市财政局、重点专项考核牵头单位、市绩效评估中心及部分综合考评绩效信息员、行风监督员参加,组成若干检查评估组,采取自查与抽查相结合的方式进行。根据年度绩效目标情况,分成若干专题检查组、暗访组、测评组,市财政局也参加检查后期的分析评估工作。

(二)评估方式

中期评估采取自查与抽查相结合、自查为主的方式进行检查,可以根据需要,实地踏勘现场,走访企业和群众,召开服务对象座谈会,听取各单位重点工作情况汇报,进行专项检查评估。每一轮的中期评估可以分为自查、组织抽查和综合汇总三个阶段。

首先是单位自查。自查内容包括各项工作目标的进展情况、采取的主要措施和工作中存在的问题,以及下一步的工作打算。自查材料力求简明扼要、针对性强。同时以附件形式，上传与目标进展情况相对应的具体项目清单明细表或印证材料。对于社会评价意见重点整改目标、跟踪督办社会评价意见整改的自查内容，应包括采取的整改措施、目标进展情况、存在的问题及下一步的工作打算；对于部分多部门协作的重点工作专项，则由考核组织单位提供中期绩效自查报告，报告包括专项目标进展情况、日常检查考核组织开展情况、存在的问题及原因分析和下一步的工作打算等内容。

其次是组织抽查。由市考评办组织检查组赴部分单位进行实地检查，听取专题汇报、查看台账、暗访、测评等。抽查以"发现存在的问题，帮助查找差距，推动绩效改进，促进目标完成"为目的，围绕年度重点工作，以专题为主要形式，着重考察目标完成进度以及目标实施的实绩和效果。抽查分为专题组、暗访组和评估组。

专题组根据自查情况及绩效管理工作的需要选择重点抽查对象，组织若干检查评估组进行实地检查。具体了解各单位面上工作推进情况，并通过召开专题会，集中听取工作情况汇报，在被检查单位提供的电子台账中随机选取项目，实地查看进展情况。如2016年年中抽查工作组成了3个专题组：一是围绕城市"四治"和信息经济智慧应用等重点专项工作，重点抽查市发改委、市经信委、市建委、市林水局、市环保局、市农业局、市旅委、市城投集团、杭州经济开发区管委会；二是围绕年度重点改革任务主题，重点抽查市编委办、市交通运输局、市商务委（市粮食局、跨境综试办）、市财政局（市地税局）、市教育局、市国资委、市金融办、市审管办（市公共资源交易管委会办公室）、市经合办、市住保房管局、市人力社保局、市国土资源局、杭州城西科创产业集聚区管委会；三是围绕市政府为民办实事项目主题，重点抽查市农办、市城管委（市城管执法局）、市民政局（市老龄工办）、市市场监管局、市委宣传部（市文明办）、市体育局（市体育总会）、市文广新闻出版局（市版权局)、杭州西湖风景名胜区管委会(市园文局、市运河综保委)、杭州邮政公司。

暗访组对重点工作、媒体或群众反映较为集中的问题,结合绩效信息库采集的相关信息,组织党代表、人大代表、政协委员、市绩效信息员和行风监督员,进行暗访,客观真实地反映工作情况,查找问题。

测评组对重点工作、为民办实事等公众关注度高、影响大的工作项目,通过问卷调查、深度访谈、神秘顾客体验等方式开展重点项目绩效评估。

最后是综合汇总。各检查组根据检查情况形成书面检查报告,绩效管理机构负责对自查和抽查情况进行综合汇总。

(三) 评估结果运用

绩效管理机构根据自查和抽查情况形成年度绩效目标中期评估报告,自查、项目评估、抽查情况作为目标过程管理的考核依据。同时,绩效管理机构就中期评估情况向市委、市政府作出专题汇报。

根据政府绩效管理机构的中期评估报告,绩效责任单位在全面分析的基础上,根据实际情况,落实各项有针对性的举措。要求对责任不明确的,尽快予以明晰;对工作进展滞后于计划进度的,要查找原因,加大工作力度;对工作绩效不明显或存在绩效方面问题的,要认真分析,即知即改;对工作推进过程中存在的困难和问题,要积极采取措施,加强协调,确保年度工作目标和任务圆满完成。

通过中期评估,绩效责任单位查漏补缺、抓好进度,并按照绩效管理的要求,创新工作方法、手段,建立健全绩效管理工作机制,更加注重目标完成的实际成效,更加关注服务对象的满意度等外部效益,不断提高工作绩效。

三、重点项目专项测评

重点项目专项测评主要是针对市委、市政府的重点工作以及社会关注度高、直接关系民生的目标任务,采用问卷调查、现场体验、深度访谈等社会调查方式,多层面地反映某项工作的成绩和经验、问题和不足以及服务对象的认可程度,剖析问题背后的原因,提出对策建议,形成专项测评报告,促进绩效改进。

(一)项目选题

项目选题主要立足于绩效责任单位的年度考核目标,经初步筛选后通过"杭州考评网""绩效杭州"微信公众号、"中国杭州"政府门户网站、杭州网等平台,采用公开和定向两种方式,就项目选题和测评指标,向绩效评估专家、绩效信息员和社会公众广泛征求意见,最终确定年度重点测评项目选题,予以立项。2016年,围绕G20峰会的服务保障工作,确立了重点区域序化管理、优化旅游景区服务管理两大项目;围绕重点改革任务,确立了跨境电子商务产业创新发展服务、推进实体经济健康发展政策、城中村整治提升三大项目;围绕为民办实事,确立了停车泊位建设与使用项目。

(二)项目测评

重点项目专项测评重在对测评对象进行精细化的测量,强调测评结果的精准度。在评估中,要根据公共服务、政府决策等不同项目类型,细化测评指标,细分服务群体,采用多元化的数据采集方式,实现既能客观反映工作绩效,又能引领工作的双重目的。以2015年开展的"五水共治"项目为例,根据近年来的治水任务和治理区域共设计了15类调查问卷,调查样本1 800个;设计14类现场核查提纲,分别对河道治理、截污纳管、城镇污水管网铺设、企业关停整治、城区和农村饮用水质量、节水装置安装等内容进行核查,走访样本65个(见表6-4)。

表 6-4 "五水共治"专项测评项目情况

一级指标	二级指标	三级指标	受益群众访问			神秘顾客
			调查对象	调查方式	样本量	
治污水	黑臭河道治理	河面漂浮物情况	完成黑臭河治理的河道的沿线居民	入户+拦截访问	100	抽查5条完成治理的河流
		河中影响水流畅通障碍物情况				
		河底淤泥、垃圾淤积情况				
		河岸垃圾堆放情况				
		河道异味、颜色异常情况				
	截污纳管	住宅小区违规排污情况（可在四级指标中增加居民河道洗衣情况）	实施截污纳管住宅小区居民	入户+拦截访问	100	抽查5个完成整改的社区
		阳台污水处理情况	完成阳台水自控装置改造工作的居民	入户+拦截访问	100	抽查10户居民，分5个居民小区（已完成阳台水自控装置改造工作）
	工业污染治理	企业违规排污情况	涉及企业附近居民	入户+拦截访问	100	抽查5家已整治企业
		企业关停、搬迁、整治工作的推进时效	涉及企业附近居民	入户+拦截访问	100	抽查5家已整治企业
		企业关停、搬迁、整治工作相关信息公开程度				
		企业关停、搬迁、整治过程可能产生的污染防治工作				
		企业关停、搬迁、整治后反弹情况（包括偷排污水、原址新上企业情况等）				
		企业关停、搬迁、整治后周边河道水质改善情况				
防洪水	防洪工程措施	防洪工程的总体成效	今年已完成加固工程附近的居民	入户+拦截访问	100	/
		相关部门对防洪工程重视程度				
		相关部门对防洪工程宣传力度				
	防洪非工程措施	防洪应急响应工作				

(续表)

一级指标	二级指标	三级指标	受益群众访问			神秘顾客
			调查对象	调查方式	样本量	
排涝水	设施日常维护工作	城市市政道路雨污水井盖完好情况	并入"完善应急体系"			/
	完善应急体系	易淹易涝重点区域、低洼积水点积水改善程度（四级指标可包括积水点的减少，雨量与排水时间之比）	易淹易涝重点区域、低洼积水点附近的居民	入户+拦截访问	100	/
		易淹易涝重点区域、低洼积水点对交通影响的改善程度				/
		易淹易涝重点区域、低洼积水点积水后处理工作				/
		内涝及隐患信息报送及时性、全面性	并入"完善应急体系"			/
	工程建设	积水点治理工作				/
		河道疏浚与闸站提升改造工作	工程周边的居民	入户+拦截访问	100	抽查5条完成治理的河道，每条河道抽查1000米
		河道整治与打通断头河工作				
保供（饮）水	保供水工程建设	饮用水浑浊度情况（城市及农村）（访问时区分直供水用户与二次供水用户）	城市居民、农村村民	入户+拦截访问	城市居民100 农村村民100	城市：抽查5个居民小区 农村：抽查5个村庄
		饮用水异味、异臭情况（城市及农村）				
		饮用水肉眼可见物情况（城市及农村）				
		饮用水水质状况及污染信息公开情况				
		供水流量稳定性				
		供水水质稳定性				
		住宅小区楼顶水箱清理工作	（并入"饮用水质量"城市部分考核）			抽查5个居民小区
		农村饮水安全工程建设情况	（并入"饮用水质量"农村部分考核）			抽查5个村庄

(续表)

一级指标	二级指标	三级指标	受益群众访问			神秘顾客
			调查对象	调查方式	样本量	
保供（饮）水	饮用水源保护工作	饮用水源保护区内污染企业关停、搬迁及取缔工作的推进时效	周边居民	入户+拦截访问	100	抽查5个被整治企业
		饮用水源保护区内污染企业关停、搬迁及取缔工作的反弹情况（偷排污水或原址新上企业）				
		饮用水源保护区内企业关停、搬迁、整治工作相关信息公开程度				
		饮用水源地水环境改善程度				
抓节水	城镇节水	试点节水意识培养工作	试点节水居民小区居民、企业员工	入户+拦截访问+CATI电话访问	小区居民100 企业员工5	抽查3个试点节水小区，每小区抽查2户 抽查2个节水企业 抽查3个完成"一户一表"改造的居民小区，每小区抽查2户
		节水措施知晓度				
		试点节水器具安装、使用情况				
		试点节水工作推广后水资源浪费情况改善程度				
		节水宣传工作				
		自来水阶梯式水价调整工作				
	农业节水（包括绿化节水）	农业节水灌溉和农业节水新技术推广工作	推广村庄村民	入户	100	/

部分项目根据项目特点，会进行两轮绩效数据采集。根据深度反映绩效和查找问题症结的需要，从第一轮采集到的数据中选取具有代表性和典型性的被访者、走访地点作二次深入研究，从典型性数据背后挖掘具有资证价值的资料，为纠偏和改进工作，引导部门优化工作思路、提升绩效标准提供参考。

（三）成果运用

专项绩效测评在出具量化结果的基础上，运用定性定量分析方法，对测评中发现的不足和问题症结进行梳理分析，提出对策建议，形成高质量的测评报告，并积极地与绩效责任单位进行沟通。测评中暴露的问题和短板通常以《绩效改进通知书》的形式，向责任单位作出限期整改要求，单位整改后需及时反馈并接受对其整改成效的核验。对其中特别重要的项目，形成以问题为导向的篇幅短小精悍、对策建议操作性较强的《情况专报》，报市领导决策参考。近年来，《情况专报》多由市领导直接批示，多部门协同跟进，大大增强了绩效改进的推动力，成效较为明显。

【案例6-4】 扬尘治理专项绩效测评

《2014年杭州市环境状况公报》相关数据显示，全市环境空气质量总体有所好转，但在市区本地源排放贡献中，扬尘比例大幅上升，裸露表面、建筑施工、道路扬尘、土壤风沙等排放占了20.4%，因此，扬尘治理成为大气污染整治工作的重要内容。为此，市绩效评估中心2015年专门对市扬尘治理情况开展了专项绩效测评。

该测评项目主要对建筑工地(含拆房工地)、长期闲置土地、渣土码头和道路(公路)等易产生扬尘场所进行实地观测，并在杭州市范围内就扬尘治理情况进行问卷调查。结果显示，群众对扬尘治理工作成效评价较低，满意度得分为50.5分，其中，建筑工地扬尘治理59.6分，道路(公路)扬尘治理53.4分，渣土运输治理47.2分，拆房工地扬尘治理41.9分。测评中主要发现了以下问题：扬尘治理标准缺乏一致性；扬尘治理监管责任归属存在盲区；建筑工地扬尘源控制存在疏漏；建筑工地降尘硬件设施使用管理不到位;渣土运输治理环节管理存在漏洞;特殊路段道路积尘严重;装修、堆场等其他扬尘源扬尘严重;扬尘治理投诉监督渠道知晓率低;等等。

对此市考评办专门编发了"扬尘治理亟待加强多部门协作联动"的情况专报,市长张鸿铭批示:"扬尘是杭州市'五气共治'的重要内容,随着其对空气污染贡献度的增加,必须要加大治理力度。今年,扬尘污染治理有了新的开端,但问题仍然不少,亟须进一步加大工作力度,落实工作责任。"专报和市长批示对加大扬尘治理起到了积极的推动作用。

专项绩效测评作为绩效目标督查跟踪的方式之一,通过对一些社会关注度高的重点工作开展绩效测评,发现、跟踪工作中存在的问题,为责任部门的绩效改进工作提供了方向。

四、社会评价意见跟踪督办

社会评价意见整改目标按照意见内容、性质、反映面等要素,分为市考评办跟踪督办社会评价意见整改目标、重点整改目标和一般整改目标三类。市考评办对几年来社会评价意见中重复反映、群众关注度较高、意见比较集中、通过努力能够在当年解决或取得阶段性成效的重复类意见,每年确定15—20项作为跟踪督办整改目标,通过跟踪督办、治理诊断、召开述评会等方式来推动意见的整改。

为形成工作合力,有效推进跟踪督办社会评价意见的整改,专门建立整改联动工作机制,由市考评办、整改责任单位、绩效信息员三方共同参与,组成多个工作小组,每组分别由市考评办联系人、责任单位业务处(室)负责人、绩效信息员参加。其中,市考评办联系人负责本组整改目标跟踪督办的统筹安排和协调工作;责任单位业务处(室)负责人负责本单位整改任务的具体落实,同时做好与市考评办和绩效信息员的工作联系与对接,及时通报有关工作进展情况;绩效信息员根据分组对应的整改目标,负责了解整改情况,收集绩效信息,反映存在的问题,开展专题调查,提出整改落实的意见和建议,参与市考评办组织的督查工作和专项测评等。

整改过程中,要求责任单位按照开放、透明的要求,及时报送整改目标进展情况,通过召开座谈会、通报会、实地查看等方式,邀请绩效信息员参加,通报情况,听取意见,推进整改。绩效信息员通过实地调查、身边群众反映、媒体(网络)等多种渠道,做好跟踪督办意见整改目标绩效信息收集,由市考评办汇总梳理后,及时反馈给各责任单位研究处理。市考评办在"杭州考评网"上开设专门的交流平台,帮助责任单位收集网络民意,增强与网民的交流互动。整改过程中适时组织开展集中性检查、暗访或专题调查,帮助责任单位查找不足,分析问题,共商对策,促进整改落实。年底组织"两代表一委员"、绩效信息员召开述评会,在听取责任单位意见整改情况的介绍和进行答辩后开展现场评议。整改情况还要通过实地专项测评,接受直接服务对象的满意度评价。

近年来,杭州市通过对社会评价意见整改情况的跟踪督办,有效地解决了一批群众关注多年而得不到解决的热点、难点问题,切实提高了整改实效。

第四节 数字考评

"数字考评"是运用现代信息技术支撑综合考评和绩效管理工作的主要平台,它在提高综合考评和绩效管理的组织、运行效率以及提升评价结果的信度和效度方面发挥着重要的作用,是打破科层体制和部门边界藩篱,建构扁平、高效、科学的绩效管理机制的利器,也是综合考评和绩效管理由粗放式管理转向精细化管理的必要保障。

一、"杭州数字考评"系统的主要功能和特点

杭州市考评办成立不久,就着手开发建设"数字考评"系统。按照"统一规划、分步实施、急用先建、务求实效"的建设原则,依托杭州市统一的电子政务网络平台,以实现"资源共享、实时跟踪、定量考核、全程管理"为目标,以信息资源整合为核心,以提高工作效率、提升管理水平为主线,打造了集综合考评和绩效管理业务、日常办公、门户网站于一体的"数字考评"系统。

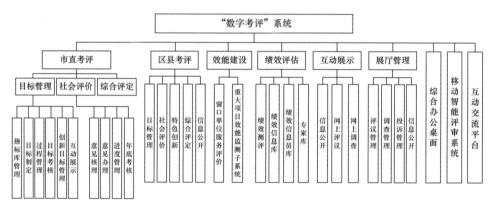

图 6-3 "数字考评"系统结构图

(一)基本功能

1. 数据采集

综合考评和绩效管理需要大量信息数据的支撑,包括市委、市政府的重大决策,各地、各部门的主要工作目标及进展情况,社会评价意见及整改情况,日常收集的绩效信息等。数据采集主要通过以下几种途径:一是"数字考评"系统与相关单位的业务管理系统直接对接,自动实时采集相关数据信息;二是由各责任单位按统一规范的格式直接填

报或以附件形式导入;三是请第三方通过系统标准接口提供所需的信息。数据采集支持电子文件、网页、音频、视频等多种格式,同时还提供信息数据的审核、整理功能,对数据作深入的加工利用。

2. 统计分析

借助"数字考评"系统,杭州市在综合考评和绩效管理中不断强化定量考核,对采集到的数据根据规则进行精确的统计分析,为此系统除提供相对固定的常规统计功能外,还提供自定义报表工具,能根据用户需要灵活定义各种报表,并可支持报表导出。此外,系统还提供数据挖掘、数据分析功能,可对历史数据进行分析、比对,为综合考评进行规律性或趋势性研究等提供基础。

3. 预警提醒

对各部门工作目标和任务落实情况及其相关信息的填报或提供情况进行跟踪督查,发现异常,通过办公系统、邮件或手机短信及时预警提醒。

4. 信息服务

向市委、市政府领导和有关单位及时提供全市重点工作目标或部门重点工作目标的进展情况、存在的问题及相关绩效信息,为领导决策和各单位目标管理提供辅助支持。

5. 互动交流

"数字考评"系统接收的市直单位工作目标、社会评价重点整改目标、实事项目进展情况等业务数据,经过保密性审查后,及时发布在"杭州考评网"上和"绩效杭州"展示厅中,接受网民和市民的专项评议,有效地缓解信息不对称问题,并为公民有序参与搭建网络平台;公众参与的反馈信息,直接进入"数字考评"系统的各业务模块中,形成"外网受理—内网处理—外网反馈"的内外网联动机制。

6. 个性化服务

"数字考评"是一个全市性的系统,涉及市委、市政府领导,市考评办,市直各单位,区、县(市)考评办等各种各样的用户,每种用户在系统中的角色不同,所关注的内容不同,系统应用模块不同。因此,"数字考评"系统针对不同的用户类型,提供个性化的信息门户,使各类用户能更直接有效地应用系统。

(二) 主要特点

1. 涵盖绩效管理全过程

"数字考评"系统涵盖了绩效管理的全过程和综合考评的各个维度,从目标的申报、审核、下达、监管、考核,到社会评价意见的梳理、分类、交办、承办、考核均在网上流转运作,系统自动保留任何一个环节的修改痕迹,为综合考评提供一份完整翔实的工作记录,便于监督检查。

2. 打造网上评审新平台

创新创优目标绩效评估是杭州综合考评的一大亮点和特色,专家的参与面非常广,通过搭建网上智能评审平台,直观地展示绩效责任单位申报的各种材料,专家可实现远程评审;在现场综合评估时,通过建构专门的评估模型,专家在电子设备上打分完毕,就可以直接得出评估结果,整个评审过程简洁高效。网上社会评价是社会评价的重大延伸,利用通信运营商的用户数据,精心设计样本配比,发出定向邀约,接受邀约者直接在计算机或手机上进行评价,有效地扩大了社会评价的参与面。

3. 实现考评结果准量化

近几年,杭州综合考评通过指标体系和操作方法的调整与完善,不断增强量化考核的力度。"数字考评"系统可实时反映目标任务完成的百分率情况,方便领导和部门随时掌握工作进度;在年度考核阶段,考核的自评、初评、复议、终评各阶段均在系统中进行;对部分年度考核数据,在核定基础数据的基础上,系统按照既定公式和计算方法自动生成,不再需要人工介入,以确保考核结果的准确性和客观性;系统还可对历史数据进行纵向、横向对比分析研究,并形成图表,直观形象地展示出来。

4. 便于参与各方紧密沟通

绩效管理的整个过程需要进行及时有效的沟通,"数字考评"系统利用网络优势,搭建了即时沟通平台,为绩效管理机构和绩效责任单位提供不受时空限制的交流工具。在"数字考评"系统中进行的沟通,相较于口头沟通而言,系统会进行忠实的记录,而不是说过就算,可以避免推诿扯皮、查无实据;相较于书面沟通而言,又比较便捷高效,避免文来文往、烦琐拖沓。

5. 实现管理资源大共享

信息资源共享是信息化建设的内在要求,"数字考评"系统在建设和应用过程中,既立足于考评办自身,又践行资源共享、不重复开发建设的原则,并可根据需要开放"数字考评"系统。对一些纳入综合考评和绩效管理的重点项目、重点工作任务,相关单位已建有信息化系统的,进行技术和内容对接,直接加以利用,一方面可减少开发成本,另一方面也可减轻相关单位的工作负担,避免其多头应对。对"数字考评"系统中的信息资源,只要部门工作确实需要,也积极予以支持配合,实现信息共享。

二、数字考评在绩效监控中的运用

(一) 细化绩效监控流程,提升绩效管理的把控力

通过设置规范化的流程和电子表单,统一明确工作标准和工作步骤,突出对绩效管理流程节点的控制,实现对各类工作目标的动态跟踪和实时监督,特别是对执行进度有明显问题的系统会自动发出预警,并

通过办公系统、短信等第一时间传达给目标联系人进行提醒。目标的进展情况、存在的问题、是否需要调整等均可随时查阅,系统会对相关数据自动进行整理、汇总,便于全面、快速、准确地掌握全市情况,提升目标管理的实时性、有效性和精准度,从而推动全市的目标任务按时保质地完成。

(二)搭建公众参与平台,促进绩效监控的透明化

为了便于社会公众更好地参与综合考评和绩效管理的过程性工作,"数字考评"系统作为后台支撑系统,"杭州考评网""绩效杭州"微信公众号、"绩效杭州"展示厅作为前台应用系统,搭建了公众参与的平台。部门的年度绩效考核目标、社会评价意见重点整改目标及其进展情况等及时在各应用系统上进行公布,随时接受公众的监督和评议,促进绩效管理过程的公开化,切实增强综合考评的信度。

(三)提供互动交流平台,促使管理双方形成合力

绩效管理机构与绩效责任单位是一种新型合作关系,共同致力于当地经济社会的发展和政府绩效的改进。但是如何能形成一种合力,不但要有科学的绩效管理理念和方法,还有赖于在日常工作中建立良好的沟通管道。在开展绩效监控时,依托"数字考评"系统忠实记录各项工作的轨迹,绩效管理机构在开展工作时,能及时地与绩效责任单位交流想法,反馈阶段性的绩效情况,帮助查找问题并推进整改,使牵涉到多家单位的工作能更好地开展和协调;绩效责任单位也方便在系统上及时反映在目标执行过程中遇到的问题,获得支持,或及时告知整改的情况,便于工作的持续推动,"数字考评"系统在一定程度上促进了绩效管理双方合力的形成。

(四)搭建综合信息平台,助力领导决策和部门绩效改进

在绩效监控过程中,"数字考评"系统汇集了全市和各部门重点工作的进展情况,也囊括了社会关注的社会评价意见年度整改目标的进

展情况及相关的绩效信息等,还提供反映各公共服务窗口服务情况的满意度数据。这些基础信息能比较全面地反映全市的阶段性工作情况,还能通过对数据进行分析予以形象化地展示,进行趋势性的综合分析研究。因此,通过"数字考评"在绩效监控中的运用,可以第一时间了解和掌握某项重点工作或某个部门即时的工作情况,为各级领导决策和协助部门推动工作提供动态、翔实的资料和基础性的服务。

第七章 绩效评估

绩效评估是指绩效管理机构运用科学的方法、标准和程序,对绩效责任单位一定时期间的业绩,从不同的维度作出客观、公正和准确的综合评判。绩效评估作为政府绩效管理的一个重要工具,其在提高政府公共服务的效率、增强政府的责任意识、规范政府的行政行为、改善政府的形象信誉方面发挥着重要作用。2005年以来,杭州市先后对市直单位和区、县(市)实施综合考核评价,积极探索绩效评估的有效方式,取得了明显的成效。本章以杭州市每年年终实施的市直单位和区、县(市)年度综合考评为案例,全面介绍绩效评估的基本方法。

第一节 目标考核

一、组织实施

目标考核是绩效评估的重点内容,具有内在的环节和步骤。针对不同类型的目标,一般采取不同的考核组织方式、方法。

(一) 组织方式

年终目标考核的组织实施,根据考核目标的不同,采用不同的组织方式。其中,市直单位分为绩效目标考核、专项目标考核、创新创优目标考核三种：

一是绩效目标考核。绩效目标考核在"预审制"基础上实行差异化查访核验,市考评办根据市直单位月度目标进展报送情况和提供的印证材料的明晰程度开展考核预审,并按照预审情况实施年终差异化查访核验。对于部分佐证清晰、绩效外显的目标,免于进行年终目标检查;对于佐证材料较清晰、绩效不够明显的目标,免于台账资料检查,根据需要组织实地检查;对于佐证材料简单、绩效分析不够到位的目标,重点实施检查考核,条件具备的必须进行实地检查。市考评办通常组织若干考核组,分系统进行检查。每个单位检查考核的时间由各检查组根据实际情况确定。绩效目标考核以平时考核为基础,以年终完成情况、目标实施过程和目标完成取得的绩效为主要依据,通过绩效分析和报告、检查核验、绩效测评、综合评定四个步骤进行。市政府为民办实事项目、社会评价意见整改目标等,由市考评办单独组织专项测评或绩效评估。

二是专项目标考核。由各考核组织单位按照年初经市考评办审定的考核办法组织实施。考核方式以平时考核为主,年终确需检查的,经申报审核后参加市考评办统一组织的集中检查,但只对该项工作进行考核,不参与考核组的其他考核工作。考核结果在规定时间内报市考评办。

三是创新创优目标考核。在市考评办核验创新创优目标申请验收材料的真实性、完整性等进行核验的基础上,组织专家实施两轮绩效评估,首轮按项目领域进行专业评审,第二轮组织综合评估。

区、县(市)年终目标考核的组织实施与市直单位稍有不同,区、县(市)根据不同的考核分项内容有不同的组织运作方式：

一是发展指标考核。主要考核发展指标的完成情况。由市统计局及有关部门提供基础数据,经会审后,由市考评办统一进行核算。

二是工作目标考核。主要考核由市考评办下达的重要工作目标和共性目标的完成情况。具体由市考评办负责组织考核小组集中实施。以平时工作情况报送、统计报表、日常抽查等为依据,能评定考核结果的,不再组织年底检查;确需年终集中检查的,由牵头单位向市考评办申报,经审核同意后,参加市考评办统一组织的集中检查。

三是特色创新目标考核。该类目标考核由核验和绩效评估组成。核验主要对各区、县(市)报送验收的特色创新目标是否按申报的内容、要求如期保质保量完成,是否有一定的应用实施期以发挥其成效,以及申请验收材料的真实性、准确性、完整性等情况进行程序性检查与审核。核验由市考评办进行工作目标考核时同步进行。绩效评估由市考评办组织专家组按照评估标准实施评估。

四是综合考评重点工作单项奖项目复验。对预设的区、县(市)重点工作单项奖项目组织综合复验,复验内容主要包括目标任务完成情况、奖惩情况以及重点工作单项奖项目的绩效分析。复验与年终集中检查考核一并组织实施。

(二) 程序步骤

年终的目标考核通常分为准备、实施和汇总评定三个阶段,按序进行。目标考核工作流程见图7-1。

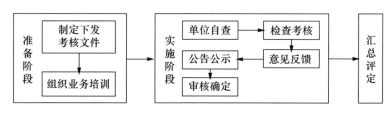

图 7-1 目标考核工作流程图

下面以市直单位目标考核为例说明。

一是准备阶段。在这一阶段,市考评办主要负责制订年度绩效目标考核工作计划、实施方案,下发有关考核通知,并组织相关业务培训。市直单位的业务培训分为绩效目标管理业务培训和专项目标考核业务培训两类,并就年终目标考核工作进行部署。绩效目标管理业务培训对年度绩效考核目标完成情况的自评、创新创优项目申报验收等工作,从考核对象、考核内容、实施步骤、时间安排等方面进行辅导,专项目标考核业务培训主要就专项目标考核的总体安排和统筹安排年终各类检查考核加强协调管理的问题明确相关要求,对规范考核管理工作作出说明。

二是实施阶段。对市直单位年终目标考核的组织实施有单位自评、检查考核、意见反馈、公告公示、审核确定五个步骤。

(1)单位自评。由市直各单位对照考核指标逐项检查实施情况,通过杭州"数字考评"系统,填报《绩效自评报告》,详细说明绩效目标完成情况。市直各单位在填报目标完成情况时,如目标中量化考核指标涉及具体项目的,按照具体明确、社会公众可感知的原则,同时填写与目标完成情况表述相对应的具体项目明细清单。根据项目数量和类型的不同,可直接提供具体的清单明细,也可作一些分级、分层次的归并统计。目标完成情况实行网上"晒清单",市考评办对各单位填报的目标完成情况梳理汇总后,通过"中国杭州"政府门户网站、"杭州考评网"及各单位网站进行公示,扩大社会监督,增强目标检查考核的针对性、有效性。网上公示收集的意见,作为绩效目标考核的参考依据。

(2)检查考核。由市考评办组织考核小组到被考核单位听取汇报、查看台账、召开座谈会、实地检查,提出考核意见。考核小组成员由市考评办的工作人员、各系统联络人、绩效信息员、各专项工作目标责任单位人员组成。在考核的同时,市考评办委托第三方,对市直各单位申报的绩效测评项目进行测评。在考核的过程中,也同步对创新创优目标的完成程度,以及申请验收材料的真实性、准确性、完整性等情况进行核验。每年的考核时间一般安排在1月,持续20天左右,每个单位检查考核的时间原则上不超过半天。考核小组成员到市直各单位检查,要在认真听取单位工作汇报、检查台账、询问有关情况的基础上,仔细填写《杭州市市直单位目标考核登记表》(见表7-1)、《绩效测评目标

表 7-1 杭州市市直单位目标考核登记表

被考核单位：　　　　　　　　　　　　　　　　　考核时间：　　　年　　月　　日

序号	考核内容		考核标准、考核方式及考核情况	备注
			根据目标完成程度、质量、进度的实际情况，逐项对照以下标准进行考核，并将考核情况汇总如下：	对考核情况的具体说明，请填写在下面对应的空格处
1	目标完成情况	完成程度	**1. 完成目标，部分目标实际完成超过 50%：** 目标代码：　　　考核指标：　　　；（□是/□否）已作出说明，理由（原因）　　　 目标代码：　　　考核指标：　　　；（□是/□否）已作出说明，理由（原因）　　　 **2. 尚有未完成的目标** 目标代码：　　　考核指标：　　　完成目标任务的　　　% 目标代码：　　　考核指标：　　　完成目标任务的　　　% 目标代码：　　　考核指标：　　　未实施工作目标 **3. 有目标要求调整（仅指已向市考评办书面报告）：** 目标代码：　　　考核指标：　　　要求调整；目标调整理据真实（□是/□否） 目标代码：　　　考核指标：　　　要求调整；目标调整理据真实（□是/□否） 目标代码：　　　考核指标：　　　要求调整；目标调整理据真实（□是/□否）	
2		完成质量	目标已完成，但存在以下问题： 目标代码：　　　考核指标：　　　因工作质量差造成重大损失，具体描述：　　　 目标代码：　　　考核指标：　　　有社会负面反响。具体描述：	
3		时间进度	目标未按时限要求完成 目标代码：　　　考核指标：　　　完成时间超出目标规定时限，理由（原因）　　　 目标代码：　　　考核指标：　　　完成时间超出目标规定时限，理由（原因）	

第七章 绩效评估

（续表）

序号	考核内容		考核标准、考核方式及考核情况	备注
4	组织领导		是否建立目标管理责任制。（□是/□否） 目标任务已分解、落实。文号	
5	目标组织管理	工作台帐	1. 工作台帐简洁明了，能够说明问题，能够验证目标完成情况。 □好 □较好 □一般 □较差 □差 若是"较差"档次以下，指出具体存在的问题： 2. 台帐真实、可靠，没有事后补做的情况；没有发现弄虚作假的情况。 □好 □较好 □一般 □较差 □差 若是"较差"档次以下，指出具体存在的问题：	
6		自评情况	填报的目标完成情况客观、全面，情况属实，没有虚报的情况。 □好 □较好 □一般 □较差 □差 若是"较差"档次以下，指出具体存在的问题：	
7	现场察看记录		目标代码：_____ 考核指标：_____ 抽查现场：_____ 现场进度与目标完成情况描述是否一致？ □一致，具体描述：_____ □比较一致，具体描述：_____ □但存在以下问题：□工作质量较差；□其他 ； □有社会负面影响，具体描述：_____ □不完全一致，具体描述：_____ 现场情况： □严重滞后 □相对滞后 □超前	现场照片按照"目标代码＋考核现场＋拍摄时间"命名，以附件形式提交

· 245 ·

(续表)

序号	考核内容	考核标准、考核方式及考核情况	备注
7	现场察看记录	目标代码：_____ 考核指标：_____ 抽查现场：_____ 现场进度与目标完成情况描述是否一致？ □一致，具体描述_____ □比较一致，具体描述_____ 但存在以下问题：□工作质量较差； □有社会负面影响；□其他_____ □不完全一致，具体描述：_____； 现场进度情况： □严重滞后 □相对滞后 □超前	目标代码：_____ 考核指标：_____ 抽查现场：_____ 现场进度与目标完成情况描述是否一致？ □一致，具体描述_____ □比较一致，具体描述_____ 但存在以下问题：□工作质量较差； □有社会负面影响；□其他_____ □不完全一致，具体描述：_____； 现场进度情况： □严重滞后 □相对滞后 □超前
8	其他需要说明的内容	**1. 尚需补充更新的数据：** **2. 其他情况：**	

考核组组长签名：_____　　　　　　　　　　　　　　　　_____年_____月_____日

完成情况核验表》(见表 7-2)。有申报挑战目标或表彰奖励目标,以及创新创优目标的,需另外填写《绩效挑战目标完成情况核验表》(见表 7-3)、《表彰奖励目标完成情况核验表》(见表 7-4)、《杭州市市直单位创新创优目标核验表》(见表 7-5)。

表 7-2　绩效测评目标完成情况核验表

考核单位：	核验区 (以下由考核组选填)
目标名称： 考核内容及指标：	核验符合性： □符合 □部分符合 □不符合
目标完成情况： 绩效分析情况： (以上可参见各单位在"数字考评"系统中填报的内容) 其他需要说明事项：	核验意见：
考核组组长签名：	年　月　日

表7-3 绩效挑战目标完成情况核验表

考核单位：	核验区 (以下三项考核组选一项填写)
目标名称： 考核内容及指标：	□上级主管部门认定： 数据： 文件：
目标完成情况：	□统计部门认定： 数据： 文件：
(以上可参见各单位在数字考评系统中填报的内容) 挑战内容(以下内容可选填一项)： □与自身以往最佳指标对比：	□第三方认定： 数据： 文件： 核验符合性： □符合 □部分符合 □不符合
□重点工作任务指标的加码挑战：	核验意见：
□与国内同类先进城市对应的指标、排位对比情况：	
□全省排位情况：	
相关印证材料名称：	
其他需要说明的事项：	
考核组组长签名：	年 月 日

第七章 绩 效 评 估

表 7-4 表彰奖励目标完成情况核验表

考核单位：	核验区 (以下由考核组选填)
目标名称：	核验符合性： □符合 □部分符合 □不符合
考核内容及指标：	
目标完成情况： (以上可参见各单位在"数字考评"系统中填报的内容) 获得表彰奖励的奖项名称： 相关印证材料名称： 其他需要说明的事项：	核验意见：
考核组组长签名：	年 月 日

表 7-5　杭州市市直单位创新创优目标核验表

被核验单位：　　　　　　　　　　　　　　　　　　　项目名称：

指标	核验情况记录	备注
项目完成程度	1. 项目实施时间：＿＿＿年＿＿月—＿＿＿年＿＿月。 2. 项目完成程度：□全面完成　□基本完成　□部分完成 3. 项目是否处于试点阶段：□是　□否 试点范围(勾选"是"的填写)：	
验收材料的真实性、准确性	1. 材料是否真实？□真实　□失实 失实表现在： 2. 材料表述是否准确？□准确　□不准确 如不准确，表现在：	
验收材料的完整性	1. □材料齐全完整　□材料基本完整　□材料不完整 2. 如材料不完整，表现在：	
该项目在全国或全省领域内的创新创优程度	［请从项目印证材料中摘录部分评价的内容，可以是国家部委(含省)、省市领导、新闻媒体和社会公众的评价，也可以是其他方面的评价］	

注：请在表中应选的□内打"√"。

考核组组长签名：　　　　　　　　　　　　　　　　　　　年　月　日

（3）意见反馈。市考评办对绩效目标、专项目标考核结果及创新创优目标核验结果进行汇总，提出考核意见，并将目标考核情况向被考核单位反馈。被考核单位如对考核意见有异议，可在规定的时间内向市考评办提请复议。

（4）公告公示。在市直各单位自评及涉密审查的基础上，市考评办对市直各单位绩效考核目标、创新创优目标完成情况进行汇总，并将目标及所含具体项目的完成情况，在"中国杭州"政府门户网站和"杭州考评网"上进行公示，即对目标完成情况在网上"晒清单"。公示期一般为10个工作日，目的就是扩大社会监督，增强目标检查考核的针对性、有效性。

（5）审核确定。市考评办根据被考核单位提请的复议意见、公告公示征求到的公众评价和意见,对绩效目标、专项目标考核情况进行复审,确定考评结果。

三是汇总评定阶段。这一阶段,市考评办将汇总各项考核情况,其中:绩效目标考核得分由市考评办根据绩效目标考核情况计分;专项目标考核结果由考核组织单位根据市考评办《杭州市市直单位综合考评专项目标管理办法》的要求,提供考核得分或等次,由市考评办汇总审核。

二、数据采集

目标考核注重量化评估,对于能够实现量化的指标都要求量化,对于无法量化的指标,也要求对定性描述尽可能有一定的感官度。因而,在目标考核的过程中,目标数据的来源和统计方法就显得非常重要。

在年度目标考核中,指标(目标)完成情况、绩效分析等数据,由市直单位和区、县(市)在考核自评时主动采集和报送。为确保市直单位和区、县(市)报送数据的准确性、真实性和完整性,杭州市考评办要求责任单位提供其上级主管部门、统计部门或第三方认定的数据。市考评办在责任单位自评的基础上,对数据进行严格的审核。如区、县(市)发展指标数据,审核时主要采集统计部门和指标考核牵头市直部门的数据。

（一）发展指标数据采集

发展指标的数据采集由相关的市直部门提供,例如:"一般公共预算收入增速"指标由市财政局和市统计局负责;"教育优质均衡发展指数"指标由市教育局负责;"高新技术产业产值占工业产值的比重"指标由市科委负责,等等。个性化指标项目及采集责任单位见表7-6。

表7-6 个性化指标项目及采集责任单位

区、县(市)	考核指标	数据来源
上城区	1. 企业资产贡献率增幅	市统计局
	2. 山南基金小镇(省级服务业集聚区)税收收入增幅	市财政局
下城区	1. 服务业增加值占地区生产总值比重增幅	市统计局
	2. 金融业增加值增幅	市统计局
江干区	1. 楼宇经常性税收占比增幅	市发改委
	2. 信息软件业务收入增幅	市统计局
拱墅区	1. 十大产业固定资产投资增幅	市统计局
	2. 住宿餐饮业社会消费品零售额增幅	市统计局
西湖区	1. 规模以上科技服务业增加值增幅	市统计局
	2. 西溪谷财政总收入增幅	市财政局
杭州高新开发区(滨江)	1. 规模以上工业土地使用效率(亩均增加值)增幅	市统计局
	2. 规模以上工业单位能耗产出增幅	市统计局
萧山区	1. 规模以上工业企业战略性新兴产业增加值增幅	市统计局
	2. 规模以上工业企业高新技术产业增加值增幅	市统计局
余杭区	1. 信息软件服务业增加值占比增幅	市统计局
	2. 生物医药产业增加值占比增幅	市统计局
富阳区	1. 光通信产业(电气机械和器材制造业)销售产值增幅	市统计局
	2. "富春硅谷"(银湖科技城)年产值增幅	市统计局
桐庐县	1. 千万游客百亿元收入增幅	市旅委
	2. 智慧物流产业增加值增幅	市统计局
建德市	1. 水产业销售产值占比增幅	市统计局
	2. 高新技术产业园销售产值增幅	市统计局
临安市	1. 青山湖科技城规模高新技术销售产值占比增幅	市统计局
	2. 青山湖科技城新产品产值率增幅	市统计局

注:个性化指标应提供相关指标绝对值(比重或比率,非增长率)数据。
(资料来源:杭州市综合考评委员会办公室《关于要求报送2015年度区、县(市)综合考评相关目标考核结果报送有关事项通知》,杭考评办函〔2015〕44号,2015年12月23日。)

此外,对区、县(市)工作目标(包括重要工作目标和共性工作目标)、领导班子建设和党风廉政建设考核、"一票否决事项"(包括党风廉政建设、社会治安综合治理、节能、减排、安全生产事故等)的考核结果,由相关责任单位报送市考评办。

在年终综合考评实施过程中,市考评办发文要求相关的市直单位提供各类考核指标的数据,包括数据绝对值、绝对值增加额、比重或比率、增长率、工作得分以及情况说明等。考核数据要求实事求是,确保真实、准确,统计口径一致,如考核结果涉及扣分的,需附详细清单说明原因。

(二) 评分和数据审核

从区、县(市)目标(指标)考核牵头单位获得的单项评分和基础数据,需要确保其真实性和有效性。评分和数据审核按照初步审核、反馈区县(市)、再次复核三个环节进行。市考评办按照多来源印证、省对市考核结果比对、历史数据比较等方式进行初步审核后,将工作目标考核、特色创新目标核验和发展指标数据以年度《区、县(市)目标考核基本情况告知书》的形式书面告知各区、县(市)。工作目标和特色创新目标核验反馈原始得分,发展指标则反馈当年度以及前三年的该地区指标绝对值、指标绝对值增加额。各区、县(市)核对本地区得分和数据后,将存疑的部分书面反馈给市考评办。市考评办在汇总各区、县(市)反馈信息的基础上进行复核,在征求相关部门意见后,确定各项评分和数据的有效性。

三、结果评定

(一) 市直单位目标考核的结果评定

目标考核以日常管理为基础,以年终完成目标任务情况、目标实施过程和目标完成取得的绩效为主要依据,结合社会评价中社会各界反映的意见和建议,采取按项评估、以项计分的考核办法。

1. 绩效目标

(1) 约束性指标。符合工作质量要求并全面完成的,全额赋分;未完成或出现质量问题的,该项目标不得分。

(2)预期性指标。在符合工作质量要求的前提下,全部完成目标任务的,全额赋分;完成目标任务不到100%的,按实际完成比例下浮10%赋分。未实施的工作目标,该项目标不得分。目标工作存在质量问题,依照评分标准,酌情下浮40%—60%;因工作质量差造成重大损失,或被通报批评的,该项目标不得分。

(3)绩效测度目标。按照"实现程度""绩效测度"两个维度考核。"实现程度"按照目标的完成程度进行考核;"绩效测度"按照挑战指标、表彰奖励和绩效测评三种测度类型,实行分类考核。其中,"挑战指标"以上级主管部门、统计部门或第三方提供的认定数据为准,完成挑战目标赋满分,未实现挑战目标不得分,其中,关键性挑战指标如超额完成的,按一定比例给予加分;"表彰奖励"目标需提供所获上级机关表彰奖励的相关文件或其他材料,达到或获得即得绩效测度分;"绩效测评"目标按实际测评得分率赋分,考核得分计入该项目标的总得分,未按要求提供测评清单的,视同放弃该项分值。

(4)其他考核项目。涉及浙江省对11个设区市考核指标和省直部门对各设区市工作评价内容的,相关责任单位的具体得分按照中共杭州市委办公厅、市政府办公厅《关于杭州市落实经济工作责任加强督查考核的实施方案》要求进行计算。对于绩效考核目标中同时属于市政府为民办实事项目的,按市政府办公厅《市政府为民办实事项目绩效考核办法》考核,市考评办不再重复考核测评。

(5)申请调整的目标。为体现目标考核的刚性和严肃性,对目标的调整作了特别的规定:对已经下达的考核指标和工作目标,无特殊情况不作调整;确因国家、省、市政策性因素或自然灾害等客观因素需要调整目标的,应提供充分的理由和依据,及时向市考评办报告。市考评办按下列原则处理:关键指标和重点工作目标须报经市委、市政府明文同意,属于被动型调整的,即因市委、市政府决策调整,工作目标需作相应调整的,考核时不扣分;属于主动型调整的,该项目标不扣分,但需按绩效目标管理考核办法有关规定,在"绩效目标管理"项中作相应扣分。

2. 专项目标

专项目标由于其内容的特殊性,其考核结果评定由各专项考核组织单位按照经市考评办审核同意的考核办法实施,考评结果在规定的期限内提交市考评办,经市考评办审核并告知反馈无误后,计入年度综合考评目标考核总分。

创新创优目标结果评定在本章第四节中详述。

(二) 区、县(市)目标考核的结果评定

目标考核得分由发展指标考核得分和工作目标考核得分两部分相加而成。其中,发展指标主要采用功效系数法,以发展指数和贡献指数加权后进行综合评估并计算得分;工作目标采用按项评估、以项计分的方法进行考核评定并计算得分。

1. 发展指标

发展指标的数据采集之后,由市考评办综合运用功效系数法、得分率法和设置计划值的方式,进行统计和核算(见表7-7)。

表7-7 杭州区、县(市)综合考评发展指标计算方法与数据来源

维度	指标名称	性质	计算方法	数据来源
经济建设	1.1 人均地区生产总值增长率★	正向	A1	市统计局
	1.2 地区生产总值增长率▲	正向	A2	市统计局
	1.3 人均一般公共预算收入增速★	正向	A1	市财政局、市统计局
	1.4 一般公共预算收入增速▲	正向	A2	市财政局、市统计局
	1.5 农林牧渔业增加值增长率★	正向	A2	市统计局
	1.6 规模以上工业增加值增长率★	正向	A2	市统计局
	1.7 服务业增加值增长率▲	正向	A2	市统计局
	1.8 信息经济产业增加值增长率	正向	C2	市信息经济和智慧经济发展工作领导小组办公室、市统计局

（续表）

维度	指标名称	性质	计算方法	数据来源
经济建设	1.9 "两化"融合发展指数	正向	C1	市信息经济和智慧经济发展工作领导小组办公室、市统计局
	1.10 城镇常住居民人均可支配收入增长率★	正向	A1	市统计局
	1.11 农村常住居民人均可支配收入增长率★	正向	A1	市统计局
	1.12 社会消费品零售总额增速	正向	A2	市统计局
	1.13 居民消费价格指数（CPI）	逆向	A3	市统计局
	1.14 外贸出口总额增长率	正向	A2	市统计局
	1.15 工业技改投入增速★	正向	A2	市统计局
社会管理和公共服务	2.1 社会治安秩序评价指标	正向	C1	市公安局
	2.2 安全生产综合指数	正向	C1	市安监局
	2.3 群众上访诉求化解率	正向	C1	市信访局
	2.4 行政诉讼综合评价指数	正向	C1	市法院、市法制办
	2.5 教育优质均衡发展指数	正向	C1	市教育局
	2.6 社会保障支出占地方财政支出比重	正向	A2	市财政局
	2.7 城镇登记失业率★	逆向	A3	市人力社保局
	2.8 城乡居民医疗保险参保率★	正向	A3	市人力社保局
	2.9 自然灾害防治安全指数	正向	C1	市气象局、市国土资源局、市林水局、市城管委
	2.10 数字城管问题解决率	正向	A3	市城管委
	2.11 行政执法综合评价指数	正向	C1	市法制办
发展潜力	3.1 R&D（科学研究和试验发展）经费占GDP比重	正向	A3	市统计局
	3.2 人才发展指数	正向	A1	市人力社保局
	3.3 万人发明专利授权量	正向	A1	市科委
	3.4 万元GDP综合能耗降低率★	正向	C2	市统计局
	3.5 万元GDP综合电耗降低率▲	正向	C2	市统计局
	3.6 高新技术产业产值占工业产值的比重	正向	C1	市科委

(续表)

维度	指标名称	性质	计算方法	数据来源
发展潜力	3.7 区域建设用地集约利用综合评价指数	正向	A4	市国土资源局
	3.8 地方政府性债务率	正向	B	市财政局
	3.9 环境质量综合评价指数	正向	C1	市统计局
个性化指标	4.1 区、县(市)个性化指标	正向	/	市统计局等

注：1. 标有▲的指标适用于6个老城区[上城区、下城区、江干区、拱墅区、西湖区、杭州高新开发区(滨江)]；

2. 标有★的指标适用于6个区、县(市)(萧山区、余杭区、富阳区、桐庐县、建德市、临安市)。

(资料来源：杭州市综合考评委员会办公室，截止时间：2015年12月。)

A类采用功效系数法的计算方法

功效系数法是根据多目标规划原理，将所要考核的各项指标分别对照不同分类和分档的对应标准值，通过功效函数转化为可以度量计分的方法。得分 = 指标权重 × (60% + 功效系数 × 40%)。其中，功效系数 = (当年本地区该指标综合指数值 − 当年各地区该指标综合指数最小值)/(当年各地区该指标综合指数最大值 − 当年各地区该指标综合指数最小值)。

综合指数计算方法如下：

A1．综合指数 = (当年本地区指标值/本地区指标标准值) × 50% + [当年本地区指标绝对值/当年六老城区或六区、县(市)平均水平值] × 50%

A2．综合指数 = (当年本地区指标值/本地区指标标准值) × 50% + [当年本地区绝对值增加额/当年全市或六区、县(市)绝对值增加额] × 50%

A3．综合指数 = (当年本地区指标值/本地区指标标准值) × 50% + [当年本地区指标值/当年全市或六区、县(市)指标值] × 50%

A4. 综合指数 = (当年本地区指标值/本地区指标标准值) × 50% + [1 − 当年本地区水平绝对值/当年六区、县(市)或六老城区平均水平绝对值] × 50%

计算过程中,本地区指标标准值采用前三年加权平均值、前两年加权平均值或上年同期值。前三年加权平均值是根据 S1 × 50% + S2 × 30% + S3 × 20% 求得,前两年加权平均值是根据 S1 × 60% + S2 × 40% 求得(S1 指前第一年指标值,S2 指前第二年指标值,S3 指前第三年指标值)。另外,A3 类计算方法中,逆向指标采用取倒数的方法进行运算。平均水平值、绝对值增加额、指标值等由牵头部门直接提供数据。

功效系数法采取纵向"自己与自己比"形成发展指数,横向"自己与全市总量或平均水平比"形成贡献指数,两项指数各按 50% 加权后进行综合评估并计算得分。这一方法,简便易行,可以充分反映各地的发展状况和地区差异,兼顾了增长速度和规模水平之间的平衡,同时也避免了上级下达指标中常用的基数法、分摊法等导致的矛盾。功效系数法为减少单一标准评价而造成的评价结果偏差,设置了在相同条件下评价某指标所参照的评价指标值范围,并根据指标实际值在标准范围内所处位置计算评价得分,这与政府效绩评价的多档次评价标准相适应,而且能够达到政府绩效各项指标值相差较大情况下减少误差,客观反映政府绩效状况,准确、公正地评价政府效绩的目的。

B 类采用设置计划值的计算方法

设计划值为 A,指标值为 B。

B1. (1) B ∈ [A,1],记满分;

(2) B ∈ [0,A),计算公式:得分 = 指标权重 × [1 − (A − B)/A]。

B2. (1) B ∈ [0,A],记满分;

(2) B ∈ (A,2A],计算公式:得分 = 指标权重 × [1 − (B − A)/A];

(3) B > 2A,记 0 分。

C 类采用得分率的计算方法

C1. 得分 = 得分率 × 指标权重

C2. 得分 = 90 × 完成比例 + 10 × A/B,其中,A 为该区、县(市)超额比例值,B 为区、县(市)中最高超额比例值(以完成下达任务数为基准赋 90 分,以超额数最多的单位为基准赋超额完成分 10 分,其他单位按超额比例赋分)。

2. 工作目标

工作目标的结果评定采用按项评估、以项计分的方法进行考核评定并计算得分。

对工作目标,根据完成目标任务的实际情况,能定量考核的目标,按照实际完成的工作量赋分。不能定量考核的目标,具体评分标准分为五档:在符合工作质量要求的前提下,全部完成目标任务的给予满分;未完成工作目标任务、工作质量差或造成重大损失的均不得分;基本完成目标任务的,给予 80% 的分数;完成目标任务一半以上的,给予 60% 的分数;完成部分目标任务的,给予 40% 的分数。

重要工作目标中的责任目标考核和共性目标中的领导班子建设、党风廉政建设,由各考核组织单位按照年初印发的相关考核办法实施。

社会评价意见整改目标考核由整改目标完成情况、整改工作满意度测评和基本工作要求组成,分别按照 50%、30% 和 20% 的权重进行赋分。

第二节 社 会 评 价

2013 年度开始,市直单位社会评价由综合社会评价和专项社会评价两部分组成,总分为 50 分(占市直单位综合考评 50% 的权重)。其中,市直单位中只参加综合社会评价的,其社会评价总分为设定分值不变;在参加综合社会评价的同时,又参加专项社会评价的市直单位,其社会评价总得分=综合社会评价得分+专项社会评价得分,但其专项社会评价最高分值不超过20分。

一、市直单位综合社会评价

综合社会评价是市考评办组织实施,由社会各界群众广泛参与,对市直单位一年来的工作业绩及作风等总体的满意度测评,同时还征求评价代表对所有参加综合考评单位的意见和建议。杭州市直单位综合考评社会评价表(样表)见表7-8,杭州市直单位综合考评单位意见征集表(样表)见表7-9。

(一)综合社会评价的参与主体

参与主体具有广泛的代表性,具体包括九个层面,各层面参评代表的样本量有所不同。评价分九个层面进行:市党代表;市人大代表;市政协委员;区、县(市)领导代表;区、县(市)机关代表[含部、委、办、局及街道(乡镇)负责人];社会组织代表(含社区居委会负责人、行业协会负责人、民办非企业单位负责人);社会监督代表(含老干部、专家学者、省直机关、新闻媒体、绩效信息员及市行风评议代表);企业代表;市民代表(含城镇居民、外来创业务工人员、农村居民)。在九大代表层面中,市民代表样本量为6 000个。其中,外来务工创业人员、农村居民代表各为1 000个;企业代表样本量为2 000个;各层面代表样本总量约为12 000个。除企业、市民外,其余评价层面均按70%的比例一次性随机抽样产生评价代表。

在综合社会评价中,根据参加单位的分类,分别设置各评价层面的权重,见表7-10。

第七章 绩效评估

表7-8 杭州市直单位综合考评社会评价表（样表）

表1-1

2016年度杭州市直单位综合考评社会评价表

请按照正确涂填方式进行综合评价，正确涂填：■

填表人身份			
1、市党代表	2、市人大代表	3、市政协委员	4、区、县（市）领导代表
5、区、县（市）机关代表：部、委、办、局负责人		街道（乡镇）党政（包括人大）负责人	
6、社会组织代表：社区居委会负责人	行业协会负责人	民办非企业单位负责人	驻杭商会负责人
7、社会监督代表：老干部	专家学者	省直机关	新闻媒体	绩效信息员	市行风评议代表
8、企业代表	9、市民代表：城镇居民	农村居民	外来创业务工人员

评价内容：1. 服务态度和工作效率：主要指各单位服务的态度与质量，办事效率等情况。
2. 办事公正和廉洁自律：主要指各单位办事的公正与公平，廉洁守法等情况。
3. 工作实效和社会影响：主要指各单位工作的业绩与效果，社会反响等情况。

综合考评参评单位（共63家）

类别	编号	参评单位名称	综合评价					编号	参评单位名称	综合评价				
			满意	比较满意	基本满意	不太满意	不满意	不了解			满意	比较满意	基本满意	不太满意	不满意	不了解
社会服务多的政府部门(15个)	1	市城管委（市城管执法局）	☐	☐	☐	☐	☐	☐	9	市物价局	☐	☐	☐	☐	☐	☐
	2	市公安局	☐	☐	☐	☐	☐	☐	10	市教育局	☐	☐	☐	☐	☐	☐
	3	市市场监管局（市工商局、市食品药品监管局）	☐	☐	☐	☐	☐	☐	11	市规划局（市测绘与地理信息局）	☐	☐	☐	☐	☐	☐
	4	市住保房管局	☐	☐	☐	☐	☐	☐	12	市建委	☐	☐	☐	☐	☐	☐
	5	市人力社保局	☐	☐	☐	☐	☐	☐	13	市国土资源局	☐	☐	☐	☐	☐	☐
	6	市环保局	☐	☐	☐	☐	☐	☐	14	市财政局（市地税局）	☐	☐	☐	☐	☐	☐
	7	市卫生计生委	☐	☐	☐	☐	☐	☐	15	市质监局	☐	☐	☐	☐	☐	☐
	8	市交通运输局	☐	☐	☐	☐	☐	☐								
社会服务较多的政府部门(14个)	1	杭州西湖风景名胜区管委会（市园文局、市运河综保委）	☐	☐	☐	☐	☐	☐	8	市林水局	☐	☐	☐	☐	☐	☐
	2	市民政局（市老龄工办）	☐	☐	☐	☐	☐	☐	9	市体育局（市体育总会）	☐	☐	☐	☐	☐	☐
	3	市信访局（"12345"市长公开电话受理中心）	☐	☐	☐	☐	☐	☐	10	市司法局	☐	☐	☐	☐	☐	☐
	4	市旅委	☐	☐	☐	☐	☐	☐	11	市审管办（市公共资源交易管委会办公室）	☐	☐	☐	☐	☐	☐
	5	市农业局（市水产局）	☐	☐	☐	☐	☐	☐	12	杭州经济开发区管委会	☐	☐	☐	☐	☐	☐
	6	市安全监管局（市安委办）	☐	☐	☐	☐	☐	☐	13	杭州大江东产业集聚区管委会	☐	☐	☐	☐	☐	☐
	7	市文广新闻出版局（市版权局）	☐	☐	☐	☐	☐	☐	14	市公安消防局	☐	☐	☐	☐	☐	☐
社会服务相对较少的政府部门及其他单位(18个)	1	杭州公积金中心	☐	☐	☐	☐	☐	☐	3	市发改委	☐	☐	☐	☐	☐	☐
	2	市经信委	☐	☐	☐	☐	☐	☐	4	市商务委（市粮食局、跨境综试办）	☐	☐	☐	☐	☐	☐

（资料来源：杭州市综合考评委员会办公室。）

表7-9 杭州市直单位综合考评单位意见征集表(样表)

表1-2

2016年度杭州市直单位综合考评单位意见征集表

请按照正确填涂方式进行填涂，正确填涂：■

填表人身份	1、市党代表□	2、市人大代表□	3、市政协委员□	4、区、县(市)领导代表□
	5、区、县(市)机关代表：部、委、办、局负责人□		街道(乡镇)党政(包括负人)负责人□	
	6、社会组织代表：社区居委会负责人□		行业协会负责人□ 民办非企业单位负责人□	驻杭商会负责人□
	7、社会监督代表：老干部□ 专家学者□		省直机关□ 新闻媒体□ 绩效信息员□	市行风评议代表□
	8、企业代表□	9、市民代表：城镇居民□	农村居民□	外来创业务工人员□

请您对表1-1、表1-2所列63家综合考评参评单位和34家综合考评征求意见单位提出具体意见和建议（包括具体问题或事例，建议一事一议），以便我们进行核实处理

（反面可写，不够可另附纸，书写字迹端正）

单位名称：　　　　　意见和建议：
_____
_____
_____
_____

单位名称：　　　　　意见和建议：
_____
_____
_____
_____

单位名称：　　　　　意见和建议：
_____
_____
_____
_____

单位名称：　　　　　意见和建议：
_____
_____
_____
_____

如您提出的具体问题希望得到市直相关单位的直接回复，请留下您的联系方式（电话或电子信箱）：
_____

(资料来源：杭州市综合考评委员会办公室。)

表7-10 杭州市市直单位综合社会评价各参评层面权重设置情况

权重设置 / 参评单位分类	投票层面 社会服务多的政府部门	社会服务较多的政府部门	社会服务相对较少的政府部门及其他单位	党群部门
1. 市党代表	30%	30%	36%	36%
2. 市人大代表				
3. 市政协委员				
4. 区、县(市)领导代表	8%	8%	11%	11%
5. 区、县(市)机关代表[含部、委、办、局及街道(乡镇)负责人]	8%	8%	8%	9%
6. 社会组织代表(含社区居委会负责人、行业协会负责人、民办非企业单位负责人)	8%	8%	8%	9%
7. 社会监督代表(含老干部、专家学者、省直机关、新闻媒体、绩效信息员及市行风评议代表)	9%	9%	9%	9%
8. 企业代表	12%	12%	8%	6%
9. 市民代表(含城镇居民、外来创业务工人员、农村居民)	25%	25%	20%	20%
合计	100%	100%	100%	100%

(资料来源:中共杭州市委办公厅杭州市人民政府办公厅《关于实施2015年度综合考评的通知》,市委办发〔2015〕86号,2015年11月30日。)

从2015年度的社会评价开始,杭州市正式实施网上社会评价,即"互联网+社会评价"。网上社会评价按照市区统计调查的人口样本比例,结合移动大数据分析经验,根据区域、年龄等因素对移动手机用户进行抽样,有意愿的参与者可通过手机端或PC端的社会评价系统,对市直单位工作作风、工作成效等进行综合评价并提出意见和建议。

具体方法:

(1)用户数据筛选。按照市统计局统计调查使用的城镇人口样本比例,同时结合移动大数据分析经验,对用户按照区域、年龄等因素划分。

区域分布表如表7-11所示。

表 7-11 区域分布表

上城区	下城区	江干区	拱墅区	西湖区	滨江区	萧山区	余杭区	富阳区	合计
13%	17%	21%	11%	14%	4%	9%	6%	5%	100%

年龄分布表如表 7-12 所示。

表 7-12 年龄分布表

18—20 岁	20—29 岁	30—39 岁	40—49 岁	50—59 岁	60 岁以上	合计
10%	20%	20%	20%	20%	10%	100%

注：企业家、科教知识分子等社会群体可根据需要有针对性地进行样本补充，参评单位的用户可予以剔除。

（2）调查意向收集。根据参评代表样本提取要求，首批甄别并抽取移动用户的手机号码清单，以短信方式定向征求用户参评意向（转发的短信反馈无效）。

（3）调查样本确定。市考评办将最终意向参与者的手机号纳入网络社会评价系统"白名单"中。

（4）网络评价触发。社会评价活动开展期间，手机号码纳入"白名单"的网络社会评价参评代表将接到社会评价通知短信，短信包含社会评价网络地址链接，点击链接（或登录电脑输入网址）登录社会评价界面，输入手机号码，触发短信验证码认证为"白名单"中的机主本人再参与社会评价，以防他人以"白名单"中的手机号登录获取样本清单后恶意刷票。

（5）网络评价内容。网络社会评价的评价单位、评价内容、量表设置等同于书面社会评价表，同时提供可查阅的各单位职责与工作亮点等材料，也可留下评价意见。

（6）评价质量要求。参评代表可以对参评单位进行满意度评价，也可对参评单位及非参评单位留下意见和建议，参与问卷调查。对于评价单位数量少于10家、评价选项全部雷同的情况,不得提交评价表。

（7）激励举措。由于涉及的评价单位、评价内容较多,为鼓励参评人员认真参与评价,提出建议,发表观点,对完成满意度评价和问卷调查、留下质量较高的意见和建议的参评代表,分别给予一定的话费(或等值流量)奖励。

（8）结果运用。网络评价结果正式纳入市民层面代表评价结果统计。

（二）综合社会评价的组织实施

一是准备阶段。在开展社会评价前,需要做大量的准备工作,包括评价表设计、样本量确定等。各市直单位需要将本单位的主要工作职责在单位"三定"方案规定的基础上,作简明扼要的概括整理,以200字左右的文字说明单位的主要职责。同时,以"晒亮点"的方式,将当年度主要工作业绩,包括履行主要职能,承担市委、市政府重点工作任务,推进民生保障、公共服务、社会治理和社会评价意见整改中群众关注度高、易感知的突出工作成果等,整理成一篇500字以内的文稿。主要工作职责和年度主要工作业绩的文字说明稿,经各单位主要负责人签名并加盖单位公章后报送市考评办,由市考评办统一编印《杭州市市直单位工作职责与亮点》手册。准备工作就绪后,市委、市政府召开年度综合考评实施动员大会。13个区、县(市)和市直各单位分管负责人,以及负责社会评价的调查人员、部分市民代表(绩效信息员)、省市新闻媒体参加会议。动员大会主要是对年度综合考评工作进行全面部署,市领导对年度综合考评工作作动员讲话,市考评办在大会上通报年度市直单位和区、县(市)综合考评实施办法的有关情况。

二是实施阶段。市考评办按照年度综合考评实施方案,委托城调单位按随机抽样入户调查的方式,对全市居民代表发放社会评价表,并通过邮政专递方式向企业和行业协会等寄送社会评价表,其他各个层面代表的社会评价表由相关主管部门按规定的时间发放到位。市考评办组织编印的《杭州市市直单位工作职责与亮点》也随同评价表发放到各位参评代表手中。评价表要求在参评代表手中有一定的留置时间(一般不少于1天),以便参评代表能够了解单位职责和年度主要工作业绩,从容、客观地作出评价。评价表填妥后,要求参评代表用专用封条密封后提交调查工作人员,按原发放渠道统一回收。为拓宽社会评价参与渠道,网上社会评价同步开放。同时,对外开通社会评价专线电话,接受社会各界的咨询和投诉。

三是统计阶段。评价表回收后,由第三方对社会评价结果进行封闭式数据统计,统计结果按照社会评价计分的方法进行。社会评价表启封和统计结果确认均在纪检监察部门监督下,由公证部门公证。同时,市考评办组织有关部门工作人员对社会评价中征集到的意见和建议进行集中梳理,对社会评价意见做好分类、分办,并综合分析,形成年度社会评价意见报告。

(三) 综合社会评价的结果统计

综合社会评价的结果统计,分为四个步骤。

第一步:计算出各单位在各层面的满意率、比较满意率、基本满意率、不太满意率和不满意率,即:各层面满意率 = 满意票数/(评价票数 - 弃权票数)。

各层面比较满意率、基本满意率、不太满意率和不满意率计算公式依此类推。

第二步:加权计算出各单位平均满意率、平均比较满意率、平均基本满意率、平均不太满意率和平均不满意率,即:平均满意率 = Σ(各层面满意率×各层面权重)×100%。

平均比较满意率、平均基本满意率、平均不太满意率和平均不满意率计算公式依此类推。

第三步:计算出各参评单位评价得分,即:评价得分 = 平均满意率×100 分 + 平均比较满意率×80 分 + 平均基本满意率×60 分 + 平均不太满意率×40 分 + 平均不满意率×0 分。

第四步:计算出各单位当年综合社会评价得分,即:综合社会评价得分 = 评价得分×评价系数。

二、市直单位专项社会评价

专项社会评价是为鼓励绩效责任单位积极承担市委、市政府重点工作任务,勇于克难攻坚而设计的,按照"知情人评知情事"的原则,采用按事项评价的方法,对市委、市政府部署的、由多部门协同推进的事关民生、有较高公众知晓度的年度重点工作任务等,进行一事一评,设置评价系数,再根据评价结果对工作关联单位予以赋分。专项社会评价从 2013 年度起实施,评价事项选取的基本原则不变,具体选取范围每年有所不同,如 2015 年度的专项社会评价事项的选取范围包括:市委、市政府贯彻落实"四个全面"战略布局有关改革、发展、法治、党建等年度重点工作;市政府为民办实事项目等情况。专项社会评价由市考评办委托市绩效评估中心组织第三方实施,与综合社会评价同步进行。2015 年度杭州市市直单位综合考评专项社会评价调查问卷(样表)如表 7-13 所示。

表7-13 杭州市市直单位综合考评专项社会评价调查问卷(样表)

2016年度杭州市市直单位综合考评专项社会评价调查问卷

问卷编码1

填表人基本情况		
性别	□ 男 □ 女	
年龄	□ 16—24岁 □ 25—35岁 □ 36—45岁 □ 46—55岁 □ 55岁以上	
在本地居住时间	□ 1年以内 □ 1—3年 □ 4—6年 □ 7—10年 □ 10年以上	
参评代表身份	□ 市民 □ 企业 □ 党代表、人大代表、政协委员 □ 绩效评估专家 □ 绩效信息员	

专项目标	"四张清单一张网"改革：依法依规完善清单（编写权责清单、推广服务清单、公开专项资金清单、调整制投资项目目录），做优"互联网+政务平台"，强化清单运用（推广办事窗口"综合进件"、深化行政服务网在线办理工作等）。

以下评价内容为2016年有关部门开展"四张清单一张网"改革工作有关情况，请您逐项进行评价。

编号	评价内容	高（好）——>低（差）					不了解
		5	4	3	2	1	
1	**依法依规完善清单**：依法确权定责，完成乡镇（街道）和园区（功能区）权责清单编制，复制推广服务清单；财政专项资金政策文件及预算资金分别压缩了30%和20%，专项资金重点聚焦重点工作和民生项目，健全专项资金设立和退出机制，并对执行过程中需要二次分配的专项资金实行全程监管；及时调整制定杭州市《政府核准的投资项目目录》；各项清单均在浙江政务服务网及时调整公布。	□	□	□	□	□	□
2	**优化"互联网+政务平台"**：优化行政审批信息化系统功能、创新行政审批全流程监管，加强电子证照库建设，将政务服务网平台向区（县、市）、乡镇（街道）、社区延伸，推动政务服务四级联动；接入地铁购票、小客车摇号等14个移动端应用服务资源，将16个执收项目纳入统一公共支付平台，提升"一张网"办事服务能力。	□	□	□	□	□	□
3	**强化清单运用**：创新推广行政审批服务办事窗口升级改造，设置"综合进件"办事窗口，实现"一门受理、一窗办结"；压缩投资项目审批相关部门窗口28个到14个，江干区店招店牌综合进件全天候，减办事时间10个工作日；打造全天候公共服务"杭州模式"，"市民之家"移动APP用户达3.5万，点击率52万余次；实现企业投资负面清单100%由窗口受理、100%由窗口办理、100%由窗口出件；增加专项资金更多的公共服务供给；浙江政务服务网不断深化审批服务事项在线办理，四星及以上审事项168个，执收项目累计收缴1.7亿元。	□	□	□	□	□	□
4	对"四张清单一张网"改革工作的总体评价	□	□	□	□	□	□

意见和建议	

（资料来源：杭州市综合考评委员会办公室。）

（一）确定评价内容和评价指标

以各单位工作举措和成效为评价内容,设计单项评价和总体评价两类评价指标。

（二）确定评价样本

对总体样本量很大的项目,样本规模以置信水平95%、允许误差5%取值,大约为350个。

对总体样本量较小的情况,样本规模按 $n = 350/(1 + 350/N)$ 取值,N 为总体样本量。

具体调查对象根据项目情况,主要分为两类:一类为项目特定服务对象,需请责任单位提供样本或选定区域执行调查;另一类为普通公众,包括固定层面"两代表一委员"、绩效评估专家、绩效信息员等。

（三）评价方式

采用问卷调查。其中,固定层面和特定服务对象可用邮寄调查方式,普通公众一般采用定点拦截或入户调查方式。

（四）统计计算

1. 量标设置

专项社会评价设"5、4、3、2、1"5个量标,分别赋予100、80、60、40、20的分值,另设"不了解"选项,不赋分。

2. 权重设置

（1）样本权重。各项目的调查样本采用同等权重,即平均赋值法。

（2）指标权重。各项目均设置分项指标和总体成效指标,指标权重不同。

3. 难度系数

由固定层面代表和普通市民代表对各项目进行工作难度评价(样表见表7-14)。难度评价设很难、较难、一般、较容易、很容易5个量标,

表 7-14 杭州市市直单位综合考评专项社会评价工作难度调查问卷(样表)

2016年度杭州市市直单位综合考评专项社会评价调查问卷

问卷编码N

填表人基本情况		
性别	□ 男 □ 女	
年龄	□ 16—24岁 □ 25—35岁 □ 36—45岁 □ 46—55岁 □ 55岁以上	
在本地居住时间	□ 1年以内 □ 1—3年 □ 4—6年 □ 7—10年 □ 10年以上	
参评代表身份	□ 市民 □ 党代表、人大代表、政协委员 □ 绩效评估专家 □ 绩效信息员	

请您对2016年杭州市市直单位综合考评专项社会评价项目工作难度进行评价。

编号	评价内容	难→易 5 4 3 2 1	不了解
1	"四张清单一张网"改革:依法依规完善清单(编写权责清单、推广服务清单、公开专项资金清单、调整制投资项目目录),做优"互联网+政务平台",强化清单运用(推广办事窗口"综合进件"、深化行政服务网在线办理等)。	□ □ □ □ □	□
2	信息经济智慧应用("一号工程"):以工厂物联网为切入点加快智能制造,以信息经济特色小镇建设为切入点打造创新业态,以重大战略合作为切入点发展新经济,以通信网络为切入点提升支撑保障能力,探索民生服务新模式,助推经济发展及产业转型。	□ □ □ □ □	□
3	五水共治:治污水(整治排污口、开展"清三河"行动等)、排涝水(建成投运排灌站、改造易淹易涝片区等)、防洪水(强库、固堤及扩排项目)、保供水(闲林水库下闸蓄水、按进度完成千岛湖配水工程等)及抓节水(完成节水器具、"一户一表"改造等)。	□ □ □ □ □	□
4	大气污染整治:燃煤烟气治理(淘汰燃煤小锅炉、开展锅炉超低排放改造等)、工业废气治理(完成杭钢半山地区转型升级、治理重点行业挥发性有机物等)、淘汰黄标车及老旧车、改造混凝土搅拌站、峰会保障工作等方面。	□ □ □ □ □	□
5	治理交通拥堵:坚持公交优先发展(增加公交线路运营里程、公交车辆等)、推进设施建设(建设快速路、续建地铁,新增主城区停车位等)、强化交通管理(视频覆盖治堵道路等)及发展智慧交通(监测分析公交运行速度、完善分流和停车诱导系统等)。	□ □ □ □ □	□
6	治废工作:完成规划编写等顶层设计、推进重点项目建设及稳步推进"三化四分"工作(推广低价值物回收利用试点,深化农贸市场生鲜垃圾源头减量,推进园林垃圾再生利用等)。	□ □ □ □ □	□
7	加强养老服务:提高企业退休人员基本养老金,推进联合创建"敬老文明号",营造尊老敬老的良好社会氛围,改造提升50家居家养老服务照料中心。	□ □ □ □ □	□
8	建设健康城市:推进"名院集团化办医"和"双下沉、两提升",拓展完善"智慧医疗"和医养护一体化服务体系。联动推进医疗、医药、医保改革,加强精神卫生工作,加快杭州老年病医院、精神病医院规划建设。开展全民健身活动。加强公共场所吸烟管理。	□ □ □ □ □	□
9	优化人才生态:落实"人才新政27条",推出人才"若干意见22条",支持国千、省千、市"521"等各类人才创业创新;筹建西湖大学,成立西溪高等研究院,举办国际人才大会和创新创业大赛;培育市金融、信息经济、文化创意、旅游休闲人才协会和市人才猎头委员会,提升"店小二"人才服务。	□ □ □ □ □	□

(资料来源:杭州市综合考评委员会办公室。)

分别赋予分值,各项目统计难度得分,并将本项目难度得分除以所有项目难度得分平均值,作为本项目的难度系数。

4. 结果计算

计算公式:各项目得分 = 分项指标合计得分/指标项数×权重 + 总体成效指标得分×权重×难度系数

专项社会评价分值比例。当市直单位参加专项社会评价事项为1项时,其专项社会评价分值比例为社会评价总分值的10%(5分);若为2项时,专项社会评价分值比例为20%;若为3项时,专项社会评价分值比例为30%;若单位参加专项社会评价事项大于或等于4项时,专项社会评价分值比例为40%。

专项社会评价设置评价系数,为1.01。

专项社会评价得分 = Σ专项社会评价项目得分/单位参评项目总数×参评单位系数×专项社会评价评价系数×专项社会评价比例

三、区、县(市)社会评价

区、县(市)社会评价内容为区、县(市)党委、政府在经济建设、社会管理、公共服务、依法行政及自身建设等方面的工作业绩和社会效果(满意度测评)。区、县(市)综合考评社会评价表样表见表7-15。

(一) 区、县(市)社会评价的参与主体与权重

在区、县(市)社会评价中,评价层面的设置以当地参评代表为主,在凸显市民代表主体地位的基础上,扩大基层代表的范围,体现了"让人民评判,让人民满意"的核心价值观。评价主体的五个层面及各层面的权重设置详见表7-16。

表 7-15　杭州区、县（市）综合考评社会评价表（样表）

2016年度区、县（市）综合考评社会评价表

填表人基本情况	区县(市)	☐ 上城区　☐ 下城区　☐ 江干区　☐ 拱墅区　☐ 西湖区 ☐ 杭州高新开发区（滨江）　☐ 萧山区　☐ 余杭区　☐ 富阳区 ☐ 桐庐县　☐ 建德市　☐ 临安市
	身份	☐ 市民代表　☐ 党代表　☐ 人大代表　☐ 政协委员　☐ 老干部代表 ☐ 企业代表　☐ 街道乡镇代表　☐ 部委办局代表　☐ 社区居委会代表　☐ 行政村村委代表

编号	评价内容	综合评价					弃权
		满意	比较满意	基本满意	不太满意	不满意	
1	您对物质生活改善情况是否满意	☐	☐	☐	☐	☐	☐
2	您对本区、县（市）公共文化生活是否满意	☐	☐	☐	☐	☐	☐
3	您对本区、县（市）公民道德素质和社会风气是否满意	☐	☐	☐	☐	☐	☐
4	您对本区、县（市）政府提供的就业服务是否满意	☐	☐	☐	☐	☐	☐
5	您对本区、县（市）城乡扶贫济困是否满意	☐	☐	☐	☐	☐	☐
6	您对本区、县（市）义务教育是否满意	☐	☐	☐	☐	☐	☐
7	您对本区、县（市）医疗服务是否满意	☐	☐	☐	☐	☐	☐
8	您对本区、县（市）环境卫生状况是否满意	☐	☐	☐	☐	☐	☐
9	您对本区、县（市）社会治安状况是否满意	☐	☐	☐	☐	☐	☐
10	您对本区、县（市）安全生产状况是否满意	☐	☐	☐	☐	☐	☐
11	您对本区、县（市）政务公开、依法办事情况是否满意	☐	☐	☐	☐	☐	☐
12	您对本区、县（市）基层民主政治建设是否满意	☐	☐	☐	☐	☐	☐
13	您对本区、县（市）党政机关工作作风和办事效率是否满意	☐	☐	☐	☐	☐	☐
14	您对本区、县（市）选拔任用干部情况是否满意	☐	☐	☐	☐	☐	☐
15	您对本区、县（市）党风廉政建设是否满意	☐	☐	☐	☐	☐	☐
16	您对本区、县（市）党委、政府领导班子作风状况是否满意	☐	☐	☐	☐	☐	☐
17	您对本区、县（市）党委、政府工作的总体评价	☐	☐	☐	☐	☐	☐
	请您对本区、县（市）党委、政府2016年度为民办实事项目进行评价						

（资料来源：杭州市综合考评委员会办公室。）

表7-16 各区、县(市)社会评价主体权重设置情况

样本来源[均为所在区、县(市)]	所占权重
1. 市民代表(按照各地情况确定城镇人口与农业人口的比例)	40%
2. 各级党代表、人大代表、政协委员及老干部代表	25%
3. 企业代表	15%
4. 部委办局和街道(乡镇)代表	10%
5. 社区居委会和行政村村委会代表	10%
合计	**100%**

(资料来源:中共杭州市委办公厅 杭州市人民政府办公厅《关于实施2015年度综合考评的通知》,市委办发〔2015〕86号,2015年11月30日。)

区、县(市)社会评价的样本量,以滨江区的人口为基数,核定800个样本量,其他各区、县(市)总人口比滨江区每增加10万人,样本量增加100个(各地人口数以第六次人口普查数据为准)。具体见表7-17。

表7-17 各区、县(市)社会评价样本量

区、县(市)	样本数量(人)
上城区	800
下城区	1 000
江干区	1 100
拱墅区	1 000
西湖区	1 200
杭州高新开发区(滨江)	800
萧山区	2 000
余杭区	1 600
富阳区	1 200
桐庐县	900
淳安县	800
建德市	900
临安市	1 000
合计	**14 300**

(资料来源:中共杭州市委办公厅 杭州市人民政府办公厅《关于实施2015年度综合考评的通知》,市委办发〔2015〕86号,2015年11月30日。)

市民与企业层面的样本以入户调查方式随机产生;各级党代表、人大代表、政协委员及老干部,部委办局和街道乡镇代表,社区居委会和行政村村委会代表名单由各区、县(市)提供,由杭州市绩效评估中心按样本量设计要求随机抽样产生投票人员。

(二) 区、县(市)社会评价的组织实施

区、县(市)社会评价的组织实施由市考评办委托市绩效评估中心组织实施。主要通过两种方式开展:一是入户调查,二是信函调查。为保证调查数据的客观与有效性,根据受访群体的特征,选择了不同的方式。对市民代表实行入户调查,问卷当场发放,统一回收。对各级党代表、人大代表、政协委员及老干部,企业代表,部委办局和街道(乡镇)代表,社区居委会和行政村村委会代表四个层面的社会评价表,由于身份的固定以及可及性,则通过邮寄方式按区域进行发放、回收。

(三) 区、县(市)社会评价的结果统计

区、县(市)社会评价结果的计算采用横向评价和纵向评价相结合的方法,当年社会评价得分占80%的权重,当年得分与前三年标准值相比(即纵向比较)占20%的权重,计算出年度社会评价最终得分,即:社会评价最终得分 = 当年得分×80% + 当年得分×20%×[1 + (当年得分 – 前三年标准值)/当年得分],其中,前三年标准值 = 前第一年得分×50% + 前第二年得分×30% + 前第三年得分×20%。

社会评价结果按30%的权重折算,计入综合考评得分。

第三节　领导考评

领导考评采用要素评分法,由市四套领导班子成员及市中级人民法院院长、市检察院检察长,对市直各单位和区、县(市)党委、政府贯彻落实市委、市政府各项工作任务情况及领导本部门、本地区工作的成效进行组织内部评估。

一、领导考评的组织实施

领导考评由市考评办负责组织实施。在年度综合考评启动后,市考评办将领导考评表送交市四套领导班子成员及市中级人民法院院长、市检察院检察长进行评价,评价结果密封后交市考评办统计汇总。

二、领导考评的结果评定

(一)市直单位领导考评的结果评定

杭州市直单位综合考评领导考评于2005年开始实施。领导考评采用5分制标准组评分法,设"1—5分"五个档次,同时设置"不了解",对"不了解"赋3分;对部分单位不作评价的,视同"不了解",赋3分;出现对全部单位都不作评价的,作为废票,不计入统计结果。评分标准见表7-18,领导考评表样表见表7-19。

表 7-18 领导考评五分制打分标准表

分值	评分标准
5 分	能出色完成各项工作目标和市委、市政府交办的任务,创新创优成绩突出,社会效果好 部门工作在全国同行业内处于领先水平;部门工作对全市贡献程度大
4 分	能较好地完成各项工作目标和市委、市政府交办的任务,社会效果较好 部门工作在全国同行业内处于较高水平;部门工作对全市贡献程度较大
3 分	能完成各项工作目标和市委、市政府交办的任务,社会效果一般 部门工作在全国同行业内处于一般水平;部门工作对全市贡献程度一般
2 分	没有如期完成部分工作目标和市委、市政府交办的任务 部门工作在全国同行业内处于较低水平;部门工作对全市贡献程度较小
1 分	没能完成工作目标和市委、市政府交办的任务,影响全局工作 部门工作在全国同行业内处于落后水平;部门工作对全市贡献程度小

表 7-19　杭州市直单位综合考评领导考评表

表1-1

2016年度杭州市直单位综合考评领导考评表

评分标准：
- 5分：能出色完成各项工作和市委、市政府交办任务，创新创优成绩突出，社会效果好，部门工作在全国同行业内处于领先水平，部门工作对全市贡献程度大。
- 4分：能较好地完成各项工作和市委、市政府交办任务，社会效果较好，部门工作在全国同行业内处于较高水平，部门工作对全市贡献程度较大。
- 3分：能完成各项工作目标和市委、市政府交办任务，社会效果一般，部门工作在全国同行业内处于一般水平，部门工作对全市贡献程度一般。
- 2分：未如期完成部分工作目标和市委、市政府交办任务，部门工作在全国同行业内处于较低水平，部门工作对全市贡献程度较小。
- 1分：未能完成工作目标和市委、市政府交办任务，影响全局工作，部门工作在全国同行业内处于落后水平，部门工作对全市贡献程度小。

综合考评参评单位

编号	参评单位名称	考评结果 5分	4分	3分	2分	1分	不了解	编号	参评单位名称	考评结果 5分	4分	3分	2分	1分	不了解
1	市城管委(市城管执法局)	□	□	□	□	□	□	27	杭州经济开发区管委会	□	□	□	□	□	□
2	市公安局	□	□	□	□	□	□	28	杭州大江东产业集聚区管委会	□	□	□	□	□	□
3	市市场监管局(市工商局、市食品药品监管局)	□	□	□	□	□	□	29	市公安消防局	□	□	□	□	□	□
4	市住房保障局	□	□	□	□	□	□	30	杭州公积金中心	□	□	□	□	□	□
5	市人力社保局	□	□	□	□	□	□	31	市经信委	□	□	□	□	□	□
6	市环保局	□	□	□	□	□	□	32	市发改委	□	□	□	□	□	□
7	市卫生计生委	□	□	□	□	□	□	33	市商务委(市粮食局、跨境综办)	□	□	□	□	□	□
8	市交通运输局	□	□	□	□	□	□	34	市科委(市知识产权局、市地震局)	□	□	□	□	□	□
9	市物价局	□	□	□	□	□	□	35	市人防办(市民防局)	□	□	□	□	□	□
10	市教育局	□	□	□	□	□	□	36	杭州文广集团(杭州广播电视台)	□	□	□	□	□	□
11	市规划局(市测绘与地理信息局)	□	□	□	□	□	□	37	杭报集团(杭州日报社)	□	□	□	□	□	□
12	市建委	□	□	□	□	□	□	38	市档案局(市档案馆)	□	□	□	□	□	□
13	市国土资源局	□	□	□	□	□	□	39	市民族宗教局	□	□	□	□	□	□
14	市财政局(市地税局)	□	□	□	□	□	□	40	市国资委	□	□	□	□	□	□
15	市质监局	□	□	□	□	□	□	41	市金融办	□	□	□	□	□	□
16	杭州西湖风景名胜区管委会(市园文局、市运河综保委)	□	□	□	□	□	□	42	市农办	□	□	□	□	□	□
17	市民政局(市老龄工办)	□	□	□	□	□	□	43	市法制办	□	□	□	□	□	□
18	市信访局("12345"市长公开电话受理中心)	□	□	□	□	□	□	44	市供销社	□	□	□	□	□	□
19	市旅委	□	□	□	□	□	□	45	市外办(市港澳办)	□	□	□	□	□	□
20	市农业局(市水产局)	□	□	□	□	□	□	46	市侨办	□	□	□	□	□	□
21	市安全监管局(市安委办)	□	□	□	□	□	□	47	市经合办	□	□	□	□	□	□
22	市文广新闻出版局(市版权局)	□	□	□	□	□	□	48	市委组织部(市委人才办)	□	□	□	□	□	□
23	市林水局	□	□	□	□	□	□	49	市委宣传部(市文明办)	□	□	□	□	□	□
24	市体育局(市体育总会)	□	□	□	□	□	□	50	市委统战部	□	□	□	□	□	□
25	市司法局	□	□	□	□	□	□	51	市委政法委(市综治办)	□	□	□	□	□	□
26	市审管办(市公共资源交易管委会办公室)	□	□	□	□	□	□	52	市编委办	□	□	□	□	□	□

(续表)

表1-2

2016年度杭州市直单位综合考评领导考评表

综合考评参评单位

编号	参评单位名称	考评结果 5分 4分 3分 2分 1分	不了解	编号	参评单位名称	考评结果 5分 4分 3分 2分 1分	不了解
53	市直机关工委	☐☐☐☐☐	☐	59	市文联	☐☐☐☐☐	☐
54	市委党史研究室	☐☐☐☐☐	☐	60	市科协	☐☐☐☐☐	☐
55	市委党校(市行政学院、市社会主义学院)	☐☐☐☐☐	☐	61	市侨联	☐☐☐☐☐	☐
56	市总工会	☐☐☐☐☐	☐	62	市残联	☐☐☐☐☐	☐
57	团市委	☐☐☐☐☐	☐	63	市社科联(市社科院)	☐☐☐☐☐	☐
58	市妇联	☐☐☐☐☐	☐				

综合考评非参评单位

编号	参评单位名称	考评结果 5分 4分 3分 2分 1分	不了解	编号	参评单位名称	考评结果 5分 4分 3分 2分 1分	不了解
64	市委办公厅(市委政研室、市委改革办)	☐☐☐☐☐	☐	89	杭州检验检疫局	☐☐☐☐☐	☐
65	市人大常委会机关	☐☐☐☐☐	☐	90	市邮政管理局	☐☐☐☐☐	☐
66	市政府办公厅(市政府研究室)	☐☐☐☐☐	☐	91	市气象局	☐☐☐☐☐	☐
67	市政协机关	☐☐☐☐☐	☐	92	市烟草局	☐☐☐☐☐	☐
68	市纪委(市监察局)机关	☐☐☐☐☐	☐	93	国网杭州供电公司	☐☐☐☐☐	☐
69	市法院	☐☐☐☐☐	☐	94	杭州邮政公司	☐☐☐☐☐	☐
70	市检察院	☐☐☐☐☐	☐	95	杭州电信公司	☐☐☐☐☐	☐
71	杭州城西科创产业集聚区管委会	☐☐☐☐☐	☐	96	杭州移动公司	☐☐☐☐☐	☐
72	市委老干部局(市关工委)	☐☐☐☐☐	☐	97	杭州联通公司	☐☐☐☐☐	☐
73	市委台办(市台办)	☐☐☐☐☐	☐	98	市委610办公室	☐☐☐☐☐	☐
74	市审计局	☐☐☐☐☐	☐	99	市国安局	☐☐☐☐☐	☐
75	市统计局(市调查局)	☐☐☐☐☐	☐	100	市政府驻北京办事处	☐☐☐☐☐	☐
76	市机关事务局	☐☐☐☐☐	☐	101	市政府驻上海(深圳)办事处	☐☐☐☐☐	☐
77	市钱江新城管委会	☐☐☐☐☐	☐	102	市农科院	☐☐☐☐☐	☐
78	市商旅集团	☐☐☐☐☐	☐	103	西泠印社社委会	☐☐☐☐☐	☐
79	市城投集团	☐☐☐☐☐	☐	104	民革市委会	☐☐☐☐☐	☐
80	市交投集团	☐☐☐☐☐	☐	105	民盟市委会	☐☐☐☐☐	☐
81	市地铁集团	☐☐☐☐☐	☐	106	民建市委会	☐☐☐☐☐	☐
82	市金融投资集团	☐☐☐☐☐	☐	107	民进市委会	☐☐☐☐☐	☐
83	市运河集团	☐☐☐☐☐	☐	108	农工党市委会	☐☐☐☐☐	☐
84	市贸促会(市国际商会)	☐☐☐☐☐	☐	109	致公党市委会	☐☐☐☐☐	☐
85	市国税局	☐☐☐☐☐	☐	110	九三学社市委会	☐☐☐☐☐	☐
86	国家统计局杭州调查队	☐☐☐☐☐	☐	111	市工商联	☐☐☐☐☐	☐
87	杭州海关(在杭单位)	☐☐☐☐☐	☐	112	市红十字会	☐☐☐☐☐	☐
88	杭州铁路公安处	☐☐☐☐☐	☐				

(资料来源:杭州市综合考评委员会办公室。)

领导考评得分计算方法:领导考评得分 = Σ 各位领导考评得分/(总票数 – 无效票数)。

(二) 区、县(市)领导考评的结果评定

由市四套领导班子成员,市法院院长、市检察院检察长,对各区、县(市)领导班子的领导力、执行力、协作力、创新力和总体工作业绩进行综合评价。领导考评表样表见表7-20。

表7-20 杭州区、县(市)综合考评领导考评表(样表)

2016年度杭州区、县(市)综合考评领导考评表

区、县(市)	领导力(15%)					执行力(15%)					协作力(15%)					创新力(15%)					总体工作业绩(40%)				
	很好	较好	一般	较差	差	很好	较好	一般	较差	差	很好	较好	一般	较差	差	很好	较好	一般	较差	差	很好	较好	一般	较差	差
上城区	○	○	○	○	○	○	○	○	○	○	○	○	○	○	○	○	○	○	○	○	○	○	○	○	○
下城区	○	○	○	○	○	○	○	○	○	○	○	○	○	○	○	○	○	○	○	○	○	○	○	○	○
江干区	○	○	○	○	○	○	○	○	○	○	○	○	○	○	○	○	○	○	○	○	○	○	○	○	○
拱墅区	○	○	○	○	○	○	○	○	○	○	○	○	○	○	○	○	○	○	○	○	○	○	○	○	○
西湖区	○	○	○	○	○	○	○	○	○	○	○	○	○	○	○	○	○	○	○	○	○	○	○	○	○
杭州高新开发区(滨江)	○	○	○	○	○	○	○	○	○	○	○	○	○	○	○	○	○	○	○	○	○	○	○	○	○
萧山区	○	○	○	○	○	○	○	○	○	○	○	○	○	○	○	○	○	○	○	○	○	○	○	○	○
余杭区	○	○	○	○	○	○	○	○	○	○	○	○	○	○	○	○	○	○	○	○	○	○	○	○	○
富阳区	○	○	○	○	○	○	○	○	○	○	○	○	○	○	○	○	○	○	○	○	○	○	○	○	○
桐庐县	○	○	○	○	○	○	○	○	○	○	○	○	○	○	○	○	○	○	○	○	○	○	○	○	○
淳安县	○	○	○	○	○	○	○	○	○	○	○	○	○	○	○	○	○	○	○	○	○	○	○	○	○
建德市	○	○	○	○	○	○	○	○	○	○	○	○	○	○	○	○	○	○	○	○	○	○	○	○	○
临安市	○	○	○	○	○	○	○	○	○	○	○	○	○	○	○	○	○	○	○	○	○	○	○	○	○

(资料来源:杭州市综合考评委员会办公室。)

考评标准设置"很好""较好""一般""较差"和"差"5 个量表,以百分制计分法,分别赋予 100、80、60、40、20 的分值。

领导考评的结果采用百分制计分法,领导考评得分按5%的权重折算后,计入综合考评总分。具体统计分为三步:

第一步,计算出各区、县(市)在领导力、执行力、协作力、创新力和总体工作业绩评价五项考评内容中很好、较好、一般、较差、差 5 个等级

所占的比率;

第二步,计算出5项考评内容各分项的得分;

第三步,计算出各区、县(市)领导考评得分。

领导考评得分 = 领导力得分×0.15 + 执行力得分×0.15 + 协作力得分×0.15 + 创新力得分×0.15 + 总体工作业绩评价得分×0.4

第四节 创新评估

创新评估由市考评办组织专家对市直单位和区、县(市)申报的创新创优(特色创新)项目进行绩效评估。

一、评估标准

(一) 市直单位创新创优项目评估标准

市直单位创新创优项目在通过市考评办的核验后,进入两轮专家绩效评估,即专业评审和综合评估。

1. 专业评审标准

专业评审由市考评办组织相关领域的专家,对通过核验的创新创优项目进行网上远程专业评审。评估从项目的合法性、突破性、可行性、先进性、可持续性和可推广性等方面来设置评估指标,并根据不同评估指标的重要程度设置不同的权重,评估量标从高到低设置6个档次(5—0)。专家经过评审后,作出是否同意进入综合评估的意见。专业评审标准见表7-21。

表7-21　杭州市市直单位创新创优项目专业评审标准

序号	评估指标	权重	评估量标(高→低)
1	该项目创新的目标是否明确,是否符合改革创新的方向和法治原则?	20%	□5 □4 □3 □2 □1 □0
2	该项目是否在重点领域和关键环节取得突破?	30%	□5 □4 □3 □2 □1 □0
3	该项目解决问题的路径、方法和措施是否得当?	20%	□5 □4 □3 □2 □1 □0
4	根据您的专业背景和信息查询情况判断,该项目在国内外是否处于先进水平?	15%	□5 □4 □3 □2 □1 □0
5	该项目是否具有可持续性和推广价值?	15%	□5 □4 □3 □2 □1 □0

注：1. 专业评审得分满分为100分,按30%的权重计入创新创优绩效评估总分。
　　2. 评估设6级量标,赋分标准依次为100、80、60、40、20、0。

2. 综合评估标准

创新创优项目综合评估包括重要程度(30%)、突破程度(30%)、效益程度(40%)三个指标。针对不同类型的项目,制定了不同的评估标准。综合评估标准见表7-22。

重要程度主要评估该项目是否符合改革创新的方向和法治原则;解决杭州现实问题或长远发展问题的针对性;项目的创新价值及对推进杭州经济社会发展和提升城市形象的重要意义。

突破程度主要评估该项目是否在重点领域或关键环节有所突破;突破是否具有整体性和系统性;创新的层次和水平;是否针对存在的突出矛盾和问题取得有效的突破;突破的深度和力度。

效益程度主要评估该项目的社会影响和受益面;项目的投入与产出,资源调配使用的合理性、有效性;项目的可持续性、可推广性。评估量标从高到低设置6个档次(5—0)。

评估量标从高到低设置11个等级(10—0)。

表 7-22 杭州市市直单位创新创优项目综合评估标准
（不含提升服务质量项目）

指标	权重	类型	评估指标	评估量标（高→低）
重要程度	30%	创新 克难攻坚	是否符合改革创新的方向和法治原则；解决杭州现实问题或长远发展问题的针对性；项目的创新价值及对推进杭州经济社会发展和提升城市形象的重要意义。	□10 □9 □8 □7 □6 □5 □4 □3 □2 □1 □0
		创优	项目对推进杭州经济社会发展的重要意义；对提升杭州知名度和美誉度的价值。	□10 □9 □8 □7 □6 □5 □4 □3 □2 □1 □0
突破程度	30%	创新	是否在重点领域或关键环节有所突破；突破是否具有整体性和系统性；创新的层次和水平。	□10 □9 □8 □7 □6 □5 □4 □3 □2 □1 □0
		创优	获奖的档次和难易程度。	□10 □9 □8 □7 □6 □5 □4 □3 □2 □1 □0
		克难攻坚	是否针对存在的突出矛盾和问题取得有效的突破；突破的深度和力度。	□10 □9 □8 □7 □6 □5 □4 □3 □2 □1 □0
效益程度	40%	创新 创优 克难攻坚	项目的社会影响和受益面；项目的投入与产出，资源调配使用的合理性、有效性；项目的可持续性、可推广性。	□10 □9 □8 □7 □6 □5 □4 □3 □2 □1 □0

注：1. 综合评估得分满分为100分，按70%的权重计入创新创优绩效评估总分。
2. 评估设11级量标，赋分标准依次为100、90、80、70、60、50、40、30、20、10、0。
3. 本表中的创优项目指的是综合性表彰奖励成果，不包括提升服务质量的项目。

对创优目标中的提升服务质量项目，专门制定了不同的评估标准（见表7-23）。

表 7-23 杭州市市直单位提升服务质量项目综合评估标准

指标	权重	评估指标	评估量标（高→低）
匹配程度	10%	提供的服务基础（时间、地点、环境、设施）是否符合项目的特点和要求，服务的便利程度。	□10 □9 □8 □7 □6 □5 □4 □3 □2 □1 □0
规范程度	30%	信息公开是否完整、及时，查询便捷，服务专业化、标准化程度，过程规范、透明，问题处理、反馈机制健全。	□10 □9 □8 □7 □6 □5 □4 □3 □2 □1 □0

（续表）

指标	权重	评估指标	评估量标（高→低）
优化程度	30%	项目在理念、体制、机制、流程等方面的创新和优化程度。	□10 □9 □8 □7 □6 □5 □4 □3 □2 □1 □0
效益程度	30%	项目的社会或经济效益、社会影响；项目的投入与产出的合理性、供给效率的高低；服务效率和质量的提升是否明显。	□10 □9 □8 □7 □6 □5 □4 □3 □2 □1 □0

注：1. 综合评估得分满分为100分，按70%的权重计入创新创优绩效评估总分，其他30%为服务对象满意度测评得分。

2. 评估设11级量标，赋分标准依次为100、90、80、70、60、50、40、30、20、10、0。

（二）区、县（市）特色创新目标评估标准

1. 核验标准

核验是对目标是否按申报的内容、要求如期保质保量完成，是否有一定的应用实施期以发挥其成效，以及申报验收的材料是否真实、准确、完整等情况进行程序性的检查与审核。具体标准设置为目标完成程度、项目创新程度、成效显现程度、材料完备程度四项指标。核验标准见表7-24。

表7-24 杭州区、县（市）综合考评特色创新目标核验标准

指标	权重	评分标准
目标完成程度	30%	全面完成。目标按申报的内容、要求如期保质保量完成。
		基本完成。完成目标任务的90%以上。
		部分完成。完成目标任务的90%以下、40%以上。
		少量完成。完成目标任务的40%以下。
项目创新程度	30%	有印证材料证明该目标为国内首创（系整体原创或独创）或极具特色。
		有印证材料证明该目标为国内首创（系部分原创或独创）或具有显著特色。
		有印证材料证明该目标为省内首创或较具特色。
		印证材料不够充分，特色性、创新性不够明显。

(续表)

指标	权重	评分标准
成效显现程度	30%	目标有较长的应用实施期(三个月以上),成效显著。
		目标有较长的应用实施期(三个月以上),成效明显。
		目标有较长的应用实施期(三个月以上),成效初步显现。
		目标的应用实施期较短(不到三个月),成效不够明显。
材料完备程度	10%	申请验收材料报送及时,台账齐全完整,真实无误。
		申请验收材料报送及时,台账基本完整,真实无误。
		申请验收材料报送不及时,台账不够完整。
		申请验收材料报送不及时,台账不够完整,有明显差错。

2. 绩效评估标准

绩效评估主要是对目标组织实施的综合性、复杂性等难易程度,特色创新程度,目标实施的成本投入(包括资金、人力及相关资源的支配和调用)、效益产出(即目标完成后取得的实际成果和可预期效益,包括社会效益、经济效益、管理效益,直接效益、间接效益,近期效益、远期效益),目标实施后直接受益面和对当地经济社会发展所起的作用和贡献度,以及目标产生影响的大小和在全国的推广示范效应等情况进行专家评估(见表7-25)。

表7-25 杭州区、县(市)综合考评特色创新目标专家评估标准

指标	权重	分值	高 评估系数 1—0.8	较高 评估系数 0.7—0.6	一般 评估系数 0.5—0.3	较低 评估系数 0.2—0
难度	30%	0.9	综合性强,需协调配合的部门多,组织实施过程复杂;需解决的问题突出,涉及面广,难度大;属综合性、全局性重大突破和创新,特色性、创新性强。	综合性较强,需协调配合的部门较多,组织实施过程较复杂;需解决的问题较突出,涉及面较广,难度较大;属局部性、行业性较大突破和创新,特色性、创新性较强。	综合性一般,需协调配合的部门不多,组织实施过程不复杂;需解决的问题不够突出,涉及面较小,难度一般;属单一性工作改进和创新,特色性、创新性一般。	内容比较单一,不需要其他部门协调配合,组织实施过程较简单;需解决的问题不突出,工作单一、涉及面极小,难度较小;属一般性工作改进,特色性、创新性较低。

(续表)

指标	权重	分值	高 评估系数 1—0.8	较高 评估系数 0.7—0.6	一般 评估系数 0.5—0.3	较低 评估系数 0.2—0
效度	40%	1.2	资源使用合理，投入与产出比高，直接受益面大，对当地经济社会又好又快发展具有重大意义，贡献很大，有显著的社会效益或经济效益。	资源使用较合理，投入与产出比较高，直接受益面较大，对当地经济社会又好又快发展具有重要意义，贡献较大，有较显著的社会效益或经济效益。	资源使用基本合理，投入与产出比一般，直接受益面不大，对当地经济社会又好又快发展具有一定的意义，贡献一般，有一定的社会效益或经济效益。	资源使用不够合理，投入与产出比较低，直接受益面很小，对当地经济社会又好又快发展意义不大，成效不明显。
广度	30%	0.9	社会影响面广，公众认可度高；具有很强的推广示范效应。	社会影响面较广，公众认可度较高；具有较强的推广示范效应。	社会影响面一般，公众认可度一般；推广示范效应不够强。	社会影响面、公众认可度均较小；无推广示范效应。

二、评估程序

市直单位创新创优项目绩效评估可划分为申请验收与核验、专业评审和综合评估三个阶段。

（一）申请验收与核验

在这一阶段，申报单位要全面分析创新创优项目的实施情况，认真做好自评，并按要求填写创新项目申请验收表，在市考评办规定的时间内，通过杭州"数字考评"系统提交创新创优项目申请验收表、上传相关印证材料的电子文本。验收表的填写要求简明扼要，突出重点，不超过规定字数。相关印证材料要选择能充分证明创新创优重要程度、突破程度、效益程度的，与申请验收表中"对答问题"相匹配的材料，同时明确是否在创新绩效评估现场进行陈述。

市考评办收到申请验收的材料后，结合年度目标检查考核或根据实际情况，组织力量对创新创优项目申请验收材料的真实性、完整性等进行检查和核实,必要时委托第三方实施。项目没有如期完成,或完成较差,或申请验收材料弄虚作假的,不进入下一个评审程序。

同时,市考评办将各单位申请验收的创新创优项目实施情况,在"中国杭州"政府门户网站和"杭州考评网"上进行公示,征求社会公众的意见,公示期一般为7个工作日。

(二) 专业评审

通过核验的创新创优项目,市考评办按照项目类别分类,并组织相关领域(行业)的专家对项目进行专业性的评估和审查。

专业评审采用网上远程分组评审的方式进行。在综合专业评审得分和专家不同意进入综合评估得票数(半数以上)的基础上,淘汰20%的申报项目。通过专业评审的项目,市考评办以《杭州市市直单位目标考核基本情况告知书》告知相关申报单位,进入综合评估程序。

(三) 综合评估

市考评办根据评估项目数量,如项目数在60个以上的,一般分成两个专家组,并确定各单位参加评估的组别、顺序及具体时间。综合评估实行电子化评审,各申报单位无需提供纸质材料。评估采取听取陈述或查看评估材料、现场提问、专家独立打分、当场公布评估结果等程序与方式进行。

陈述或查看评估材料。陈述单位进场后,主持人宣布开始,计时员开始计时。参评单位向专家组陈述创新创优项目实施情况。陈述中可配合演示PPT资料。陈述时间控制在10分钟以内。陈述接近规定时间时(陈述到8分钟时),计时员予以提醒;到达规定时间时,计时员予以叫停,陈述即行中止。不陈述的单位在评估开始后8分钟进场,回答专家提问。

专家组提问。提问环节开始后,专家组成员向评估对象提问。被评估单位回答专家组提问应简明扼要,每个问题的回答时间不超过2

分钟。提问和回答问题总的时间不超过 5 分钟,联合创新项目为 10 分钟。

评估打分。评估专家实行独立打分,即对各单位创新创优项目的重要程度、突破程度和效益程度进行专家现场综合性评估打分。对于联合创新项目,专家还要对参与单位与创新项目的关联度和贡献度进行评判打分。

计分。专家提交电子评估表,由综合评估系统汇总统计。统计时取平均分作为参评单位专家评估分,经复核后,提交评估主持人。

公布结果。创新创优综合评估得分由评估主持人当场公布。

区、县(市)的特色创新目标绩效评估与市直单位创新创优项目综合评估程序基本相同,但增加了一个点评环节。专家独立打分后,由专家组确定 2—3 名专家,对本项目进行点评,包括项目的特色、创新点、存在的问题,以及今后改进的方向等意见和建议,时长 5 分钟。

三、结果评定

(一) 市直单位创新创优项目绩效评估结果评定

由于市直单位评估项目较多,分成 2 个组进行评估,为保证评估结果的科学性、公平性,对两个专家组评估得分必要时作均值化处理。具体做法是,在专家评估会前组织试评估,选择上年度不同类别的 4 家单位创新创优目标(2 家得分较高、2 家得分较低),由 2 组专家分别进行再评估,2 组专家试评估得分的均差作为均值化处理依据。均值化处理按得分较高的组别调整。

在权重配置上,专业评审得分满分为 100 分,按 30% 的权重计入创新创优绩效评估总分;综合评估得分满分为 100 分,按 70% 的权重计入创新创优绩效评估总分。提升服务质量类项目综合评估按照《杭州市市直单位提升服务质量项目考核实施细则》执行,服务对象满意度测评分值占创新创优项目绩效评估总分的30%,综合评估分值占70%。创新创优项目没有如期完成,或完成较差,或申报材料弄虚作假的,该项目不得分,并视情在综合考评分值内倒扣0.3—1分。

对联合申报的创新创优目标,凡选自《杭州市政府创新选题目录》、市委全面深化改革领导小组年度重点改革任务的,牵头单位、配合单位在各自的职责范围内有所创新突破且工作量均等(年底申请验收时提供相应的印证材料),年终根据实际成效和考核情况,可全额赋分。其他联合申报目标(包括虽选自政府创新选题目录或重点改革任务,但工作量不均等的目标),牵头单位按实际评估结果全额赋分,配合单位根据对项目的关联度和贡献度,按实际评估结果的90%、80%、70%、60%赋分。为了客观、全面地评估联合创新项目的绩效,2016年度对联合创新项目的评估办法作了完善,专家对整个项目进行综合评估的同时,对参与单位的工作关联度进行专项评估(含关联度、贡献度两项指标),市考评办综合专项评估得分系数和牵头单位提出的赋分建议及核验情况,确定参与单位的赋分比例。对于既有单独申报又有联合申报项目的单位,取较高得分为该单位当年度创新创优绩效评估得分。

创新创优最终得分,按"专业评审得分×30% + 综合评估得分×70%"(其中提升服务质量项目按"服务对象满意度测评×30% + 综合评估得分×70%")计算。

(二) 区、县(市)特色创新目标绩效评估结果评定

特色创新目标绩效考核设定分值5分,由核验、满意度测评和绩效评估三部分组成。其中,核验占特色创新目标设定分值的20%,即1分;满意度测评占特色创新目标设定分值的20%,即1分;绩效评估占特色创新目标设定分值的60%,即3分。

第五节 综合考评结果的确定

一、市直单位综合考评结果汇总

市直单位综合考评得分由目标考核、社会评价、领导考评得分,再加上创新创优附加分四部分构成。

(1)目标考核的最终得分由市考评办汇总审核,对完成基本目标(含一般挑战性挑战指标)满分按 95 分赋分,剩余 5 分作为关键性挑战指标的加分空间,以进一步拉开差距、体现差别。具体计分办法如下:

第一步,根据绩效考核目标(包括关键指标、职能指标、通用指标、重点工作目标、部门协作目标和诉求回应目标)考核得分,按照 80% 的分值权重,计算其实际得分Ⅰ,即:Ⅰ=[绩效考核目标(不含自身建设目标)得分/绩效考核目标(不含自身建设目标)设定分值总分 × 95 + 关键性挑战指标超额完成加分] × 80%

第二步,根据自身建设目标的考核得分,按照 20% 的分值权重,计算其实际得分Ⅱ,即:Ⅱ= 自身建设目标考核得分/自身建设目标设定分值 × 20

第三步,将以上两个部分的实际得分加总,计算出目标考核的得分,即:目标考核得分 = Ⅰ + Ⅱ

目标考核结果,按综合考评参评单位 45% 的权重、非参评单位 90% 的权重折算,计入各单位综合考评总分。

(2)社会评价的最终得分由市考评办依照计分规则统计汇总确定,其中,综合社会评价得分 = 评价得分 × 评价系数;专项社会评价得分 = ∑ 专项社会评价项目得分/单位参评项目总数 × 参评单位系数 × 专项社会评价评价系数 × 专项社会评价比例。

(3)领导考评得分按照 5% 的比例计入综合考评总分。

(4) 创新创优项目实行"竞赛制+淘汰制"的办法,即根据两轮绩效评估得分加权汇总结果,分别按总得分高低顺序和年度创新创优申报目标总数各15%、不超过10项,分别评出创新奖、创新提名奖和创新鼓励奖项目,在综合考评中分别给予0.8、0.5、0.3分的加分激励。

二、区、县(市)综合考评结果汇总

区、县(市)综合考评得分由目标考核、社会评价、领导考评和特色创新加分四部分得分加权汇总。

目标考核由发展指标考核得分和工作目标考核得分两部分得分相加而成,按65%的权重折算,计入综合考评总分。

社会评价按30%的权重折算,计入综合考评总分。

领导考评按5%的权重折算,计入综合考评总分。

特色创新目标考核得分作为附加分计入综合考评得分。

三、综合考评等次及单项奖的确定

(一)综合考评结果等次确定

1. 市直单位综合考评结果等次

市直单位综合考评按参评单位和非参评单位两类,设置不同的达标线,并按一定的比例,确定不同的等次。

对参评单位,设置84分的达标线,以目标考核、社会评价、领导考评得分加权汇总统计后为综合考评初始排名,得分高于84分的参评单位为达标单位,其中,得分排名前15%的单位确定为优胜单位(满意单位),随后排名20%的单位为先进单位;当年度综合考评得分低于84分的参评单位为未达标单位,其中,未达标单位中的末位,即为不满意单位。

对非参评单位,设置90分的达标线,以目标考核、领导考评得分加权汇总统计后为综合考评初始排名,得分高于90分的非参评单位为达标单位,其中,得分排名前 15% 的单位确定为成绩显著单位,随后排名 15% 的单位为工作先进单位;当年度综合考评得分低于 90 分的非参评单位为不合格单位。

创新创优加分后晋档的单位,不占用上述先进以上等次的比例名额。被确定为先进单位(工作先进单位)及以上等次的,必须无"一票否决"事项,且年度内单位未发生重大责任事故。

2. 区、县(市)综合考评结果等次

区、县(市)综合考评按 85 分设置优良达标线。

区、县(市)综合考评的等次,按 12 个区、县(市)综合考评得分高低进行排序(淳安县单列),超过优良达标线且未有"一票否决"事项,排名前 3 名的确定为优秀等次,其他确定为良好等次。淳安县由于单列考核,其优良等次参考省分组考核情况确定,在省分组考核的 26 个县(市、区)中组内排名位居前 3 名、综合考评得分在优良线以上且无"一票否决"事项的,可确定为优秀等次。综合考评得分在优良达标线以下,或综合考评得分虽超过优良达标线,但当年有一项"一票否决"事项的,确定为达标等次;当年度同时有 2 项"一票否决"事项的,直接确定为未达标等次。

为适应全面从严治党的新形势要求,从 2016 年度起,杭州综合考评加大对"大党建"考核结果的运用。在年度综合考评中,根据党建责任制考核结果,采取加减分、否优降档方法,即:区、县(市)党建责任制考核排名前 3 位的,综合考评加 0.4 分,后 3 位的减 0.4 分;市直单位党建责任制考核排名前 10 位的单位,综合考评加 0.4 分,11—20 位的加 0.3 分,后 20—11 位的减 0.3 分,后 10—1 位的减 0.4 分。区县(市)党建考核排名末位、市直单位党建考核排名后 3 位的,最终综合考评等次实行降档处理,如无"一票否决"事项的,一般不降为未达标(不合格)等次。

（二）单项奖的确定

为更好地发挥综合考评的导向助推作用，根据实际工作情况，综合考评设置了相应的单项奖。

（1）重点工作单项奖。该奖项自2013年度起设置，目的是为进一步加大市委、市政府确定的重点工作目标任务的推进力度，激励市直单位和各区、县（市）敢于负责、勇于担当、干在实处、走在前列，力争各项工作在全省发挥龙头领跑示范带动作用。重点工作单项奖年初可由牵头组织单位向市考评办申报，市考评办梳理汇总后向市委、市政府专题报告单项奖的预设意见，经市委、市政府同意后，在下达年度绩效考核目标时予以明确。

（2）进位显著奖。该奖项自2010年度起设置。年度综合考评中，综合考评单位排位与上年度相比，进位幅度最大的5家单位（综合考评非参评单位为3家）确定为"进位显著单位"（已获得先进的不重复计奖），给予表彰奖励。

（3）政府创新奖。该奖项自2011年度起设置，是在市直单位创新创优目标和区、县（市）特色创新目标绩效考核基础上，确定得分较高的项目［市直单位前10名，区、县（市）前3名］为获奖项目。

（4）政府服务质量奖。按照政府服务质量评价指标体系和评价办法，在对市直单位申报的创新创优目标"提升服务质量"项目绩效评估的基础上，确定前3名为获奖项目（项目需进入创新创优绩效考核总得分前30名，不足可空缺）。

（5）意见整改成效显著奖。该奖项自2012年度起设置，主要为鼓励市直单位积极回应群众诉求、抓好社会评价意见整改落实，对社会评价意见整改工作专项考核得分前5位的先进单位予以表彰。

第八章 绩效反馈

绩效反馈是指绩效管理机构将绩效评估的结果,通过各种途径传达给绩效责任单位、绩效管理的各方参与者和社会公众,并对绩效责任单位的行为产生影响的一项绩效管理活动。绩效反馈一方面有利于绩效责任单位了解自身的工作绩效,及时对工作中的不足进行改进和提升;另一方面也便于绩效管理的各方参与者、社会公众及时了解对政府机关工作评价与监督的结果,实现其知情权、监督权。本章主要从结果公开、绩效报告、绩效奖惩三个方面介绍杭州市在绩效反馈方面的具体做法。

第一节 结果公开

信息公开是政府部门接受社会监督的前提。政府绩效评估结果作为政府信息公开的重要组成部分,受到社会的广泛关注。政府绩效评估结果信息的公开,有利于增强公众对政府绩效管理的认知与信任,有效促进责任单位加强问题整改,提高工作绩效。

一、公布年度综合考评结果

公布年度综合考评结果是绩效反馈的一项重要工作。2005 年杭州市开展综合考评伊始,就依托《杭州日报》、"中国杭州"政府门户网站等各大媒体,公开发布年度综合考评结果,供社会公众查阅了解各责任单位的年度工作目标和职责履行的考核评价情况。

在市直单位年度综合考评结果通报中,全面公布各单位的得分、位次和等次;在区、县(市)年度综合考评结果通报中,主要公布得分和等次;通报还包含综合考评各单项奖的考评结果,主要有重点工作单项奖、进位显著奖、创新奖、政府服务质量奖、意见整改成效显著奖等奖项。

公布年度综合考评结果,形成了压力和动力并存的机制。对得分高、位次前的优胜满意单位来说,年度工作得到肯定,增添其荣誉感与责任感,应继续努力,保持优异的成绩,让人民群众满意;对得分较低、位次靠后的单位来说,则起到警示提醒作用,以便更好地查找短板,积极整改,加大工作力度,力争在下一年度争创满意的考评中取得较好的成绩。

除向社会公布综合考评结果外,市考评办还向绩效责任单位进行一对一的反馈,具体包括每项目标的扣分项及扣分原因,社会评价各个层面、各个项目的详细评分情况等。单位可以依此进行研究分析,组织进行有针对性的整改工作。

表8-1　2005—2015年度市直单位综合考评得分情况

年度	单位类型	最高分	最低分	平均分	极差	方差
2005	参评单位	92.344	86.389	88.956	5.955	1.341
	非参评单位	100.415	97.555	99.035	2.860	0.612
2006	参评单位	94.064	86.869	90.373	7.195	1.379
	非参评单位	100.975	95.624	99.037	5.351	1.165
2007	参评单位	94.210	86.743	90.851	7.467	1.537
	非参评单位	101.474	94.652	99.195	6.822	1.675
2008	参评单位	94.053	83.018	90.960	11.035	1.665
	非参评单位	101.584	94.971	99.162	6.613	1.629

(续表)

年度	单位类型	最高分	最低分	平均分	极差	方差
2009	参评单位	94.445	88.952	91.658	5.493	1.355
	非参评单位	101.291	92.994	98.182	8.297	1.669
2010	参评单位	96.111	87.018	92.668	9.093	1.500
	非参评单位	101.644	93.525	98.714	8.119	1.721
2011	参评单位	97.270	88.864	93.180	8.406	1.334
	非参评单位	100.970	96.149	98.967	4.821	1.285
2012	参评单位	96.834	89.560	93.513	7.274	1.219
	非参评单位	100.479	94.776	98.576	5.703	1.243
2013	参评单位	93.500	87.654	90.399	5.846	1.073
	非参评单位	100.089	94.904	98.316	5.185	0.839
2014	参评单位	93.705	86.343	90.876	7.362	1.309
	非参评单位	100.358	95.327	97.804	5.031	0.961
2015	参评单位	93.447	87.945	89.753	5.502	1.165
	非参评单位	96.449	91.567	94.280	4.882	0.955

注：极差指当年度各单位综合考评得分最高分与最低分的差，极差越大，则最高分与最低分之间相差越悬殊；方差指当年度各单位综合考评得分与平均分之间的偏离程度，方差越大，则各单位得分与平均分之间的偏差越大。

由图8-1和图8-2可知，参评单位2005—2015年度综合考评得分极差在5到12之间，方差在1.1至1.7之间，总体呈下降趋势；非参评单位2005—2015年度综合考评得分极差在2.5到8.5之间，略小于参评单位得分极差，方差在0.6至1.8之间，2005—2010年呈上升趋势，2010—2015年呈下降趋势。无论是参评单位还是非参评单位，综合考评得分极差与方差在2013年后都保持着相对较低的水平，说明各单位的工作绩效差距在逐步缩小。

从图8-3可看出，2012年后，参评单位和非参评单位的综合考评平均分都呈下降趋势。2011年实施绩效管理试点后，考核指标和考核办法作了优化完善，对责任单位提出了新的工作标准和要求，责任单位要想取得高分，必须进一步努力提升工作绩效。

第八章 绩效反馈

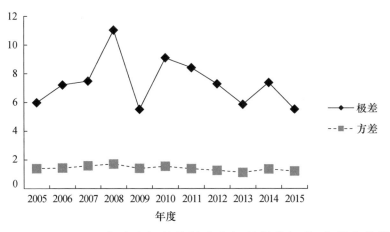

图 8-1 2005—2015 年度参评单位综合考评总得分极差、方差变化趋势

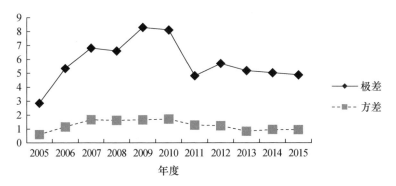

图 8-2 2005—2015 年度非参评单位综合考评总得分极差、方差变化趋势

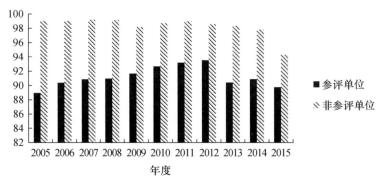

图 8-3 2005—2015 年度参评单位与非参评单位综合考评平均得分对比

从表8-2可看出,2005—2015年度参评单位中末位单位总共涉及7家,其中,2次以上末位的单位有2家。曾经的末位单位中,进位最明显的是单位A,从2005年的末位单位进位至2014年的第2名,进位最不明显的是单位C,自2007年成为末位单位后一直居于60名之后。

表8-2 2005—2015年度参评单位末位单位排名变动情况

年度	末位单位	末位当年至2015年度位次变化情况
2005	A	66→48→45→42→26→28→29→19→13→2→4
2006	B	71→66→60→48→34→61→42→69→36→37
2007	C	71→65→74→73→68→69→70→60→64
2008	D(不满意单位)	72→72→65→60→64→63→55→56
2009	C	74→73→68→69→70→60→64
2010	C	73→68→69→70→60→64
2011	E	69→71→71→64→63
2012	E	71→71→64→63
2013	E	71→64→63
2014	F	66→19
2015	G	65

注:表中以英文字母代替当年度的末位单位,每一字母代表一个单位;2007年度、2009年度、2010年度末位为同一家单位,2011年度、2012年度、2013年度末位为同一家单位。除2008年度末位单位是未达标单位(即"不满意单位")外,其他年度末位单位均为达标单位。

公布年度综合考评结果是绩效反馈的重要一环,也是绩效管理机构接受社会监督的重要举措,是政府绩效管理工作公开透明、更具公信力的体现,有利于增进社会公众有序参与。公布结果实际上是对表现出色的单位进行表彰和激励,对表现不尽如人意的单位进行惩戒,有利于进一步转变机关作风,强化绩效管理,推进政府创新,提升办事效率和服务质量,优化发展环境。

二、发布年度《社会评价意见报告》

2008年,杭州市在国内率先向社会公开发布年度《社会评价意见报告》(以下简称《报告》),并形成制度,至2016年已连续发布9年,成为一份反映城市公共治理的"民意白皮书"。《报告》的体例,一般分为三个部分:第一部分是对上年度社会评价意见和建议整改情况的总结;第二部分是对本年度市直单位社会评价意见和建议的综合分析;第三部分是进一步做好综合考评社会评价工作的对策与建议。

《报告》的第一部分对上一年度社会评价意见整改情况进行回顾总结,阐述社会评价意见整改的基本做法、主要成效以及存在的不足。例如,2015年度《报告》对2014年度社会评价意见整改从交通治理、大气环境治理、城市规划、食品监管、价格监管、垃圾分类、养老服务、就业保障、公共服务、文化惠民建设、机关效能和从严治党等方面,通过列数据、展成效的方式呈现社会评价意见整改效果,同时也指出了对意见整改重视不够、创新不够、长效不够等方面的不足。

《报告》的第二部分对本年度社会评价意见进行综合分析,把握特点,捕捉热点,提出本年度社会评价意见需要重点整改的内容。2007年度《报告》反映社会公众的意见和建议集中在困难群众生活就业难、看病难、上学难、住房难、行路停车难、清洁保洁难和办事难的"七难"问题以及要求提升生活品质方面;2008年度《报告》反映社会公众的意见和建议除了要求着力开展"破七难"工作,改善人民的生活品质外,还涉及提高公共管理水平等方面;2009年度《报告》反映社会公众的意见和建议聚焦于社会治安、拆迁安置、养老托幼等民生热点;2010年度《报告》反映社会公众希望加快转型升级、推进富民强市,提升公共服务、加强社会管理,提升公共服务绩效、降低行政成本,加快推进服务型、效能型政府建设等;2011年度《报告》重点反映了公共服务与城市发展环境方面的意见;2012年度《报告》中提到社会公众比较关心机关作风效能问题与城市发展问题;2013年度《报告》反映意见和建议主要聚焦在城市管理、公共服务、市场监管、环境保护、民生保障、机关效能等方面;2014年度《报告》新增了食品安全、公共服务均等化和城市治理方面的热点意见;2015年度《报告》强调了要全力做好G20杭州峰会服务保障工作的意见和建议。

《报告》的第三部分提出整改工作的对策与建议,为各单位开展整改工作开出"药方"。如2015年度《报告》提出要突出价值导向、问题导向、质量导向和法治导向,从夯实开展社会评价的思想基础、解决社会评价意见中反复出现的老问题、不断深化完善社会评价和依法推进绩效管理四个方面落实整改工作。

《报告》的公开发布体现了尊重民意、反映诉求、对人民负责的思想,是杭州综合考评和绩效管理"评价—整改—反馈"机制的重要环节,有利于增强社会公众参与的积极性和有效性,能更好地落实人民群众的知情权、参与权、评价权、监督权,更好地回应人民群众的诉求;同时也能督促市直各单位切实把握民情、体察民意、汲取民智,以人民群众的意见和建议为第一信号,不断加强整改,促进工作,推动发展。

第二节 绩效报告

绩效报告是对各市直单位和区、县(市)的年度综合考评情况进行绩效分析形成的报告,以召开会议、书面反馈、实地走访、座谈交流等形式向各市直单位和区、县(市)进行反馈,通过双向互动,实现充分的绩效沟通,为改进和提升绩效打下坚实的基础。

一、总结讲评

年度综合考评全面完成后,市委、市政府及时组织召开总结讲评大会,对上一年度的综合考评情况进行通报和总结讲评。

总结讲评大会通常由市政府主要领导主持,议程主要包括:宣布综合考评结果,举行颁奖仪式,参评单位代表上台作交流发言,市委分管领导总结讲评上一年度综合考评情况;最后,由市委主要领导讲话,对综合考评和面上工作提出整体要求。

市委副书记、市考评委主任作总结讲评是总结大会的重要环节。主要包括对上一年度的综合考评工作进行全面回顾总结,对绩效责任单位的年度工作表现及取得的实绩进行具体点评,指出存在的问题,并对下一年度的综合考评工作进行简要的部署。

不同的时期总结讲评的核心主旨有所不同。2008年之前,总结讲评的核心主旨围绕着如何进一步让人民满意;2009—2012年,核心主旨主要在抓作风建设上;2013年之后,总结讲评的内容较为综合,主要突出了与时俱进、顺势而为的特点,例如2015年度的总结讲评强调服务保障G20峰会的圆心工作以及贯彻实施《杭州市绩效管理条例》等(见表8-3)。

表8-3　2005—2015年度综合考评总结讲评主旨

年度	总结讲评核心主旨
2005	正确把握综合考评的战略导向、群众导向、职责导向、业绩导向,在提高认识、狠抓整改、完善办法、创一流业绩上下功夫。
2006	围绕"创一流业绩"抓整改创满意,围绕"破七难"抓整改创满意,围绕服务省直单位抓整改创满意。
2007	在破解"七难问题"中争创满意,在建立代办制中争创满意,在服务省直单位中争创满意。
2008	以学习实践活动为动力,抓整改、争一流、创满意。
2009	精心组织部署,抓好"五查五看",开展公述民评,坚持典型引路,强化监督检查,建立长效机制,开展"深化作风建设年"活动。
2010	"八抓八转":抓教育转作风、抓整改转作风、抓效能转作风、抓治理转作风、抓服务转作风、抓维权转作风、抓制度转作风、抓领导转作风。
2011	坚持领导示范,深化领导班子和领导干部作风建设;坚持敢动真格,进一步深化"效能亮剑"专项行动;坚持重心下移,深化基层党员干部作风建设。
2012	完善考评机制;突出重点工作,重实效,加强中期评估;深化作风效能建设。

(续表)

年度	总结讲评核心主旨
2013	坚持满意导向,抓好问题整改;坚持创新导向,助推科学发展;坚持问题导向,推进作风建设。
2014	切实做好"回头看""快整改""收好官";严肃考评纪律,恪守岗位责任,坚守公平公正。
2015	要从社会评价中看到发展的信心、努力的方向、肩负的责任;在社会评价意见整改中明责任、抓长效、优作风;完善社会评价机制;围绕服务保障G20峰会圆心,突出考评导向;切实落实《杭州市绩效管理条例》。

总结讲评是绩效反馈的有效形式之一,通过对各地、各部门工作绩效的剖析和点评,指出各地、各部门工作中存在的共性问题,并根据形势提出相应的工作要求,使综合考评的导向更加鲜明,针对性、指导性更强,有利于激发各地、各部门奋发有为、积极进取的"精气神",助推工作绩效的改进提升。

二、走访反馈

走访反馈是通过实地走访与各地、各部门进行一对一的互动沟通,反馈年度综合考评结果,并听取其意见建议的一种绩效反馈形式。走访反馈的对象包括各区、县(市)以及部分市直单位,以区、县(市)走访为主。

自2008年起,每年年度综合考评完成后,市考评办都会在主要负责人带队下,赴13个区、县(市)进行走访,向当地党政主要领导通报年度综合考评的具体情况,反馈社会评价意见,介绍下一年度调整完善综合考评的工作思路和打算,并听取进一步完善区、县(市)综合考评的意见和建议。

根据年度综合考评结果,市考评办针对每个区、县(市)专门形成一份《情况通报》。《情况通报》主要包含三部分内容:第一部分为年度区、县(市)综合考评总体概况,主要介绍该年度优化完善区、县(市)综合考评办法的举措;第二部分为该地区年度综合考评总体概况,主要呈现该地区综合考评总得分与排名,以及发展指标、目标考核、社会评价、领导考评和特色创新等不同考评维度的得分与排名;第三部分为该地区各考评维度具体情况,对发展指标进行纵向、横向的对比分析,指出进退位的原因;剖析社会评价各项评价内容及不同代表层面的具体评分情况,反馈征集到的社会评价意见;通报特色创新目标绩效评估的具体成绩以及专家的点评意见。各区、县(市)通过《情况通报》,可以全面掌握综合考评各维度的具体得分与排名情况,与上年度相比的变动情况,以及与全市最高水平之间的差距;了解和掌握人民群众对政府工作的满意与不满意之处;把握特色创新项目的优势与不足,认清现状,找准问题,为提升和改进下一年度工作打好基础。

在座谈交流中,各地党政领导会就当前发展中存在的一些突出矛盾和问题,与市考评办充分交换意见。例如,在2015年走访上城区的综合考评情况通报会上,上城区党政主要领导认为,区、县(市)综合考评经过多年的实践和完善,指标体系和考评方法更加科学,针对性更强,已经成为地方工作一年一度的"体检表",对各区、县(市)既是压力也是动力。2014年度区、县(市)综合考评,通过落实省经济工作责任制考核、增设个性化指标等工作,抓重点、攻难点、接地气,更加突出发展导向;通过聚焦中心、拉高标杆、突出转型、规范管理、加大激励等有效举措,确保了中心工作的全面落实和重点工作的扎实推进;通过落实"有奖有罚"的奖惩机制,努力营造较好的争先进位、走在前列的干事氛围。同时,他们也提出了三点意见和建议:一是反映稳增长的巨大压力与完成节能减排等约束性指标的矛盾仍然突出;二是建议在各类专项考核中要充分考虑部分区、县(市)的特殊情况;三是希望进一步加大对一线工作人员的激励力度。通过这样的交流,使市考评办对各地的经济社会发展情况有更全面客观的认识,为进一步优化综合考评的制度设计、指标设计打下坚实的基础。

市考评办也会针对各地关心和反映的一些问题进行沟通解释,并就进一步做好区、县(市)综合考评工作提出意见和建议。通过面对面的交流沟通,引导各地区正确对待、加强运用综合考评结果,全面分析各个维度、各项考评指标的得失,积极查找工作中的短板和薄弱环节,更好地发挥自身优势,扬长补短,协调发展;督促各地区围绕中心、把握重点,结合新的调整和变化,进一步创新工作理念思路、体制机制、方法手段,运用好综合考评平台,借势发力,扎实推进各项工作。

对各区、县(市)实地走访之后,市考评办将各地普遍反映的问题整理后形成专报,上报市委、市政府主要领导和分管领导,供市领导决策参考。

市直单位走访反馈的对象主要为综合考评排名相对靠后的单位以及社会评价意见较多的单位。市考评办通过走访调研,帮助相关责任单位分析各个扣分项产生的原因,并对进一步做好下一年度综合考评工作提出意见和建议;与社会评价意见较多的单位交流探讨意见反映的主要问题及整改方向,助推整改工作的开展、落实。

开展走访反馈工作,有利于加大考评结果的运用。市考评办通过与各地、各部门沟通交流,可以及时掌握情况,听取意见和建议,不断优化综合考评,强化绩效管理;各地、各部门通过绩效沟通,可以全面了解自身发展的优势与存在的不足,明确整改方向,树立标杆,扬长补短,促进发展,提升社会公众的认可度与满意度。

第三节 绩效奖惩

绩效奖惩是根据绩效评估结果,按照一定的规则对绩效责任单位进行物质和精神方面的奖励或惩罚。对绩效评估结果优秀者给予奖励,以此鼓励先进,激发活力,为地方政府绩效改进不断注入动力;对绩效评估结果较差者给予必要的处罚,以此鞭策落后,促进整改,推动整体绩效的不断提升。

一、实施奖惩

各地在绩效奖惩方面开展了各种丰富的实践并逐步制度化。比如,设立地方政府管理质量奖,对绩效优秀和优良者给予应有的精神奖励,以激发工作人员尽职尽责,为实现社会公共利益最大化而努力;对政府绩效结果较差者,严格实行行政问责,其主要领导和相关责任人必须承担相应的行政责任,接受相应的处罚;制定和完善有关法律法规,严格绩效奖惩的标准和程序,使受奖者产生荣誉感,使受罚者倍感压力,营造"见贤思齐,见不贤而内自省"的氛围。

为加强综合考评的结果运用,杭州市也在绩效奖惩方面作了许多探索。

2005年开始,综合考评参评单位的结果等次确定为优胜(满意)单位、先进单位、达标单位、未达标单位和未达标末位单位(不满意单位),综合考评非参评单位确定为成绩显著单位、工作先进单位、合格单位和不合格单位。其中,参评单位中获得优胜(满意)单位和先进单位等次的单位,非参评单位中获得成绩显著单位和工作先进单位等次的单位,由市委、市政府予以通报表彰并给予适当的物质奖励。奖金由基本奖、年终奖、先进奖三部分组成,其中,先进奖按不同等次和不同职务的系数而有所差别。相反,对综合考评未达标单位的工作人员,会按不同职务的系数扣发其当年的年终奖;对综合考评参评单位中未达标末位单位(不满意单位)和综合考评非参评单位中不合格单位,由市委、市政府予以通报,并扣发其工作人员当年的年终奖。连续三年的不满意单位与不合格单位,其领导班子将被市委、市政府依照有关规定对干部管理权限作出调整。

2008年起,在市直单位综合考评中设置进位显著奖,与上一年度相比,综合考评总得分位次进位幅度最大的前5位达标单位(综合考评非参评单位为前3位)确定为"进位显著单位",授予其奖牌,综合考评中个别退位特别明显的,要分析原因,向市委、市政府作出说明。

2011年起,在市直单位和区、县(市)综合考评中设置政府创新奖。市直单位创新创优项目得分前7位(后改为前10位)和区、县(市)特色创新项目得分前3位获得该奖项。此外,还设立政府服务质量奖(见表8-4),用以表彰质量好、效益高的优秀服务项目。按照政府服务质量评价指标体系和评价办法,在对市直单位申报的创新创优目标"提升服务质量"项目绩效评估的基础上,确定前3名为获奖项目(项目需进入创新创优绩效考核总得分前30名,不足可空缺)。

表8-4 历年政府服务质量奖获奖情况

年度	获奖单位	获奖项目
2011	市城管委 (市城管执法局)	打造杭州公厕国内一流品牌
	市财政局 (市地税局)	打造"五个一"财税服务体系
	市交投集团	创建杭州高速公路"金名片"服务体系
2012	市国税局	建立纳税服务绩效考核评价体系,促进办税服务提速增效
	杭州公积金中心	杭州住房公积金服务平台建设的创新与实践
	市卫生局 (市干部保健办)	杭州市基层中医药服务能力提升工程
2013	市工商局	创建文明示范市场,让群众的"菜篮子"拎得更舒心
	市城投集团	以创新的思路提升市政公用服务水平
	市旅委	适应散客市场需求,发行旅游消费卡
2015	市直机关工委、 市编委办、市审管办	推行"服务清单"、优化发展环境

注:2014年度未产生政府服务质量奖。

自2012年起,增设综合考评"意见整改成效显著奖"。所有重点整改目标责任单位在完成整改工作后,需接受整改成效工作检查和重点整改目标满意度测评,重点整改目标考评得分前5位的单位获得"意见整改成效显著奖"。

【案例8-1】 市教育局获2015年度意见整改成效显著奖

在2015年度杭州市市直单位综合考评社会评价中,市教育局共收到参评代表各类意见179条,意见主要反映了五方面的问题:一是反映中小学学生课业负担重,文体课经常被挤占,学生身体素质下降;二是要求促进教育资源均衡配置;三是要求中小学招生要提高透明度,做到公平公正,要进一步解决入学难问题;四是反映教师责任心不够,要求加强师德师风建设;五是反映学校后勤保障以及收费等问题。对此,市教育局建立"一把手"负总责的三级承办网络机制,在认真总结、深入研究的基础上,部署整改工作方案,细化整改计划,落实整改任务,限定办理时间,不断创新措施和方法,狠抓工作实效,使整改工作及时解决和落实。

其中,"学生课业压力大,一些学校及老师参与校外补习与培训;学生身心健康、素质教育需提升"被列入2015年度跟踪督办社会评价意见,市教育局全面推进以选课走班为特征的课程改革,继续推进小学低段"零起点"教学;改革完善考试招生和教育评价制度,实施初中毕业生后三分之一学生学业成绩抽测、中小学体质健康水平监测、中小学艺术素养监测、学生课业负担和学校社会满意度第三方评估等评价和监测手段,推动学校和教师关注全体学生以及学生全面素质的培养;大力推进阳光体育、多彩艺术、社团文化等活动,着力培养学生的健康体魄、科学精神、人文和艺术素养;坚持正面引领和底线规范相结合,推进师德师风建设,实行师德考核"一票否决";加大整治力度,开展中小学校违规补课和在职教师有偿补课专项整治工作,自查自纠和查处十余起,在职教师有偿补课现象得到一定程度的遏制。

市教育局对社会评价意见的逐条整改工作取得了较好的成效,办理的172条意见中,已解决和基本解决的为165条,尚未解决和难以解决的为7条,解决率和基本解决率达到95.93%,在2015年度重点意见整改测评中获得了参评市民代表的肯定,得分位居各整改责任单位前五名,获得2015年度"意见整改成效显著奖"。

从2013年开始,为进一步加大市委、市政府确定的重点工作目标任务的推进力度,激励各市直单位和各区、县(市)敢于负责、勇于担当,干在实处、走在前列,力争各项工作继续在全省发挥龙头领跑和示范带动作用,在综合考评中设立了重点工作项目单项奖(见表8-5)。年终根据目标考核和专项社会评价结果,按照"有奖有罚"的原则实施奖惩。对完成重点工作单项奖目标任务出色的,按每个项目20%—30%的授奖面进行评奖,由市委、市政府通报表扬,获奖单位综合考评奖上浮10%—20%;对实施重点工作单项奖目标任务未达标或绩效不佳的,相关责任单位综合考评奖下浮10%—20%。对同时获得重点工作单项奖和综合考评先进奖项的单位,分别给予奖励,但获得多个重点工作单项奖的,只能奖励一次。

表8-5 历年综合考评重点工作单项奖获奖情况

年度	重点工作单项奖项目	获奖单位
2013	个转企	市工商局、市国税局
	浙商创业创新	市经合办、市财政局、市审管办、市外经贸局、市国土资源局、市人力社保局
	食品安全专项行动	市食品药品监管局、市公安局、市农业局、上城区、江干区、余杭区、富阳区、临安市
	为民办实事项目	市卫生局、市地铁集团、市建委、市城投集团
2014	落实经济工作责任制	市商务委、市经信委、西湖区、滨江区、余杭区
	治理城市交通拥堵	市建委、市公安局、市交通运输局、市委宣传部、市财政局、市城管委、江干区
	扩大有效投资	市发改委、市地铁集团、市交投集团、市建委、市教育局、市林水局、市城投集团、拱墅区、余杭区、富阳区
	为民办实事项目	市人力社保局、市城管委、市城投集团、市地铁集团

(续表)

年度	重点工作单项奖项目	获奖单位
2015	落实经济工作责任制	市财政局、市商务委、下城区、拱墅区、西湖区
	信息经济智慧应用("一号工程")	市经信委、市委宣传部、市卫生计生委、市公安局、市城管委、市统计局(含国家统计局杭州调查队)、西湖区、滨江区、余杭区
	扩大有效投资	市钱江新城建设管委会、市建委、市地铁集团、市发改委、市城投集团、江干区、余杭区、建德市
	为民办实事项目	市地铁集团、市交通运输局、市城管委、杭州邮政公司
	五水共治	江干区、拱墅区、富阳区、淳安县(获得"大禹鼎")
	治理交通拥堵	市建委、市公安局、市交通运输局、市财政局、拱墅区、萧山区、富阳区
	平安创建	拱墅区、建德市、临安市

2015年完善了区、县(市)综合考评等次设置,将原"优良"等次分设为"优秀""良好"2个等次,调整后的区、县(市)综合考评等次设置为:优秀、良好、达标、未达标。综合考评奖以良好等次奖励标准为基数,优秀等次奖励基数上浮20%,达标等次按奖励基数的70%计发,未达标等次按奖励基数的50%计发。综合考评当年度有2项"一票否决"或2项末位的,该区、县(市)党委、政府应向市委、市政府提交整改报告。

杭州市的公务员考核与综合考评结果也有较紧密的结合。对上年度综合考评为优秀的单位(满意单位、成绩显著单位),优秀等次比例可按实际参加年度考核人数的20%确定,比一般单位要高出5%;上年度考评或目标考核为优秀的单位(满意单位、成绩显著单位)所属参照公务员法管理事业单位,优秀等次比例可按实际参加年度考核人数的18%确定,比一般单位要高出3%。上年度综合考评确定为未达标单位(不满意单位)、不合格单位的,优秀等次比例按实际参加年度考核人数的10%确定,比一般单位要低5%。

《杭州市绩效管理条例》对绩效奖惩进一步作出了明确的规定。第32条规定,绩效评估结果作为政策调整、预算管理、编制管理、预算管理、奖励惩戒、领导人员职务升降任免等方面的重要依据;第33条规定,对绩效评估结果合格以上的单位,按照有关规定进行奖励;第34条规定,对绩效评估结果不合格的单位给予通报批评,对直接负责的主管人员和其他直接责任人员,取消当年或者次年度评优评先资格;对连续两年绩效评估结果不合格的单位,除按照上述规定外,对直接负责的主管人员和其他直接责任人员一年内不得晋升职务;对连续三年以上绩效评估结果不合格的单位,除了按照上述两种情况规定外,对直接负责的主管人员和其他直接责任人员予以调离岗位、降职、免职、解聘或者辞退。

二、绩效问责

绩效问责是根据政府绩效考核结果以及政府绩效管理过程中出现的不规范行为,启动责任追究的一种行政程序。它的实质是通过各种形式的责任约束,规范政府权力和官员行为,明确政府导向,对政府行为进行监督管理,推动政府有效作为。①

要使绩效问责充分发挥作用,实现其应有的价值,一方面要把问责制与绩效评估结合起来,绩效评估是实行绩效问责的前提和基础,有了绩效评估的结果,绩效问责才能有可靠的依据。对此,要科学确定绩效评估体系与问责体系,严格按照奖优、治庸、罚劣的原则,充分发挥绩效评估的导向作用和激励约束作用。另一方面,要重视社会公众在绩效问责中的地位。在政府绩效管理的议题达成广泛共识的前提下,使社会公众能充分有效地参与政府绩效生产的整个过程,掌握充分的绩效信息,积极参与问责,将政府绩效问责落到实处。

杭州市在规范绩效问责方面作了积极的探索。在《杭州市绩效管

---

① 罗宏鸣:《绩效问责:政府公共行政视阈中的新探索》,《产业与科技论坛》,2008年11期。

理条例》中,专门设置了一章,对绩效问责作了明确的规定,包含由绩效管理机构问责、由主管机关或者监察机关问责和对绩效管理工作人员问责三方面。

由绩效管理机构问责的情形主要包括:绩效管理自我评价严重失实的;无正当理由拒不按照规定提交年度绩效自评报告的;未依法公开绩效信息,或者隐瞒事实真相、提供虚假绩效信息的;阻挠绩效管理机构依法履行绩效管理职责,或者拒不按照规定提供有关资料、数据等绩效信息的。有上述情形之一的,由绩效管理机构在绩效评估中予以扣分;情节严重的,并予以通报批评;情节特别严重的,绩效评估结果直接确定为不合格。

由主管机关或者监察机关问责的情形主要包括:无正当理由未能完成上级机关确定由其承担的工作任务的;不正确执行上级机关依法作出的决策和部署,影响整体工作部署的;工作效率低下,服务质量差,公众反映强烈的;玩忽职守,造成公共利益、公民、法人和其他组织的合法权益遭受损失的;重大决策失误的。有上述情形之一的,由主管机关或者监察机关责令改正,对直接负责的主管人员和其他直接责任人员,按照管理权限,依法给予处分;情节较轻的,给予通报批评、告诫或者停职检查;情节轻微,经批评教育后改正的,可以免予处分。

对绩效管理工作人员问责的情形主要包括:在组织实施绩效管理中,工作效率低下,严重影响绩效管理工作顺利开展的;不按照规定办理绩效管理方面的申诉或者投诉,造成不良影响的;在绩效管理中徇私舞弊或者滥用职权的;泄露绩效管理工作秘密的;有其他渎职、失职行为的。绩效管理工作人员有上述情形之一的,由主管机关或者监察机关按照管理权限,依法给予处分;情节较轻的,给予通报批评、告诫或者停职检查;情节轻微,经批评教育后改正的,可以免予处分。

"《杭州市绩效管理条例》对评估结果综合利用、绩效问责等作了明确规定,对于政府部门及其领导干部来说,压力更大了,必须依法行政、注重实绩、提能增效,否则就是违法、面临问责。"某责任单位负责人谈到了自身的感受,"每次绩效考评,都是一次工作作风检验,懒政应付肯定行不通了,绩效评估结果反映了群众需求,将成为政策调整的重要依据,也是机关提升效能、转变作风的风向标。"

国家行政学院公共管理教研部副主任、政府绩效评估中心主任刘旭涛教授认为,专列"绩效问责"一章是《杭州市绩效管理条例》非常突出的亮点之一。目前,国内大多数地方和单位的问责更侧重于违反党纪、政纪和国家法律以及涉及安全生产、环保等领域突发事件的责任追究,更多的是采用党纪处分、组织处理、行政处分以及移交司法等问责形式。但是,对于"干与不干""干得好与干得差""积极干与消极干"等绩效表现的差异,由于缺乏明确的法律依据而难以追责,这也成为当前政府工作"不作为""懒作为""慢作为"难以遏制的主要原因。杭州市的做法不仅促进了绩效管理制度的法治化,而且也是对现有党政机关问责体系的重要补充和完善。推行政府绩效问责不仅是保证政府绩效的重要举措,在一定程度上强化了绩效管理的刚性,也是强化对政府监督、改善政府与公民的关系、提升政府合法性的有效途径。

第九章 绩效改进

绩效改进是绩效管理的重要环节,也是绩效管理的落脚点。绩效反馈中发现的问题,需要通过绩效改进来加以解决,从而达到提升绩效的目的。本章主要从日常改进、意见整改、治理诊断、效能建设、创新创优五个方面介绍杭州市在绩效改进方面的具体做法。

第一节 日常改进

日常改进是根据收集到的绩效信息和目标管理中发现的问题,进行有针对性的阶段性整改。在杭州政府绩效管理中,日常改进主要通过绩效改进通知和专项绩效测评两种方式进行。

发布《市直单位工作目标绩效改进通知单》(以下简称《绩效改进通知单》,样式见图9-1)是日常改进的主要形式。从2009年开始,对一段时期反映比较集中或连续多次重复出现的问题,市考评办通过发放《绩效改进通知单》,及时督促各责任单位落实整改,要求10天内作出情况说明,提出处理意见并通过《绩效改进反馈单》反馈处理结果,如有必要也可将跟踪整改结果分时段进行多次反馈。对整改落实情况,市考评办组织进行检查评估。设立《绩效改进通知单》机制是"即知即改”绩效改进理念的体现，有利于责任单位第一时间掌握工作中存在的问题，制定具有针对性和时效性的整改措施，及时解决问题，避免在后续工作中搁置已有问题或者使之积累、蔓延，从而改进和提升部门工作绩效。

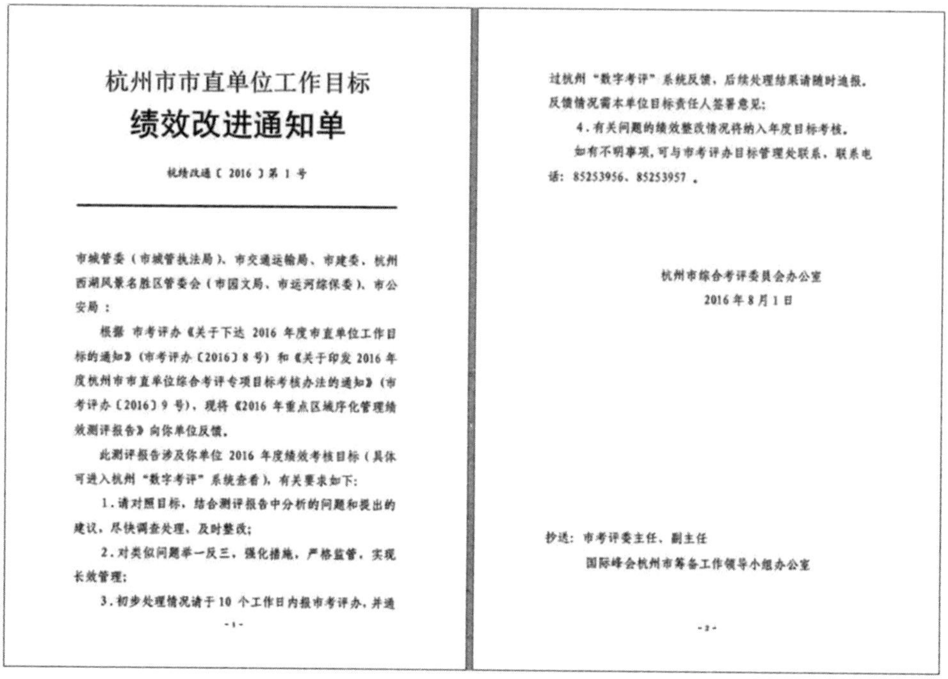

杭州市市直单位工作目标
绩效改进通知单

杭绩改通〔 2016 〕第 1 号

市城管委（市城管执法局）、市交通运输局、市建委、杭州西湖风景名胜区管委会（市园文局、市运河综保委）、市公安局：

根据 市考评办《关于下达 2016 年度市直单位工作目标的通知》（市考评办〔2016〕8 号）和《关于印发 2016 年度杭州市市直单位综合考评专项目标考核办法的通知》（市考评办〔2016〕9 号），现将《2016 年重点区域序化管理绩效测评报告》向你单位反馈。

此测评报告涉及你单位 2016 年度绩效考核目标（具体可进入杭州“数字考评”系统查看），有关要求如下：

1.请对照目标，结合测评报告中分析的问题和提出的建议，尽快调查处理，及时整改；

2.对类似问题举一反三，强化措施，严格监管，实现长效管理；

3.初步处理情况请于 10 个工作日内报市考评办，并通过杭州“数字考评”系统反馈，后续处理结果请随时追报。反馈情况需本单位目标责任人签署意见；

4.有关问题的绩效整改情况将纳入年度目标考核。

如有不明事项，可与市考评办目标管理处联系，联系电话：85253956、85253957 。

杭州市综合考评委员会办公室
2016 年 8 月 1 日

抄送：市考评委主任、副主任
国际峰会杭州市筹备工作领导小组办公室

图 9-1 《绩效改进通知单》样单

《绩效改进通知单》中发现的问题主要来源于绩效信息、目标过程管理和专项绩效测评。市考评办建立了绩效信息库，通过第三方专门机构、绩效信息员等渠道，广泛收集媒体、社会各界、相关民意机构对市直单位履行职责情况的报道、评价、意见、建议和投诉等绩效信息。

2009 年，中央电视台《新闻 30 分》《经济新闻联播》以及人民网、新华网、浙江经视新闻等多家媒体或栏目集中反映“杭州经适房大面积出现质量问题""杭州在建经济适用房'全面体检'"等关于杭州市经济适用房建设质量的问题,市考评办采集各方信息后,及时向有关责任单位发出了《绩效改进通知单》,要求就相关问题作出情况说明,及时加以整改和反馈,这是市考评办发出的首份《绩效改进通知单》。

责任单位接到通知单后,及时开展调查并组织整改。当时群众投诉反映的主要问题是经济适用房墙面和地面裂缝,铺装和粉刷空鼓,阳台、卫生间倒泛水和渗水、漏水,塑钢窗密封不严密等。责任部门通过督促整改、落实维修,全面检查、严格监管,立案查处、媒体通报,举一反三、落实责任等四个方面开展整改,使项目质量问题得到较好的解决,开发建设单位还分批邀请业主进行复查。此后,责任部门加强跟踪,完善机制,长效管理,积极推行经济适用房标准化设计和施工,不断提高经济适用房建设的质量和品质。

除了绩效信息,针对市委、市政府重点工作、重大民生项目和社会公众关注的问题开展的专项绩效测评,也是发现问题的重要途径。专项绩效测评通过现场调查、满意度测评、深度访谈等方式,深入了解项目现状,查找存在的问题,并给出可行性较高的对策建议。专项绩效测评有利于责任单位全面系统地掌握自身工作中各个环节产生的问题,完善整改措施,提升整体工作绩效。表9-1为近几年专项绩效测评项目绩效改进的情况。

表 9-1　2012—2016 年度专项绩效测评项目

年度	测评项目	改进对策
2012	"雏鹰计划""青蓝计划"实施情况	完善对初创企业的财税支持政策,放宽税费减免要求,加大对初创企业的税收支持,免费提供注册培训;建立健全企业创业辅导体系和政策扶持体系,为初创企业的创立和发展营造良好的环境;建立科技担保体系,加大政策性担保力度,开展科技型中小企业信用征信和评级工作,推动企业信用制度建设。
	市区经济适用房与公租房管理情况	针对不同目标群体,形成梯度化的准入条件;建立保障性住房申购(租)使用信用档案,制定系统的违规处罚管理细则;建立回购、置换、交易实施细则,重视政府回购;开辟电话热线,建立 QQ 群,实现评价反馈常态化;督促保障性住房开发企业履行质量责任,完善房地产开发企业信用档案。
	行政服务中心优化政务环境项目	加强窗口服务建设,重点转变服务态度、提升材料审核效率;加强入库批文系统的建立及应用,注重企业批文的安全性;增强"综合进件"窗口管理的主动性、提升客户认知水平。
	养老服务项目	建立相对稳定的养老服务队伍,由市级层面构建统一、系统的养老服务业务培训体系,组织完整的师资力量,制定多维度的培训课程;规范信息采集、使用、维护管理,特别是加强档案资料管理。
2013	大气整治	推动产业结构优化升级,加快发展先进制造业、高新技术产业和服务业,形成一个有利于资源节约和环境保护的产业体系;加强重点企业污染源综合整治工作,继续实行污染物排放总量控制;在推行油改气和清洁燃料工作的同时,合理规划限行、限牌措施。
	清水治污	基于环境承载力,管理机构负责建立水域安全利用指标;制定开发利用的长期规划,改传统的水供给管理模式为竞争型水需求管理模式,包括水资源补偿性使用,以许可交易的取水许可证调整水价和排污费等;优先发展节水型产业,鼓励节水技术、方法的应用和创新。
	治理城市交通拥堵	充分利用经济杠杆,调节主城区道路停车收费标准,形成有利的价格导向;灵活增减公交车班次、发车时间及首末班车时间,并逐步完善远郊地区公共交通站点覆盖网络。
	推进十大产业发展工作	提升平台互动性,加强与中小企业信息推送平台用户的沟通交流;简化中小企业金融服务平台融资手续、降低融资成本、加大信贷支持力度,提升企业申贷效率;完善联动服务机制传播途径,提升服务品质。

(续表)

年度	测评项目	改进对策
2014	五水共治	加强对排污企业的日常监督检查,杜绝企业环境违法行为;重点区域增设排水口,提升管线排水能力,缩减排水用时;加强水源储备,强化农村供(饮)水质量控制工作;加大工程监管力度,提升工程实效性。
	大气整治	对餐饮企业分层指导,特别是在油烟治理的终端环节上,通过现场勘察、实地调查、分析原理,引入技术进步、经济实用、效果长久、维护简便的设备,做好对大型餐饮企业油烟处理设备选型的指导。建设智慧监控平台,完善智慧监控体系。深化环保、气象部门合作,健全大气环境监测网络建设,完善雾霾和重污染天气监测预警应急体系,提高空气质量指数(AQI)和重污染天气监测预报预警能力。
	治理城市交通拥堵	继续保持地铁、公交较高的服务水平,进一步提升公交服务的舒适程度、运送时速和换乘便捷性,提升公共自行车的服务品质。强化路面停车与停车场库管理协同,取缔路面违章停车,规范路面与场库指示标识,规范收费管理人员行为,做到引导与处罚相结合、路面与场库相结合。
	垃圾处置工作	明确垃圾分装、垃圾收费、回收责任、监督惩罚等标准,完善垃圾分类、清运、利用和处置的制度与办法,健全跟踪督查、绩效考核和工作问责等相关机制。建立居民家庭垃圾量与收费相关联的长效激励机制,运用经济杠杆推动居民垃圾分类,体现"多排放多付费、少排放少付费"的原则。
	养老服务工作	清理和消除社会资本进入老龄产业各种政策障碍和制约因素,吸引国际资本、港台资本和民间资本进入老龄产业,使社会资本成为老龄产业的主要力量;鼓励和扶持开发老年用品,引导企业生产满足老年人各种需求的门类齐全、品种多样、经济适用的老年用品。
	E邮站建设工作	E邮站选址要全面考虑建设的可行性、交通、方便居民使用等因素,提升网店设置的合理性;优化柜体设计,完善操作系统,规范快递员操作规程。
	学校体育场地对外开放工作	加强学校对外开放体育场地的管理,在保持校园环境安全、整洁的前提下,适当扩大学校对外开放的体育场地,尤其是室内运动场所;深化体育场地的开放和资源共享工作,鼓励大专院校和民办中小学的体育场地对外开放,深化资源共享,合理利用现有场地资源,缓解公共体育资源匮乏的矛盾。

(续表)

年度	测评项目	改进对策
2015	分级诊疗	医、养、护一体化签约服务方面要扩大签约服务的宣传面,确保转诊路径畅通,完善医保等配套政策;优质医疗资源下沉方面要加大宣传力度,提高医生的医疗技术水平,适当提升软硬件设备的配置水平,进一步落实双向转诊制度。
2015	智慧公共服务	加大管控和协调力度,打破以部门职能为边界的现状,强调资源共享原则,从服务社会公众的视角进行梳理,对智慧应用项目作总体规划与设计,服务市民生活及城市建设各方面的需求;"智慧旅游"APP增加景点、餐饮、住宿、购物等预订功能,增设景点、酒店、餐饮点评等游客互动功能;建立长效管控机制,及时关注产品的各项性能及下载量指标情况,提升用户体验度。
2015	综试区建设工作	加快无票据退税等政策落地速度,尽快出台配套的财税账务核销处理办法等制度,提升退税效率,积极创新工作方式,进一步加快退款速度;开放更多快递公司参与竞争,提升物流服务质量,改善邮政工作人员的服务态度,提供多种查件方式;提高平台整合程度,完善平台数据对接功能,保证数据传输的稳定性和完整性,完善平台监管机制,建立召回制度、追溯制度。
2015	农村电子商务服务站	鼓励电信等企业和民间资本公平竞争,参与农村宽带建设和运行维护,强化考核验收,宽带运行情况接受社会监督;完善交通、产地集配、冷链等相关设施,鼓励农村商贸企业建设配送中心,发展第三方配送,提高流通效率;鼓励第三方企业参与电子商务服务站(点)建设,提升服务站点数量。
2016	杭州市跨境电子商务产业创新发展服务工作	细化"集中纳税"模式下的税单项目设置,完善税务信息,进一步完善"集中纳税"税收征管流程,提升税款收取的透明度;引导物流企业、支付平台提升数据分析能力,加强海关部门与物流企业、支付平台间的跨境电子商务数据对接、信息共享功能建设;加快园区配套设施建设,开设商超、旗舰店等,吸引更多人流量进入园区,提升交易成功率,发挥示范区和体验区的作用。

注:2015年度和2016年度还有部分专项绩效测评项目,具体情况分别体现在表9-2和表9-3中,在本表中略去。

通过几年的实践,《绩效改进通知单》工作机制逐步完善。以2015年和2016年(至9月底)为例,市考评办分别发出9份和5份《绩效改进通知单》,具体情况详见表9-2、表9-3。

第九章 绩效改进

表 9-2　2015 年《绩效改进通知单》反映的问题与整改情况

序号	问题类型	信息来源	责任单位反馈次数	日常改进措施
1	食品安全治理	国家食品药品监管局官网	3	优化检测结构；突出重点品种、重点环节、重点企业、重点区域的检测；规范结果处理；提高检测实效。
2	出租车管理	媒体信息：《钱江晚报》；绩效信息员	2	加大市场监管力度；开展出租车集中联合整治；督促出租汽车企业切实履行主体责任；对出租车驾驶员开展约谈；积极开展出租车行业文明宣传活动。
3	旅游行业监管	国家旅游局官网	1	开整改动员大会，举一反三，全面发动找问题；制订整改计划，落实责任人和整改期限；健全景区管理和执法机制，巩固整治成果；开门整改，面向社会，充分听取社会各界及游客的意见。
4	特种设备安全监察	媒体信息：《钱江晚报》《青年时报》、杭州生活频道、杭州综合频道、浙江民生休闲频道、《浙江日报》、浙江经视频道、《今日早报》	1	强化智慧监管，进一步发挥96333平台作用；开展隐患排查，做好高风险电梯的识别治理；强化监管举措，进一步规范电梯维修保养市场；发挥社会力量，构建多元共治的工作体系。
5	旅游目的地环境整治	媒体信息：央视财经频道《经济半小时》；绩效信息员	1	"一日游"市场秩序的整治：结合秋季旅游旺季旅游环境秩序专项整治，进一步加大"一日游"市场秩序的整治力度；采取多种手段，加大"一日游"市场秩序监管；加强联合执法检查；对"一日游"市场提出刚性要求；研究推出本地"一日游"线路指导价。 "野导""黑车"整治：开展常态化联合整治，逐步形成综合治理机制；组织专项治理，突出重点问题整治；坚持多法并举，强化面上秩序管控；坚持综合治理，注重"野导"利益链打击；坚持疏堵结合，共同挤压"野导"的生存空间。

（续表）

序号	问题类型	信息来源	责任单位反馈次数	日常改进措施
6	扬尘治理	《2015年杭州市扬尘治理绩效测评报告》	涉及10个责任单位，其中，3个责任单位反馈2次，其余反馈1次	加强企业煤堆场、砂石堆场扬尘防治；大力推进矿山粉尘防治；开展企业码头扬尘专项整治；加大督查和执法检查力度。（以市环保局为例）
7	水环境治理	《2015年杭州市水环境治理绩效测评报告》	涉及2个责任单位，其中，1个责任单位反馈2次，另1个责任单位反馈1次	全面落实项目质量监管制度；全面规范项目招投标程序；全面推进建后管理机制创新。（以市农办为例）
8	食品安全治理	《2015年杭州市食品安全治理绩效测评报告》	2	餐饮监管：开展无证小餐饮专项整治；开展火锅专项整治；开展网络订餐百日整治；积极推进"五可阳光餐饮"建设；开展示范创建项目"回头看"；强化校园及周边食品安全整治；开展餐饮量化分级等级评定；开展食品安全抽检。 农贸市场监管：开展放心市场创建；建设农贸市场食品快速检测体系；打好"三小一市场"整治攻坚战；持续开展H7N9禽流感防控工作。
9	养老服务	《2015年杭州市鼓励社会力量兴办养老机构政策绩效测评报告》	2	协调规划、国土等部门，争取增加养老用地供应；加大检查和督查力度，努力协调相关职能部门落实政策；通过推进新一轮智慧养老建设，实现居家养老政策的统一；改革全市公办养老机构，大力推进公建民营；加大宣传，提高政策知晓率；调查研究，完善政策。

第九章 绩效改进

表9-3　2016年《绩效改进通知单》反映问题与整改情况

序号	问题类型	信息来源	责任单位反馈次数	日常改进措施
1	重点区域序化度	《2016年重点区域序化管理绩效测评报告》	涉及5个责任单位,其中,2个责任单位反馈2次,其余反馈1次。	多措并举,持续净化道路运输市场秩序;强化宣传,引导市民安全出行;政策激励,缓解出租车供需矛盾。(以市交通运输局为例)
2	景区服务	《2016年优化旅游景区服务管理绩效测评报告》	2	做精做细景区管理;丰富多语种信息服务;完善自助服务和咨询服务体系。
3	停车场库建设	《停车泊位建设与使用情况绩效测评报告》	涉及3个责任单位,各反馈1次。	进一步加强停车泊位的审批管理;加强违停管理力度;加强与街道社区的沟通走访。(以市公安局为例)
4	城中村改造	《2016年城中村整治提升工作绩效测评报告》	涉及2个责任单位,各反馈1次。	加强日常维护管理工作,提升环境品质,提高社区巡查频次,规范车辆停放,全面消除小区乱停车现象,确保小区停车有序、居民出行便捷;加强长效治理,推动居民实行自治管理。(以杭州经济开发区为例)
5	企业减负	《2016年〈关于降成本减负担去产能全面推进实体经济健康发展的实施意见〉政策绩效测评报告》	涉及2个责任单位,各反馈1次。	贯彻落实减负惠企政策列入市经信委百日攻坚战行动的重要内容,深入企业送政策上门,开展"一对一"精准服务;打好政策宣传组合拳;进一步加强优化减负政策研究。(以市经信委为例)

2015年《绩效改进通知单》主要涉及食品安全、旅游监管、环境治理、出租车管理、特种设备安全监察和养老服务等方面;2016年《绩效改进通知单》主要涉及城乡管理类和企业发展类问题。责任单位在收到《绩效整改通知单》后,认真研究分析问题形成的原因,有针对性地制定整改措施,多数责任单位就整改情况进行多次反馈,确保了问题整改基本落到实处。

【案例9-1】 强化食品安全治理

2015年9月1日,国家食品药品监管局官网发布了《国家食品药品监管局关于65批次食品不合格的通告》(2015年第59号),其中,杭州万隆肉类制品有限公司生产的酱鸭被检测出菌落总数超标。该绩效信息涉及市市场监管局2015年度"强化食品安全治理"的相关工作目标。对此,市考评办及时向市市场监管局发出《绩效改进通知单》,要求对通告中反映的问题,尽快调查处理,及时整改,并对类似问题举一反三,强化措施,严格监管,实现长效管理。

接到《绩效改进通知单》后,市市场监管局随即展开调查核实工作,并抓紧整改。9月17日向市考评办提交了第一份《绩效改进反馈单》,提出通过查封召回相关问题产品、同批次产品复检、同类其他批次产品抽检等整改复查措施,进一步排查该企业的食品安全情况。同时,以该事件为借鉴,加大对全市肉制品生产企业产品质量的监管,加大监督抽查力度和频次,做好风险防控,确保产品质量安全。市考评办在收到《绩效改进反馈单》后,对其提出了"就提高食品抽检的有效性和科学性方面,进一步提出改进措施,确保不合格食品的检出率"的建议。9月30日,市市场监管局提交了第二份《绩效改进反馈单》,提出了优化检测结构,突出重点品种、重点环节、重点企业、重点区域的检测,规范结果处理,提高检测实效等方面的整改措施。在市市场监管局第二次反馈整改工作情况期间,市考评办收集到了中央电视台《今日关注》节目9月23日曝光"余杭勾庄的杭州农副产品物流中心抽样与检测十分随意"的绩效信息,该信息与市市场监管局此次整改工作相关,因此向市市场监管局再次提出了针对该事件的反馈要求。市市场监管局在经过调查之后,于10月13日提交了第三份《绩效改进反馈单》,反馈了调查情况和责任落实情况,并提出了检测复查整改情况的举措。

市市场监管局在收到《绩效改进通知单》后,立即展开调查,跟踪问题源头,落实整改举措,一个月内三次提交《绩效改进反馈单》,在较短时间内解决了问题,并落实长效管理,防止问题重复出现,是日常改进一个较为典型的例子。

【案例9-2】 重点区域序化管理

2016年,G20峰会在杭州举办。为配合做好峰会的各项保障工作,市考评办开展了G20峰会"重点区域序化管理"的专项绩效测评,指出了在交通秩序、经营秩序、重点建设规划秩序和公共卫生秩序等方面存在的交通设施不完善,非法拉客问题突出,路面整治、广告牌管理等不够到位,建筑垃圾堆积、绿化规划不合理、植被缺失倒地等问题。针对这些问题,市考评办向五个相关责任单位发出《绩效改进通知单》,各责任单位积极响应,切实加以整改。市城管委就车辆违停,路牌缺失,窨井盖破损,占道经营,火车东站广告牌设置,建筑垃圾堆放,奥体中心、火车东站周边乱涂乱画等问题在第一时间进行了整改,并反馈了整改前后现场照片的对比情况;市公安局从车辆违停,标识牌部分缺失,路牌存在污渍、被遮挡现象,路牌指引牌信息不够准确等方面落实了相应的整改对策,并在违停车辆管理和规范交通标志、标牌、标线方面反馈了长效管理跟踪落实对策;市交通运输局着力调查路牌指引牌信息不准确问题和火车东站周边非法营运问题,通过在持续净化道路运输市场秩序、引导市民安全出行、缓解出租车供需矛盾三方面制定的举措,全力保障道路安全与市民出行;市建委进一步落实"两路两侧"和"四边三化"整治,开展"回头看"工作,举一反三、查漏补缺,防止问题反弹;杭州西湖风景名胜区管委会从提高绿化养护精细化水平、确保绿化养护长效常态、提升园林绿化应急防灾能力、全面完成美化彩化项目四个方面制定措施,建立长效工作机制。

通过日常绩效改进机制,各部门各司其职,协同整改,既全力保障G20杭州峰会的顺利召开,又进一步提升了城市治理的整体工作绩效。

第二节 意见整改

意见整改是对社会评价中收集到的各类意见进行"一对一"的整改,即对某一条或者某一方面的意见采取有针对性的措施进行绩效改进。意见整改和日常改进最主要的区别在于,日常整改是在日常工作中发现问题,第一时间制定整改措施进行整改,具有较强的时效性,而意见整改则是对收集到的社会评价意见梳理分析后进行有针对性的整改,具有节点性的特点。

杭州综合考评实施以来,建立了社会评价意见整改机制,具体包括评价机制、整改机制和反馈机制(见图9-2)。在每年的综合考评中,市考评办邀请社会各界九大层面的上万名公众参与,赋予社会公众话语权,让社会公众进行满意度评价,并对政府工作提出意见和建议,形成评价机制;市考评办将收集到的社会评价意见进行梳理后下达给相应的责任单位,责任单位制订整改计划、明确整改目标、确定整改重点,形成意见整改机制;社会评价意见重点整改目标及整改情况在媒体上进行公示,要求责任单位就整改工作向社会作出承诺,并请公众对整改情况进行监督,形成反馈机制。

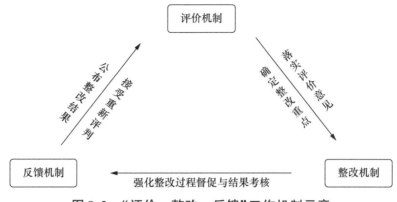

图9-2 "评价—整改—反馈"工作机制示意

一、社会评价意见整改工作流程

社会评价意见整改工作主要包括意见征集、梳理分解、制定整改目标、实施整改和组织专项考评五大流程(见图9-3)。

在杭州综合考评中,每年社会评价都会收到上万条的群众意见,市考评办专门组织力量对这些意见和建议进行梳理,确定整改责任单位,其中,群众关注度较高、意见比较集中、连续几年反复提出的社会评价意见中的难点问题,被列为市考评办跟踪督办社会评价意见。

责任单位在收到下达的社会评价意见后进行再梳理、分析,针对其中群众反映较突出、社会影响较大的重点问题,要制定整改目标,明确整改举措和责任。市考评办从整改目标覆盖面、针对性、可行性等方面进行审核后正式下达给责任单位,并对整改目标进行公示,由整改责任单位向社会作出整改承诺。

根据整改目标,责任单位有计划地开展整改工作,在整改过程中进行必要的互动,定期向市考评办反馈整改进度。市考评办通过明察暗访等方式,不定期地对整改工作进行抽查,并反馈抽查结果。年底,市考评办在年终目标检查考核时由联合检查组对各单位社会评价意见整改情况进行检查考核,并委托第三方对社会评价意见整改情况开展专项满意度测评,并将专项考核结果向责任单位反馈。

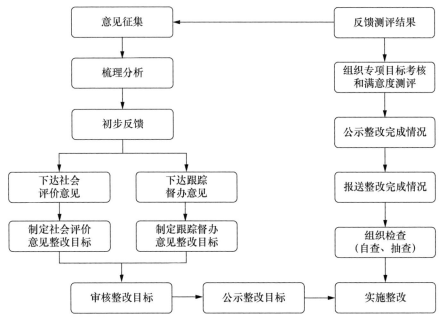

图 9-3　社会评价意见整改工作流程

二、社会评价意见整改工作机制

(一)社会评价意见整改专项考核制度

杭州市实行社会评价意见整改目标专项考核制度,市考评办为此专门制定《社会评价意见整改目标考核办法》。社会评价意见整改目标的考核从"基本要求"和"整改结果"两个维度进行,"基本要求"包括"分解落实""目标制定"和"过程管理"三项考核内容,占 30% 的权重;"整改结果"包括"办理率""解决率"和"满意率"三项考核内容,占 70% 的权重。考核办法对重点整改目标采取抽样调查的方式进行专项满意度测评,对跟踪督办意见整改目标进行服务对象专项测评,并组织述评会进行现场打分评价。

市考评办对重点整改目标开展定期检查,强化监督。每年结合年中目标检查,由市考评办对各单位向社会公开承诺的重点整改目标进行抽查,督促面上整改工作。

社会评价意见整改目标的年终考核主要以听取汇报、情况询问、实地查看、召开座谈会、查看台账等形式进行,检查社会评价整改意见是否分解落实,明确责任领导、责任单位、承办责任人,并制定整改目标和整改措施;是否落实整改工作责任制,明确领导责任、办理规程和具体要求,并建立督查考核机制;是否建立健全整改工作台账,记录所有整改目标的工作过程和结果,并附有可以佐证的原始凭证资料。在年度目标考核中,整改目标按照重点整改目标专项满意度测评和社会评价意见整改目标考核的得分加总折算后,计入各地、各单位社会评价意见整改专项目标考核总分。

(二) 年度社会评价意见重点整改目标公示制度

在征集到的大量社会评价意见中,对群众反映突出、社会影响较大、通过努力当年能够解决或取得明显成效的,市考评办要求各责任单位列为年度社会评价意见重点整改目标。

年度社会评价意见重点整改目标公示制度主要是将市直单位上述的社会评价意见重点整改目标、整改进展情况以及整改完成情况通过《杭州日报》、"杭州考评网"和本单位网站等向社会公示和公开。各区、县(市)的重点整改目标则在当地报纸和门户网站上进行公示,接受社会各界的评议和监督。

(三) 跟踪督办社会评价意见整改联动机制

为解决社会评价意见中社会公众反映多年但尚未有效解决的一些"老大难"问题,从2012年开始,市考评办每年列出一批社会评价意见中群众关注度较高、意见比较集中,并且通过努力能够在当年取得一定成效的、重复率较高的社会评价意见,实行跟踪督办(见表9-4),并建立了跟踪督办社会评价意见整改联动机制,由市考评办、整改责任单位和市民代表(绩效信息员)、媒体三方共同参与,协同治理,促进意见整改落实。

表 9-4 2012—2016 年度杭州市考评办跟踪督办社会评价意见一览表

年度	主题	意见内容	牵头责任单位
2012	教育卫生	中小学生学业负担过重,小学生的近视率越来越高。	市教育局
		各大医院看病排队候诊时间长,重复检查项目多。	市卫生局
	公共服务	审批部门信息资源不共享,同一份材料需要复印多套,给企业增加麻烦,而且不低碳。	市行政审批服务管理办公室
		垄断服务行业收费不透明,在窗口办事排队等候时间过长。	市电信公司、市移动公司、市联通公司、杭州银行、杭州联合银行
	食品安全	加大对食品包括蔬菜等的检测力度。	市工商局
		城市农贸市场和超市的熟食品、半熟食品卫生质量堪忧,要加大抽查力度。	市工商局
	环境保护	加快建立 PM2.5 监测、治理和信息发布机制。	市环保局
		加强对饮用水源的监测,加大源头管理力度。	市环保局
		餐饮店油烟扰民,夜间无证饮食摊使用的燃料及食材污染环境较为严重,噪音也很大。	市城管委(市城管执法局)
		市区小河道虽经多年治理,但效果仍不尽如人意,黑臭时有发生。	市城管委(市城管执法局)
		住宅小区周边的工地夜间施工噪音影响居民。	市建委
	交通两难(一)	打的越来越难。还有,虽然出租车安装了刷卡器,但大多成为摆设,打的刷不成卡。同时,出租车公司的经营管理方式亟须改变。	市交通运输局
		城乡结合处部分区域和市区各车站码头等公共场所秩序混乱,黑车、黄鱼车拉客宰客现象严重。	市交通运输局
		统缴卡取消后,需要经常上绕城高速的车主费用负担太重。	市交通运输局
		市民居住密集区公交线路和站点设置不尽合理。	市交通运输局
	交通两难(二)	道路重复开挖,建设改造工程缺乏系统规划和通盘考虑,存在低水平重复建设的问题。	市城管委(市城管执法局)
		公交自行车系统租车、还车难,在早晚高峰前,要加强管理,预先科学组织运力,进行资源调拨,方便租车、还车。	市城投集团
		道路岔口的红绿灯设置过多,红绿灯转换时间不科学,连续几个岔口红绿灯不连贯(不系统)等问题。	市公安局
		目前小区车辆停放散乱无序,停车难现象较为严重。	市公安局
		小区里面的小偷和盗窃现象频发,小额侵财案件破案率不高。	市公安局

（续表）

年度	主题	意见内容	牵头责任单位
2013	教育卫生	中小学学生课业负担重，文体课经常被挤占，学生身体素质下降。	市教育局
		学校食堂有时会出现食物和饮用水的质量问题，营养午餐的饭菜质量不高。	市教育局
		社区医疗服务站还不能满足需要，基础医疗设施短缺，服务水平较低，药品配备的品种和数量少。	市卫生局
		开大处方，过度检查和治疗，不仅增加病人的经济负担，还影响病人的健康。	市卫生局
	公共服务	营业执照办理涉及前置的卫生、消防和环保等审批手续，办照时间太长，影响店主开业。	市行政审批服务管理办公室
		地铁投入运营不久，在运营磨合期中出现了漏水等运营安全问题，配套建设不到位。	市地铁集团
		大、中型超市和商场明码标价不规范时有发生，节假日促销陷阱多，应加强监管，不让顾客受损。	市物价局
		电话收费的项目多，收费不合理也不够透明，垃圾信息太多，对私人的信息有时保密性还需加强。	杭州移动公司 杭州联通公司 杭州电信公司
	食品安全	小吃摊位和饮食店无证经营的现象较多，卫生状况令人担忧。	市工商局
		食品安全管理源头追溯不到位，加工环节监管薄弱，经常性的检查不多，往往是出了问题后再去管。	市食品药品监管局
	环境保护	汽车尾气、工业废气及各类扬尘太多，造成目前灰霾天气严重，空气质量差。	市环保局
		工业企业偷排污水现象时有发生，对排放的污水治理和水源的监测不够到位，水质污染严重。	市环保局
	城市管理	红绿灯处散发广告、举牌带路、临街乞讨、露宿街头等各类人员经常出现在十字路口、入城口、旅游风景区等公共场所，对市容环境及行车路人安全造成困扰。	市城管委
		生活垃圾没有按规定做到分类装袋、分类直运，垃圾分类处理后续工作没跟上。	市城管委
		景区及周边经常出现"野导"拉客现象，卫生死角不少。	杭州西湖风景名胜区管委会
		部分道路施工质量较差，道路下陷，窨井盖和管道常有破损、破裂，道路重复开挖及修补现象较多。	市建委 市规划局

(续表)

年度	主题	意见内容	牵头责任单位
2013	交通两难	公交路线安排和站台设置不够合理,一些大型住宅区出行不便。不少公交车辆破旧、车况差,准点率和舒适性不够好。	市交通运输局
		打的难,顾客经常被拒载;上下客时乱停车,付费不能刷卡,服务不规范,"小、散、乱"的经营模式亟须改进。	市交通运输局
		小区车位明显不足,尤其是中心老小区停车泊位实在太少,车辆停放混乱,挤占消防通道,120、119车开不进小区。	市公安局
		行人乱闯红灯现象较普遍,电动车速度超快,有的乱转弯、乱过马路,无视交规,事故不断。	市公安局
2014	交通治理	一些路段交通标志和红绿灯设置明显与道路状况不符,不利于引导流量、行人,交通资源利用和管理水平待提高。	市公安局
		早晚高峰时间段不少公交车里拥挤不堪,公交车运营安排不够合理;公交优先要从线路规划、车辆状况、道路通行、公交(地铁)配套等方面大力推进。	市交通运输局
		打车太难了,尤其早晚高峰难打到出租车,出租车数量少;加强出租车运营管理,规范运营,人性化管理;顾客经常被拒载,黑车宰客现象严重。	市交通运输局
	城市管理	窨井盖、道路破损多,经常修修补补,长年不断;不少小区年年在翻改,施工周期长,管理乱,质量差。	市城管委(市城管执法局)
		每逢暴雨,不少路段积水严重,老小区、桥梁及涵洞等低洼处污水倒灌、水漫金山,造成内涝。	市城管委(市城管执法局)
		垃圾分类已宣传多年,可很多居民不太了解垃圾如何分类,不少小区落实差;垃圾分类、运送、处理后续工作还要跟上。	市城管委(市城管执法局)
		工程车速度飞快,事故频发;抛洒渣土司空见惯,建筑垃圾乱倒。	市安全监管局(市安委办)
	环境保护	河水脏黑臭现象依然存在,工业企业偷排污水常有发生;多条河流水质污染重。	市环保局 市林水局
		不少公交车、货车都排放黑烟,加快淘汰尾气超标的污染车辆;工地附近道路损坏严重,扬尘问题突出;城郊结合部居民时常焚烧垃圾,一些农户季节性焚烧农作物秸杆,严重污染大气。	市环保局
		下沙周边和区内少数企业生产对大气质量有影响,造成晚上空气中部分区块有恶臭现象;部分雨污混排导致局部河段存在异味、水质较差。	杭州经济开发区管委会

（续表）

年度	主题	意见内容	牵头责任单位
2014	公共事业	促进优质教师资源共享,缩小校际间教育水平的差距,统筹教育资源均衡配置,促进教育公平。	市教育局
		社区医院冷冷清清,大医院熙熙攘攘,医院、医生、医疗设施分布不均,社区等基层医院要加强,方便群众就近就诊;基层医院医保倾斜力度不够大。	市卫生计生委(市卫生局)
		大型体育场馆经常闲置,群众体育活动中心极少,公共体育设施缺乏规划,中小学校体育场馆开放不够。	市体育局(市体育总会)
	市场监管	食品安全管理源头追溯不到位,加工、销售环节监管薄弱,信息公开化程度低,往往是出了问题后再去管。	市市场监管局(市工商局)
		超市、商场价格监管要到位;医院内设小店,部分物品价格超出超市的50%。	市物价局
		"野导"拉客现象仍然存在,部分景区节假日要价乱,多人自行车屡禁不止,日常管理需加强。	市旅委
	公共服务	老龄化日益严重,养老院太少、太贵,入住困难;社区老年食堂不多,要进一步推广,便利老人就餐。	市民政局
		严格社区准入,切实为社区"减负",社区台账多、牌子多,亟须规范。	市民政局(市老龄工办)
		办理具体事项时常在几个窗口打转,审批要真正简政放权提效;要把好中介机构的效率关和品质关;对取消的审批事项,事后监管、服务要跟上;投资环境要优化。	市审管办(市公共资源交易管委会办公室)
		手机上网流量未用完当月清零,有些不合理;收费不透明;诈骗短信泛滥、电话频繁,没有很好地保护个人信息安全。	杭州移动公司 杭州联通公司 杭州电信公司
2015	环境治理	超标排放、冒黑烟的车辆时有所见,尤其是一些货运车;建筑、拆迁工地,建材加工企业周边尘土飞扬;城郊结合部烧木渣板、化纤板、泡沫塑料的"开水炉"多,焚烧秸秆、垃圾多,空气中异味重。	市环保局
		一些企业在偷排,不少河道水质差,日常监测监督要加强;生活污水直排、混排多,有的治污设施形同虚设。	市环保局
		垃圾分类工作"喊得多、投入大、落地少",分类、分运日常管理不到位。	市城管委(市城管执法局)
		宠物犬管理不够紧,市容管理上严格执法应加强;居民区内违章搭建发现查处不及时,执法端口要前移。	市城管委(市城管执法局)

（续表）

年度	主题	意见内容	牵头责任单位
2015	交通优化	电动自行车闯红灯、骑车带人、未在非机动车道内行驶、逆向行驶等违法行为多，施工路段经常拥堵，交通管理需进一步加强。	市公安局
		高峰时段公交车辆常拥挤，班车少、等车时间长，平峰时段有的班车连着来；公交线路和站点设置要优化；住宅新区、地铁站周边公交配套欠及时。	市交通运输局
		打车实在不容易；地铁站、火车站、汽车站，以及大型文体活动场馆周边黑车多；出租车辆运营管理体制和打车新技术运用应规范。	市交通运输局
		建设工地周边路段总是坑坑洼洼，影响车辆、行人通行；路面、窨井盖破损多，修了挖、挖了修，施工时间长、质量差。	市建委
	公共服务	社区医院的签约后服务、医生配置需完善，老百姓在家门口看病仍不够方便，社区医院服务水平待提升。	市卫生计生委
		养老院床位一方面一床难求，另一方面又空置多；社区居家养老服务需加强。	市民政局（市老龄工办）
		学生课业压力大，一些学校及老师参与校外补习与培训；学生身心健康、素质教育需提升。	市教育局
		小区物业管理、业委会作用发挥、社区服务不到位，房屋群租、停车等问题多。	市住保房管局
	市场监管	小作坊和小餐饮的食品生产监管还薄弱，特别是对无证照小餐饮查处力度要加大；市场上活禽交易仍有死角。	市市场监管局（市工商局、市食品药品监管局）
		商家明码标价不规范现象时有发生，节假日、庆典日中的商场促销活动不规范。	市物价局
		网速慢，收费高，消费欠透明，办事窗口及电话咨询的服务质量要提升。	杭州移动公司 杭州联通公司 杭州电信公司
2016	政府服务高效化	进一步提升办事窗口服务质量。	市审管办 市市场监管局 市政府电子政务办
		强化简政放权后的事中、事后监管服务。	
		加强电子政务建设，推进网上信息公开。	
	城市国际化	规范城市标识、标牌设置和日常生活咨询双语导引。	市旅委 市交通运输局 市公安局
		优化旅游景区服务管理。	
		加强城市应急、交通管理等公共信息的发布和引导。	
		规范公共场所秩序和市民文明出行。	

(续表)

年度	主题	意见内容	牵头责任单位
2016	城市管理科学化	加强供气、电梯等公共设施和危化品储运的安全监管。	市安全监管局 市质监局 市建委 市城投集团 市城管委
		减少道路重复开挖。	
		加大违章建筑长效管理力度。	
	环境治理品质	进一步落实垃圾分类及后期处理。	市环保局 市林水局 市城管委 市建委
		加大工地道路扬尘治理。	
		推进河道整治后的长效管理。	
	民生保障品质	加大食品批发市场、农贸市场食品安全监管力度。	市民政局 市卫计委 市教育局 市市场监管局
		推进养老服务体系建设。	
		深化市级公立医院改革，突破"看病难"和"看病贵"问题。	
		促进教育资源均衡配置。	

在整改联动机制中，市考评办负责统筹安排和总体协调，对整改情况进行核实、督查，促进问题的解决；整改责任单位发挥整改的主体作用，瞄准群众的需求，采取有效措施切实推进整改工作真正落地；绩效信息员发挥参谋和助手作用，主动到群众中面对面地听取意见，通过多种途径与方法开展专题调查、收集信息，获取第一手的材料，向责任单位建言献策，开展专题调查，支持、协助责任单位抓好整改。

（四）社会评价意见整改激励机制

自2012年起，为鼓励市直单位积极回应群众诉求、狠抓社会评价意见整改落实，增设了综合考评"意见整改成效显著奖"，根据社会评价意见整改目标考核结果，对得分排名前5位的社会评价意见整改工作先进单位予以表彰(历年获奖情况见表9-5)。

表 9-5 历年"意见整改成效显著奖"获奖情况

年度	获奖单位
2012	市公安局、市城投集团、市教育局、市卫生局、杭州银行
2013	市教育局、市公安局、市工商局、市卫生局、市地铁集团
2014	市卫生计生委、市教育局、市人力社保局、市体育局、市审管办
2015	市卫生计生委、市人力社保局、市委宣传部、市教育局、市公安局

设置"意见整改成效显著奖"作为一个正向激励的手段,通过表彰,以点带面,可以更好地促进各责任单位切实抓好社会评价意见整改工作,有效回应社会公众的诉求。

三、社会评价意见整改工作典型案例

社会评价意见重点整改目标的设置和市考评办跟踪督办社会评价意见整改工作机制,对解决社会关注的重点、难点问题具有积极的推动作用。这里简要介绍一下"改进预付式电费计量装置""优化医疗资源配置"两个重点整改案例。

【案例9-3】 改进预付式电费计量装置(电卡表)

2008年,"改进预付式电费计量装置(电卡表)"被列为杭州市电力局的整改目标。市民沈天对此整改目标进行了跟踪调查,发现此问题在全国多个省市存在,非杭州市电力局所能解决。他根据杭州市考评办在《杭州日报》上公示的"2008年杭州市社会评价意见重点整改目标",向国家电力监管委员会等机构反映有关情况,并积极向媒体呼吁。浙江电视台针对这一问题,制作并播放了一个17集的电视专题片,引起社会的广泛关注。此后,沈天等人还向国务院法制办提起行政复议等法律程序。国家电力部门最终专门发函,停止了问题电卡表的使用,不仅使杭州市电力局圆满完

成了整改目标,也惠及全国800多万电力用户,为广大消费者清算多余电费上亿元。

这是社会公众充分运用社会评价意见整改机制,加强对公共服务部门的监督,促使相关部门认真履职、承担社会责任的一个典型案例。

【案例9-4】 优化医疗资源配置

近几年来,由于医疗资源分配不均,尤其是社区医院建设较为滞后等原因,群众"看病难"问题日益显现,在社会评价中每年都有不少参评代表提出优化医疗资源分配,解决群众"看病难"问题的意见建议。如2013年度社会评价意见中,有市民代表(城镇居民)提出:"群众看病难仍是大问题,医疗资源配置不均衡,社区医院服务能力有限";2014年度社会评价意见中,有部委办局代表提出:"医疗资源与人口老化程度不相匹配,要加大措施解决看病难问题。"

针对群众的反映,市卫计委连续几年将优化医疗资源配置、推进社区医院建设任务列入重点整改目标,2013—2015年度市考评办将此列为跟踪督办社会评价意见(见表9-6)。

表9-6 市卫计委关于优化医疗资源配置重点整改目标设置情况

年度	社会评价意见概况	重点整改目标概要
2011	社区医疗卫生网络的建设在服务水平、质量和设施建设上有待提高和改善。(覆盖16条意见)	通过在职培训、转岗培训及人才引进等途径,提高和改善社区卫生服务人才队伍结构,提高整体服务水平;提高社区卫生服务医疗仪器设备配置水平,满足群众基本医疗服务需要;结合实际制定实施国家基本药物的相关政策,通过延长过渡期,根据群众医疗需要配备药品,实行零差率销售,以解决与群众需求的矛盾。

(续表)

年度	社会评价意见概况	重点整改目标概要
2012	社区医院配置要合理,医生业务要再提高一些。一些基本的小病要能在社区医院看好,不用往大医院跑。社区医院要配置基本疫苗,如乙肝之类的,免得打基本的疫苗都得满世界找有资质的医疗机构。(覆盖9条意见)	继续实施全科医生转岗培训、在职继续教育和农村社区医生免费定向培养工作;开展基层医疗卫生机构规范化建设,以县(市)、区为单位的省级规范化中心(卫生院)达70%以上;加强基层医疗卫生机构及其医务人员的绩效考核,提高整体服务水平。
2013	上医院看病难,挂号难,手续烦琐,排长队,花费的时间较长。(覆盖25条意见)	市属医院和县第一人民医院全部推行"边诊疗边付费";深化市属医院分时段预约诊疗服务,患者分时段预约挂号、就诊,检查比例达90%;实施县域以及市属医院与周边社区卫生服务中心优质医疗资源共享工程,提升基层服务能力,引导病人在基层就诊。
2014	医院看病难仍是大问题,医疗资源配置不均衡,看病流程烦琐,虽然近年来的一些成效是大家有目共睹的,但仍需努力。(覆盖23条意见)	启用市妇产科医院,市儿童医院床位增加至500张;推进市级医院结对帮扶县级医院;拓展"智慧医疗",诊间结算推广至市直管民营医院,并拓展至无市民卡人群;推出医技检查一站式预约平台,试点门诊挂号排队报到系统。
2015	医疗资源与城市人口、人口老化程度不相匹配,要加大措施解决看病难问题。(覆盖22条意见)	加快新医院建设;深化市级医院"双下沉、两提升"工程,提升县域医疗服务能力;扶持社会资本举办医疗机构,民营医院床位达全市核定总床位数的20%以上;科学谋划"十三五"医疗资源配置规划,合理布局医疗机构。

市卫计委通过持续多年的重点整改工作,在优化医疗资源配置、推进社区医院建设方面取得了明显的成效。通过实施城市优质医疗资源下沉和医务人员下基层、提升县域医疗卫生机构服务能力和群众就医满意度工程(简称"双下沉、两提升"工程),有5家市级医院与16家县级医院建立了紧密型合作办医模式。着力推进中心镇医疗服务能力提升工程,实现了全市市级医院和县级医院与26个中心镇基层医疗机构紧密型合作办医全覆盖。社会

资本举办医疗机构也得到了较好的发展,截至2015年,民营医院核定床位数已达总核定床位数的28.50%。

积极的整改换来了社会公众的认可,在2013—2015年度跟踪督办社会评价意见整改情况专项测评中,"优化医疗资源配置"意见整改满意率均处于较高的水平,2015年度更是位列第一(见表9-7)。

表9-7 "优化医疗资源配置"意见整改专项测评情况

年度	跟踪督办意见整改平均满意率	"优化医疗资源配置"意见整改满意率	排名
2013	90.01%	91.39%	12
2014	83.08%	88.35%	5
2015	82.67%	92.89%	1

注:表中排名为"优化医疗资源配置"意见在当年度跟踪督办社会评价意见专项测评中的满意率排名。

在社会评价意见整改工作中,市直各单位积极运用"民主促民生"机制,为群众办实事、解难题,较好地破解了经济社会发展中的一些具体问题,增进了人民群众的获得感。各区、县(市)结合本地实际,积极探索市、县两级上下联动机制,将整改目标与当年度地区工作紧密结合,把对意见的整改情况纳入地区考评体系,考核结果直接运用在直属单位和乡镇街道考核中,为有效解决民生问题、促进科学发展发挥了积极的作用。

第三节 治理诊断

治理诊断是针对系统性问题,基于全面深入的会商、诊断而实施的整改,讲求综合施策。治理诊断是市考评办创设的一项具有特色的绩效改进工作机制,即由绩效管理机构、相关责任单位、有关专家和利益相关方、媒体等多方共同参与,利用绩效管理的资源优势,坚持问题导向,组织专题调研,帮助各地、各部门对工作中的一些难点问题和绩效管理中带有普遍性的突出问题,如公共资源共享利用程度低、建设与管理脱节、部门协作联动不够、长效机制缺失等,进行系统的分析、研究,开展治理诊断,共同商讨解决方案,改进工作,以提升绩效管理水平。

【案例9-5】 超市物价问题

在2007年度社会评价意见中,有大量意见集中反映杭州某大型超市的商品价格普遍高于其他超市;由市纠风办、市考评办、市效能办共同主办的杭州人民广播电台的《民情热线》节目也陆续接到不少市民听众的来电,反映同样的问题。经过现场调查发现,该超市不少商品价格确实比其他超市偏高,其中既有企业经营定位和营销策略等方面的原因,也与其作为杭州市超市电子消费卡独家试点形成一定的市场独占性优势有关。

针对这一问题,市考评办会同市监察局,召集市物价局、市贸易局、杭州商业资产经营公司等相关部门以及《民情热线》节目组有关负责人和市民代表举行专题会议。与会人员认为,该超市不少商品价格比其他超市偏高的问题确实存在,尽管其在商品经营中没有构成实质性的价格违法行为,但其部分商品定价显然缺乏应有的合理性,一定程度上也反映了超市经营者社会责任感的某种缺失。对此,有关部门应主动介入,积极作为,认真研究整改,努力营造充分竞争、公平竞争的市场环境。比如,可以确定一批同品种、同规格的大众商品,定期公布不同超市的价格对照表,以缓解消费信息的不对称,方便老百姓对超市的选择和监督。对于超市电子消费卡试点中存在的一些问题,建议及时研究,适时调整,加强管理。

根据会商意见,相关部门积极落实整改措施。市贸易局放开了电子消费卡的试点,所有商业企业均可在公平的市场环境和政府监管下推行电子消费卡;市物价局选取了在杭州市区范围内有一定经营规模和影响力的19家大型商场、超市及连锁经营商店,将与居民生活密切相关的上百种粮油副食品、日用消费品和耐用消费品的价格,在《杭州日报》等媒体上定期向社会公开发布,形成了杭州市民生商品价格信息公开制度。价格信息公开制度实施以来,该超市累计对1 549种商品实行了降价,平均降价幅度达9.97%,其他商场和超市也相继降低了民生商品价格。杭州市推行的民生商品价格信息公开制度,从公众评价、社会舆论、行政指导、市场监督四个层面对企业的自主定价权进行多重约束,是对放开商品价格进行有效监管的重大突破和创新。

从超市物价问题的发现、调查、诊断、治理,到最终取得整改成效,市考评办探索出了一套治理诊断调查工作方法,用以解决政府绩效管理中的突出问题。开展绩效分析与治理诊断调查,需及时发现政府绩效管理中存在的突出矛盾和问题,运用绩效管理资源优势,组织相关部门、专家学者、社会公众以及包括媒体在内的社会各界代表共同参与,通过专题调研、会商、论证等,达成共识,提出系统的解决方案,并切实组织实施。通过治理诊断调查,不断适应绩效管理的新要求,研究改进综合考评指标体系和考评方法,形成有利于推动问题解决的机制,推动部门之间的协作,有效提升政府整体绩效,达到让人民群众满意的效果。

【案例9-6】 小区治理

2015年,加强小区治理、优化居住环境被确定为市考评办跟踪督办社会评价意见和"公述民评"面对面问政活动的主要内容。社会公众反映小区垃圾分类、违建查处、房屋群租、路面停车、物业管理等方面问题多多,如"小区物业管理、业委会作用发挥、社区服务不到位""小区老旧房屋楼顶公共部位长年破损失修,造成渗漏。经社区协调,只负责维修一半,另一半要住户自己去交涉维修的事情。小区老旧房屋的居住环境,令居民忧虑不安",等等。

为深化小区治理意见整改工作,市考评办启动了治理诊断调查,牵头组织相关部门、绩效信息员以及媒体代表进行小区治理专题调研。调研组先后来到拱墅区锦绣社区和清宸公寓,现场走访了解老居住小区交通综合治理项目建设情况和群租整治工作推进情况,并召开座谈会。与会成员交流了现场走访和平时信息收集中发现的问题,并对小区治理应采取的对策进行探讨,提出要从以下八个方面来深化小区治理:

一是如何运用法治思维和法治方式推进小区治理,形成多元参与、多方联动的治理格局。社会治理需要多方参与、各方联动、形成合力,才能取得实实在在的成效。在小区治理上,政府部门责无旁贷,同时要积极鼓励社会力量参与,发挥社区居委会、业委会、物业管理单位、房屋中介机构的作用,落实房东、承租户、使用人在群租房整治中的主体责任。要坚持依法治理,对现有法规有明确规定的,要加大执法力度,严格管理;对现有规定、办法不够完善或不够具体明确的,要积极加以修改补充;对一些需要新制定的法规规章,如已经起草的《杭州市居住房屋出租安全管理若干规定(草案)》,要广泛征求意见,确保具有针对性、可操作性。

二是如何进一步明确各部门工作职责,分工合作、无缝对接,落实长效机制。小区治理涉及部门多,工作有交叉,需要进一步明确分工,落实责任,防止责任悬空。治理工作的系统性、整体性、联动性很强,需要部门紧密协作,解决"最后一公里""最后一厘米"的问题,实现工作的"无缝对接",只有这样,才能实现长效管理。

三是如何坚持"民主促民生"战略,鼓励基层探索创新,并及时总结推广好经验、好做法。杭州实施"民主促民生"战略,解决民生问题,多年的实践证明效果是好的。破解小区治理难题,需要社会各界参与,群策群力,才能达到良好的治理效果。在小区治理中,要坚持问情于民、问需于民、问计于民、问绩于民,尊重基层群众的首创精神。小区交通治理、群租问题,特别是没有物业管理的老旧小区和城郊结合部的治理,是难中之难,更需要创新理念思路、体制机制、方法手段,才能有效破解。

四是如何抓住关键环节,落实主体责任。群租房的治理,一定要明确责任主体,落实好房屋出租人、承租人、使用人的责任。要抓住出租房管理的关键环节,对房屋中介公司,要加强管理,规范其经营行为,对违法行为,要严格执法,追究其法律责任;对小区物业管理公司,也要进一步落实管理责任,同时要调动其主观能动作用,积极主动地协助有关部门做好居住房屋出租安全管理工作。

五是如何实现信息实时共享,建立日常协调管理机制。要有效整合已有的信息系统,尽快建立出租房屋信息登记管理平台,一方面,可以大大方便房东及时申报或物业管理单位登记,提高房屋出租信息登记率和外来人口申报率;另一方面,便于行政业务管理部门采集相关信息,实现信息的实时沟通和共享利用,提高出租房日常管理的精准性和有效性。

六是如何运用现代科技手段,实行智能化管理。要结合整治,大力推进智慧应用,如小区的停车管理系统,要完善分时段计费管理功能,实现小区的错时停车;同时,要运用价格调控手段,合理制定小区的错时停车收费价格,防止外来车辆晚上占用小区的停车资源,保障小区住户停车。

七是如何在治理中平衡好各方权益,维护社会的和谐稳定与公平正义。小区治理涉及公众利益,在制定公共政策时,要考虑方方面面的权益,预估政策实施可能带来的负面影响。要考虑小区公共资源的合理配给问题,如小区有车一族与无车一族、单辆车住户与多辆车住户、新增车位占用绿地与绿地占补平衡问题,都需要统筹安排,兼顾各方利益。在整治规范群租房的同时,要积极研究如何多种渠道、多种方式解决低收入群体的居住问题,努力降低他们的生活成本,让包括外来务工创业人员在内的杭州市民都能共享改革发展的成果。

八是如何进一步理顺社区居委会、业委会、物业管理单位等小区管理主体之间的关系。目前小区管理中存在许多矛盾和问题,其中有不少与社区居委会、业委会、物业管理的关系没有完全理顺有关。需进一步理顺三者之间的关系,明确它们的职责分工,在日常管理中形成合力,不断提升小区治理水平。

开展治理诊断调查,可以为解决一些体制机制和"老大难"问题理清思路,提供方法,明确目标,形成共治格局,经过多年的实践和探索,已经成为杭州市改进政府绩效一个新的途径和手段。《杭州市绩效管理条例》第十九条明确规定:"绩效管理机构、绩效管理相关部门、绩效责任单位应当针对绩效管理中的突出问题,系统分析,研究对策,改进工作,提升绩效管理水平,必要时应当邀请有关专家、利害关系人参加。"随着政府绩效管理的深入开展,治理诊断调查将越来越多地运用到实际工作当中。

在2016年的杭州市"公述民评"面对面问政活动中,治理诊断调查被正式纳入问政程序,作为问政活动的第二个阶段。具体包含五大方面的举措:一是跟踪督办,主要是组织"两代表一委员"、绩效信息员、特邀监察员、民情观察员和市民监督团等民评代表,围绕问政主体和重点内容,分别对各问政单位采取上门听汇报、实地察看、明察暗访、召开座谈会等方式,收集问题线索,查找存在的问题,提出意见和建议;二是组织会商,主要是针对问政活动主题,通过杭州电视台《我们圆桌会》栏目,邀请问政单位、专家学者、市民、媒体评论员等人进行交流探讨,通报工作情况,分析存在的问题,会商治理措施;三是公开征集民评代表和问政意见,主要是通过市级媒体、"杭州考评网"和"绩效杭州"微信公众号等平台公开征集意见和建议;四是开展专项测评,主要是对各问政单位问政主题的工作情况及其成效进行绩效测评;五是通报问题,将跟踪督办、专项测评、公开征集等环节发现的问题及收集的意见,经梳理汇总后,反馈通报问政单位。这一阶段的工作,将为第三阶段电视现场问政打好基础。

治理诊断调查与单一问题的整改或阶段性整治不同,它致力于从体制、机制上解决深层次、系统性的矛盾和问题,注重整改成果的长效性。开展治理诊断调查,对完善政府绩效管理、提升政府治理能力、推进治理现代化,都有重要的积极意义。

第四节 效 能 建 设

效能建设是政府机关加强自身建设和管理的重要载体,是转变机关工作作风、提高行政效能的一项重要措施。效能建设着眼于公共服务和政府自身建设带有普遍性的工作制度、方法流程和行为规范的优化,属于政府机关面上、共性的绩效改进。本节主要从效能建设八项制度、公共服务窗口服务评价制、投资项目审批代办制和行政效能指标考核四个方面介绍杭州市效能建设的基本做法。

一、效能建设八项制度

为促进全市各级机关规范行为,提高行政效率,转变工作作风,争创人民满意单位,根据浙江省的统一部署,杭州市在2004年推出了效能建设八项制度。该项制度围绕建设"廉洁、勤政、务实、高效"机关的目标,按照创新改革、转变职能、从严管理的要求,以强化监督管理为手段,以优化服务为宗旨,形成了一系列制度,包括岗位责任、服务承诺、限时办结、首问责任、AB岗工作、失职追究、否定报备、窗口部门一次性告知八项制度。

一是岗位责任制。各级机关在定编、定员的前提下,根据"精简、高效、统一"的原则,对机关内每个部门和每个岗位在管理过程中应承担的工作内容、数量和质量以及完成工作的程序、标准和时限,应有的权力和应负的责任等进行明确规定。合理设置工作岗位,明确分工,分解目标,落实责任,严格考核,做到职责分明、制度健全、责任到人,杜绝推诿扯皮现象。

二是服务承诺制。各级机关特别是窗口单位实行承诺服务,在遵守法律法规和有关规定的基础上,将服务事项、内容、程序、标准、依据以及监督办法等向社会公开,向管理和服务对象作出服务质量与服务时限的承诺。承诺的内容要反映本部门业务工作的重点和群众关心的热点、难点问题。所作的承诺要求简洁明了、切实可行,并严格按照承诺办事。

三是限时办结制。各级机关依据法律法规和有关规章的规定,对其职能范围内的管理服务事项要在规定时限内予以办结。凡法律法规和规章未明确办理时限的,要根据具体情况,合理确定时限,作出服务承诺并向社会公开。对上级机关和领导交办的事项,也要及时办理、限时办结。

四是首问责任制。接待群众来访或办理有关事务时,第一位接待当事人的工作人员为首问责任人。首问责任人对群众提出的问题或要求,属于自身职责范围内的,要认真负责地进行处理、答复,并一次性告知相关的办事程序及要求,能办的及时办理;条件不符合或手续不全的,应耐心做好解释工作。不属于本职范围内的,应耐心详细地告知当事人承办该事务的具体部门及所处位置,不得相互推诿、态度生硬,必要时要做好联络、协调工作。

五是AB岗工作制。各级机关在合理设置岗位、明确工作职责的基础上,实行两个岗位之间顶岗或互为备岗的AB岗工作制度,即当A角出差或因其他原因不能承担该项工作时,由B角接替完成该项工作,并切实负起责任。A、B岗人员应相对固定,不得空岗、缺位。凡面向社会、基层的窗口单位,其办理审批、审核、发证、报名等事项的相关岗位必须实行AB岗工作制。有必要的单位要推行全员AB岗工作制。各单位的AB岗设置情况要报同级组织人事部门和行政审批中心备案,同时向社会公开。

六是失职追究制。机关工作人员不履行或不正确履行自己的工作职责,发生违反作风和效能建设有关规定行为的;单位领导对机关作风和效能建设工作不重视,制度不落实,单位发生作风和效能问题,给国家、单位和人民群众的利益造成损失的,按照《杭州市机关工作人员服务态度和效能问题惩戒办法(试行)》《中共杭州市委、杭州市人民政府贯彻中共中央、国务院关于实行党风廉政建设责任制的规定的实施意见》《中国共产党纪律处分条例》等有关规定,给予直接责任人、单位有关负责人相应的惩戒、政纪处分或组织处理;涉嫌犯罪的,移交司法机关处理。

七是否定报备制。各级机关在行政管理过程中,对其管理和服务对象的要求或申请事项予以否定或不予办理的,经办人员或部门必须在规定的时间内以规范化文书的形式及时向分管负责人报送或向上级机关报备。经办人员或部门对申请事项按权限予以否定的,必须明确告知当事人,说明理由并登记备案。对不予办理的重大事项或疑难问题,应报分管负责人审批,不得擅自决定。

八是窗口部门一次性告知制。当事人到各级机关所属的窗口部门办理有关事务或咨询有关事项,因手续、材料不完备等原因需退回补办,或不完全具备条件而暂不予受理的,经办人员应当一次性告知其需要补办的手续、材料及不予受理的理由。一次性告知一般采用口头告知形式,如要求以书面形式告知,经办人员应填写《一次性告知书》。

制度是机关效能建设的有力保障,是效能建设的基础。通过把制度建设贯穿于机关效能建设的各个方面和各个环节,以责任制明确工作职责,以承诺制明确服务要求,以公示制推行政务公开,以评议制强化监督,以失职追究制严肃工作纪律,逐步建立起以法立制、以制建章、以章定规、以规办事的机关管理运行机制,实现以制度管人、管事。

建立和完善机关效能建设八项制度有利于改善机关管理,转变机关作风,提高机关工作人员的办事效率和工作能力,有利于更好地贯彻党和政府的方针政策,进一步加强党风廉政建设,提升人民群众的满意度。

二、公共服务窗口服务评价制

公共服务窗口服务评价制是为进一步转变机关作风、提高办事效率、改善发展环境,在机关效能建设八项制度的基础上,建立和推行的一项工作制度。公共服务窗口服务评价制在各级公共服务窗口建立以电子服务评价器为主、标准统一的服务评价系统,实现办事群众对窗口服务的满意度评价,市属各公共服务窗口服务评价结果纳入市直单位综合考评。

为推进公共服务窗口服务评价制的顺利实施,杭州市先后出台了《杭州市公共服务窗口服务评价制》和《杭州市公共服务窗口服务评价制实施办法》。2010年9月底,服务评价制在全市各公共服务窗口全面实施。

《杭州市公共服务窗口服务评价制》主要从服务评价的对象、内容、形式和结果公布与运用四方面规范该项工作机制。

在服务评价的对象方面,规定凡杭州市各级为企业、个人提供办事服务的行政机关或受行政机关委托所设置的服务窗口,都须接受办事群众(服务对象)的评价和监督。在服务评价的内容方面,主要是对行政机关或服务窗口的服务态度、服务质量、服务效率进行总体评价,具体评价分为满意、基本满意和不满意三个量标。在服务评价的形式方面,各级行政机关或服务窗口可以采用服务评价器或服务评议表等现场评价方式,也可以采用网上评价、手机短信评价等多种方式,接受每位办事群众(服务对象)的服务评价,评价信息统一接入杭州市"数字考评"系统相关数据库。在服务评价的结果公布与运用方面,一是各级行政机关或服务窗口要把办事群众(服务对象)的评价结果,作为考核窗口工作的主要指标、检验和改进机关工作的重要依据,以及提升群众满意度的努力方向,市考评办负责市属各公共服务窗口服务评价信息的汇总、处理,定期公布公共服务窗口服务评价情况,并把评价结果运用到市直单位年度综合考评中。二是各级行政机关或服务窗口要在显著位置,对服务评价制进行公示,保障办事群众(服务对象)的知情权、评价权和监督权,市监察局负责对各级行政机关或服务窗口贯彻执行服务评价制情况的日常监督。三是各级行政服务中心要赋予投资项目审批代办员对审批服务窗口的评价权、监督权,并将其评价结果按一定权重计入对审批服务窗口的考核。

根据《杭州市公共服务窗口服务评价制》,办事群众可通过服务评价系统对公共服务窗口的总体管理服务水平、总体办事效能、窗口工作人员的办事行为等进行评价。在事项办结时,窗口工作人员主动触发服务评价系统,提请服务对象对所提供的服务进行评价。服务评价设置"满意""基本满意""态度不好""时间太长""业务不熟""有待改进"6个量表(见表9-8)。

表9-8 杭州市公共服务窗口服务评价量表

量表	描述
满 意	标准选项
基本满意	标准选项
态度不好	细分选项 该选项为"不满意"选项的细分,该4种选项必须同时使用,并且默认包含了"不满意"选项。
时间太长	
业务不熟	
有待改进	

《杭州市公共服务窗口服务评价制实施办法》是为进一步加强杭州市公共服务窗口效能建设,推进公共服务窗口服务评价制组织实施而制定的,从总体要求、评价范畴、基本原则、评价标准、评价数据处理、评价系统验收、评价数据发布、考核和优化、管理要求九大方面对公共服务窗口服务评价制的实施作了进一步的明确。

《杭州市公共服务窗口服务评价制实施办法》加强了对服务评价制的考核管理:"各公共服务窗口服务评价制的实施情况纳入综合考评专项目标考核,服务评价结果作为今后全市示范办事窗口(办事大厅)评优的重要条件。"

从近两年杭州市公共服务窗口服务评价考核情况可以看出(见表9-9),评价率和平均满意率均维持在较高的水平,公共服务窗口服务评价制的推行通过公众评价对相关窗口单位进行施压,对机关单位改进、提升自身服务水平和质量具有较大的推动作用。

表9-9 杭州市公共服务窗口服务评价考核情况

时间	办件数	评价数	评价率	平均满意率
2015年	2 716 530	2 531 543	93.19%	99.89%
2016年1—5月	1 239 007	1 111 673	89.72%	99.86%

建立和推行公共服务窗口服务评价制是杭州市进一步优化发展环境的一项重大举措,是落实"环境立市"战略和进一步破解"办事难"的重要抓手。公共服务窗口服务评价制作为加强机关效能建设、争创人民满意单位的重要举措,其评价结果是机关工作考评的重要内容和评优评先的重要依据。推行公共服务窗口服务评价制,有利于保障办事群众的评价权和监督权,进一步提升窗口单位服务质量,破解"办事难"问题。

三、投资项目审批代办制

杭州市通过开展综合考评、深化效能建设、改革行政审批制度、建立三级行政服务体系等一系列举措,不断提高为民办事、为民服务水平,投资环境也有了较大的改善。但是,作为行政审批中涉及面最广、最为复杂的投资项目审批,仍存在审批环节过多、审批周期较长、办事效率不高等情况,影响了发展环境的进一步优化。在此背景下,2008年,杭州市委、市政府决定在投资项目审批集中办理的基础上,建立投资项目审批代办制。

投资项目审批代办制的基本原则主要有六条:一是自愿委托。凡在杭州市域内、符合代办条件的投资项目,投资者均可提出委托申请,在签订代办协议,明确委托方和代办机构双方相应的权利义务后,委托政府设立的专门代办机构,代办相关审批事项。二是无偿代办。政府设立的专门代办机构接受投资者委托的代办项目,除按法律、法规明确规定必须由投资者交纳的费用外,一律实行免费代办服务。三是全程服务。代办机构承接代办项目后,明确专人(代办员)对代办的事项在委托的范围内提供全程代办服务。四是合法高效。代办机构为投资者提供优质高效的服务,代办行为必须依法合规,不得损害公共利益和投资者的合法权益。五是上下联动。依托三级行政服务体系,在市和区、县(市)以及乡镇(街道)建立分工协作、上下联动、机制健全的三级代办服务网络。六是配套改革。在推行代办制的同时,继续深化行政审批制度改革,完善投资项目审批服务体系建设,提高审批效率和服务水平。

投资项目审批代办制的代办范围为杭州市域范围内、符合产业导向的固定资产投资项目(不含经营性房地产开发项目)。重点代办民资、外资项目,中央、省直单位投资项目,以及各级政府确定的重点项目(不含实施政府投资项目代建制的项目)。

投资项目审批代办制的代办内容主要为投资项目行政审批事项和公共服务事项两方面。投资项目行政审批事项,包括从项目立项到项目开工全过程的行政审批事项;公共服务事项,包括供电、供水、供气、排水、通信、网络等公共服务事项的全部手续。以上代办事项根据投资者的要求进行全程代办或部分代办,也可依照代办制确立的基本原则和实际情况,延伸和扩大代办服务的具体事项。涉及中介技术服务机构的非审批事项,原则上由投资者自主选择技术服务机构,代办机构提供协助、指导;具备代办条件的,也可受理代办。

投资项目审批代办制的推行取得了阶段性的明显成效:一是推进了项目审批。通过推行代办,使原来停顿的项目动起来,进展缓慢的项目快起来,被长期搁置的"老大难"问题也得到了有效解决。在全面推行投资项目审批代办制当年,杭州市共受理代办项目1 456个,上门服务4 322批次、8 547人次,完成审批服务事项5 059项,解决疑难问题692个。其中,市本级受理代办项目267个,上门服务1 983批次、4 358人次,完成审批服务事项1 823项,解决疑难问题317个,并有近20个搁置1年以上的投资项目得到实质性推进。二是改善了投资环境。通过推行代办,变投资人跑为代办员跑,变审批事项"多次办"为"一次办",实实在在地为企业排忧解难,展示了杭州良好的投资环境和政府形象。三是促进了行政审批服务体系的进一步完善。一方面,通过实施代办制,可以具体发现、分析、总结出在审批事项、审批环节、审批流程、审批机制等方面存在的问题,找出症结所在,有针对性地加以改革;另一方面,通过实施代办制,推进了"办事难"的破解,并力争"好办事,办好事",为进一步深化审批制度改革,完善行政审批服务体系奠定了思想和舆论基础。

投资项目审批代办制作为政府改善投资环境,解决投资项目审批难、审批烦的尝试,不失为一种提高机关效能的阶段性有效措施。但从长远看,政府应该在建立投资项目代办服务机制的同时,积极培育一批基于市场需求和法制规范的专业化代办中介服务,并逐步从代办服务领域退出。杭州的实践,走的正是这样一种路径。

四、行政效能指标考核

为提升机关效能,更好地优化政务环境,市考评办会同市纪委(市监察局)、市审管办等相关部门,共同制定了市直单位行政效能指标体系。

行政效能指标体系包括综合指数指标和年度性工作指标两个部分。综合指数指标包含"审批效率、审批质量、公开透明度、办事群众满意度"4项一级指标,"窗口准时办结率、窗口办理规范(准确)率、办事窗口信息公开度、服务评价群众满意率、效能投诉处置率"5项二级考核指标;年度性工作指标包含"优化政务环境、服务评价运行质量、市重大投资项目效能监测工作运行情况"3项一级指标,"窗口制度执行率,项目进包率,批文入库率、批文应用率和批文上传及时率,中介服务事项落实率、开展中介服务评价率,实时传输、使用率和参评率,数据填报,系统运行"7项阶段性工作目标,涵盖了当前优化政务环境亟须实现的目标任务(见表9-10)。行政效能指标以平时考核、定期通报的考核方式为主。

表9-10 杭州市行政效能考核指标

考核指标	考核目标	考核指标	专项分值
行政效能综合指数指标	审批效率	窗口准时办结率	6
	审批质量	窗口办理规范(准确)率	6
	公开透明度	办事窗口信息公开度	3
	办事群众满意度	服务评价群众满意率	6
		效能投诉处置率	6
行政效能年度性工作指标	优化政务环境	窗口制度执行率	14
		项目进包率	4
		批文入库率、批文应用率和批文上传及时率	3
		中介服务事项落实率、开展中介服务评价率	3
	服务评价运行质量	实时传输、使用率和参评率	22
	市重大投资项目效能监测工作运行情况	数据填报	6
		系统运行	6

(资料截止时间:2015年12月。)

在综合指数指标方面,窗口准时办结率,考核在"中心"窗口准时办结的事项占受理事项的比率;窗口办理规范(准确)率,主要考核办事窗口办理流程的规范程度和出差错的比率;办事窗口信息公开度,主要考核相关文件、政策、办理结果等应公开信息的公开率;服务评价群众满意率,主要考核窗口办事群众服务评价满意度;效能投诉处置率,主要考核办结投诉件及反馈情况是否超时,是否及时向投诉人反馈办理情况,是否存在因办理不认真、敷衍应付投诉人、责任追究不到位或整改措施不落实,导致两次(含)以上重复投诉的,是否存在填报的投诉人意见与市96666投诉中心抽查回访情况不一致,且无合理理由的,是否存在因调查不仔细、事实认定不清、问题定性不准、问责不到位或隐瞒歪曲事实等,被市96666投诉中心书面退办要求重新调查处理的,是否存在承办单位对投诉人反映的问题调查认定为失实,但经市96666投诉中心重新调查认定为属实并予以责令问责等情况。

在年度性工作指标方面,窗口制度执行率,在每季度对窗口进行考核,排名末3位的扣除相应的分值;项目进包率,主要考核实际进入"五阶段"审批新流程的项目是否占符合进入条件项目的80%;批文入库率、批文点击率和批文上传及时率,主要考核这三个指标是否达到100%;中介服务事项落实率,主要考核是否认真落实涉审中介服务事项录化管理制度;开展中介服务评价率,主要考核对中介服务开展评价率是否达到80%;实时传输、使用率和参评率,主要考核评价数据实时传输情况以及使用率、参评率两项指标;数据填报和系统运行,主要考核数据填报情况和整改落实情况。

行政效能指标考核囊括了效能建设、公共服务窗口服务评价、投资项目审批代办等多领域的考核,通过设置行政效能指标,可以直观地量化部门效能,提升效能考核的刚性、操作性,通过行政效能指标考核扣分的压力机制,促进各单位提高工作效率,端正工作态度,提高服务质量,整体推进机关效能建设,强化绩效改进所期望达到的效果。

第五节 创新创优

创新创优是政府主动寻求变革,以改进政府绩效的一项重要举措,它注重绩效改进的创新性和长效性。杭州市以综合考评为平台,通过建立创新创优推进机制,鼓励各地、各单位积极探索,创新理念思路、体制机制、方法手段,解决经济社会发展和社会公众反映的突出矛盾与深层次问题,不断推进治理创新,提升政府绩效,增强社会公众的认可度和满意度。

杭州的政府创新有着深刻的社会背景。以信息技术为代表的科技革命的兴起和经济全球化浪潮的发展,推动了世界生产力的进步,引起全球经济格局的深刻变化和利益格局的重大调整。每一轮的科技革命对一个国家、一个城市都意味着机遇和挑战。杭州顺应历史机遇,适时提出了建设创新型城市的战略目标,着力提高自主创新能力。杭州市委、市政府始终把增强自主创新能力贯穿于全市工作的各方面、各环节,并以政府创新示范、引领社会创新,突出创新体系和创新环境建设,着力提升政府绩效,把创新型政府、创新型城市建设与提高生活品质以及破解事关人民群众最关心、最直接、最现实的民生问题紧密结合起来。多年来,各地、各部门实施了一大批创新项目,产生了显著的社会效益、政治效益、经济效益和管理效益。

一、以制度设计激励创新

杭州综合考评的创新创优目标绩效评估机制主要由三个环节构成:一是立项环节,由各单位自愿申报,绩效评估专家对创新项目的合法性、必要性、可行性、突破性和预期性进行立项评审;二是评估环节,由绩效评估专家对创新项目的实施情况进行评估,这是创新创优目标绩效评估的核心环节;三是跟踪环节,市考评办对已完成绩效考核的创新项目,定期进行跟踪,了解运行状态、完善情况和主要成效,确保务实创新。

创新创优目标绩效评估工作机制通过实践不断地进行完善。2011年,在全面总结前几年创新创优工作的基础上,将提升服务质量的项目纳入市直单位创优目标申报范畴,开展政府服务质量评价,专门制定《政府服务质量评价指标体系和评价办法》,对市直单位申报的创新创优目标"提升服务质量"项目进行绩效评估,设立"政府服务质量奖",确定前3名为获奖项目;为调动各地、各单位创新工作的积极性,增设"创新奖",该奖项是在市直单位创新创优目标和区、县(市)特色创新目标绩效考核的基础上,确定得分较高的项目[市直单位取前10名,区、县(市)取前3名]为获奖项目。到2015年度,已有10个项目获得"政府服务质量奖",58个项目获得"创新奖",其中,市政府办公厅申报的"开放式决策"项目、上城区申报的"政府管理与公共服务标准化"项目还分别获得第五届、第七届"中国地方政府创新奖"。

2012年,市考评办组织编制了《杭州市政府创新指南》,按照"突出重点、体现导向"的原则,在经济建设、政治建设、文化建设、社会建设、生态文明建设、执政能力建设六个方面共确定了58个选题,供各级党政部门在开展创新创优的过程中自主选择,以增强创新项目的实用性和社会效应,实现创新驱动发展。

2013年,创新创优目标绩效评估由原来的"参与加分制"改为好中选优的"竞赛制+淘汰制",按照"自愿申报、绩效评估、好中选优"的原则实施考核激励。实施两轮专家绩效评估,首轮按项目领域进行专业评审,淘汰20%的项目;第二轮进行综合评估。专业评审分值权重占项目绩效评估总分的30%,综合评估分值权重占70%。综合两轮绩效评估结果,评出创新奖、创新提名奖和创新鼓励奖各10名,在综合考评中分别给予0.8、0.5、0.3分的加分激励。加分后如晋档的,不挤占综合考评已进入先进以上档次单位的名额。评估制的改革,把创新得分从综合考评"排位定档"中剥离出来,有效克服了"为创新而创新"的现象,市直单位做好本职工作也能"论英雄"。同时,通过竞争性的评估,鼓励和引导务实创新,让真正好的创新项目脱颖而出。这一年,区、县(市)特色创新项目首次实施服务对象满意度测评,客观反映特色创新项目的社会效益,丰富了特色创新项目的考核维度,填补了服务对象(受益对象)评价政府创新工作的空白,为准确评价各地创新成果提供了新的参考依据。

创新创优目标绩效评估机制中加分制的设置对于政府绩效改进具有强大的激励作用。从2013—2015年创新奖加分前后的排名变化上,可以反映出加分制对于综合考评总成绩与名次产生的影响(详见表9-11、表9-12)。

表9-11 2013—2015年度综合考评成绩平均分差统计情况(参评单位)

位次	2015年度综合考评总得分	与前一位次的分差	2014年度综合考评总得分	与前一位次的分差	2013年度综合考评总得分	与前一位次的分差
1	93.447	/	93.705	/	93.500	/
2	92.932	0.515	93.682	0.023	92.972	0.528
3	92.193	0.739	93.394	0.288	92.922	0.050
4	91.912	0.281	93.345	0.049	92.011	0.911
5	91.755	0.157	93.199	0.146	91.880	0.131
6	91.716	0.039	93.094	0.105	91.672	0.208
7	91.329	0.387	92.746	0.348	91.480	0.192
8	91.098	0.231	92.581	0.165	91.473	0.007
9	90.890	0.208	92.209	0.372	91.440	0.033
10	90.873	0.017	92.208	0.001	91.401	0.039
11	90.766	0.107	92.161	0.047	91.315	0.086
12	90.609	0.157	92.111	0.050	91.276	0.039
13	90.568	0.041	92.085	0.026	91.271	0.005
14	90.466	0.102	91.675	0.410	91.185	0.086

第九章　绩效改进

（续表）

位次	2015年度综合考评总得分	与前一位次的分差	2014年度综合考评总得分	与前一位次的分差	2013年度综合考评总得分	与前一位次的分差
15	90.447	0.019	91.649	0.026	91.157	0.028
16	90.443	0.004	91.630	0.019	91.113	0.044
17	90.320	0.123	91.621	0.009	91.108	0.005
18	90.310	0.010	91.478	0.143	91.107	0.001
19	90.260	0.050	91.319	0.159	91.101	0.006
20	90.244	0.016	91.276	0.043	91.015	0.086
21	90.225	0.019	91.267	0.009	91.000	0.015
22	90.223	0.002	91.237	0.030	90.937	0.063
23	90.091	0.132	91.173	0.064	90.899	0.038
24	90.084	0.007	91.134	0.039	90.870	0.029
25	89.984	0.100	91.130	0.004	90.870	0.000
26	89.930	0.054	91.062	0.068	90.853	0.017
27	89.812	0.118	91.030	0.032	90.606	0.247
28	89.761	0.051	91.020	0.010	90.598	0.008
29	89.742	0.019	90.977	0.043	90.577	0.021
30	89.734	0.008	90.952	0.025	90.568	0.009
31	89.670	0.064	90.947	0.005	90.519	0.049
32	89.586	0.084	90.941	0.006	90.495	0.024
33	89.575	0.011	90.902	0.039	90.462	0.033
34	89.558	0.017	90.823	0.079	90.411	0.051
35	89.444	0.114	90.770	0.053	90.402	0.009
36	89.334	0.110	90.699	0.071	90.395	0.007
37	89.333	0.001	90.567	0.132	90.362	0.033
38	89.284	0.049	90.560	0.007	90.358	0.004
39	89.233	0.051	90.542	0.018	90.322	0.036
40	89.228	0.005	90.539	0.003	90.293	0.029
41	89.204	0.024	90.500	0.039	90.279	0.014
42	89.090	0.114	90.484	0.016	90.274	0.005
43	89.082	0.008	90.455	0.029	90.163	0.111
44	89.040	0.042	90.421	0.034	90.111	0.052
45	89.032	0.008	90.333	0.088	90.087	0.024

（续表）

位次	2015 年度综合考评总得分	与前一位次的分差	2014 年度综合考评总得分	与前一位次的分差	2013 年度综合考评总得分	与前一位次的分差
46	89.025	0.007	90.311	0.022	90.034	0.053
47	89.025	0.000	90.288	0.023	89.998	0.036
48	89.015	0.010	90.104	0.184	89.994	0.004
49	88.997	0.018	90.057	0.047	89.992	0.002
50	88.971	0.026	90.026	0.031	89.902	0.090
51	88.960	0.011	90.022	0.004	89.884	0.018
52	88.803	0.157	89.996	0.026	89.873	0.011
53	88.665	0.138	89.990	0.006	89.838	0.035
54	88.638	0.027	89.957	0.033	89.766	0.072
55	88.621	0.017	89.899	0.058	89.684	0.082
56	88.585	0.036	89.883	0.016	89.666	0.018
57	88.583	0.002	89.819	0.064	89.503	0.163
58	88.557	0.026	89.643	0.176	89.480	0.023
59	88.491	0.066	89.609	0.034	89.463	0.017
60	88.381	0.110	89.463	0.146	89.426	0.037
61	88.379	0.002	89.278	0.185	89.351	0.075
62	88.305	0.074	89.016	0.262	89.326	0.025
63	88.107	0.198	88.920	0.096	89.318	0.008
64	88.055	0.052	88.893	0.027	89.307	0.011
65	87.945	0.110	88.687	0.206	89.137	0.170
66	/	/	86.343	2.344	89.131	0.006
67	/	/	/	/	88.825	0.306
68	/	/	/	/	88.778	0.047
69	/	/	/	/	88.159	0.619
70	/	/	/	/	87.748	0.411
71	/	/	/	/	87.654	0.094
平均分差	/	**0.086**	/	**0.113**	/	**0.084**

表 9-12　2013—2015 年度综合考评成绩平均分差统计情况（非参评单位）

位次	2015 年度综合考评总得分	与前一位次的分差	2014 年度综合考评总得分	与前一位次的分差	2013 年度综合考评总得分	与前一位次的分差
1	96.449	/	100.358	/	100.089	/
2	95.931	0.518	99.952	0.406	99.586	0.503
3	95.704	0.227	99.856	0.096	99.561	0.025
4	95.658	0.046	99.732	0.124	99.131	0.430
5	95.657	0.001	99.426	0.306	99.022	0.109
6	95.645	0.012	99.100	0.326	99.019	0.003
7	95.636	0.009	98.982	0.118	98.977	0.042
8	95.628	0.008	98.529	0.453	98.794	0.183
9	95.447	0.181	98.336	0.193	98.792	0.002
10	95.174	0.273	98.239	0.097	98.787	0.005
11	95.151	0.023	98.126	0.113	98.757	0.030
12	94.816	0.335	98.112	0.014	98.729	0.028
13	94.709	0.107	97.969	0.143	98.667	0.062
14	94.661	0.048	97.948	0.021	98.638	0.029
15	94.595	0.066	97.923	0.025	98.587	0.051
16	94.580	0.015	97.916	0.007	98.586	0.001
17	94.550	0.030	97.901	0.015	98.563	0.023
18	94.507	0.043	97.892	0.009	98.556	0.007
19	94.495	0.012	97.851	0.041	98.537	0.019
20	94.489	0.006	97.816	0.035	98.364	0.173
21	94.450	0.039	97.805	0.011	98.348	0.016
22	94.436	0.014	97.804	0.001	98.295	0.053
23	94.397	0.039	97.772	0.032	98.281	0.014
24	94.386	0.011	97.771	0.001	98.279	0.002
25	94.384	0.002	97.708	0.063	98.270	0.009
26	94.358	0.026	97.698	0.010	98.243	0.027
27	94.351	0.007	97.690	0.008	98.241	0.002
28	94.227	0.124	97.672	0.018	98.229	0.012
29	94.182	0.045	97.638	0.034	98.207	0.022
30	94.095	0.087	97.609	0.029	98.186	0.021
31	94.079	0.016	97.523	0.086	98.133	0.053

(续表)

位次	2015 年度综合考评总得分	与前一位次的分差	2014 年度综合考评总得分	与前一位次的分差	2013 年度综合考评总得分	与前一位次的分差
32	93.916	0.163	97.505	0.018	97.978	0.155
33	93.906	0.010	97.497	0.008	97.941	0.037
34	93.877	0.029	97.338	0.159	97.937	0.004
35	93.870	0.007	97.304	0.034	97.865	0.072
36	93.789	0.081	97.282	0.022	97.825	0.040
37	93.729	0.060	97.104	0.178	97.770	0.055
38	93.658	0.071	97.095	0.009	97.765	0.005
39	93.634	0.024	97.086	0.009	97.764	0.001
40	93.578	0.056	97.084	0.002	97.714	0.050
41	93.518	0.060	97.031	0.053	97.637	0.077
42	93.475	0.043	96.866	0.165	96.017	1.620
43	93.448	0.027	96.860	0.006	94.904	1.113
44	93.437	0.011	96.832	0.028	/	/
45	93.424	0.013	96.812	0.020	/	/
46	93.303	0.121	96.642	0.170	/	/
47	93.016	0.287	96.260	0.382	/	/
48	92.954	0.062	95.327	0.933	/	/
49	92.767	0.187	/	/	/	/
50	92.572	0.195	/	/	/	/
51	91.567	1.005	/	/	/	/
平均分差	/	**0.098**	/	**0.107**	/	**0.123**

由表9-11和表9-12可见,2013—2015年度市直单位综合考评总成绩的平均分差在0.1分左右,小分差密集段集中在中段排名区域。对于综合考评参评单位,2013—2015年相邻两单位分差小于0.1分的单位数分别为58家、48家和42家,分别占单位总数的81.7%、72.7%和64.6%。因而创新奖、创新提名奖和创新鼓励奖的加分对于单位综合考评总成绩和排名、等次的提升具有非常重要的作用(详见表9-13、表9-14、表9-15)。

表 9-13　2015 年度获得创新加分单位加分前后排名变化情况（参评单位）

获奖单位	创新加分	加分前排名	加分后排名	加分后排名变动情况	单位等次变动情况
A1	0.8	2	2	0	无
A2	0.8	6	5	↑1	无
A3	0.8	13	8	↑5	由先进单位进位至优胜满意单位
A4	0.8	23	15	↑8	无
A5	0.8	24	16	↑8	由达标单位进位至先进单位
A6	0.8	29	18	↑11	由达标单位进位至先进单位
A7	0.8	31	19	↑12	由达标单位进位至先进单位
A8	0.8	37	26	↑11	由达标单位进位至先进单位
A9	0.8	47	29	↑18	由达标单位进位至先进单位
A10	0.8	64	58	↑6	无
A11	0.5	3	3	0	无
A12	0.5	4	4	0	无
A13	0.5	5	6	↓1	无
A14	0.5	7	7	0	无
A15	0.5	11	9	↑2	由先进单位进位至优胜满意单位
A16	0.5	14	11	↑3	由先进单位进位至优胜满意单位
A17	0.5	16	13	↑3	由先进单位进位至优胜满意单位
A18	0.5	22	21	↑1	无
A19	0.5	26	24	↑2	由达标单位进位至先进单位
A20	0.5	49	37	↑12	无
A21	0.5	52	41	↑11	无
A22	0.5	65	64	↑1	无
A23	0.3	9	10	↓1	无
A24	0.3	18	20	↓2	无

（续表）

获奖单位	创新加分	加分前排名	加分后排名	加分后排名变动情况	单位等次变动情况
A25	0.3	19	22	↓3	无
A26	0.3	30	28	↑2	由达标单位进位至先进单位
A27	0.3	32	31	↑1	无
A28	0.3	36	35	↑1	无
A29	0.3	48	39	↑9	无
A30	0.3	51	43	↑8	无

注：表中隐去具体获奖单位名称，以 An 代替。

表 9-14　2015 年度获得创新加分单位加分前后排名变化情况（非参评单位）

获奖单位	创新加分	加分前排名	加分后排名	加分后排名变动情况	单位等次变动情况
B1	0.8	1	1	0	无
B2	0.8	7	2	↑5	无
B3	0.8	8	6	↑2	由工作先进单位进位至成绩显著单位
B4	0.8	9	7	↑2	由工作先进单位进位至成绩显著单位
B5	0.8	23	10	↑13	由合格单位进位至成绩显著单位
B6	0.8	25	11	↑14	由合格单位进位至工作先进单位
B7	0.8	31	12	↑19	由合格单位进位至工作先进单位
B8	0.5	6	3	↑3	无
B9	0.3	4	4	0	无
B10	0.3	5	5	0	无

注：表中隐去具体获奖单位名称，以 Bn 代替。

表 9-15　2015 年度获得创新加分单位加分后排名变化总体情况

获奖单位类别	最大进位	最小进位	平均进位	创新加分影响覆盖率
参评单位	18	−3	5.8	84.6%
非参评单位	19	0	4.3	54.9%

注：创新加分影响覆盖率为创新加分后排名有变动的单位占该单位类别总数的比重，单位进位为负数系因该单位创新加分幅度不及初始排名靠后的单位大而造成最终排名下降。

在2015年度综合考评中,参评单位序列,有22家单位加分后排名有了上升,占所有获得创新加分单位的73.3%,其中,有11家单位实现了考评等次进档,占所有获得创新加分单位的36.7%;非参评单位序列,有7家单位加分后排名有了上升,占获得创新加分单位的70%,有5家单位实现了考评等次进档,占获得创新加分单位的50%。

创新加分制充分体现了综合考评的导向激励作用,激发了市直单位创新的积极性和主动性,为政府绩效改进和提升注入了新活力。市考评办定期组织创新项目"回头看"工作,近80%的项目能保持常态运行,可持续性较强,部分项目逐渐形成了立体创新的图景,对于提高杭州市政府管理的整体绩效发挥了重要作用。

二、以问题导向推进创新

现代社会面临着许多重大的问题,如教育、医疗资源分配不均衡;社会保障覆盖面不全;基础设施不健全,不能满足城市生产和生活需求;"行车难、停车难"的交通两难问题日益显现;城市"热岛效应"明显,由于企业违法排污造成的城市空气质量、水环境质量恶化;城市文化趋同,缺乏特色等。要解决这些问题,必须采用创新的思路和方法,寻找合适的工具、方法。杭州综合考评和绩效管理具有强大的问题发现功能,并能在整理分析后及时地将问题分解到相关的责任单位,鼓励责任单位对存在的问题不掩盖、不回避、不推托,积极主动整改,主动解决问题,深挖问题根源,敢于创新,从问题中找到下一步发展的契机。

【案例9-7】 智慧医疗精准解决"看病难""看病烦"

多年来,"看病难、看病烦""候诊时间长,重复检查项目多"等问题,在社会评价意见中反复出现,并日趋强烈。2012年,杭州市考评办将"看病难""看病烦"问题列为跟踪督办项目。市卫生局在全面分析了解市民需求的基础上,坚持问题导向,以创新的思维改进诊疗服务方式:一是实施"市民卡智慧医疗诊间结算",即利用市民卡具有医保卡和电子支付的功能,协调相关部门试点实施"先诊疗、后结算,边诊疗、边付费"服务,患者在接受诊疗服务时可以利用市民卡直接进行医保费用结算,免除了反复到收费窗口排队付费的环节;对于没有市民卡的患者,推出了预缴金账户的自助式"先诊疗后付费"服务。二是推行分时段预约诊疗服务,通过网络平台、医院电话、挂号窗口、自助挂号机预约等方式,患者可以根据自己的时间,选择所需的医生或科室进行预约就诊。此举大大简化了诊疗手续,节约了看病时间,受到患者的广泛好评。这一创新举措在试点成功后迅速在市属各大医院得到推广,并受到国家、浙江省卫生行政部门的充分肯定和宣传推广。

"智慧医疗"借助现代信息技术手段,对传统的医疗运作流程进行了再造,更重要的是,相关的政府部门敢于正视问题,创新服务,精准施策,有效回应社会公众的诉求,实现了医疗卫生新生态的培育和成长。

【案例9-8】 刷卡排污

2012年度社会评价中,有市民代表、市人大代表、市政协委员、企业代表、专家学者共同提到"希望对违法排污问题加强管理,提高解决速度,加大处罚力度"。对此,市环保局创新思路,推出了刷卡排污制度,即通过磁卡管理,将区域污染物年度排放总量下达到各企业,分配到各月度,一旦月度限额用完,企业排污口阀门自动关闭,实现对企业排污浓度、总量的双重控制,为区域环境质量达标提供保障。该项制度在三个方面进行了创新：一是制度整合创新，杭州市排污权交易起步早，包含"刷卡排污"在内的制度体系（排污权登记、交易、租赁、抵押贷款等）走在全国前列；二是联动管理创新，成功引入公私合作（PPP）模式，由掌握技术资源的第三方环保企业在"刷卡排污"模式中为排污企业提供全程服务；三是技术应用创新，刷卡排污系统对排污浓度、总量实行双重控制，可"远程关阀"，大大提高了执法效率。该创新项目的实施获得了较好的环境效益、社会效益、经济效益和管理效益，也得到了国内外专家、学者和媒体的肯定。英国广播公司（BBC）实地调研后称："这不仅为中国治污找到了源头控制的有效途径，也为国际社会控制碳排放提供了良好的借鉴。"

社会评价意见、日常绩效信息和目标管理中发现的一系列问题为创新创优工作的推进提供了方向，相关责任单位根据收集到的民意诉求，有针对性地创新工作机制和方法，在服务社会公众的同时也能提升工作效率。坚持问题导向，以此来推动创新创优项目的设计、实施，能更有针对性地解决经济社会发展中存在的矛盾和问题，成为改进绩效的有效途径。

第十章　制度绩效与实践意义

第一节　制度绩效

自2000年开展"满意评选"活动以来,杭州综合考评已经走过了17年的发展历程,在政府绩效管理方面进行了制度化、专业化的探索和实践,对转变机关作风、优化发展环境、维护群众利益、破解民生难题、推进科学发展、提升政府绩效发挥了重要的导向助推作用,得到了社会各界的广泛认可。

一、转变机关作风的"杀手锏"

杭州市在政府绩效管理中,通过开展社会评价,让社会公众参与公共事务的管理与监督,对各级政府部门形成了强大的外部压力。建立健全"评价—整改—反馈"工作机制,引导各级政府部门"眼睛向下",以群众呼声为第一信号、以群众满意为第一标准,坚持问题导向,完善内部管理流程,及时、精准地回应公众诉求,切实做到奖勤罚懒、褒优贬劣、鼓励创新,有效地转变了机关作风,提升了机关效能。社会公众对市直单位的平均满意度,连续多年保持在95%以上,政府公信力得到大大的提升。

(一) 机关作风明显优化

2000年,杭州市委、市政府启动"满意评选"活动,希望通过这一举措,探索建立促进机关作风转变、效能提升的压力机制和动力机制,解决"门难进、脸难看、话难听、事难办"的机关"四难综合征",打造务实、开拓、高效、廉洁的机关,其核心是"让人民评判,让人们满意"。评选活动启动后,各参评单位积极投入,以争创满意单位为目标,采取走出去、请进来的办法,广泛、主动地听取基层和群众意见,认真查找本单位在作风上存在的问题,积极整改,切实推进机关作风建设,形成了创先争优的良好氛围。

首次评选活动,作为一剂"猛药",对于市直机关作风建设起到了重要的促进作用,成效是非常明显的。具体表现在宗旨观念、服务意识明显增强;办事效率和服务质量有新提高;内部管理明显加强;党风廉政建设有新进展。

市国土资源局在2000年度评选中,不满意率相对较高。局党委针对干部中存在的委屈和埋怨情绪,引导大家从主观上找原因,从工作中找差距,正视结果,查找问题,分析原因,全面整改。通过召开座谈会、发放征求意见表等多种形式,广泛听取意见和建议,及时整改存在的问题。该局共发放征求意见表6 580份,征求意见740条;先后召开不同类型的座谈会52个,局领导带队到13个区、县(市)及有关乡镇和企业现场办公45次,帮助基层排忧解难,解决实际问题321件,受到了区、县(市)和有关单位的一致好评。2001年度评选中,市国土资源局平均满意率提高了14.74%,在参评的56家政府部门及审判、检察机关中排在第28位,摘掉了平均不满意率相对较高单位的帽子。此后,在政府绩效管理导向激励机制的推动下,市国土资源局以"满意评选"和社会评价为抓手,以开展机关效能建设为契机,坚持群众利益无小事工作理念,以微笑服务为抓手,按照"为民、亲民、利民、便民"的原则,大力强化服务意识,不断推出提升机关效能的各类新举措,成为通过优化机关作风来提升机关效能的典型。其先后推出了当场办证服务、微笑服务、直通车服务、移动办证服务、全天候服务等机制,提升了办事效率,特别是30分钟办结个人单套住房土地证的举措,赢得了社会各界的普遍好评。原来老百姓个人单套住房土地证的办理要22天,后来缩减到8个工作日,到2006年年底,实现老百姓办证只需半个小时;对于大宗土地的办证,原来需要13个工作日,从2009年10月1日开始,做到了当场取证,从受理到取件只需2个小时。

市国税局针对用户的需求,于2007年推出了涉税业务"同城通办"。"同城通办"是以税务信息网络系统为依托,改变原来的按税收管辖权划分办税场所的做法,支持纳税人多点、从优选择办税场所办理税务事项的全新办税模式。它将办税服务厅承办事项中的申报征收、抄税认证、发票购销、代开发票、税务咨询、纳税证明开具、发票轻度违章简易处罚7个项目,列入"同城通办"的范围。只要符合国税部门规定的要求,如属于征期内月度、季度申报征收、抄税认证,无欠税、无未处理违章事项企业纳税人的发票领购,可以通过国家税务总局的综合征管系统开具的纳税证明等,纳税人都可以不受主管税务机关地域和税收管辖权的限制,在市区9个国税办税服务厅选择任何一个就近办税。"同城通办"统一服务标准、程序、操作手续,促进了同城办税业务的规范化。通过"同城通办",也可以有效检验各个基层城区和办税服务厅的服务质量,促进税务部门更好地优化工作作风、提高工作效率。

(二)政务环境持续改善

各级机关积极参与"满意评选"活动,服务意识、大局意识、责任意识、廉政意识明显增强,办事效率大大提高,为广大投资者、创业者和企业营造了良好的发展环境。2005年,杭州市开始实施综合考评,"满意评选"改称"社会评价",评价的主体、内容及方式继续延用。除此之外,综合考评不断推出新的举措,2009年出台《杭州市公共服务窗口服务评价制实施办法》,实施服务对象即时评价,即在全市719个行政审批和公共服务窗口,统一设置评价器,建立服务评价制,由接受公共服务的行政相对人作为评价主体,进行即时的满意度评价。每年的综合考评总结讲评大会都与机关效能建设、作风建设等一系列主题教育活动紧密结合,强化了综合考评对各部门提升服务效能的导向助推作用,为营造最适宜创业创新的投资软环境发挥了积极的作用。

2004—2008年,杭州连续5年被《福布斯》杂志评为"中国大陆最佳商业城市"排行榜第一名,此后杭州一直保持在《福布斯》杂志"中国大陆最佳商业城市"排行榜前十名,并多次荣登榜首。2006年度世界银行发布的《中国城市竞争力报告》显示,杭州投资环境名列全国120个城市之首,其中一项重要指标就是"全年企业与政府部门打交道的天数",中国排名前10%的城市为平均36天,而杭州只有8.1天,排名最后10%的城市为87天。连续十年入选新华社《瞭望东方周刊》评选的"中国最具幸福感城市",2016年更获得"最高荣誉功勋奖"。在《小康》杂志举办的2015年度"15城市公共服务满意度调查"和"2015—2016中国公共服务十佳城市"网络推选中,杭州都获得了第一名。杭州之所以能够取得如此成就,主要在于多年来坚持"环境立市",通过社会公众参与的方式,不断优化政务环境,创新政府治理方式,始终将如何打造一个现代化的具有高度政治文明、经济发达、平安宜居、文明和谐、人民满意的城市,作为政府治理的首要目标。

(三) 公众满意度显著提升

通过开展社会评价,杭州市在政府绩效管理中有效引导党政部门"眼睛向下",更多地倾听百姓的心声,认真总结经验、深刻查找问题、扎实改进工作。

2005年,市卫生计生委(原市卫生局)在综合考评中位列达标末位单位,"看病难、看病烦",医疗资源分布不均,成为社会评价意见中反映突出的问题。多年来,市卫生计生委(原市卫生局)以创建人民群众满意的医疗卫生事业为载体,以问题为导向,以绩效管理为抓手,推动卫生系统大胆改革创新,加强内部管理,提高服务质量,切实改善群众看病就医体验,在杭州综合考评中最终结果的排名不断提升,到2015年已连续3年获得综合考评优胜单位(满意单位)(见表10-1)。市卫生计生委的一系列实践,成为市直单位强化绩效管理、创建人民满意单位的一个典型。

表10-1 杭州市卫生计生委2005—2015年度综合考评结果一览表

年度	综合考评成绩 (排名/参评单位数)	综合考评 结果等次	综合考评 单项奖情况
2005	66/66	达标(末位)	/
2006	48/71	达标	/
2007	45/71	达标	/
2008	42/72	达标	/
2009	26/74	先进	/
2010	28/73	达标	/
2011	29/69	达标	/
2012	19/71	先进	政府服务质量奖 意见整改成效显著奖
2013	13/71	优胜(满意)	意见整改成效显著奖
2014	2/66	优胜(满意)	创新奖 意见整改成效显著奖
2015	4/65	优胜(满意)	重点工作单项奖 意见整改成效显著奖

一是以人民满意为中心,科学设定卫生事业发展目标。转变长期以来部分医院管理者和医务人员重经济效益、轻社会效益的不正确理念,破除旧思维、旧观念,将回应群众呼声、满足群众需求转化为自觉的行动。在设定中长期目标和年度目标时,始终坚持群众满意导向和问

题导向,强化人民群众的意见整改,抓住了卫生计生事业发展的牛鼻子,将卫生计生系统的目标与人民群众的需求一致起来。

二是以改革创新为动力,着力破解卫生计生发展难题。把改革创新作为引领卫生计生事业发展的核心动力。坚持解放思想、敢为人先,推进体制机制、科研、管理和服务创新,通过创新找到卫生行业自我提升和发展的道路。创新实施过程中,坚持典型示范,强势推进。近些年来,市卫生计生委推出的杭州模式的智慧医疗和医、养、护一体化签约服务等举措在深化医改中取得了突出成效。确立试点先行、分步推进的思路,在试点工作取得突破的情况下,及时部署推进方案,全面推出改革举措,发挥了整体改革的成效。

三是以推进机制为支撑,强化重点目标任务的责任落实。强化组织领导,将围绕满意单位创建开展的系列工作列为一把手工程,由党委书记、主任亲自抓,明确直属单位和部门均实行一把手负责;严格责任分解,对照市委、市政府的年度重点工作目标和市考评办下达的绩效目标,对每一项工作都进行责任分解,明确分管领导、责任部门和牵头部门,并以文件形式下发至直属医疗卫生计生单位和机关各处室;抓好部署动员,通过召开现场会、对接会、市属医院院长、书记会议、委务会议等各类会议分别对直属单位、机关处室和区、县(市)卫生计生局就做好工作进行再部署、再动员;开展跟踪督导,通过实地调研、明察暗访、专项测评、满意度调查等方式加强对直属单位的监管,定期通报进展情况。对行动迟缓、组织不力的单位及时通报批评、督促整改,邀请市考评办及绩效信息员现场考察卫生系统的整改举措,积极听取他们的意见,不断完善工作举措;强化总结评价,建立健全整改工作台账,真实完整地记录工作过程;实施第三方测评,客观评价各直属单位整改工作成效;及时做好总结,收集各地、各单位工作目标取得的成绩,定期总结经验教训。

四是以绩效管理为抓手,确保重点目标任务圆满实现。在绩效管理过程中注重三个机制:首先是注重选择导向性的绩效指标。对众多指标进行科学的筛选,挑选出具有代表性、灵敏性、可靠性和重要性的指标,重点设定体现公益性的指标。其次是注重满意度第三方测评质量。委托有资质的第三方测评公司进行,每家公立医院根据其业务量确定调查样本量,每年测评4次,每季度1次。对第三方机构的测评质量进行管控,确保了测评质量。其次,绩效考评既注重结果,更重视过程。通过日常性的监测管理,与基层单位保持良性互动,帮助和推动其完成绩效目标,确保达到绩效考评的目的。每年年初都对上一年各医院的绩效考评结果及排名情况进行公布,促动各医院形成你追我赶的良好竞争态势。将绩效考评结果作为干部选拔任用和奖惩的重要依据。

社会评价形成的外部压力需要有效地转变为改进机关作风的内在动力,杭州市在政府绩效管理中不断完善工作机制,拓宽评价渠道,强化意见整改,以实际举措实现了这种转变,提升了机关效能。2012年,实行专项社会评价,采用按事项评价的方法,进行一事一评,再根据评价结果对工作关联单位进行赋分;增设综合考评"意见整改成效显著奖";实施市考评办跟踪督办社会评价意见制度,从社会评价意见中梳理出社会各界关注度高、意见集中、多次反映而尚未得到较好解决的一些具体问题,作为整改工作的重点;2013年起,组织开展跟踪督办社会评价意见整改情况述评会,对承办跟踪督办意见的市直单位,由市党代表、市人大代表、市政协委员、绩效评估专家、绩效信息员、新闻媒体等社会各界人士进行面对面评议。外部压力通过这些工作机制,不断传导到机关内部,成为改进工作强大的推动力。数据显示,2001年以来,人民群众对政府机关的总体不满意率连续多年呈现下降趋势(见图10-1)。

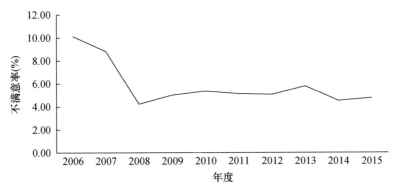

图 10-1　社会评价对政府机关的总体不满意率变化情况

二、破解民生问题的"指挥棒"

杭州市在政府绩效管理中坚持公民导向,把解决社会公众关注的热点、难点问题作为各地、各部门工作的出发点和落脚点,把群众满意度作为检验各地、各部门工作好坏的根本标准。通过建立高效运转的发现机制和"评价—整改—反馈"工作机制,推进各类民生问题的破解,使综合考评成为市委、市政府实施"民主促民生"战略的重要抓手。

（一）以"破七难"为载体大力改善民生

在 2000 年度"满意评选"中,通过对社会评价意见和建议的梳理分析,发现有三个问题反映得比较集中:一是贫困群体的生活和就业问题;二是机关工作作风中的"门难进、脸难看、话难听、事难办"问题,其中主要是"办事难"问题;三是住房改革所带来的问题。2001 年度评选收集到的意见和建议集中在以下四个方面:一是机关作风问题;二是贫困群体的生活和就业问题;三是由于交通拥挤而造成的"行路难、停车难"问题;四是城市卫生中的"脏、乱、差"问题,也就是"清洁难"问题。在 2002 年度评选中,除上述四个问题外,又发现了另外三个意见和建议相对集中的问题:一是由于药价过高而导致的"看病难"问题;二是教育问题,主要是"上学难"和优质教育资源少且分布不均的问题;三是由于房价上涨过快而导致的"住房难"问题。

2003年,原市满意办通过对"满意评选"三年来发现的问题进行整理,系统地梳理出了人民群众关注的七个热点、难点问题,即:困难群众生活就业难,看病难,上学难,住房难,行路停车难,办事难,清洁保洁难。这些问题占每年意见总量的一半以上,事关民生、事关发展,受到社会各界的广泛关注,也是制约杭州可持续发展的瓶颈。2004年,市委、市政府将"破七难"提升为战略决策,制定了《关于健全解决事关群众切身利益"七大问题"长效机制的实施意见》(以下简称《"破七难"实施意见》),构建了"破七难"工作的领导机制、责任机制、考评机制和财政保障机制。

"破七难"工作机制建立后,解决人民群众最关心、最直接、最现实的利益问题成为各级党委和政府的中心工作及重点工作,全市各级政府以新的理念、新的思路、新的目标、新的举措,努力在"破七难"上求得新突破。在推进"破七难"工作的过程中,社会热点、难点问题又出现了新的特点。在2006年度的社会评价意见中,"食品安全问题"和"环境保护问题"成为人民群众关注的新热点,在当年社会评价问卷调查的热点问题统计中,分别上升到第三、第六位。2007年4月23日,市考评办向市委、市政府建议,"在适当的时候对'七难'内容进行调整充实,以使市委、市政府解决群众最关心、最直接、最现实的问题更加及时、有效"。在2007年9月4日召开的"破七难"专题工作会议上,市委、市政府采纳了市考评办的建议,充实拓展"破七难"的内涵,将"环境保护""食品安全"等纳入"破七难"的范畴,形成解决人民群众最关心、最直接、最现实利益问题的"7+2"框架。会议指出,"'破七难'已成为我市关注和解决民生问题的一个代名词,这一提法不宜轻易改动,但内涵要不断充实调整"。10月25日,市委、市政府再次召开会议,专题研究破解"七难"、改善民生问题,听取市委政研室《关于深入贯彻党的十七大

第十章 制度绩效与实践意义

精神,进一步破解"七难问题"的若干意见》起草情况的汇报。12月12日召开中共杭州市第十届委员会第三次全体会议,通过了《中共杭州市委关于认真贯彻党的十七大精神,改善民生、破解"七难",建设"生活品质之城"的决定》,明确将市民关注的"食品药品安全"和"生态环境保护"问题纳入"七难"的范畴,正式确认了"7+2"的"破七难"新框架。在2007年度的社会评价意见梳理中,"物价问题""安全生产监管""垄断企业服务质量问题"成为人民群众关注的新热点。2008年7月14日,市委召开十届四次全会,明确把社会各界反映强烈的物价上涨、垄断行业服务等问题纳入"七难",形成"7+X"的"破七难"新框架,进一步丰富了"破七难"的内涵,提高了"破七难"的针对性,实现了"破七难"的与时俱进(见图10-2)。近年来的调查数据显示,完善社会保障、降低生活成本和提高公共服务水平,已成为提高人民群众生活品质而需要完成的最重要的三项任务,这表明人民群众追求"生活品质"的内涵向更高的层次发展,"破七难"的内涵和外延也有了进一步的变化。2012年,市委、市政府又根据社会评价意见,提出了惠民为民十大工程建设。"破七难"工作机制的形成和与时俱进的发展,成为杭州综合考评推动政府决策民主化,实现"民主促民生"的一个实践样本。

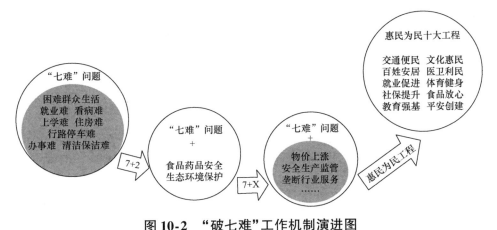

图10-2 "破七难"工作机制演进图

经过多年的努力,"破七难"取得了明显的成效。如表10-2所示,在2003年度社会评价意见中,有关"七难"问题的意见量占当年社会各界所提意见和建议总量的54.22%,到2009年度,这类意见总量已经下降到29.71%;而到2012年度,该数据进一步下降到16.97%,同时,参评代表对"破七难"的总体满意率达到94.99%。"七难"问题的逐步解决,使得人民群众对"七难"的关注度不断下降。

表10-2 2003年度、2009年度与2012年度杭州市"七难"问题意见数比较

项目	2003年度 意见数	比例(%)	2009年度 意见数	比例(%)	2012年度 意见数	比例(%)
全部问题	7 668	100.00	11 085	100.00	9 857	100.00
"七难"问题	4 158	54.22	3 293	29.71	1 673	16.97
困难群众生活就业难	272	3.55	138	1.24	76	0.79
看病难	410	5.35	237	2.14	108	1.13
上学难	300	3.91	259	2.34	136	1.42
住房难	367	4.79	932	8.41	189	1.97
行路停车难	831	10.84	1 170	10.55	785	8.20
办事难	1 002	13.07	379	3.42	333	3.48
清洁保洁难	976	12.73	178	1.61	46	0.48

依托政府绩效管理,"破七难"工作机制逐步完善,政府在如何认识和解决民生问题上积累了丰富的经验,形成了有效的工作机制和办法,使杭州的民生工作走在全国前列,成为人民群众的幸福感较高的城市。

(二) 及时有效地回应社会公众诉求

对民众需求进行及时有效的回应是现代政府的一项基本要求。杭州综合考评和绩效管理在公众诉求回应上具有强大的能动性,通过建立完善"评价—整改—反馈"工作机制,督促各级政府和部门把在社会评价中收集到的民生问题作为工作的重点,推动人民群众最关心的民生问题的解决。社会评价意见整改是杭州市回应社会公众诉求的主要

方式之一,浙江大学教授余逊达认为:"这正是杭州综合考评推动政府部门回应民众需求的具体做法。而这种政府对民众需求的回应,正是现代政府的一项基本要求。杭州综合考评大大强化了这一回应功能,推动了人们最关心的民生问题的解决。"

重点整改目标是针对群众意见突出、社会影响较大,通过努力当年能够解决或取得明显成效的意见而制定的。市考评办制定专门的《社会评价意见整改目标考核办法》,要求责任单位向社会作出整改承诺,年底组织进行重点整改目标专项满意度测评,接受社会的监督和评价。

杭州市每年从社会评价意见中选取重点整改目标150—250项,这些目标对原始意见的覆盖率达35%左右,2016年的重点整改目标则覆盖了50%以上的原始意见。近几年,重点整改目标数呈下降趋势,但原始意见覆盖率呈上升趋势,高覆盖率最大限度地确保了对社会公众诉求的回应(见表10-3)。

表10-3 2010—2016年度市直单位社会评价意见重点整改目标

年度	重点整改目标（项）	涉及单位（家）	覆盖原始意见（条）	覆盖率
2010	235	91	3 609	32.6%
2011	237	90	3 856	33.0%
2012	216	83	3 958	37.0%
2013	206	85	3 290	34.3%
2014	183	99	3 048	38.8%
2015	170	101	2 303	38.4%
2016	180	101	5 719	53.6%

一般整改目标是针对反映问题比较原则、宽泛和笼统的意见而制定的。市考评办要求责任单位针对意见积极加以研究,统筹考虑,汲取其有益方面,作为改进工作的参考和借鉴。

近几年来,市考评办针对几年来社会评价意见中重复反映、群众关注度较高、意见比较集中、通过努力能够在当年解决或取得阶段性成效的重复类意见,每年确定15—20项内容,作为跟踪督办社会评价意见整改目标,建立了市考评办、整改责任单位、市民代表三方联动机制,通过跟踪督办、治理诊断、召开述评会、进行绩效考核等方式来推动意见的整改。

社会评价意见以社会公众关注的民生话题为主,社会评价意见的整改以社会公众的诉求为焦点,通过分解落实、分类管理、跟踪督办、整改述评、社会监督等举措,确保社会评价意见中反映的大量具体问题得到及时、有效的整改落实,增强了社会评价的回应性和人民群众的获得感,也使社会公众参与政府绩效管理的积极性保持持续稳定。

(三) 提升了市政府为民办实事项目的实效

为民办实事项目是政府对市民的庄严承诺,办好民生实事是政府工作的出发点和落脚点。杭州市坚持惠民利民、持续增进人民福祉的原则,建立健全实事项目目标管理责任机制,强化为民办实事项目的绩效考核,全力把民生实事办实办好。

为更全面地评价为民办实事工作的真实成效,为民办实事项目的进展情况公开发布在"中国杭州"政府门户网站、"杭州考评网"和"绩效杭州"展示厅上,随时接受市民的评议。2015年,市考评办依托"绩效杭州"微信公众号,开展"市政府为民办实事项目"专题"随手拍"活动,征集对为民办实事项目的意见和建议,为年终考核和实地检查提供依据。此外,市考评办专门制定《市政府为民办实事项目绩效考核办法》,加强项目的过程管理。考核办法明确对为民办实事项目从实现程度和绩效测度两个维度开展绩效考核。实现程度由市考评办会同市政府督查室等相关部门开展,依照年初确定的目标内容与要求,对为民办实事项目的组织领导、完成情况、取得效果等方面通过现场查看、查阅台账等方式进行考核。绩效测度由市民满意度和专家绩效评估两部分组成。市民满意度测评由市考评办委托第三方采取抽样调查等方式进行,评价内容主要包括市民对为民办实事项目的成效以及意见和建议等,市民满意度平均得分率低于60%的,取消参加为民办实事项目评优的资格;专家绩效评估主要对实事项目实施过程中的成本投入和为民办实事项目预算的执行情况,为民办实事项目组织实施过程的复杂程度、工作难度情况,为民办实事项目完成后取得的经济社会效益,以及对杭州经济社会发展的贡献等绩效情况,从难度、效度、广度三个方面逐项进行评估。为民办实事项目的绩效考核结果计入相关责任单位的目标考核得分,同时产生"市政府为民办实事项目"综合考评重点工作单项奖(见图10-3)。

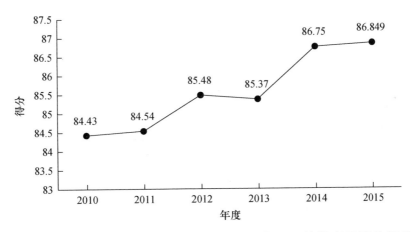

图10-3　2010—2015年度杭州市为民办实事项目绩效考核平均得分

三、促进科学发展的"助推器"

科学发展观为政府绩效管理提供理论支撑与实践指引。党的十八届五中全会提出的创新、协调、绿色、开放、共享的发展理念,是对科学发展观的进一步深化。长期以来,杭州市在政府绩效管理中通过积极营造公开、公平、公正的竞争环境,引领各级政府部门把工作重心真正转移到为市场主体服务和创造良好的发展环境上来,不断提高行政服务效率,提升政府治理能力,全面推动科学发展观和新发展理念在杭州的新实践。

（一）坚持创新理念,促进转型发展

创新是发展的动力,杭州市在政府绩效管理中特别重视对地方创新发展的引领。在区、县(市)综合考评中,以地方创新能力和可持续发展为内容,设置了发展潜力的考核指标,具体包括"人才发展指数""专利授权增长率"等。2013年,杭州市对区、县(市)创新发展进行专项考核评价,重点考评各区、县(市)以及各开发区在实施创新驱动发展战略中的工作实绩,对各地加大科技研发投入、发展高新技术产业、拥有发明创造、引进和培养高层次人才、改善创新创业生态、培育创新主体和发展创新型经济进行定量考核。通过综合考评与专项考核相结合的方式,突出创新发展在区域经济社会发展中的分量,率先走出具有杭州特色、依靠创新驱动加快科学发展的新路,为推动杭州市实施创新驱动战略,完善区域创新体系,发展创新型经济,建设国家自主创新示范区和创新型城市发挥了积极作用。

（二）坚持协调理念,形成经济社会发展一体化新格局,促进区域城乡统筹发展

杭州市通过政府绩效管理,引领地方经济社会协调发展、促进城乡区域统筹发展,不断增强发展的整体有效性。例如,通过调整指标设置,加大地方科技创新能力和创新发展的考核权重,引导发展方式从规模速度型转向质量效益型;通过社会评价的制度建设和诉求回应目标的考核,推动各级政府部门倾听社会公众的呼声,及时有效地回应公众诉求,实现保障和改善民生与经济发展并重;将统筹城乡发展纳入重点目标考核,推动基本公共服务均等化。杭州市在政府绩效管理中以协调发展为指引,推动各地、各部门补齐发展短板,解决发展不平衡问题和薄弱环节,并从中拓宽发展空间,寻求发展后劲,实现全方位的均衡协调发展。

第十章 制度绩效与实践意义

(三) 坚持绿色理念,促进可持续发展

绿色发展就是可持续发展、充满活力和后劲的发展,是着眼于长期的、有利于代际公平的发展。杭州市在政府绩效管理中着眼于生态文明建设,通过指标设计,加大节能环保考核力度,淡化 GDP 指标考核,促进人与自然和谐共生。2013 年起,将淳安县作为"美丽杭州"建设实验区单列考评,坚持"绿水青山就是金山银山"的理念,取消 GDP 考核,在发展指标设置中,生态保护和生态经济类指标的权重占比达 60%;在重点工作目标中,生态建设类指标占 40%;特色创新的考核也侧重于生态建设,对淳安县在"美丽杭州"实验区建设中有关生态保护、生态经济建设、民生保障改善等方面具有地方特色和推广价值的改革与创新举措实施绩效考核。在对其他 12 个区、县(市) 的综合考评中,GDP 考核指标权重仅占发展指标的 3%、综合考评总分的 0.9 分;有关生态建设和保护的目标考核(含发展指标和工作目标)权重,提高到近 25%。在确定考评结果时,也进一步向绿色发展倾斜,如 2014 年度起,在区、县(市)综合考评中,"一票否决"事项从原来的 5 项调整为 6 项,将原来的"节能减排"1 项分列为"节能"和"减排"2 项,从而加大了节能环保在整个政府绩效考核中的分量。

(四) 坚持开放理念,促进治理现代化

杭州市在政府绩效管理中体现了政府治理的开放性价值理念。首先,具有完善的社会公众参与的制度化建设。社会公众具有广泛的渠道直接参与到政府绩效管理中,绩效管理的整个过程公开透明,考评结果及相关的考评政务信息都及时向社会公开,尊重了民众的知情权,保障了民众的参与权。其次,考评机构与考评对象有顺畅的绩效沟通渠道。年度考核目标的确定经过双方充分的沟通,过程管理中出现的问题通过特定的渠道相互沟通、整改和反馈,考评结果进行及时的反馈。最后,积极参与到国际、国内政府绩效管理的交流中。多次受邀赴美国、奥地利

等国参加国际交流,向世界展示杭州在政府绩效管理上的实践,讲好"中国故事""杭州故事";主动参与国内政府绩效管理的顶层设计,在全国政府绩效管理试点过程中,积极献计献策;与国内的高等院校、科研机构建立密切的合作关系,邀请专家学者为杭州市政府绩效管理出谋划策。

(五)坚持共享理念,促进民主民生发展

共享发展就是按照人人参与、人人尽力、人人享有的要求,促进整体、全面发展。杭州市在政府绩效管理中建立公众参与的制度化平台,一方面,通过开展社会评价的方式,赋予社会公众话语权,让社会公众对各级公共部门进行全面评价,为保障公民有序政治参与、推进治理主体的多元化开辟了现实的途径;另一方面,通过提高公众参与的效能感,即政府及时有效地回应公众诉求,并反馈收集到的意见、处置措施和政策措施、最终的实际整改成效等,不断提高治理能力和治理绩效,从而增强社会公众对政府的信任,在公共治理中建立起政府与社会公众的紧密合作关系,实现政府与社会公众之间的良性互动。杭州市能够以"破七难"为载体有效解决民生问题,正是得益于杭州政府绩效管理在政府与社会公众之间搭建的这个良性互动平台和持之以恒的推动。

四、引领政府创新的"方向标"

在国家转型发展和实现政府治理能力现代化的过程中,政府创新扮演着极其重要的角色,它以有效解决社会经济政治等问题、完善自身运行、提高治理能力为目的,不断推动政府由传统向现代转变。杭州市在政府绩效管理中,为推进政府创新积极搭建平台,并进行了持续深入的探索实践。

(一)综合考评成为政府创新的"孵化器"

以绩效考核的方式推动和管理政府创新,是杭州政府绩效管理的一大特色,制度规范和引领是其中的主线。首先,在制度的构建上,创

新目标绩效评估制度的不断完善,为各级各部门改革创新提供了一个实践的平台,从创新目标到创优目标,再到克难攻坚目标,满足了市直部门的各类创新需求,是杭州市通过政府绩效管理引领政府创新的主要载体。其次,通过考核制度的持续完善,引领政府务实创新。将持续性创新、继承性创新纳入创新目标申报和绩效考核的范围;鼓励联合创新,完善协作机制,注重部门联动,协同克难攻坚;编制《杭州市政府创新指南》,适度规划一个时期的政府创新工作;探索建立公共服务质量评价指标体系,设立"政府服务质量奖";对市直单位创新创优目标绩效评估由"参与加分制"改为好中选优的"竞赛制+淘汰制",增强创新项目的竞争性,有效提升创新质量。最后,通过开展创新项目的绩效考核,政府创新意识明显增强。自 2006 年启动政府创新绩效评估以来,杭州市各级党政部门申报的各类创新创优项目达 920 项,涉及政治、经济、社会、文化、生态和党建各个领域。一系列的特色创新项目着力在理念思路、体制机制、方法手段等方面进行探索创新,取得突破,对推动政府职能转变、经济社会转型发展,有效回应社会公众诉求、破解"老大难"问题,创新社会管理、提升治理现代化水平,都产生了显著的社会效益和经济效益。

(二) 政府创新的能力和勇气普遍提升

提升政府创新能力,通过创新解决政府运行中存在的问题,从而提升政府整体的绩效,一直是杭州政府绩效管理努力的一个方向。影响政府创新能力的关键因素在于政府机构内部,信息资源、价值取向、创新主体、能力结构等都影响着政府创新的能力。杭州以清晰明确的价值体系指引政府绩效管理的实践和发展,在推动政府创新的过程中,鼓励各级政府部门以解决影响经济社会发展的深层次问题和回应公众诉求为导向,提升创新行为的积极性和有效性。在制度设计中,既有竞争,以"竞赛制+淘汰制"的方式,推进务实创新;又有合作机制,鼓励各级政府部门联合创新、持续创新,提升创新项目的质量。在参与创新项目考核、评估和反馈的过程中,充分发挥专家的主体作用,加强指导和引领,培养和提升政府创新的能力。政府创新的能力稳步提升,项目得分率从2006年的50%提升到2015年的80%(见图10-4)。

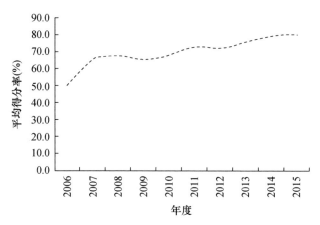

图10-4　杭州市市直单位创新目标绩效考核平均得分率

　　提升政府创新能力的另一个关键在于对创新达成共识,促进组织内外的信息沟通,使创新目标在政府、市场与社会三方之间形成良性互动机制。杭州政府绩效管理的制度设计为这种互动提供了现实的途径。杭州市城投集团在2008年就申报了"公共自行车交通智能管理系统",在当年的专家评审中获得第6名,项目的实施得到广大市民的赞赏,成为杭州市公共服务的一道亮丽"风景线"。在系统快速发展,取得良好成效的同时,一些问题逐渐显现,"布点难""保修难""还车难""处置难"和"营运难"等,成为社会各界关注的焦点。为回应公众诉求,2012年,杭州市城投集团与市规划局进行了积极的沟通,并决定开展联合创新,共同申报"持续创新、完善规划、坚持首创、提升服务——以国际视野打造'公共自行车系统'"的创新项目。该项目的开展再次取得了显著的成效,成为杭州市政府部门以回应公众诉求为导向,开展联合创新、持续创新的典范。

第十章　制度绩效与实践意义

【案例10-1】　杭州的"金名片"——公共自行车服务系统

为解决公交出行"最后一公里"问题,提高公交分担率,缓解城市"行路停车难"问题,减少污染、节约能源,杭州市在2008年推出了"免费公共自行车"租赁服务,当年建成61个服务点,2800辆公共自行车。随着市民对公共自行车接受程度的不断提高,社会评价时许多市民反映公共自行车布点少,高峰时段租、还车难,车辆破损率高,锁止器经常出现故障等。为了有效地回应百姓诉求,2012年,市城投集团联合市规划局,积极探索创新举措,提升服务绩效:一是通过规划引领,实施公共自行车专项规划,建立配建标准和停保基地规划建设标准,实现与公交车、地铁等的无缝对接,破解"布点难";二是引入物联网技术,开发公共自行车实时查询系统,采用增值守服务点、科学调运车辆等办法,破解"还车难";三是开发应用"疑似故障车辆判别系统",实施巡检与驻点维修、专业人员与志愿者团队维修相结合的方式,破解"保修难";四是首创城市公共自行车管理服务规范,升级服务热线,增设网络、短信等服务平台,提供优质的投诉处置服务;五是开发集商品销售、信息咨询、虚拟商品、便利支付等便民服务于一体的公共自行车智能服务亭,增加经营收入,破解"运营难"。

经过多年的创新发展,杭州公共自行车系统日趋完善,运营效率明显提升。2013年10月,美国专业户外活动网站"活动时间"评选出全球最好的16个地区公共自行车系统,中国杭州排名第一。[1] 在2016年二十国集团领导人杭州峰会期间,阿根廷总统马克里偕夫人骑公共自行车畅游西湖,亲身体验了一把拥有杭州"金名片"之称的公共自行车带来的便利。对杭州的公共自行车,马克里与夫人都不约而同地给予了称赞。

---

[1] 参见:腾讯网,http://hb.qq.com/a/20131009/015179_all.htm。

由于体制机制等因素的影响,政府创新的动力和勇气往往不足,求安、求稳、怕担风险的心态是制约政府创新的一大障碍。杭州市在政府绩效管理中,起初以"参与加分"的制度设计,开展政府创新"竞赛制",鼓励各级政府部门自愿申报,得到广泛的响应,政府创新的氛围和创新意识由此逐渐增强。2013 年,市考评办改革创新创优目标绩效考核方式,实行"竞赛制+淘汰制",实际上是引进了政府创新的风险机制,但各级政府部门创新的积极性依旧不减(见表10-4、表10-5)。

表 10-4　杭州市市直单位创新创优项目参评单位覆盖率和得分率统计表

年度	参加综合考评单位数(个)	申报项目数(个)	申报单位数(个)	参评项目数(个)	参评单位数(个)	参评单位覆盖率(%)	平均得分率(%)
2006	105	40	40	40	40	38.1	50.2
2007	107	74	74	74	74	69.2	66.9
2008	112	87	87	87	87	77.7	67.0
2009	112	94	94	94	94	83.9	64.5
2010	115	94	94	94	94	81.7	67.8
2011	111	96	97	96	97	87.4	73.3
2012	112	103	105	103	105	93.8	71.7
2013	114	91	95	76	80	70.2	75.7
2014	114	79	85	64	69	60.5	78.7
2015	116	71	81	60	70	60.3	79.9

注:表中参评项目数是指参加创新创优目标绩效评估的项目数,参评单位数是指与参评项目对应的相关单位的数量。2013 年度之前,申报项目即可参评,故申报项目数与参评项目数基本一致,参评单位数偶尔略多是因为有多家单位联合申报项目;2013 年度起,开始实施"竞赛制+淘汰制",参评项目数为经第一轮专业评审淘汰后进入第二轮综合评估的项目数量。

2013 年后,由于政府创新风险机制的影响,申报创新创优目标的单位数与参加综合考评单位数比重在缓慢下行(见图 10-5),但申报政府创新项目的数量仍然保持在高位,这反映了绝大多数的政府部门能够迎难而进,务实创新的锐气和勇气不断提升。

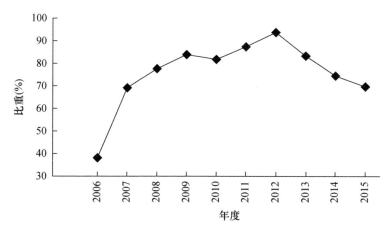

图 10-5　2006—2015 年度杭州市市直单位申报创新创优目标的单位数与参加综合考评单位数比重变化图

原中国财税博物馆馆长翁礼华曾如此评价:"有句话说,'给我一个支点,我可以撬动地球'。杭州市考评办就是找到了这样一个支点,该支点就是创新创优,它使得机关的工作绩效大幅提升,这是非常高明的。现在政府面对改革的大潮,如何创新创优,是它前进的动力。虽然在综合考评中创新创优所占的分值是不高的,但这是'压垮骆驼的最后一根稻草'。它的意义就在于此,不断引领机关向前发展,适应市场经济和改革的需要。"

(三) 创新驱动发展的成效逐步显现

近些年,杭州市针对经济社会发展中出现的新情况、新问题,坚持问题导向和发展导向,从地方经济发展的阶段性特征和实际出发,从制约经济转型和创新最突出的问题改起,加快实施创新驱动战略、发展创新型经济、推动经济转型升级。通过政府绩效管理开展创新项目绩效考核的方式,杭州市营造创新氛围,培育创新精神,鼓励各地、各部门解放思想,探索新理念、新机制、新方法,强力推进创新驱动战略,实现杭州经济增长的新旧动能平稳转换。

创新创优目标绩效考核为创新驱动战略营造了良好的创新环境。创新创优目标绩效考核聚焦政府职能转变,鼓励各地、各部门破除一切束缚创新驱动发展的观念和体制机制障碍,让政府在创新驱动发展中主动承担创新服务功能。富阳区为转变政府职能,打牢产业、均衡、民生、文化四个基础,描绘好"富裕阳光的富春山居图",主动从行政审批制度改革破题,从2009年起就开始探索以审批职能精简化、审批方式立体化、审批责任捆绑化、审批监管制度化为核心的大审批体系,实现了政府职能从管治型政府向营造良好的外部环境、提供优质的公共服务的服务型政府转变。富阳区建立的大审批体系特别是中介管理体系,解决了作为审批前置的中介服务时间过长、质量不佳的老大难问题,中介平均服务时间从原来的32天缩短为目前的12天,提速63%,走在了全省和全国前列,为全省和全国县域行政审批制度改革提供了最佳样本。

《杭州市政府创新指南》引导各级政府部门在创新过程中,紧密地面向经济社会发展,在创新驱动中形成新的经济增长点。创新驱动最有效的推进手段,就是发挥政府的服务职能,让市场配置创新资源、让企业成为创新主体。2014年,杭州市发改委为适应和引领"新常态",提出打造一批产业特色鲜明、人文气息浓厚、生产生活生态功能兼备的特色产业小镇,以聚焦创新驱动、集聚高端要素为特色,加快转型发展。按"多规融合"要求编制特色小镇创建方案和概念规划,明晰产业定位,优化空间布局,对特色小镇的项目、人才、创新平台予以扶持,为企业和创业团队提供"店小二"式的优质服务。特色小镇建设注重市场和政府"两手协同",探索小镇的多元创建模式:一是首创政府与高校共建模式,如浙大紫金众创小镇;二是企业主体、政府服务模式,如富阳富春药谷小镇;三是政企合作、联动建设模式,如云栖小镇。当好"店小二"成就"大掌柜",特色小镇建设取得显著成效,全市认定首批市级特色小镇32个,9个列入首批省级特色小镇创建对象、25个入围第二批省级特色小镇创建和培育名单,在全省占比达四分之一强,起到了领跑示范的作用。特色小镇建设实现了政府的引导力、企业的主体力、群众的创新创业力并举,使杭州的创新创业进入良性轨道。

五、推进现代治理的"新引擎"

党的十八届三中全会提出将"完善和发展中国特色社会主义制度,推进国家治理体系和治理能力现代化"作为全面深化改革的总目标,丰富了国家现代化的内涵,是对改革目标的拓展和延伸。没有现代化的治理能力,就无法真正搭建起现代化的治理体系。杭州市通过开展政府绩效管理,引导各级政府部门主动转变机关作风,推动职能转变,把寻找、研究和解决问题作为目标导向,把实现发展成果更多、更公平地惠及全体人民作为改革发展的原动力,在实践中探索地方政府治理现代化,为推进国家治理现代化积极探路。

(一)以社会公众有序参与实现政府治理多元化

有效的政府治理,需要政府、社会组织和个人的多元参与,依靠平等协商的对话机制,形成稳固的合作伙伴关系网络,在多元共治中最终实现公共利益的最大化。杭州市坚持公民导向,让社会公众广泛参与绩效管理的全过程,在实践中形成了以社会公众为主体的,包括市民、企业、专家、社会组织、行业协会等在内的服务于政府绩效管理的社会网络,促进了政府与社会公众之间的良性互动。

【案例10-2】 让民意领跑政府
——杭州市政府"开放式决策"

进入21世纪以来,随着经济市场化、利益多元化、社会信息化和管理法制化的发展趋势,畅通公共政策制定过程中的民意表达渠道,构建公民参与的有效方式与途径,具有十分迫切的现实意义,客观上要求决策层进一步更新决策理念和开放决策过程。在较长一段时间的前期酝酿和探索后,2008年"开放式决策"机制全面形成。当年,共有11次市政府常务会议27项议题进行了互联网直播及双向互动,视频点播总计超过9万人次,收到各类意见和建议2 239条。2009年,《杭州市人民政府开放式决策程序规定》《杭州市人民政府开放式决策有关会议会务工作实施细则(试行)》《杭州市人民政府重大行政事项实施开放式决策程序规定》等相继出台,为"开放式决策"提供了长效制度保障。

"开放式决策"主要适用于八类事项:拟提交杭州市人民代表大会及其常务委员会审议的《政府工作报告》、全市国民经济和社会发展计划报告、财政报告等;城市总体规划、市域城镇体系规划、经济社会发展规划、重点专项规划;地方性法规草案、重要的市政府规章草案;涉及人民群众切身利益的重要改革方案和公共政策;人民群众日常办事程序和社会公共服务事项等的重大调整;涉及人民群众生产生活的重大公共活动、重大突发事件应对方案;加强市政府自身建设的重大事项;市长提出的其他重大行政事项。

"开放式决策"从民意征集、确定决策问题到拟订方案、社会公示,再到常务会议协商决策,基本形成了一套完整的操作流程。在政府对经济社会管理事项进行决策之前,开创性地通过网络公开向市民群众广泛征求意见;政府决策时,邀请人大代表、政协委员和市民代表列席市政府常务会议,并实行网络视频直播互动,列席人员与网民可以发言(发帖)表达意见,直接参与市政府的决策过程;会后,由有关部门对网民的相关意见在网上给予答复,决策事项的公文在政府网站和《杭州政报》上发布,会议视频载入市政府网站相关栏目予以公开。

"开放式决策"的成效非常显著:一是形成了现代服务型政府科学民主决策的新途径。"开放式决策"有利于广泛吸收社会各个阶层、各个方面的意见和建议,使政府领导能直接获得第一手的社情民意,从而使政府制定的公共决策在解决公共问题、满足社会多层次的需求方面更具有效性和回应力,推进了决策的科学化、民主化。二是构建起了公共决策立体多元的沟通互动和公共协商模式。"开放式决策"改变了"自上而下"单一的精英决策模式,使决策权力向公众回归,促成"自上而下"贯彻精神与"自下而上"民意传递的结合,实现了政府与民众之间即时、动态的沟通互动、公共协商与治理优化。继2009年"开放式决策"创新项目在市直单位创新创优目标专家绩效评估中名列前茅,2010年,杭州市政府"让民意领跑政府"的"开放式决策"项目荣获"第五届中国地方政府创新奖"。

公民导向的政府绩效管理也推动各级政府改变自身的治理方式和运行方式,并通过沟通、协商等方式,动员和协调社会力量来共同应对面临的问题,在共同利益的基础上探求合作解决问题的途径和方式,进而提升应对和处置问题的能力。

【案例10-3】 斑马线文明礼让

2009年5月7日晚,杭州市文二西路南都德嘉西区路段斑马线上发生一起因超速驾驶撞死行人的事件。肇事者在闹市区驾驶改装汽车飙车,并在斑马线上撞死行人的行为受到了社会公众的强烈谴责,各类媒体对此也进行了广泛的报道。在当年度的社会评价意见中,有关斑马线礼让行人的意见明显增多。"私家车、出租车和工程运输车在道路行驶过程中,遇斑马线不礼让行人的情况较为突出,对交通安全的影响很大。"市民对此问题予以广泛的关注,冀望政府能够采取相应的措施。为此,市考评办将"斑马线礼让行人"列为2010年社会评价意见重点整改目标。市公安局采取有力措施进行重点整改,并连续3年将之列为该局重点整改目标,大力推进斑马线文明礼让和道路安全整治工作(见表10-5)。

表10-5　2010—2012年度杭州市公安局"斑马线文明礼让"重点整改目标

年度	社会评价意见概况	整改目标
2010	私家车、出租车和工程运输车在道路行驶过程中,遇斑马线不礼让行人的情况比较突出,对交通安全的影响很大;希望交警部门加大宣传管理,广大机动车驾驶人要以公交车司机为榜样,在斑马线前自觉主动做到车让人,确保斑马线上行人的交通安全。(覆盖14条意见)	深入贯彻实施《杭州市打造交通文明示范城市三年规划》,提高市民的文明交通意识。同时,采用联动媒体宣传、组织志愿者现场劝导、加大管理处罚力度等多项措施,使机动车在斑马线前礼让行人成为广大驾驶人的自觉行为,文明礼让深入人心。
2011	目前,杭州城公交车斑马线前礼让行人的风尚值得肯定。礼让的同时也带来了交通隐患,公交车在斑马线前让行时会遮挡住旁边车辆驾驶人的视线,在操作不当的情况下容易引发交通事故,危及行人的安全,希望通过加大宣传力度和整治管理,确保行人的安全。(覆盖10条意见)	一是以大力开展"文明出行,杭州先行"活动为契机,推动《杭州市打造交通文明示范城市三年规划》有效实施。二是开展斑马线前让行联合整治,联合媒体向全市各行业及广大市民进行斑马线前文明礼让的宣传教育,进一步提升市民的文明交通素质,提高非机动车、行人的遵章率,使斑马线前文明礼让在杭州城蔚然成风。
2012	很多人都无视红绿灯,斑马线上"行人最大",给本就拥堵的交通雪上加霜,机动车驾驶员素质不高,乱按喇叭、随意变道、闯红灯现象多,影响杭州的城市形象。(覆盖99条意见)	一是以"斑马线前互相礼让"为重点,组织开展"文明行路、文明行车、文明执法"系列活动,重点提升出租车、私家车、行人文明出行的素养。二是贯彻实施《杭州市打造交通文明示范城市三年规划》,推进全民文明出行宣传劝导活动,提高非机动车、行人的遵章率。三是加大对机动车乱按喇叭、随意变道、闯红灯等不文明行为的查处力度。

在整改工作中,市公安局突出"礼让斑马线""红灯不越线"主题,实施"文明行路、文明行车、文明执法"教育实践活动,向社会传播交通文明出行理念;加大交通违法行为整治力度,严查机动车未在人行横道、网格线前礼让,违法变道等行为;组织开展视频大会战,调动全市近4000个视频探头抓拍交通违法行为;联合运管、行业协会、媒体等,组织开展出租车文明行车暗访活动,暗访拍摄出租车不礼让行为;从源头入手,推广交通安全飞行棋、改进驾校培训,在中小学、学驾人员、导游群体中传播交通文明理念。

在推进"斑马线文明礼让"行动中,政府和社会组织发挥了关键作用。市城投集团组织公交车司机带头礼让,并将公交车斑马线礼让列为2011年度重点整改目标,形成了整改的联动效应(见表10-6)。

表10-6　2011年度杭州市城投集团公交车斑马线礼让重点整改目标

年度	社会评价意见概况	整改目标及措施
2011	个别公交车司机服务意识差,部分线路车辆卫生状况差,空调及通风设施使用不规范等。要进一步加大对公交的宣传力度,进一步拓展与市民的沟通渠道。公交"礼让"要坚持,个别司机开车聊天,车速较快,安全意识不强。(覆盖36条意见)	进一步完善管理制度和管理流程,消除薄弱环节。健全奖惩机制,提高安全责任意识,保障安全行车。倡导文明行车,继续做好"人行横道礼让",推出关心关爱乘客计划,着力培育精品亮点。结合满意(星级)基层站所(窗口服务)活动,以点带面提升各服务窗口的服务质量,继续加强与社会各界的联系和沟通,全面提升公交的服务品质。

通过市公安局和市城投集团的联手整改,杭州市道路通行安全程度有了明显的提高。在公交车、出租车率先垂范的引导下,私家车逐步加入斑马线文明礼让的行列,人行横道、网格线前未礼让和违法变道等道路交通违法行为明显减少,事故发生率也有所下降,交通安全和交通文明理念深入人心,"斑马线文明礼让"成为杭州城市文明的亮丽风景线。

（二）以绩效管理的专业思维推进政府治理的科学化

政府治理的科学化，要求政府治理符合经济社会发展的规律。杭州市从综合考评开始，以绩效管理的专业思维，逐步推进绩效理念和方法手段的普及和应用，积极探索政府治理科学化的路径。通过绩效管理规划的指引，把市、县两级国民经济和社会发展的各项战略目标，分解落实到相关责任部门作为年度目标，实现地方长远发展与短期目标的有机结合，使政府治理形成清晰的、可预期的目标，克服政府部门为追求政绩而导致的短视行为。鼓励各地、各部门在影响全局的重大课题和长期困扰制约发展的深层次矛盾及问题上，制定五年创新规划，推动重点领域和关键环节的改革取得新的突破。充分利用政府绩效管理这一资源平台，在考核目标立项、创新目标绩效评估、"公述民评"电视问政等多个环节，发挥专家在政府治理中的决策咨询作用，畅通政府决策过程中的"外脑"与"主脑"的沟通渠道，仅创新目标绩效评估，绩效评估专家提供的专业服务就达310人次。突出"问题导向"，通过问题排查，找准政府治理的主攻方向和发力点，精准施策，确保政府管理和服务的举措与内容具有针对性和有效性，做到准确、到位。

【案例10-4】 "网上法庭"助力互联网经济

近年来，作为互联网经济重镇的杭州，随着电子商务的快速发展、涉电子商务纠纷的不断涌现，进入司法程序的涉电子商务案件呈逐年上升趋势。电子商务纠纷具有"跨地域"的特点，跨境电子商务纠纷更是如此，各项证据材料形成于网络环境，电子商务纠纷的当事人，均面临远距离诉讼的不便，对网络化司法服务提出了迫切的需求。

为了顺应这一趋势，在互联网领域探索有效的司法保障，2015

年年初,浙江三级法院首创电子商务网上法庭,杭州中院、西湖法院、滨江法院、余杭法院作为首批试点法院,专门审理、研判涉电子商务及其相关案件。2015年8月,电子商务网上法庭上线,"网络法庭"的各项工作有序开展。一是实现全流程在线,立案、送达、举证、质证、庭审、调解、判决、执行等,每一个司法环节均在线上实现,诉讼参与人的任何步骤都记录留痕;二是实现多平台对接,"网上法庭"与各电子商务平台无缝对接、数据共享,相关信息云端读取,当事人的诉状只需5分钟即能在线提交;三是开展结构化指引,"网上法庭"除自动提取电子商务平台的有关数据外,还将管辖法院的选择、诉讼请求的提出、赔偿数额的计算、法律引用等诉讼事项全面结构化,实现"网上诉讼与网上购物一样简单、便捷";四是探索智能化应用,利用互联网大数据资源开发诉讼结果预判功能,为当事人诉讼、调解提供参考,以节约司法资源,促进案件诉前调解;五是提供开放式服务,与各类电子商务平台对接,并逐步向电子商务纠纷较多的其他法院开放;六是推进多元化的纠纷解决方式,引入律师、仲裁、行业协会等调解力量,对接互联网调解中心,建立一支跨区域的在线调解员团队。

"网上法庭"开创了"互联网+"审判模式下矛盾纠纷的多元化解决新机制。开通一年多的时间,已收到案件申请一万六千余件,化解纠纷近六千件。"网上法庭"以互联网思维促进审判方式的革新,对推动电子商务行业的良性发展、便利电商参与诉讼、降低司法成本、提升司法审判工作的质效、净化电子商务发展环境等,产生了显著的经济和社会效益。其高效、快捷、透明、公正的特点,吸引了社会的广泛关注,获得了高度的赞誉。最高人民法院对此充分肯定,认为此举是"重大创新举措,意义深远"。阿里巴巴集团致信称,电子商务诉讼对进一步畅通渠道、提升其合规能力、减少企业诉累起到积极的作用。中央、省、市各级媒体对"网上法庭"进行了广泛的报道。

杭州中级人民法院的"网上法庭"作为2015年度创新项目,在2016年3月举行的市直单位创新创优目标绩效评估中,得到评估专家的一致好评,获得了第一名。这是杭州市各地、各部门为适应经济社会发展的新形势,充分利用网络信息技术,积极探索"互联网+"应用,主动应对信息化带来的新情况、新问题,提高现代治理能力的一个生动案例。

(三)以绩效管理的规范化、标准化促进政府治理的精细化

政府治理的精细化是在推动政府职能转变和执政理念更新的同时,利用专业的治理方式、标准化的手段和科学的监测评估方法,进一步提升政府管理服务水平和治理绩效。杭州市在实施政府绩效管理的过程中,以可量化、可考核的标准作为确立目标和目标考核的基本要求,改变了以往"毛估估""差不多"的粗放式管理方式。

近年来,杭州市在政府绩效管理工作中,要求各级政府部门结合本地区工作实际和本部门履行的职能,查找公共治理和政府服务中的短板,对接国际标准,制定出本地、本行业、本部门的公共治理和政府服务标准体系,着力打造规范化、精细化、专业化、高品质、高绩效的公共治理和政府服务的"杭州标准",并作为开展绩效管理、实施绩效评估的重要依据,推动政府的各项工作提质增效。

【案例10-5】 上城区"政府管理与公共服务标准化建设"

2007年,上城区针对区(县)一级政府及部门履行职能的现状,为规范执法职责、权限、程序,降低行政成本,提升公共服务质

第十章 制度绩效与实践意义

量,增强政府透明度,提出了开展"政府管理与公共服务标准化建设"的工作思路。2009年,该项目作为唯一的政府项目被列为标准化国家试点,区政府明确了"至2011年年底基本建立公共管理和服务标准体系,推进服务型、创新型、法治型、节约型、责任型、廉洁型政府建设,全面提升政府行政管理能力,提高政府公共服务品质,促进政务公开和廉政建设,为杭州市及全国开展政府公共管理和服务标准化工作提供经验"的目标。

上城区集全区之力,全员参与标准化工作。区所有24个政府部门、8个市垂直部门、6个街道、54个社区以及部分党委部门和群众团体参与标准化的建设工作。标准化建设工作坚持立足创新、注重应用、先易后难、整体推进的原则,按照全面展开与重点突破并重、体系构建与标准编制并重、实施应用与完善提升并重的思路设立和开展,完成了包含4个子体系、31个分体系、3个应用辅助体系的区(县)级政府管理和公共服务标准化体系框架的构建。对于已颁布标准,开展标准的网上流程重构或开发相应的网上应用系统,以信息化平台固化和量化标准执行,并与绩效考评体系相衔接。拓展标准化建设领域,从政府领域自发向党群部门和政协等领域延伸。积极与上级部门沟通,争取标准的升级。《居家养老服务与管理规范》升级为国家级标准,4项升级为省级标准,修订省市级标准3项。

标准化建设取得的效果非常明显:一是行政权力得到进一步的规范。为深化行政体制改革和政府职能转变打下了扎实的基础。经过梳理,确定了5 309项由政府职能细化出的具体工作事项及与之对应的880项法律法规、政策依据,针对"无法可依"的工作事项,完成了154项标准编制并分别作为国家、省、市、区级标准颁布实施。全面清理了2 323项行政执法权力事项,并全部完成标准化流程编制。二是政府服务质量得到了进一步的提升。在对公共服务职能标准化的过程中,始终围绕提升服务品质和提高服务效率两个核心内容来展开,让老百姓从更优质、更丰富的公共服务中得到实惠。针对群众关心关注的教育、医疗、住房、安全等焦点问题,制定了关于学校安全、社区卫生服务机构设立、危旧房改善等方面的一系列标准,强化了与群众工作、生活密切相关的公共服务的质量保证。同时,注重开发和设计可操作的、具体的量化指标,对于一些难以量化的服务环节和服务内容,也着眼于通过优化定性标准来提高公共服务的明确性和责任性。三是政府绩效得到进一步的提高。通过标准化规范政府职能,不仅有效地避免了行政部门"有选择的管理和有选择的服务"导致的合力不强、效率低下、成本偏高问题,而且为绩效评估确定了最基本的标准和指标,借助考核评估体系和机制,更好地改善服务质量,提高政府效能。

上城区政府管理和公共服务标准化体系的建设,作为政府绩效管理的一个创新实践,得到了各方的关注。在2011年度杭州市区、县(市)综合考评特色创新专家评估中,该项目得到评估专家的充分肯定,得分排名第一;其后,该项目又获得了"第七届(2013—2014)中国地方政府创新奖"。

第二节 实践意义

实践证明,杭州综合考评和绩效管理已经成为转变机关作风的"杀手锏"、破解民生问题的"指挥棒"、促进科学发展的"助推器"、引领创新创优的"方向标"、推进现代治理的"新引擎",为杭州经济社会科学发展及构建和谐社会注入了强劲的动力。作为中国地方政府绩效管理的一种有效实践,其价值和意义并不局限于此,它在社会主义民主政治发展、政府治理现代化、破解民生难题和构建服务型政府等方面,也具有普遍价值和时代意义。

一、新时期贯彻党的群众路线的制度设计

群众路线,就是一切为了群众,一切依靠群众,从群众中来,到群众中去,它是中国共产党的根本工作路线。群众路线是中国特色的政治语言,体现了以人民为中心的思想。公民导向、广泛参与是现代政府绩效管理的基本特征。公民导向实际上是顾客导向的一种隐喻,是对传统政府管理过程中存在的官僚主义和政府与官僚中心倾向的不满及反抗。在中国,政府绩效管理以公众满意作为基本目标,从公众需求出发,积极回应公众诉求,公开服务内容、程序,接受公众的监督和评价,确保公共服务供给符合公众需求。

在新时期,党的群众工作已经发生了深刻变化。各种群众组织以及新阶层不断出现,不同的利益群体有着不同的利益诉求,群众利益日益多元化。因而,非常有必要深入研究群众路线的实现路径,尤其是需要建立新时期践行群众路线的有效载体和工作机制。杭州综合考评和绩效管理为新时期贯彻落实党的群众路线提供了常态化的制度平台,在密切联系群众、全心全意为人民服务的长期实践中,作出了有益的探索。

杭州综合考评和绩效管理的价值体系充分反映了群众路线的核心内容。首先,在"让人民评判、让人民满意"核心价值观引领下,长期以来,杭州坚持通过社会评价的方式,广泛听取群众意见,以群众意见作为政府决策和改进工作的依据,并使结果再次接受群众的评价,体现了"从群众中来,到群众中去"的党的根本工作路线。其次,秉持"创一流业绩、让人民满意"的宗旨,将"全心全意为人民服务"的根本宗旨落实

到具体工作中,突出了以人民群众的利益为实际工作出发点和落脚点的指导思想,是"一切为了群众,一切依靠群众"的真实写照。

贯穿综合考评始终的"评价—整改—反馈"工作机制是群众路线的生动实践,它主要体现在三个方面:第一,群众有权利、有途径对政府机关进行评价,行使评价权,表达对政府机关工作的意见,各级政府部门必须认真听取群众的诉求;第二,群众有权利要求政府机关对社会评价意见进行认真整改,把群众的诉求落实为政府的行动,并且有权利监督政府部门的意见整改情况;第三,政府机关应向群众反馈整改结果,群众有权利对政府机关整改结果再次进行考核评价,从结果上进行监督。"评价—整改—反馈"循环运作的机制充分保证了人民群众在绩效管理中的主体地位,以制度的形式引导各级政府部门在实际工作中必须"眼睛向下",紧紧依靠人民,以人民为中心,进一步激发人民群众的"主人翁意识",充分调动广大群众的积极性、主动性和创造性。

杭州市始终坚持把党的群众路线作为一根主线,贯穿到绩效管理的制度设计和具体操作中。从最初开展"满意评选",到逐步完善社会评价的机制和方法、开展网上社会评价、设置"绩效杭州"展示厅、实施公共服务窗口服务评价、组织"公述民评"电视问政等,不断扩大社会公众参评代表的覆盖范围,拓宽社会公众参与渠道,同时在绩效考核目标的制定、绩效监控、绩效评估、绩效反馈与绩效改进等各个环节和过程中都积极引入公众参与,充分体现了党的群众路线,是新时期群众路线的践行载体和制度平台。[①]

二、实施"民主促民生"战略的有效载体

改革开放以来,我国公民的政治参与意识普遍增强。当正常的利

[①] 《钱塘论坛:满意不满意的群众观——伍彬、余逊达访谈录》,杭州电视台,2013年8月31日。

益诉求不能通过合法、有序的参与途径实现时,往往会导致公民参与以激进的方式表现出来,从而增加政府治理成本,干扰政治体系和社会系统的正常运行,严重时还会影响政治稳定。公民参与需要通过一定的渠道和方式实现健康良序运行,政府应积极提供参与渠道和参与途径,并推动公民参与制度化、程序化、法治化。公民参与是现代民主政治的发展趋势,它的良性运行,不仅能够激活部分沉没的"存量民主",而且能够实现"增量民主"。政府绩效管理可以为"民主促民生"战略的实现提供制度化保障。杭州市通过制度化建设,将社会主义民主政治发展与百姓民生问题的解决有效地结合起来,以社会评价这种民主参与方式,为公民参与政府公共政策的决策、执行提供了有效的途径,并通过对社会公众关注的热点、难点问题的积极回应,改善民生,来解决民生诉求,实现了以"民主促民生",并使之常态化、规范化。

"破七难"工作机制的形成和与时俱进的发展,使得社会评价成为"民主促民生"、民生政策议程构建中的重要载体。在"破七难"过程中,杭州市以政府绩效管理为平台,运用党政、市民、媒体"三位一体"的工作机制,强化"评价—整改—反馈"诉求回应机制,对社会评价意见进行梳理、分解、督办、反馈和落实。各级政府部门必须虚心听取人民群众的意见和建议,准确把握人民群众的诉求,并采取切实有效的措施,认真加以整改。市考评办把群众意见突出、社会影响较大的问题,作为整改的重点目标,向社会公布,接受群众监督;把群众对社会评价意见整改结果的满意度,纳入市直单位综合考评专项目标考核。在每年度的综合考评中,市考评办通过社会评价调查问卷表,向各个投票层面询问其对杭州市"破七难"的满意度,让人民群众来评判杭州市"破七难"的工作成效,以及下一阶段"破七难"的工作重心。根据问卷调查和意见梳理情况,综合分析,形成社会评价意见报告,供市委、市政府作决策时参考和作为施政的重要依据。

"破七难"的提出以及逐渐发展形成的"7+2""7+X"框架,是杭州市委、市政府"民主促民生"战略的具体实践,推动着民生问题的发现,解决模式从传统的自上而下的"为民做主",转变为自下而上的"参与式治理",成为杭州保障和改善民生的"代名词"。

三、推进地方政府治理现代化的积极探索

在推进国家治理体系和治理能力现代化的进程中,要求地方政府治理理念、治理方法、治理手段、治理技术跟上时代的步伐,与时俱进。在增强公共政策对民意的回应和吸纳、提升公共产品和公共服务质量、破解社会治理难题、提高社会公众满意度和信任度等方面,政府绩效管理是重要的推动力量和抓手。

随着我国经济社会的快速发展,一些长期形成的深层次矛盾也随之显现。形势发展和民众期待,给公共治理提出了新的更高的要求,这首先要求政府能够及时、准确地了解公众诉求。从杭州政府绩效管理的实践看,赋予社会公众话语权,让社会公众对各级公共部门进行全面评价,不仅彰显了人民满意导向,也大大增强了绩效管理的问题发现功能。与一般渠道征集的民意相比,公众在参与政府绩效管理的过程中,除了关注自身个体的利益外,也很关注政府公共政策和社会公共事务,以及社会公众聚焦的问题,并从多个角度、不同层次上反映了社会各界对问题的看法。杭州市委要求各级政府部门要采取正确的态度对待群众的意见和建议,"认识决定行动,态度决定力度,面对大幅增加的社会意见和建议,我们首先要解决的问题是怎么看待。总的有两条:一是不骄傲也不气馁,二是有则改之无则加勉。要从意见和建议中看到发展的信心,看到努力的方向,看到肩负的责任"[①]。正因为有了这

---

① 2016年4月21日,浙江省委常委、杭州市委书记赵一德在2015年度杭州市综合考评总结讲评大会上的讲话。

样一种问题发现机制,杭州市让各级政府部门能够找准问题,从而为及时、有效地解决问题、缓解矛盾提供了可能,也为引领政府创新提供了方向。

现代国家治理包括政府、社会、市场和公众在内的多元主体,都是管理公共事务的重要参与者,任何单一的治理主体都无法完全承担起治理重任。杭州市在政府绩效管理中通过建立公众参与的制度化平台,在推动地方治理多元化方面发挥了积极的作用:一方面,为保障公民有序政治参与、推进治理主体的多元化开辟了现实的途径;另一方面,通过提高公众参与的效能感,即政府及时有效地回应公众诉求,并反馈收集到的意见、处置措施和政策对策、最终的实际整改成效等,不断提高治理能力和治理绩效,从而增强社会公众对政府的信任,在公共治理中建立起政府与社会、公众的紧密合作关系,形成共同治理的良好格局。

在杭州,政府与社会公众的良性互动,一方面让社会公众更全面、深入地参与到政府决策中来;另一方面也使政府决策有了广泛的民意基础,政策实施受到的阻力也明显减少。政府绩效管理的公众参与和民意运用,增添了城市公共治理的民主特性,成为实现"增量民主"的现实途径和落实公民"四问四权"(问情于民、问需于民、问计于民、问绩于民,知情权、参与权、选择权、监督权)的制度化安排。政府绩效管理的开放、透明,推动了政府决策和城市公共治理的开放,提升了社会公众对政府的认同感和满意度。"杭州综合考评中的参与式绩效评估是全过程的,涵盖了各个重要领域,在国内具有一定的引领意义。"[①]

政府绩效管理对提升政府公共服务水平具有明显的促进作用。杭州综合考评发挥其内在的发现、协调、改进功能,帮助各单位在日常工

---

① 俞可平:《城市治理与创新的若干趋势》,在治理现代化与绩效管理科学化研讨会上的主旨报告,http://kpb.hz.gov.cn/showpage.aspx? id=932。

作中不断改进绩效,不断提升公共服务能力和水平,有力地推动了服务型、效能型政府建设。改进目标管理方式、实施精细化管理,建立年度目标绩效改进工作机制,开展目标绩效测评和治理诊断,建立政府创新创优推进机制,等等,一系列政府绩效管理工具的应用和政府治理方式的转变,推动了政府内部运行逻辑和方式的改变,引领政府流程再造,适应新形势下提升政府治理能力的需要。

四、中国特色政府绩效管理的先行先试

美国、英国和新西兰等国大力推行政府绩效管理,改革和重塑了政府,提高了对民众的回应性,改善了政府管理绩效,成为政府改革运动和政府绩效管理的标杆。20世纪90年代以来,我国一些地方结合当地实际,积极探索,勇于实践,不断推进政府绩效管理。杭州是全国较早探索政府绩效管理的城市之一。25年来,杭州政府绩效管理持续深入推进,不断深化和完善,为地方政府绩效管理积累了大量的实践经验,提供了有益的启示。

杭州成立了国内首个专门负责党政机关绩效考评的职能部门,实现独立的政府绩效管理机构零的突破。2006年8月,杭州市组建综合考评委员会办公室,作为杭州市综合考评委员会的正局级常设办事机构。专职机构的设置,推动了杭州政府绩效管理的组织化、制度化、专业化建设,对政府绩效管理的持续深入开展提供了一个强有力的组织保障。

制度构建需要保持相对的稳定性,同样也需要有相应的突破。杭州在探索政府绩效管理的实践中,坚持"开放"的价值理念,以"开放"的心态,推动政府绩效管理制度的不断完善和创新发展。2008年4月25日,市考评办首次公开发布年度社会评价意见报告,《杭州日报》、"中国杭州"政府门户网站、"杭州考评网"均全文刊发了《2007年度杭

州市直单位综合考评社会评价意见报告》。新华社发表了题为《杭州公开发表社会各界对市直单位的评价意见在国内尚属首次》的新闻通稿,新华网、人民网当日在显要位置转载了该新闻。近十年来,发布社会评价意见报告已形成制度,堪称杭州最权威的"社情民意白皮书"。公开发布报告的价值在于推动政府直面问题、勇于担当、敢于负责,体现了杭州政府绩效管理在制度上的自信。

激励和引领政府创新是杭州政府绩效管理的又一鲜明特色。通过绩效评估的方式,使杭州市的政府创新形成了特有的路径:以政府主导和公民参与为主体,以回应外部压力和寻求自身突破为动因,采取理念引导和实践探索相结合的方法,通过理念思路、体制机制、方法手段创新等途径,大力提升现代治理能力。这种地方政府创新的新模式得到了许多专家学者的认可。美国新泽西州立大学公共事务和行政管理学院院长、美国公共管理学会前主席马克·霍哲(Marc Holzer)教授在考察杭州政府绩效管理后认为:"杭州绩效管理实践已经具有世界水平,其结合实践、发挥制度优势的探索值得世界学习。……杭州综合考评运用创新创优平台引领推动政府创新,是对绩效评估理念的提升。"在2010年杭州政府创新实践与展望研讨会上,清华大学政治学系副主任景跃进教授认为:"在杭州,转动政府创新的枢纽是综合考评。杭州的政府创新是从考评引发出来的,实际上是摸着石头过河,但它为中国的政治体制转型,确实提供了一些有益的经验。"

中国的政府绩效管理基本上遵循了先地方探索、后中央推广的发展路径。2011年,杭州市成为全国政府绩效管理试点城市,这从一个侧面反映了杭州市在政府绩效管理先行先试方面取得了积极的成就,并得到国家层面的认可。2015年,经过多年酝酿和调研,《杭州市绩效管理条例》正式出台,这是中国首部在实践基础上提炼、总结并上升到立法层面的政府绩效管理地方性法规,不仅标志着杭州政府绩效管在法治化道路上实现了质的飞跃,而且在中国地方政府绩效管理发展进程中具有里程碑式的意义。

作为推行地方政府绩效管理的先行先试者,杭州在建立具有中国特色的政府绩效管理体系和绩效管理制度上进行了积极的探索及勇敢的实践,为全国政府绩效管理的全面推进提供了有益的样本。

第十一章 政府绩效管理的难点、策略与愿景

第一节 政府绩效管理的难点

政府绩效管理既是一种管理工具,也是一种新的理念。作为一种系统的理论和方法,政府绩效管理源自西方行政生态和经济、社会文化环境,在中国推行,需要有一个本土化的过程,也会遭遇文化、政治生态等制约。

一、传统文化的影响

中国传统文化是中华文明演化而汇集成的一种反映民族特质和风貌的民族文化,是民族历史上各种思想文化、观念形态的总体表征。中国传统文化不仅记录了中华民族和中国文化发生、演化的历史,而且作为世代相传的思维方式、价值观念、行为准则、风俗习惯,具有强大的遗传性,渗透在每一个中国人的血脉中,主导着当代中国人的思维方式和行为习惯,对现实社会产生着深刻的影响。同样,传统文化也影响到政府绩效管理在中国的推行,这方面,既有积极的影响,也有消极的影响。

一是传统观念。中国古代思想家的一些论著和思想,如《管子》《道德经》《论语》《孙子兵法》等,对现代管理理论的启迪,已获得管理

学界的专家学者越来越多的重视和肯定。但中国传统文化中的一些思想观念,如道家主张的"古之善为治者,非以明民,将以愚之"(《道德经·六十五章》)、"绝圣弃智"(《庄子·去箧》),法家主张的"民愚则易治也"(《商君书·定分篇》),儒家主张的"民可使由之,不可使知之"(《论语·泰伯》),也是长期以来愚民思想和愚民政策的文化根源。加之中国传统文化具有内敛性,相对封闭,开放性不足,历代统治者往往通过信息控制的方式保持王朝统治的神圣性与合法性,通过对"行政资讯"的控制与独占来获取信息优势地位,从而在行政主体与行政客体之间制造"信息不对称"。在中国的传统文化中,特别是在普通民众中,这种现象长期以来都被认为是合理的,"肉食者谋之,又何间焉",成为阻碍公众参与治理的一种比较普遍的社会心态。影响至今,表现为:政府运行的透明度不高,行政主体与行政客体之间的"信息不对称"现象比较普遍,社会公众参与的积极性不高,为客观评价政府组织的绩效带来困难。正如美国学者文森特·埃斯特罗姆所言,官僚体制"把公民变成依附性的群众,使其政治'主子'变成软弱无能的'外行'。……官僚的支配地位依靠的是垄断信息、掩饰真相,以及垄断社会中存在的职业专家的权能"①。在政治活动中,当处于信息优势方的政府在进行政策制定、政策选择与政策执行时,并不一定会选择最优的适应社会整体利益或便民的公共政策,而处于信息劣势方的公众也无法判断政府的政策行为是否有利于公众利益,这导致政府绩效管理的出发点和最终归宿都会形成偏差。制度化参与渠道的狭窄,致使社会公众无法了解政府决策和正常执行情况,对政府绩效更无从知晓。由于政府绩效管理是一种多元化的治理方式,其参与的主体是多元的、开放的,因而社会公众参与的制度化渠道不完善、信息不对称,必然会对政府绩效管理的效

---

① 〔美〕文森特·埃斯特罗姆,《美国公共行政的思想危机》,毛寿龙译,上海:三联书店,1999年,第40页。

果造成影响。

二是"官本位"意识。流传上千年的"官本位"意识在行政文化中具有深厚的根基。在封建官僚体制结构中,等级森严,上尊下卑,界限分明,不容僭越。官越大权越大,享受的待遇就越高,地位就越显赫。上下级之间不是双向互动运行关系,而是下级完全隶属于上级,一切听命于上级;对下级官员来说,一切只对能决定其个人命运的上级官员负责。在单一行政化的体制下,不是整体的规则、秩序和法理的统治,而是个人的统治;不是法定程序支配,而是"长官意志"支配。时至今日,"官本位"意识仍在影响一些领导干部的政绩观,一些地方的领导干部执政为民的意识不强,为捞取"政绩"不惜损害群众利益。具体到政府绩效管理,由于"官本位"的影响,它作为管理工具,其自身的科学性、规律性无法得到体现和应用,"家长制"作风、长官意志仍然在影响政府运作方式,由此形成的权力崇拜在现实中表现出"唯权""唯上"的特征,在政府决策中无视公众参与,对以多元化治理为特征的政府绩效管理形成了一定程度的排斥。

三是思维方式和行为习惯。与西方传统思维追求精确、实证不同,中国传统文化建构的思维方式呈现出明显的整体性、模糊性。模糊思维使人们养成了一种不求精准、不尚实证的认知和行为习惯,"差不多先生"也正源于此。在政府管理中,它使得管理的参与人陷入"原生态",每个人只能依靠自我的有限认知、良知或心智作出选择,也就是常说的"只可意会,不可言传"。黄仁宇先生在其著作《万历十五年》中提出了一个重要观点,明朝失败的原因,既不是道德,也不是技术,而是不能实施数目字管理,官僚体系满足于含混模糊的运作,也就无法有效地动员全社会的人力、物力和财力。缺乏"数目字管理"和模糊运作的文化传统,与绩效管理所要求的定量化、精细化、科学化格格不入。目前在行政管理活动中,比较普遍的情况是,定性的评价多,定量的分析少,习惯于大而化之、笼而统之、"毛估估",一些部门往往对绩效评估的一些方法运用难以适应,抱怨较多,甚至抵触。

二、政绩冲动的困扰

改革开放三十多年,特别是进入 21 世纪以来,传统的粗放式发展越来越难以为继,转型升级变得更加迫切。这在客观上要求政府加快职能转变,加大改革力度,进一步简政放权,创新治理方式,提升政府绩效。但是,一些地方政府及部分官员在施政行为上仍然存在许多急功近利的短视行为,其根源在于错误的"政绩观"和竞争压力下的"政绩焦虑",这对政府绩效管理的开展形成了不利的政治生态。

一是错误的"政绩观"。在实际工作中,多年来唯 GDP 的发展模式和粗放型的政府管理所形成的思想观念,还很难适应绩效管理的要求。一些地方在开展政府绩效管理中,只是将传统的目标责任制考核进行简单移植,实际还停留在重数量轻质量、重速度轻效益、重显绩轻潜绩上,难以摆脱唯 GDP 的"政绩冲动",大搞"政绩工程""形象工程","数字出官""官出数字"的现象也屡见不鲜。当经济增长、社会稳定等压力与绩效管理的理念和要求发生冲突时,绩效管理注重质量、效益、成本、顾客满意度等的价值理念,很容易为速度、数量、规模、"只算政治账不算经济账"等传统政绩观所左右。尤其是在经济下行压力增大,保增长、保稳定的主题再次凸显,乃至压倒调结构、促转型主题的现实下,发展方式的"路径依赖"某种程度上很容易使绩效管理沦为单纯追求 GDP 的"指挥棒",政府绩效管理的机制难以全面、正常地发挥作用,陷入左右为难的尴尬境地。

二是竞争压力下的"政绩焦虑"。地方政府在施政中面临三个压力:一是区域或城市竞争的压力。区域竞争本质上不是地方政府间的竞争,而是由包括地方政府、企业、居民在内的多元主体构成的,体现区域整体利益的一种竞争。但是在中国,地方政府在地区经济社会发展中扮演着推动者的角色,因而成为区域竞争中的重要主体,区域竞争事实上便成为地方政府间的竞争。二是社会发展压力。随着经济社会的发展,人民群众的主体意识和权利意识不断增强,对于地方政府而言,需要多渠道、多形式地解决公民参与公共治理的民主诉求和解决公民生存与发展问题的民生诉求。三是官员彼此间相互竞争的压力。这是由对政绩和个人升迁的追求而形成的压力,加之实际任期的不确定性,也会促使政府官员产生强烈的创新意识和"政绩冲动",以便为政府和个人赢得更好的声誉,为自身的发展积累政治资本。这些压力形成的现实困境和焦虑感,往往会导致一些官员的急功近利和短期行为,重显绩轻潜绩,重面子轻里子,重形式轻实质,不计成本、不惜代价、不顾长远,甚至不择手段,只求在任期内取得显赫的"政绩"。

在如此心态和错误政绩观的指导下,对绩效管理工具的运用,必然会出现偏差,甚至对"绩效管理"越重视,运用各类督查考核工具越充分,带来的负面效果就越大。

三、制度保障的缺失

绩效管理是一项涉及面广、工作层面高、专业性强的系统工程。要持续深入地推进这项工作,必须有强有力的制度保障。从西方主要国家政府绩效管理的实践可以发现,政府绩效管理能得到持续的推行、改进和完善,不仅在于领导人的有力支持,还在于政府绩效管理纳入了法制化轨道,对政府绩效管理的制度保障非常健全和完善。在国内,政府绩效管理不仅缺乏国家层面和地方层面的相关法律法规保障,而且开展政府绩效管理的职能机构也功能不全,在组织、运作、执行等方面,均未能有体系化的建构。

一是地方政府绩效管理多处于"自发""随机"状态。目前,我国的政府绩效管理尚缺乏法律支撑,工作大多由各地方通过党委、政府"红头文件"的形式推动,没有成为一种法制化的制度安排。很多地方都结合了各地自身的实际情况,进行了大量的探索,形成了地方特色,但各地对政府绩效管理有一定的随意性,为寻求政绩而出现了各种名目繁多的管理方式,但往往因领导人而异,"人亡政息"的现象比较普遍。纵观很多地区的考评工作,大多因此而没有坚持下来,没有得到深化发展,相互之间也缺乏承续。

二是未形成全国性的政府绩效管理体系。从国家治理体系来看,缺乏系统性的"从上而下"的政府绩效管理组织体系,政府绩效管理机构和职能尚未统一纳入机构编制序列。国家在政府绩效管理方面也尚未有全面的指导性文件纲要。在国家立法层面,政府绩效管理尚未列入立法计划。各地负责政府绩效管理的组织机构不健全,大部分附属于不同的部门,在机构设置和职责定位上五花八门,形态各异。

三是政府部门职能界定不清晰。仍有一些部门存在多项职能交叉的问题,突出表现在,一件事情多个部门负责,多龙治水;还有些事项存在政府部门缺位,造成政府责任真空。从根本上说,政府主导型的发展模式仍未彻底扭转,政府拥有过多的资源、要素配置权力,同时,提供公共服务的制度建设又尚不完善,职能"错位""越位"和"不到位"的现象同时存在。职能界定不清晰,也导致了大量临时性协调机构的设置,从而进一步加剧了政府部门职能和职责的碎片化。对于政府绩效管理而言,它的开展首先就要以政府部门的职能职责法定为前提。

四、技术手段的局限

评估政府部门绩效,在公共管理领域是一个公认的世界性难题,这一点主要体现在评估技术的应用上。政府绩效管理中的技术应用障碍主要表现在:

一是政府职能差异导致难以形成统一的评价标准。由于政府工作的特殊性,很难找到相应的参照系进行对比评价,不同地区、不同部门的实际情况和工作特点差异性相当大,给考评制度设计带来很大的困难。

二是社会评价中的信息不对称问题难以避免。一方面,评价代表对政府部门的职能划分和责任归属不清晰;另一方面,现代社会分工形成的知识和信息上的局限,加剧了评价过程中知识不对称和信息不对称的问题。

三是社会聚焦点影响个体利益的表达。实践中,一些社会重大事件、热点问题容易产生"投射效应",比如其他地方发生的行业事件、行风问题,有时难免会在本地的社会评价中对相关单位评价打分产生负面影响。一些长期得不到解决的社会难点问题,会成为意见焦点,也会给社会公众形成一定的个人评判倾向,并相对固化。而这些聚焦点往往又是发展过程中的问题,解决起来需要较长的时间,或者需要在国家层面上通盘解决,从而容易使评价结果产生一定的惯性,影响绩效评估的效度。

四是网络信息技术的发展带来的新挑战。尽管这些年各级政府部门大多已建立起庞大的管理信息系统,但信息共享的程度较低,不仅向社会开放不多,就是在政府机关内部,互联互通、信息共享也还存在很大的障碍,"信息孤岛"现象比较普遍。这不仅大大增加了建设、使用和管理成本,也对政府绩效管理的动态监控、绩效评估及结果运用等,形成了阻碍。另外,在网络信息时代,如何运用移动互联网扩大多元主体的有效参与,如何运用大数据分析评估政府绩效,等等,都成为政府绩效管理需要研究的新课题。

第二节 政府绩效管理的基本策略

开展政府绩效管理既要注重宏观战略上的谋划,也要重视操作战术上的选择。

从战略角度看,中央已经非常明确要推进政府绩效管理。从2005年《政府工作报告》提出建立科学的政府绩效评价体系,到2008年《政府工作报告》提出推进政府绩效管理制度,是一个非常大的进步。党的十八大提出创新行政管理方式,提升政府公信力和执行力,推进政府绩效管理。十八届三中全会提出全面深化改革的总目标就是完善和发展中国特色社会主义制度,推进国家治理体系和治理能力现代化,这些都从国家层面,从战略角度,把推进绩效管理摆上了议事日程。

如何有效地推进政府绩效管理,也就是从战术上、从操作层面上怎样积极稳妥地推进政府绩效管理,需要讲究策略,切实把握和处理好一些基本关系。

一、价值理念与制度设计

政府绩效管理是一种战略管理,必须有价值引领;而价值理念需要通过制度设计落地,两者相辅相成、互为表里。

(一) 制度设计要有价值引领

价值理念是制度发展和行为实践的先导。政府绩效管理作为中国政府管理的新方式,需要有明确的、符合时代发展潮流的价值理念,以引领政府绩效管理健康发展。

首先,制度设计要关注人的因素。政府绩效管理的对象是政府组织,但制度设计不能仅仅停留在组织层面,必须充分考虑到组织运行中人的因素,包括个人需求、行为动机、社会心理等。制度的设计如果只见指标不见人,或者只讲绩效不讲管理,可能会适得其反。一些地方把绩效管理简化为绩效指标,认为确定好指标,年终"以结果论英雄"就够了,但这种认识显然是片面的。绩效管理自然要讲指标,但也要注重人的因素,也就是要考虑怎样通过制度设计,将组织绩效和个人绩效有机地结合起来,有效地激发和调动绩效参与者的积极性与创造性,从而实现高品质的绩效;否则的话,会导致有绩效的事情大家愿意干,而一时看不出绩效的事情谁都不愿意干,或者只重视应对几个考核指标,一些基础性工作和没有列入考核的工作,则放在一边或随便应付。

其次,制度设计要科学合理。任何一项制度都不可能有利无弊,必须因地制宜、因时制宜地来设计,同时要注意防止负面效应。一项制度如果设计得不好,可能会带来很大的负面影响,甚至与初衷背道而驰。比如,2005年,杭州在综合考评中刚推出创新目标加分项目,由于缺乏经验,对于如何确认该项目属于"全国创新",当时采取了一个简单的办法,就是要求提供国家部委相关的书证来认定,所以当年年底很多市直部门都跑到北京,找相关国家部委获取相应的证明。这一做法的负面效应比较明显,就是会助长"跑部进京"的做法。意识到这个问题后,市考评办及时研究新的办法,第二年就对创新目标的考核作了重大改进,聘请专家以第三方身份进行绩效评估,取得了良好的效果,得到了各方的肯定。因而,制度设计从一开始,就要从正、反两方面去思考,作多方案比选,尽可能地防止或减少负面效应的产生。

(二)价值理念要通过制度设计落地

制度设计是改善和提升政府治理的重要基础。再好的价值理念,如果不能通过制度设计落地,那么只能是"嘴上说说""墙上挂挂"。要让政府绩效管理的价值理念在管理实践中得到转化,必须将价值理念通过科学的制度设计固化到所有的环节、规程,以及参与者的心中。

"让人民评判"从理念到实践有很长的一段距离,如何确保社会公众能够切实参与到政府绩效管理中来,是贯穿杭州政府绩效管理的一条主线。在制度设计上,杭州始终坚持社会公众的主体地位,赋予社会公众参与在综合考评中的高权重比例,以九大层面社会公众为主体的社会评价占50%的权重,加上社会评价意见整改、专项绩效测评、职能目标的服务对象满意度测评等的分值,社会公众参与在整个绩效管理的制度体系中,远超50%的权重。而在社会公众的参与方式上,更是形式多样,有年度社会评价、服务窗口评价、专项社会评价、绩效信息采集、网上评价、"绩效杭州"微信公众号等多种途径,并注重参与渠道的制度化建设,让社会公众都能充分、便捷地参与到政府管理中来,从而使得"让人民评判"这种绩效管理理念通过制度设计得到落实。

"创一流业绩"是政府职责所在,但同样需要制度规范、引领和激励。杭州在开展政府绩效管理的过程中,坚持"战略导向、公民导向、职责导向、创新导向",建立健全一系列的政府绩效管理机制,如"评价—整改—反馈"工作改进机制、日常绩效监控机制、重点工作协同机制、创新创优推进机制、绩效管理机构联动机制,以及综合考评奖惩机制等,这些制度设计,相互配套、互相衔接,对鼓励政府机关和公职人员争创一流的工作业绩起到了积极的促进作用。

二、学习借鉴与因地制宜

学习借鉴与因地制宜是政府绩效管理创新发展的基本方略,两者不能偏废。杭州的政府绩效管理,一方面学习借鉴了国内外政府绩效管理的理论与实践,另一方面又紧密结合杭州实际,走出了一条具有中国特色的地方政府绩效管理的新路子。

(一)学习借鉴是政府绩效管理发展的必经之路

政府绩效管理在基本理论、主要功能、绩效管理体系、工作流程、绩效沟通和反馈利用等方面都具有共性。无论各国和各地政府绩效管理具体冠以何种名称,或者采用何种模式,之所以都称为政府绩效管理,说明其具有共性。共性的事务,就为相互之间的学习借鉴提供了可能。通过学习借鉴,可以少走弯路,降低成本,事半功倍。

杭州政府绩效管理对西方和国内政府绩效管理理论与实践进行了消化吸收。在绩效工具和方法上,杭州借鉴了目标管理理论、360度绩效评估等方法。目标考核是对西方目标管理理论和中国早期推行的目标责任制的实践与发展,实践中充分应用了"SMART"理论。从最开始的"满意评选",到后来的综合考评,都体现了360度多元评价方法和政府绩效评价思想,诸如领导评价、自我评价、部门评价、社会评价,以及创新目标由专家为主体进行第三方评估。

中国古代也有考绩制度,而且内容非常丰富,某些历史时期的考绩制度还非常完善。虽然中国古代的考绩制度主要是针对官员个人,但其中的一些评价指标和方法依然可以为当代政府绩效管理所借鉴。

(二) 因地、因时制宜是有效推进政府绩效管理的关键

当然,对于域外的先进理论和实践,以及中国历史上的考绩制度,在学习借鉴的同时,还需要进行实事求是的分析。要防止片面的"拿来主义",不考虑本土因素,依样画葫芦,简单照搬,否则必然会出现水土不服、难以生长的情况。注意引进的消化、吸收,因地、因时制宜,在把握基本原理和方法的基础上,进行适度的本土化改造,是有效推进政府绩效管理、确保这一创新实践持续稳定发展的关键。

杭州在推行政府绩效管理的过程中,不是照抄照搬,或者一下子全面、全方位铺开,而是紧密结合杭州的经济社会发展实际,因地制宜,因势利导,积极稳妥地加以推进。丰富的社会资本是形成"公民导向"这一鲜明特色的主要资源。杭州地处东南沿海,市场经济相对发达,社会资本丰厚,社会各界的民主参与意识较为强烈,这为杭州推行以社会公众为主体的社会评价提供了便利条件,催生了政府绩效管理的"公民导

向"。因而2000年市直单位"满意评选"活动一推出,就立刻得到了社会各界的积极响应和踊跃参与,而且这种参与热情始终保持在较高的水平上。一直以来,杭州市委、市政府都十分重视公众参与的制度化建设,在参与渠道、参与方式、参与内容和参与结果的反馈上,都有非常明确的保障措施,直至以立法形式,将社会公众的参与写入《杭州市绩效管理条例》中,以法制加以保障。

西方的政府绩效管理,主要是以预算控制来实施的,操作上比较简单,通过绩效预算、绩效评估和审计,达到控制政府绩效的目的,这非常适合于西方的政治体制。在中国,简单复制这条路径显然是走不通的,需要另辟蹊径。从杭州的实践来看,通过强化社会公众参与、引入外部评价监督,来控制或者推进政府绩效的改进和提升,是一条符合中国特色、切实可行的政府绩效管理之路。

三、"公转"与"自转"

所谓"公转",就是在推进政府绩效管理的过程中,必须以服务发展大局为首要目标,围绕政府决策层关注的中心工作、重点工作,运用绩效管理手段,紧密配合、有效结合地去开展工作;所谓"自转",就是在实施政府绩效管理时,必须遵循绩效管理自身的基本规律,坚持绩效管理的基本理念和原则,不断完善政府绩效管理体系和方法,提高绩效管理水平,促进各项工作优质高效地开展。政府绩效管理如何在围绕中心、服务大局"公转"的同时,能够遵循绩效管理的自身规律"自转"好,在促进科学发展、落实"四个全面"、推进治理现代化上发挥更加积极有效的作用,还需要进一步实践和把握。

(一)"公转"是前提

政府绩效管理的"公转",就是要让政府决策层意识到、体认到推行政府绩效管理可以促进重点工作的有效落实,可以将其作为贯彻领导决策、推进重点工作的主要抓手。在政府绩效管理缺乏制度性保障的情况下,决策层的支持就显得尤为重要了。政府绩效管理只有"公转"好,围绕中心服务好大局,让各级领导实实在在地感受到政府绩效管理是一个非常有用的工具,领导才会重视,才会更多地在实际工作中运用好这一工具。"公转"是推进政府绩效管理的前提,也是绩效管理的首要目标。如果绩效管理不能服务中心大局,就会成为"空中楼阁",只能"自娱自乐"。

自"满意评选"开展以来,杭州市在政府绩效管理中始终以市委、市政府的重大决策部署为首要目标,强化对重点工作的考核,以确保重大战略决策的落实。

2000年,杭州市实施"满意评选"的主要动机,就是解决影响杭州发展软环境的机关作风问题。时任杭州市委主要领导认为,机关干部大局观念不强、部门利益至上、形式主义严重、工作落实不力、审批程序复杂、办事效率低下、服务质量不高等现象严重,已经成为严重掣肘杭州市经济社会发展的"软肋"。而"满意评选"活动的推出,正是解决这一问题的"杀手锏"。

此后,建设生活品质之城、统筹城乡发展、创新驱动、实施"一号工程"、推进城市国际化、G20峰会服务保障等杭州市一系列的重大战略决策,都成为历年政府绩效管理的重点。按照"简化、优化、管用"的工作思路,杭州政府绩效管理不断优化制度设计,突出战略导向和绩效导向,大幅削减一般性工作目标数量,突出市委、市政府的重点工作任务。同时,为突出重点、体现差别、精简考核、减负增效,对各类专项考核目标进行梳理归类,按重要程度和考核情况划分为重点专项和一般专项,实行分类管理。把市委、市政府年度重点推进、涉及多部门联动的重点工作列为重点专项目标,单独设置分值进行考核,并在综合考评中设置重点工作单项奖。制度的逐步优化和完善,进一步增强了杭州政府绩效管理围绕中心、服务大局的"公转"功能。

杭州政府绩效管理在推动市委、市政府重大战略决策的落实上作出的努力和取得的成效,赢得了市委、市政府持续的重视和支持,也为绩效管理的不断深化和完善提供了强大的组织保障。

(二)"自转"是本分

政府绩效管理除了具有与其他政府管理工作相同的共性,也有其鲜明的个性,就是绩效管理的内在规律。正是这种"个性",决定了绩效管理独特的价值。所谓"自转",就是要遵循绩效管理的内在规律,保持其工作的相对独立性,尽自己的"本分"。

作为服务中心大局的"指挥棒",政府绩效管理需要有力度、有张力,要建立健全目标责任,加强督查考核,大力推进党委、政府确定的各项目标任务的落实;作为科学发展的"助推器",又要坚持绩效的理念和方法,注重工作质量、效益、效果,促进全面、协调、可持续发展。有些措施看上去力度很大,在一定的发展阶段也是必要的、有效的,但可能是不可持续的;有些工作需要做很多深入、细致的工作,需要长时间的努力,持续发力、久久为功。绩效管理之所以不同于传统的目标责任制考核,就在于它的整体性和战略性。这就要求我们在开展政府绩效管理时,要辩证地把握和处理好两者之间的关系,把"公转"和"自转"有机地结合起来,协调推进。从这些年一些地方目标责任制考核的实际情况来看,唯 GDP 或不恰当地追求高指标,很容易产生很多负面的效果,也对正确理解和推进政府绩效管理带来不利的影响。另外,考评结果与干部的选拔任用简单地直接挂钩,也会造成急功近利的短期行为,甚至会助长弄虚作假。

总之,政府绩效管理既要"公转",使好"扬鞭催马""只争朝夕"之力;又要"自转",发好"四两拨千斤""润物细无声"之功。前者要防止揠苗助长,后者要注意生发阶段性成果,两者不可偏废。实际工作中如

第十一章　政府绩效管理的难点、策略与愿景

何把握和处理好这对关系,对绩效管理机构是个很大的考验,也是衡量政府绩效管理成败的一个重要标准。

四、继承与创新

继承与创新是杭州政府绩效管理十余年来不断发展的主线。保持制度的延续性和稳定性,在继承的同时又不断推陈出新,以保持制度的生机和活力,这是杭州综合考评和绩效管理的宝贵经验。

(一)制度要稳定,不能朝令夕改

从2000年开展"满意评选"活动以来,杭州政府绩效管理的价值理念、制度框架等一脉相承,一直保持基本稳定,不因领导人的变化或者注意力的转移而废弛,也不因为存有争议和矛盾而放弃,更没有因为取得明显的成效而懈怠。尽管绩效评估的技术方法、评估指标、内容等有很多的调整,甚至与最初的方法内容大相径庭,但秉持的宗旨和价值理念始终没有改变,制度框架也没有方向性的变化。

"让人民满意"是贯穿杭州各个时期政府绩效管理的一根主线。从最初"满意评选"的"让人民评判、让人民满意",到综合考评的"创一流业绩、让人民满意",其宗旨的最终指向都是一致的。不同的是,前者侧重于通过社会评价的方式,达到"让人民满意"的目的;后者在注重社会评价的同时,综合运用政府绩效管理的各类方法,包括目标考核、创新创优等,促进政府主动作为,以一流的业绩达到"让人民满意"的目的。因此,两者的核心价值观是一脉相承的,它更丰富的内容在于其中蕴含的政府态度和作为,从单纯依靠外部压力改变政府运作方式,到全方位、多维度、多元主体参与,促进政府主动作为、快速准确地回应百姓诉求,这是政府治理逻辑和方式的一种根本性转变。政府绩效管理正是这种转变的推动者。

2011年,杭州市被国务院政府绩效管理工作部际联席会议确定为

全国政府绩效管理试点城市,这是杭州政府绩效管理发展的一个重大契机。从综合考评到绩效管理,其管理方式面临较大的调整和变化。但基于"满意评选"和综合考评多年的成功实践,杭州市政府从一开始就明确,政府绩效管理试点要与深化综合考评工作紧密结合起来,不"另起炉灶"。2012 年,市委书记专题会议听取综合考评和绩效管理工作汇报时,再次确认了这一原则,并同意杭州市考评办增挂"绩效办"的牌子,行使综合考评、效能建设、绩效管理新的"三位一体"职能,从而进一步保持了绩效管理制度的一致性和延续性,使得杭州在开展综合考评实践中积累的经验在政府绩效管理试点过程中得到不断的提升和发展。

(二) 制度也要与时俱进,不断创新和完善

制度只有不断地创新和完善,才能保持生机和活力。任何制度都是为人设计的,也要靠人来执行,所以制度的设计和运用是不可能离开人的因素的;制度同时也是有时空的,需要一定的环境和条件,大的环境变了,时空变了,制度也需要作相应的调整,与时俱进。

杭州政府绩效管理二十多年的承续,并非故步自封,而是在继承中不断创新和发展。继承使得杭州政府绩效管理具有稳固的基础,也使创新更加务实和有针对性,减少了改革和创新的风险;创新增添了制度的生机和活力,也进一步增强了制度的韧性和稳定性。

杭州政府绩效管理的发展历程,实际上就是一部中国地方政府治理不断创新和发展的历史。它所经历的三次大的跨越,正是不同时期应时而变的大胆创新。杭州政府绩效管理的创新始终坚持一条主线,即秉承"创一流业绩,让人民满意"的宗旨和"让人民评判、让人民满意"的核心价值观,坚持"公民导向"和以人民为中心,着力提升政府绩效、建设人民满意政府的大方向不变,持续不断地探索创新。从 2000 年启动"满意评选"活动开始,杭州政府绩效管理的创新、深化和完善

就从未停止过。例如,在制度框架上,2005 年,整合"满意评选"和目标责任制考核,增加领导考评,形成"三位一体"的综合考评体系;2006 年,增加创新创优目标绩效考核,形成"3+1"模式的综合考评架构;2008 年,启动区、县(市)综合考评,形成"条块结合、覆盖全市"的综合考评体系;2011 年,开展全国政府绩效管理试点,创新绩效考核指标体系;2012 年,启动绩效管理立法工作;2013 年,市委、市政府出台《关于优化综合考评强化绩效管理的实施意见》;2015 年,《杭州市绩效管理条例》正式颁布,自 2016 年起正式实施。在方法和手段上,社会评价从传统的入户、邮寄等问卷调查方式,发展到网上社会评价;考核检查从纸质材料的台账审核,到电子台账、实现无纸化办公,再发展到目标考核的"免检清单"和"免检单位",等等。杭州政府绩效管理正是在这样一种持续不断的探索创新和完善过程中,变得更全面、更科学、更公正,保持了生机和活力。

五、循序渐进与乘势而上

如前所述,政府绩效管理是个"舶来品",把它引进中国,需要有一个"本土化"的培植过程,否则就会"水土不服",难以存活。因此,政府绩效管理总体上应该循序渐进,顺势而为,稳步推进;但在持续发力、夯实基础的同时,又要积极创造条件,善抓机遇,乘势而上。

(一)推进绩效管理不能超越现实

任何事物的成长都有赖于一个适合的生长环境和条件,政府绩效管理也不例外,它的推进不能超越现实。如果脱离实际,急于求成,一下子全面铺开,谋求一步到位,很可能事倍功半。杭州政府绩效管理的实践,遵循了从易到难、从点到面、循序渐进的基本规律。

从考核评估体系来看,早期的"满意评选"与目标责任制考核是独立运行的,在发现相互之间的掣肘后,两者之间开始逐步融合。首先是在考核结果的相互认定上;2005年,杭州综合考评体系正式确定,两者间全面融合,并加入了领导考评这一平衡要素,形成"三位一体"的考核评估指标体系;2006年开始推行创新创优目标绩效考核,最终形成了"3+1"总体框架。此后,杭州政府绩效管理都是在这个框架的基础上不断发展和完善。这个框架体系的形成并非一蹴而就,而是历经十余年的探索实践。

不仅考核评估体系这种制度性的建构需要循序渐进,对于一些评估方法的应用也同样需要遵循这一原则。2007年,对创新目标实行专家绩效评估,这是综合考评在市直单位中首次尝试采取绩效评估手段。在创新目标绩效评估取得明显成效、得到各方认可的基础上,随后几年再逐步扩大到创优项目,市政府为民办实事项目,市委、市政府重点工作目标,部门职能目标,市考评办跟踪督办意见整改目标,专项绩效测评,等等,这样一条应用链路虽然需要一定的时间,但更容易为各方所接受。正是绩效评估方法的逐步融入,使杭州政府绩效管理在渐变中发生了质变,实现了从传统的任务型目标责任制考核向功能型绩效管理的转变。

政府绩效管理采取循序渐进的做法的原因在于:一方面,绩效管理这一工具在国内的应用需要有一个不断探索、积累经验的过程,如政府绩效管理的工作体系与流程,绩效评估指标体系的确定,评估对象与评估主体的选择,评估内容的设定,绩效评估的组织实施,评估结果的反馈、沟通和利用等,都需要在实践中摸索、改进和完善。另一方面,各级政府组织、公职人员,包括绩效管理机构,对绩效管理有一个了解、认识和接受的过程。此外,绩效管理的推行也要有财力的支持,像第三方评估、社会调查等都是有成本的,如果全面推开,不仅被考核单位一时难以适应和接受,管理成本也将大大增加,本身的绩效也会成为问题。

(二)善抓机遇,乘势而上

推进政府绩效管理一方面要稳扎稳打,稳步推进,另一方面也要积极创造条件,抓住有利时机,乘势而上,实现跨越式发展。因此,政府绩效管理发展过程中,需要审时度势,把握机遇,寻找合适的切入点和突破口。

杭州市考评办成立不久,就提出要将绩效的理念和方法逐步运用到综合考评上,但如何找到绩效管理的"切入点",是摆在考评工作者面前的一大课题。最终确定从创新目标绩效评估入手,是因为创新项目是综合考评中一个自愿申报的加分项目。既然是被考核单位的一个"自选动作",则完全可以从新、从高标准制定"赛制",事先将绩效的理念和方法设计为评估指标及操作规程,从而引导各单位主动适应新变化、新要求,实现绩效管理新的起步。实践证明,这一"切入点"是成功的。

当绩效管理孕育和发展到一定阶段时,会有一个"从量变到质变"的转折点。如何寻求和把握"突破口",是实现跨越式发展的关键。2011年,杭州被列入全国政府绩效管理试点城市,这既表明了国家有关部门对杭州综合考评和绩效管理长期实践的肯定,也给杭州全面推进政府绩效管理带来了难得的机遇。杭州市以全国政府绩效管理试点为契机,对考评指标体系作了重大调整,初步建成了部门联动机制,市考评办也增挂了"杭州市绩效管理委员会办公室"的牌子,市委、市政府还专门出台了关于优化综合考评、强化绩效管理的23条意见,明确提出杭州综合考评要向绩效管理转型升级,从而大大加快了杭州政府绩效管理的第三次跨越。

《杭州市绩效管理条例》的出台也是一个乘势而上的典型。杭州政府绩效管理二十多年的实践积累了丰富的经验,形成了鲜明的杭州特色,但一直以来,这项工作主要还是依靠"红头文件"的形式开展。在全面依法治国和推进治理体系、治理能力现代化的新形势下,如何将多年来的成功实践以地方性法规的形式确立下来,为绩效管理的持续深入开展提供法制保障,成为省、市委和省、市人大常委会的共识。经过各级、各有关部门及专家学者历时3年的辛勤努力,终于制定颁布了这一具有里程碑意义的绩效管理地方性法规,实现了政府绩效管理于法有据、依法管理,绩效管理机构职责法定,也使杭州政府绩效管理在制度建设上实现了质的飞跃。

六、由简到繁与化繁入简

"简"与"繁"按照唯物辩证法,是一种对立统一。由简到繁,再化繁入简,是一种否定之否定的"螺旋式上升"。政府绩效管理在其发展中,通常都会经历这样一种过程。

(一)"必要的繁"是政府绩效管理的内在要求

规范化、专业化、精细化,是政府绩效管理的一个基本特点和内在要求。精细化管理是规范化和专业化管理的延伸与发展。精细化管理的本质在于它是一种对战略、目标分解细化和落实的过程,是让组织的战略规划能有效贯彻到每个环节并发挥作用的过程,同时也是提升组织整体执行能力的一个重要途径。推行精细化管理,在任务分解、工作部署、计划制订和监督上都需要细化,并形成具体的环节;在绩效衡量标准上要求量化,不能量化的指标不能作为关键绩效指标;绩效评估以实证为依据,对照绩效标准,进行事实结果的核对比较,强调日常数据及事实的收集。这与以往的凭经验、"毛估估",或者只是以定性评价为主的简单管理方式完全不同。推行政府绩效管理,就是要改变传统的笼而统之、大而化之、主观随意等粗放式管理,以精细化为基本要求,健全绩效管理制度,量化、细化考核指标和工作目标,运用多种绩效管理方法和手段,加强绩效监控,实施绩效评估。这在表象上看,很容易给人造成"繁"的感觉,尤其是对绩效管理责任单位,势必会增加一定的工作量和工作难度,但这是"必要的繁",否则绩效管理就无从谈起。

(二)"化繁入简"是政府绩效管理的"螺旋式上升"

随着绩效管理的发展和对自身规律的把握,政府绩效管理又会有一个"化繁入简"的过程,但此时的"简"不同于以往的"简",而是一个经过量变到质变的"螺旋式上升"。

化繁入简的"简",首先是精简,就是要突出重点,做好减法。由于综合考评和绩效管理在推进各项工作的落实等方面发挥出越来越显著的成效,许多政府部门都希望能够借助这一工具,将本部门承担的涉及面上的一些工作纳入综合考评。这就单个部门而言是合理的,很多时候也是必要的,但就整体而言,它有可能使综合考评变得庞杂而碎片化,重点不突出,导向不鲜明,并产生大量交叉重复考核的内容,增加被考核单位的负担,破坏绩效管理的整体性和协调性,因而必须严格控制,做好减法。2013年,杭州市考评办对纳入综合考评的项目作了大幅度的精简,压缩了近三分之一的专项考核项目,同时对各类单项考核事项进行了清理,实行了"考核许可证"制度,大力减负增效,取得了明显的成效。

其次是简明,就是要公开透明,清晰明了。要求绩效管理的规则必须事先设定并公布,具体规定和办法尽可能清晰、明了,避免含混不清或将简单问题复杂化,给被考核者增加困扰或做无用功。

最后是简便,就是要方便、实用。政府绩效管理尽管需要规范化、精细化,但繁文缛节并非是它的特性;相反,如何使管理方式更加科学合理、简便易行、注重实效,这本身就是绩效的理念,也对绩效管理机构本身提出了更高的要求。近几年,杭州市在绩效管理的实践中,不断优化流程,简化台账,开通目标考核"绿色通道"等,使绩效管理步入了"由繁入简"的新阶段。如推行目标管理电子化,大力精简台账,年终各类目标的完成情况均通过"数字考评"系统发送,不再上报纸质文件;在目标管理中推行"现结现报",减少年终集中检查考核内容。在2015

年度市直单位目标考核中,还尝试了"免检项目"的做法,即:根据市直各单位月度目标进展报送情况和提供的印证材料的明晰程度,开展考核预审,并按照预审情况实施年终差异化查访核验,对于部分佐证清晰、绩效外显的目标,免于进行年终目标检查。2016年,又在总结"免检项目"的基础上,进一步扩大"免检"范围,并探索"免检单位"的做法,即对绩效管理基础好、工作规范,自身业已建立完善的绩效管理系统的单位,试行年终目标考核免予检查。

七、综合考评与单项考核

政府绩效管理会涉及大量的考评项目。如何处理好综合考评和单项考核的关系,从杭州的实践看,还是要做到"统分结合",既要对各类考评资源进行必要的整合,又要避免"大包大揽",要允许综合考评之外部分单项考核的存在,但必须规范管理。

(一)绩效管理必须有效整合考评资源

政府绩效管理需要建立一套比较完整科学、综合性的绩效评估体系,能够对不同政府部门的绩效进行比较全面、准确的评估,评估结果具有一定的可比性、较强的权威性和公信力。

杭州市自2005年实施综合考评以来,综合考评一直是政府绩效管理的主要载体。综合考评的优势非常明显,它整合了原有三大独立运行的考评系统(目标考核、"满意评选"、效能建设),取消、合并和纳入了一批单项考核项目,减少了重复考核,减轻了地方和部门的工作负担;组建了统一的考评机构,集中人力、物力,优化资源配置,提高了绩效管理机构及工作人员的专业化水平;综合考评本身是全方位、多维度的政府绩效评估模式,其考评主体是多元的,指标体系是系统的、完整的,评估结果具有综合性、全局性,可以全面评估、衡量一个地区、一个部门的工作业绩和社会效果,具有很强的权威性和公信力,对各地、各部门的激励作用十分明显。因此，推进政府绩效管理，整合考评资源是一个必要的前提条件。

（二）单项考核是对综合考评的必要补充

政府绩效管理的困难在于，一是由于政府的产出与投入的因果关系复杂，产出多是无形的服务，难以量化，因此准确评估政府绩效是一大难题；二是政府职能的涵盖面非常广泛，不同部门的差异很大，进行统一测量并使绩效评估结果具有可比性是极富挑战性的。政府不同部门的职能差异大，同一部门的职能非常宽泛，综合考评不可能包罗万象，把不同部门和同一部门履行的职能与完成的任务都纳入综合考评，而是需要围绕地方发展大局，突出重点，有所选择。对需要运用考核杠杆但又不适宜纳入综合考评的项目，采用单项考核的办法，就是一种比较现实的制度安排。

在实施综合考评的同时允许单项考核的存在，可以解决综合考评难以解决的一些问题：一是综合考评统得过多，会导致矛盾集中，不利于政府绩效管理的顺利开展。如果政府绩效管理把各种单项考核都纳入综合考评体系，实际上也就是将各种矛盾集中到了综合考评；从综合考评的力量配置来看，也难以承担如此繁重的工作任务。二是综合考评统得过多，面涉及得过广、内容庞杂，会导致考评重点不突出，导向不鲜明。这样，综合考评本身的作用就难以得到体现，其整体性、全局性的优势也会被弱化。三是单项考核可以弥补综合考评知识不对称、信息不对称的问题。现代政府处理的很多事情越来越专业化，要准确地评估各类政府工作的绩效，单纯依靠综合考评是难以胜任的。

杭州市在开展综合考评的同时，保留了一部分单项考核，但对其加强了统筹协调和规范管理，建立了一套严格的管理制度，如实行总量控制、准入许可、审核报备、持证考核、绩效评估、退出机制等。对纳入综合考评的专项考核目标和未纳入综合考评的单项考核，实行年终集中统一检查考核,不允许擅自组织检查考核。需要特别注意的是,在当前政府管理手段相对减少的情况下,考核权日益成为各部门争取的一项重要资源,因此对考核权的配置应统筹管理,严格控制。要避免考核资源碎片化、部门化,防止考核权的滥用和相互交易,保障考评工作的健康发展。

八、正向激励与负向激励

激励是管理中不可或缺的组成部分,是组织可持续发展的必要动力。行为科学中的激励理论强调,工作绩效 = f(能力 × 激励),有效的激励对于提升工作绩效具有非常重要的意义。正向激励和负向激励作为两种相辅相成的激励类型,从不同的角度对人的行为起到强化作用。在实际工作中,正向激励、负向激励应有机配合使用,不可偏废。过度强调正向激励的作用而忽视负向激励的约束,与过分注重负向激励的威慑力不注重发挥正向激励的积极效应一样,都是不正确的和片面的。有效地运用绩效评估结果,可以激励组织和个人积极改进绩效,是政府绩效管理取得成功的关键之一。杭州政府绩效管理之所以能长期实行,其中的一个重要经验就是建立了比较科学的激励机制,充分发挥综合考评的双重激励作用。

(一)激励机制的侧重点需应时而变

在政府绩效管理中,负向激励的目的在于使组织产生危机感,督促政府组织和公职人员始终保持良好的职业道德与行为习惯,主要形式有批评、罚款、降职、淘汰等;正向激励是通过制造各种诱因促使政府组织和公职人员追求更高目标的一种行为,是对政府组织和公职人员更高追求的一种褒奖,通常的表现形式有通报、表彰、奖励、晋升等。

在 2000 年前后,杭州的机关作风存在很大的问题,服务意识淡薄,官僚主义作风严重,以"门难进、脸难看、话难听、事难办"为特征的机关

第十一章 政府绩效管理的难点、策略与愿景

"四难综合征"比较突出,严重影响了城市发展的软环境和竞争力。因而下重拳、用猛药,大力促进机关作风的转变和办事效率的提高,十分必要。在这一阶段,杭州政府绩效管理突出了负向激励措施,实施末位淘汰制。对参加评选的单位,被评为不满意单位的,由市委、市政府予以通报,列为重点整改单位,并给予相应的经济处罚;连续两年被评为不满意单位的,依照有关规定和干部管理权限,对领导班子进行调整。这种惩罚力度是非常大的,特别是对排名末两位的被评为不满意单位和连续两年被评为不满意单位的,直接关乎其领导班子成员的名誉、地位、收入和待遇,负向激励的力度很大,这是特定历史发展阶段所要求的。"用的是重典,下的是猛药",促使各个部门和单位不得不花大力气,下真功夫,查找问题,端正态度,寻找对策,切实改进机关作风,提高公众满意度。

"满意评选"活动以"重典""猛药"为特征的负向激励,在较短的时间内就使机关作风有了明显的改善。在随后的"满意评选"活动中,社会公众关注的焦点逐步从机关作风转移到政府绩效上,他们期待政府的决策机制更加科学民主、政府办事更加高效、民生和社会福祉能够得到更多的关注。同时,"满意评选"活动中的一些矛盾也开始凸显。对于政府组织机构而言,被评为不满意单位的,有多方面的原因,既有机关作风的问题,也有体制、机制的问题,还有社会环境等问题。比如物价、交通拥堵、环境治理等问题,就不是一两个职能部门或在较短的时间内就能够解决的,也不完全是领导班子和机关工作人员作风的问题。虽然通过调整完善评选办法(如设置单位分类评价系数等),可以在考评中对相关单位适当"调校",但社会评价的"惯性"或多或少会对这类单位产生一定的负面影响。如果据此长期、过度地实施负向激励,显然是不尽合理的。正是因为上述各种因素,促使杭州政府绩效管理的重心开始转变,激励机制也随之变化。对领导班子实行的调整处罚措施,

由"连续两年被评为不满意单位"改为"连续三年被评为不满意单位",物质奖励也得到较大幅度的提高。近几年来,杭州市还根据工作的需要,在综合考评中增设了部分单项激励措施,如"进位显著奖""意见整改成效显著奖""政府创新奖""重点工作单项奖",等等,正向激励措施相较于负向激励明显增加。这种调整和转变,既反映了一个地区不同发展阶段所要面对的主要矛盾和问题的变化,也有政治领导人推进工作的理念思路和策略考量的不同。

总体而言,以"重典""猛药"为特征的负向激励只能是应对非常态的一种非常措施,一旦突出的矛盾和问题解决后,理性的制度安排和科学的方法手段将成为必然选择。更多地运用正向激励,有利于激发各级政府和公职人员敢于担当和勇于创新的意识,增强组织活力和内生动力,自然成为这一选择的题中之意。

(二)充分发挥绩效考核的双重激励作用

对于政府绩效管理来说,做得好的单位要给予奖励,做得不好的单位要给予惩罚,既有压力,又有动力,形成良好的激励机制。

激励的基本要求是有奖有惩,奖惩结合。从管理的角度而言,只有奖励没有惩罚的激励机制会因为缺乏压力而懈怠,而过度地运用负向激励也会引发消极怠工和不作为。要实现长期、可持续发展,除了保持适度的压力外,还需要在政策规定允许的范围内,最大限度地用好正向激励。政府绩效管理能够发挥较大的作用,就在于它具有正向和负向的双重激励功能。在全面从严治党、各种问责机制日益强化的新形势下,如何用好绩效考核的双重激励,充分激发和调动各级政府及其公职人员,尤其是广大基层干部的积极性、主动性和创造性,鼓励他们勇于担当,敢于负责,有效地促进各项工作高效优质地圆满完成,提升政府绩效,成为摆在我们面前的一个重要课题。

2016年10月10日,国务院正式下发了《关于激发重点群体活力带动城乡居民增收的实施意见》(国发〔2016〕56号),明确要"完善绩效考核制度,将激励与考核挂钩",提出"健全差别化激励机制。建立健全公务员绩效考核体系,考核结果与工资收入挂钩。完善公务员奖金制度,强化省级政府统筹调控责任。赋予地方一定的考核奖励分配权,重点向基层一线人员和业绩突出人员倾斜"。这为进一步用好绩效考核的激励机制提供了重要依据和方向,也为绩效考核结果的运用拓展了空间,值得绩效管理机构很好地研究把握。

第三节 政府绩效管理的愿景

一、以绩效管理助推政府治理现代化

政府治理现代化是国家治理现代化的重要组成部分,而政府绩效管理是政府治理中不可或缺的构成部分,推进政府绩效管理对加快实现政府治理现代化具有十分重要的现实意义。

发挥政府绩效管理在政府治理现代化进程中的作用,要树立政务服务"用户思维",也就是政府绩效管理中的"顾客导向",以公众需求为导向优化政府治理。坚持问题导向,主动挖掘问题信息,查找问题存在的根源,把握解决制约发展问题的主动权。重视社会评价,以社会公众的评价意见作为提升政府治理能力的突破口,积极开展意见整改工作,补齐政府工作中的短板。针对社会公众反映突出的热点、难点问题,敢于采取改革创新的思路和举措应对挑战、破解难题,推动政府治理适应经济社会发展新常态。

积极探索新形势下政府治理的新模式,扩大社会公众有序政治参与。树立政府治理"社会化思维",动员社会力量协同政府共同处理公共事务,实现政府治理的多元化;以解决民生问题为切入点,协调各社会阶层和社会群体利益,建立健全对话、沟通、讨论、协商机制,落实社

会公众的知情权、参与权、表达权、监督权,在公开、平等、理性的协商过程中达成共识。以创新和改善政府治理为导向,鼓励、引导社会公众制度化参与地方政府公共政策的制定和公共事务决策的协商,改进和完善政府的行政方式、决策方式和社会治理方式,构建问政于民、问需于民、问计于民、问绩于民的互动沟通平台。

充分发挥政府绩效管理引领、激励和咨询等多重功能,使它成为推动政府治理现代化的重要力量。要善于运用政府绩效管理这个工具,以推进政府治理体系和治理能力现代化为目标,不断提升政府治理能力和水平。

二、推进全国性政府绩效管理体系建设

党的十八大明确提出"推进政府绩效管理"。贯彻落实好中央的这一要求,首先需要推进全国性政府绩效管理体系建设。

第一,加快顶层制度设计。进行制度层面的建设,要坚持理念引领、统筹协调和鼓励创新的原则。建立健全保障"四个全面"战略布局和五大发展理念贯彻落实的绩效管理工作机制,完善经济社会发展评价体系,建立体现科学发展观和正确政绩观的干部考核、评价、激励机制。

第二,完善组织机构配置。当前,国内绝大部分地方没有设立专门的绩效管理机构,大部分附属于其他部门,工作缺乏连贯性、可持续性,政府绩效管理的制度化、专业化水平不够高。应将绩效管理机构的设置纳入政府机构改革的总体规划,整合相关部门职能,设立独立的管理机构。在中央层面,可明确绩效管理机构,统一规划、指导全国政府绩效管理工作;在地方层面,可视地方具体情况而定,有条件的可单独设置高规格的政府绩效管理专门机构;单独设置有困难的,可采取合署、挂靠的形式完善机构设置,配备专门的编制人员。专职人员在正式入

职前需经专业培训,对绩效管理工作的开展有宏观的了解,具备一定的专业基础。

第三,以绩效管理的思维推进行政管理体制改革。2008年,中共中央出台的《关于深化行政管理体制改革的意见》指出,"要建立行政问责制度和绩效评估体系",党的十八大对行政体制改革提出了新的要求。行政管理体制改革是我国政府改革的核心议题,也是政府改革的热点。在深化行政管理体制改革中,应突出政府绩效管理的制度设计,强化绩效理念和绩效管理方法在行政管理体制改革中的应用,大力推进行政管理体制改革和治理能力现代化。要充分发挥绩效管理的作用,提升政府管理绩效,降低行政成本,优化公共服务,实现政府绩效管理和行政管理体制改革二者相互促进、良性互动。

三、加快政府绩效管理法制化建设

立法是政府绩效管理实现制度化的重要标志,也是推进政府绩效管理的重要保障。目前在我国,有关政府绩效管理缺乏全国层面的相关立法。在地方层面,除了哈尔滨、杭州进行了地方立法之外,鲜有政府绩效管理地方性法规。政府绩效管理领域的立法缺失,是政府绩效管理全面、深入、持续、有效开展的一个瓶颈。

加快政府绩效管理法制化建设有其特定的必要性。按照全面依法治国和建设法治政府的要求,政府重要政策和行动应该有法律保障,立法体现政府行为的合法性和正当性,为政府职能的履行和政府行为提供立法依据和法律保障。因此,要继续推动全国层面的政府绩效管理相关立法,这既是当前形势下贯彻全面依法治国、建设法治政府的重要体现,也是实现政府绩效管理制度化和法制化的重要体现。在积极推动全国层面的政府绩效管理立法的同时,各个地方也应积极探索,结合地方政府绩效管理的实际需要和实践经验,探索制定地方层面的政府绩效管理的法规、规章,为地方政府绩效管理的推行提供法规依据,也可以为国家政府绩效管理立法提供经验参考。

2015年颁布的《杭州市绩效管理条例》是我国第一部具有实践基础的政府绩效管理地方性法规,它在立法上有诸多创新,值得借鉴:

一是界定了绩效管理的内涵。《杭州市绩效管理条例》第二条明确,绩效管理是"根据本行政区域的发展目标和绩效责任单位履行的职责设定绩效目标,实施日常监控,并对目标的完成情况和实际效果进行综合考核评价,以达到绩效不断提升的全过程管理"。该条款是结合杭州多年的实践,对"绩效管理"下了定义,并对绩效管理的依据、流程、方法和目的等,用法言法语进行了诠释。

二是确立了绩效管理机构的法律地位。《杭州市绩效管理条例》第五条、第六条明确,由绩效管理委员会统一领导本行政区域的绩效管理工作,具体工作由绩效管理机构负责,机构编制、发展改革、监察、财政、人力资源和社会保障、审计、统计、政府法制等部门须按照各自的职责,依法做好绩效管理工作。这些规定为绩效管理机构和相关部门开展绩效管理工作提供了有力的法规依据,实现了绩效管理机构"职责法定"。

三是明确了绩效管理的适用范围。《杭州市绩效管理条例》第二条、第三十九条明确,绩效管理对象不仅覆盖市政府组成部门和区县政府及其组成部门、乡镇街道,还将其他依照公务员法管理的机构、组织,法律、法规授权的具有公共事务管理职责的组织,以及提供公共服务的企业(履行公共服务职责时)都纳入绩效管理范围。这样规定,也就是把党群部门以及承担公共服务职能的国有企事业单位也都纳入进来,符合中国国情。

四是建立了绩效管理规划和绩效报告制度。建立绩效管理规划制度,有助于绩效责任单位保持正确的履职方向和施政行为的连续性,也有利于促进政府部门将当前工作与长远发展、业务工作与自身建设结合起来。《杭州市绩效管理条例》第十条规定,"绩效责任单位应当根据本地区(行业)经济社会发展规划和本单位工作职能编制绩效管理规划,规划期限为五年";第十一条对绩效管理规划的内容作了原则性要求。《杭州市绩效管理条例》第二十三条还明确了建立绩效报告制度,即要求"绩效责任单位应当对照年度绩效目标,编制年度绩效自评报告",促进各单位强化绩效理念,真正用绩效管理的方法来开展工作,以绩效标准来衡量工作质量。

五是确立了公众参与的主体地位。扩大多元主体参与,是政府绩效管理的发展方向。《杭州市绩效管理条例》第十六条明确了多元主体在绩效管理中的地位和权利,特别是在绩效管理规划的编制,以及年度绩效目标的制定、调整、监督等过程中,享有充分的知情权、建议权、评价权;《杭州市绩效管理条例》第二十六条还明确,在绩效管理全过程中必须注重吸收和应用公众意见,强调群众满意度是检验政府绩效的重要标准。

六是规范了绩效沟通和绩效改进制度。《杭州市绩效管理条例》突出了加强绩效沟通和绩效改进的理念,强调绩效管理责任主体与绩效管理组织者之间的互动,建立了绩效分析制度,明确绩效改进的内容、形式和要求,把绩效改进作为绩效管理的落脚点。《杭州市绩效管理条例》第二十条明确,"绩效管理机构应当将日常管理中发现的问题及时告知绩效责任单位,绩效责任单位应当自收到告知单之日起十个工作日内做出情况说明,提出处理意见,反馈处理结果";第三十一条明确,"绩效责任单位应当对绩效评估中反映的问题和社会评价意见进行分析,制定和落实整改措施"。

七是建立了专项绩效管理。《杭州市绩效管理条例》第二十一条明确,"绩效管理机构应当会同绩效管理相关部门对本地区经济社会有重大影响、涉及公众利益、关系民生或者需要较大财政资金投入的事项实行专项绩效管理"。开展专项绩效管理是提升绩效管理全面性和科学性的重要举措,同时也为杭州市现有的综合考评和绩效管理作了延展,预留了工作空间。

八是对第三方评估作了探索性规定。第三方评估具有专业性和相对的独立性、客观性,发展第三方评估,有助于促进绩效评估的规范化、科学化。《杭州市绩效管理条例》第二十四条对此作了探索性规定,明确"绩效管理机构可以委托绩效评估专门机构、高等院校、科研院所、社会中介组织等第三方机构对部分绩效目标开展专业测评",为鼓励和引导第三方评估机构参与绩效评估、促进第三方评估规范发展提供了依据。

九是明确了绩效评估结果的综合运用。《杭州市绩效管理条例》第三十二条明确"绩效管理结果作为政策调整、预算管理、编制管理、奖励惩戒、领导人员职务升降任免等方面的重要依据",这不仅体现了绩效管理的导向和约束作用,也拓展了绩效管理在资源配置、干部管理等方面的运用。

十是建立了绩效问责制度。《杭州市绩效管理条例》第三十五条、第三十六条、第三十七条规定,纳入绩效管理的单位及其工作人员、绩效管理机构及其工作人员,对其在工作过程中发生的过错,应承担相应的责任,并对责任的种类以及问责的主体作了明确,强化了绩效管理的刚性。

十一是建立了权力机关监督绩效管理制度。《杭州市绩效管理条例》第七条规定,"市和区、县(市)人民代表大会常务委员会每年上半年听取本级人民政府各部门上年度绩效管理工作情况的报告"。该条款提升了政府绩效管理的层次,进一步强化了人大对政府绩效管理的监督。

四、加大现代信息技术在政府绩效管理中的应用

在当前全球经济一体化、社会信息化的趋势下,一个国家的信息化发展水平直接关系到该国在世界经济和政治格局中的地位。如何将电子信息技术应用于政府组织,提高政府绩效管理的效率和水平,迎接经济全球化和信息网络化的挑战,已成为世界各国和地区的政府机构普遍关心的问题。加大现代信息技术在政府绩效管理中的应用,是政府绩效管理中一个不可忽视的发展趋势。

一方面,要在政府绩效管理中注重对大众传媒的运用。大众传媒因其传播成本低、传播速度快、传播容量大的优势而成为传播综合信息的渠道之一,对绩效管理而言,大众传媒可以利用其综合优势,成为政府绩效管理的传播者、解释者、监督者和反馈者。加强大众传媒在政府绩效管理中的应用,可从以下四方面入手:一是地方政府绩效管理工作要密切关注媒体,及时掌握社会动态信息,为政府及时回应提供决策信息、预警信息和背景资料。二是政府绩效管理机构要主动加强与媒体的联系,充分发挥其舆论"风向标"的作用。要主动向大众传媒和社会公众发布绩效管理信息,表达党委、政府绩效管理的立场和观点,宣传相关规定和决策,增强绩效管理工作的透明度,扩大公众对绩效管理工作的知晓度、认知度和参与度,确保正确的社会舆论导向。三是地方政府绩效管理机构要认真研究和开发利用新兴媒体的功能,掌握新兴媒体信息传播的主导权,从而实现政府绩效管理机构、大众媒体与公众之间的良性互动和有效沟通。四是在推进政府绩效管理的各个环节上要充分发挥大众传媒不可替代的作用。在绩效信息采集和公共服务效果反馈信息获取上发挥高效、便捷的作用,在绩效诊断和绩效沟通上搭建立体平台,在推动绩效评估主体多元化上发挥作用,在传播绩效文化、倡导绩效管理理念等方面发挥媒体的独特作用。

另一方面,在信息化时代,要注重运用大数据来创新政府绩效管理机制。大数据是一种技术手段,但对于公共行政部门而言,大数据的技术手段不仅提供了技术支持,还通过公共部门的管理创新,客观上增强了公共部门的服务意识,最终推动政府职能的转变。① 大数据的包容性将打开政府各部门间、政府与市民间的边界,信息孤岛现象大幅削减,数据共享成为可能。同时,大数据的信息平台,使数据资料更加全面,政府部门间的数据信息调用将更加方便快捷,可以有效地提高工作效率,也极大地提升了政府治理能力。因此,首先要树立大数据意识,学会运用大数据为政府绩效管理工作服务,以大数据为牵引,不断完善政府绩效管理制度建设;其次要建立大数据平台,整合政府绩效管理过程中的大数据资源,便利绩效信息的收集、分析和整理,为政府决策提供支持;最后要以大数据印证政府绩效管理的结果,提升绩效管理的公信力。大数据的广泛应用,能够利用数据融合、数学模型等一系列手段,实行数据驱动的管理模式,让数据说话,尊重客观事实,从而提升政府绩效管理结果的客观性、公正性。

五、注重绩效文化的培育和普及

绩效文化是一种以评估政府运作效率和治理水平为核心的文化价值观,是行政文化在新时代的发展,它起到稳定或变革政府绩效管理体系,规范、引导和调整政府绩效管理行为的作用。它的存在是政府绩效管理存在的精神之源、动力之源、发展之源,是整个体系在政府管理改革过程中改善和发展的稳定保证。培育和普及绩效文化可以更好地发挥政府绩效管理的作用,真正将政府绩效管理的价值理念"内化于心",形成行动自觉,打通绩效管理落实的"最后一公里"。

---

① 高小平:《从传统治理到大数据治理——阅读〈大数据时代的国家治理〉》,《广州公共管理评论》,2015 年第 3 辑。

一是要广泛传播绩效理念。培育一种新的绩效文化,需要全员参与创建,必须对社会公众和政府管理主体进行全方位的宣传与教育。首先,从培育和普及绩效文化对象的角度,要注重传播对象的广泛性,既要包括政府管理人员,也要包括广大的社会公众。其次,从培育和普及绩效文化内容的角度,要注重推广绩效文化内容的针对性。绩效文化的培育将会整体性地推动政府管理的变革,从而在全社会形成一种为社会公众和政府管理者共同认同的价值理念。绩效文化的推广与传播要紧紧围绕政府绩效管理的基本理念,深入到社会公众和政府管理者的认识中去,并使其得到认同,从而为绩效管理的推行打下坚实的基础。最后,从培育和普及绩效文化制度建设的角度,要注重绩效文化与绩效管理制度的配合,绩效文化的推广与传播要依靠制度上的配套建设来实现,而绩效管理的制度建设应当充分地体现绩效文化,并为绩效文化的学习、宣传和推广创造条件。

二是要培育务求实效的绩效文化。文化决定了表现形式,绩效文化影响绩效管理体系的设计和运作,为绩效管理提供一种道德约束和行为准则。培育科学的绩效文化应该围绕政府绩效管理的流程展开,在政府绩效管理实施的过程中,逐步形成与地方特色相适应的价值主张和政府行为特征。务实高效的绩效文化应该贯穿政府绩效管理的绩效计划、绩效监控、绩效评估、绩效改进和绩效反馈的一系列环节。例如,绩效计划实质上是一种契约,因而制订绩效计划时应符合契约精神,鼓励各级政府部门积极参与绩效规划和目标的制定,并为其参与创造条件,形成一致的目标,从而可以激励各级政府部门为实现目标而努力。在监控环节,应以细致、严格为先,详细记录监控到的事实和数据,观测绩效计划执行过程中的偏差,及时地发现问题。而在绩效评估、改进和反馈等环节,绩效沟通是一个非常重要的工作方式,要能够帮助各级政府部门及时有效地找出影响绩效的因素,从而采取全方位的措施改善和提升绩效。这种沟通不能是简单的例行公事,更不能给各级政府部门带来压迫感。因而,在考评者与被考评者之间寻求建立积极的、开放的新型合作关系,既可以让政府绩效管理机构更好地担当组织者、发现者、推动者、协调者的角色,又可以让各级政府部门更积极主动地参与政府绩效管理的全过程,实现绩效文化对政府绩效管理的引导功能。

三是要推动新时代绩效文化的创新。文化创新可以推动社会创新。绩效文化源于绩效管理的社会实践,具有引导绩效管理实践发展的作用。行政文化要体现新时代的价值体系与行为方式,体现鲜明的时代特征,从而为政府管理的发展趋势提供源源不断的强大动力,为绩效文化的培育指明方向。培育绩效文化、推动绩效文化的创新需要防止绩效主义的倾向。绩效主义唯绩效是举,强调优胜劣汰、成王败寇。但实际上,仅凭一时的绩效,很难判断是不是某一届政府或某一个政府部门努力的结果,政府部门的工作效果有时候会有一定的滞后性,因而评价政府绩效还需要从长期的视角来观察和判断。另外,绩效管理必须高度重视人的因素,过度地强调绩效,往往会忽视绩效参与者的心理变化,组织的发展愿景也会发生偏差。推动绩效文化的普及和创新时必须明确,绩效管理只是一个工具,如何以一种正确的理念应用并发挥它的优势,是政府绩效管理成功与否的关键。

附录 《杭州市绩效管理条例》

杭州市第十二届人民代表大会常务委员会公告

第 57 号

2015 年 8 月 27 日杭州市第十二届人民代表大会常务委员会第三十次会议审议通过的《杭州市绩效管理条例》，已经 2015 年 9 月 25 日浙江省第十二届人民代表大会常务委员会第二十三次会议批准，现予公布，自 2016 年 1 月 1 日起施行。

杭州市人民代表大会常务委员会
2015 年 10 月 14 日

浙江省人民代表大会常务委员会关于批准《杭州市绩效管理条例》的决定

(2015 年 9 月 25 日浙江省第十二届人民代表大会常务委员会第二十三次会议通过)

根据《中华人民共和国立法法》第七十二条第二款规定,浙江省第十二届人民代表大会常务委员会第二十三次会议对杭州市第十二届人民代表大会常务委员会第三十次会议审议通过的《杭州市绩效管理条例》进行了审议,现决定予以批准,由杭州市人民代表大会常务委员会公布施行。

杭州市绩效管理条例

(2015年8月27日杭州市第十二届人民代表大会常务委员会第三十次会议通过

2015年9月25日浙江省第十二届人民代表大会常务委员会第二十三次会议批准)

目　录

第一章　总则

第二章　绩效管理规划和年度绩效目标

第三章　过程管理

第四章　年度绩效评估

第五章　结果运用

第六章　绩效问责

第七章　附则

第一章　总　　则

第一条　为了改进公共管理,提高公共服务水平,推进治理现代化,根据有关法律、法规,结合本市实际,制定本条例。

第二条　市人民政府各部门,区、县(市)人民政府及其各部门和乡(镇)人民政府、街道办事处履行职责时的绩效管理,适用本条例。

法律、法规授权的具有公共事务管理职能的组织、国家行政机关依法委托从事公共事务管理活动的组织履行公共管理职责时的绩效管理,以及提供社会公共服务的企业履行公共服务职责时的绩效管理按照本条例执行。

本条例所称绩效管理,是指根据本行政区域的发展目标和绩效责任单位履行的职责设定绩效目标,实施日常监控,并对目标的完成情况和实际效果进行综合考核评价,以达到绩效不断提升的全过程管理。

本条例所称绩效责任单位,是指依据本条例的规定实行绩效管理的单位。

第三条 绩效管理应当坚持科学规范、公开公正、公众参与、协同推进,注重实绩、奖优罚劣,持续改进、提能增效的原则。

第四条 市和区、县(市)绩效管理委员会统一领导本行政区域内的绩效管理工作,履行下列职责:

(一)统筹协调绩效管理工作;

(二)批准本级绩效管理总体规划、绩效评估制度和年度绩效评估工作方案;

(三)批准绩效评估结果;

(四)审议、决定有关绩效管理的其他重要事项。

第五条 市和区、县(市)绩效管理机构具体负责本行政区域内的绩效管理有关工作,履行下列职责:

(一)拟定本级绩效管理总体规划、绩效评估制度和年度绩效评估工作方案,经批准后组织实施;

(二)批准绩效责任单位的绩效管理规划,审核和调整绩效责任单位的年度绩效目标,依法规范、协调各类考核事项;

(三)负责绩效管理的日常工作,对绩效责任单位的绩效管理工作进行指导、管理和监督;

(四)协调相关部门共同推进绩效管理工作;

（五）制定绩效管理规划、年度绩效目标、绩效自评报告的范本；

（六）和绩效管理相关的其他具体工作事项。

区、县（市）绩效管理机构在业务上接受市绩效管理机构的指导。

第六条 机构编制、发展和改革、监察、财政、人力资源和社会保障、审计、统计、政府法制等部门（以下统称绩效管理相关部门）按照各自职责，依法做好绩效管理工作。

第七条 市和区、县（市）人民代表大会常务委员会每年上半年听取本级人民政府各部门上年度绩效管理工作情况的报告。

第八条 绩效管理机构履行职责所必需的经费列入本级财政预算。

第九条 绩效管理机构应当整合相关信息资源，建立绩效管理信息化系统，实现绩效信息的动态跟踪、全程管理、共享利用。

第二章 绩效管理规划和年度绩效目标

第十条 绩效责任单位应当根据本地区（行业）经济社会发展规划和本单位工作职责编制绩效管理规划，绩效管理规划期限为五年。绩效管理规划应当报绩效管理机构批准。

经批准的绩效管理规划是绩效责任单位制定年度绩效目标和绩效管理机构实施监督管理的基本依据。

第十一条 绩效管理规划应当包括以下主要内容：

（一）本单位主要职责和承担的工作任务概述；

（二）履行主要职责和完成工作任务的总目标和主要指标；

（三）影响目标和工作任务的关键因素分析；

（四）完成目标和工作任务的方法、措施；

（五）和绩效管理有关的其他重大事项。

第十二条 绩效责任单位应当根据绩效管理规划和年度重点工作

计划制定年度绩效目标。

年度绩效目标应当包括以下内容：

（一）制定依据和外部因素分析；

（二）具体目标及其考核或者评估标准；

（三）措施和进度；

（四）财政资金需求；

（五）其他有关事项。

第十三条 绩效责任单位编制绩效管理规划、制定年度绩效目标，涉及经济社会发展的重大事项或者专业性较强的事项的，应当事先组织必要性和可行性论证。

第十四条 绩效责任单位应当按照规定将年度绩效目标报绩效管理机构审核。

绩效管理机构认为年度绩效目标有不符合本行政区域的经济社会发展规划或者绩效责任单位职责情形的，应当向其反馈意见并进行协商，由绩效责任单位进行修改。

年度绩效目标经审核确定后，由绩效管理机构向社会公布。

第十五条 因本行政区域内重大政策调整、机构调整或者不可抗力因素的影响，需要调整年度绩效目标的，有关单位应当将调整内容在规定时限内报绩效管理机构审核。

需要调整的内容涉及政府全体会议、政府常务会议审议确定的重点工作目标的，有关单位应当将调整内容报市人民政府或者区、县（市）人民政府批准。

新的重点工作任务需要纳入绩效管理的，绩效管理机构可以调整有关单位的年度绩效目标。

第十六条 绩效责任单位在编制绩效管理规划、制定和调整年度绩效目标时，应当向社会公众公开征求意见。

绩效管理机构在审核绩效责任单位的年度绩效目标时,应当听取社会公众意见。

第三章 过程管理

第十七条 绩效责任单位应当按照经审核确定的年度绩效目标实施绩效管理,定期分析影响绩效目标实现的制约因素并采取措施,建立和完善内部责任体系和奖惩机制,推进年度绩效目标的实现。

绩效责任单位应当按照要求向绩效管理机构报送反映其年度绩效目标进展情况、存在问题等方面的绩效信息,并对所提供的绩效信息的真实性、合法性、有效性和完整性负责。

年度绩效目标进展情况应当向社会公开并接受监督。

第十八条 绩效管理机构应当建立绩效监测工作制度,对绩效责任单位的年度绩效目标执行情况进行监督检查、协调和评估,督促绩效责任单位加强效能建设,提高办事效率和服务质量。

绩效管理相关部门应当按照各自职责,对年度绩效目标的执行实施监督,并将监督情况通报同级绩效管理机构。

第十九条 绩效管理机构、绩效管理相关部门、绩效责任单位应当针对绩效管理中的突出问题,系统分析,研究对策,改进工作,提升绩效管理水平,必要时应当邀请有关专家、利害关系人参加。

第二十条 绩效管理机构应当将日常管理中发现的问题及时告知绩效责任单位,绩效责任单位应当自收到告知单之日起十个工作日内做出情况说明,提出处理意见,反馈处理结果。

第二十一条 绩效管理机构应当会同绩效管理相关部门对本地区经济社会有重大影响、涉及公众利益、关系民生或者需要较大财政资金投入的事项实行专项绩效管理。

第四章 年度绩效评估

第二十二条 市和区、县(市)绩效管理机构按照绩效评估制度和年度绩效评估工作方案,负责组织年度绩效评估。

年度绩效评估可以从目标考核、社会评价、领导人员评价、特色评估等方面实施。

第二十三条 绩效责任单位应当对照年度绩效目标,编制年度绩效自评报告,按照规定报送绩效管理机构。年度绩效自评报告应当对年度绩效目标实现程度,未完成目标及其原因,改进措施和计划等进行说明。

第二十四条 绩效管理机构每年度组织绩效管理相关部门对绩效责任单位年度绩效目标进行考核。目标考核按照绩效责任单位提交绩效自评报告、专项工作责任单位考核、绩效管理机构检查考核和反馈、复核审定等程序进行。

绩效管理相关部门负责制定本领域相关事项的绩效评估指标和评估办法,向绩效管理机构提供职责范围内与绩效管理有关的各类信息。

绩效管理机构可以委托绩效评估专门机构、高等院校、科研院所、社会中介组织等第三方机构对部分绩效目标开展专业测评。

第二十五条 绩效管理机构应当将绩效目标考核结果告知绩效责任单位,并告知其申请复核的权利。

绩效责任单位有异议的,可以自收到之日起三个工作日内,向绩效管理机构申请复核。绩效管理机构收到申请后,应当进行复核,并在十个工作日内作出复核决定。

第二十六条 绩效管理机构每年度组织社会公众对绩效责任单位的总体工作情况通过问卷调查等方式进行满意度评价并征求意见。

对政府年度工作计划所确定的重点工作,绩效管理机构可以根据需要组织利害关系人进行专项社会评价。

绩效管理机构应当建立公众评价意见反馈机制。

第二十七条 绩效管理机构每年度组织市和区、县(市)领导人员对本级绩效责任单位的总体工作情况进行满意度评价。

第二十八条 绩效管理机构组织专家和第三方机构对绩效责任单位申报的特色项目、创新项目和创优项目进行特色评估。

特色评估按照绩效责任单位申请、绩效管理机构审核、第三方评估等程序进行。

第二十九条 绩效管理机构对目标考核、社会评价、领导人员考评、特色评估等结果进行汇总,形成绩效评估结果。

绩效管理机构应当将绩效评估结果报请绩效管理委员会批准。

第三十条 绩效管理机构应当将经绩效管理委员会批准的绩效评估结果告知绩效责任单位,并按照有关规定向社会公开。

第五章 结果运用

第三十一条 绩效责任单位应当对绩效评估中反映出的问题和社会评价意见进行分析,制定和落实整改措施。

绩效管理机构应当对绩效责任单位整改情况进行监督检查,将重点整改目标进展情况统一向社会公开,接受公众监督。

第三十二条 绩效评估结果作为政策调整、预算管理、编制管理、奖励惩戒、领导人员职务升降任免等方面的重要依据。

第三十三条 对绩效评估结果合格以上的单位,按照有关规定进行奖励。

第三十四条 对绩效评估结果不合格的单位给予通报批评,对直接负责的主管人员和其他直接责任人员,取消当年或者次年度评优评先资格。

对连续两年绩效评估结果不合格的单位,除按照第一款规定处理外,对直接负责的主管人员和其他直接责任人员一年内不得晋升职务。

对连续三年以上绩效评估结果不合格的单位,除按照第一款、第二款规定处理外,对直接负责的主管人员和其他直接责任人员予以调离岗位、降职、免职、解聘或者辞退。

第六章 绩效问责

第三十五条 有下列情形之一的,由绩效管理机构在绩效评估中予以扣分;情节严重的,并予以通报批评;情节特别严重的,绩效评估结果直接确定为不合格:

(一) 绩效管理自我评价严重失实的;

(二) 无正当理由拒不按照规定提交年度绩效自评报告的;

(三) 未依法公开绩效信息,或者隐瞒事实真相、提供虚假绩效信息的;

(四) 阻挠绩效管理机构依法履行绩效管理职责,或者拒不按照规定提供有关资料、数据等绩效信息的。

第三十六条 违反本条例规定有下列情形之一的,由主管机关或者监察机关责令改正,对直接负责的主管人员和其他直接责任人员,按照管理权限,依法给予处分;情节较轻的,给予通报批评、告诫或者停职检查;情节轻微,经批评教育后改正的,可以免予处分:

(一) 无正当理由未能完成上级机关确定由其承担的工作任务的;

(二) 不正确执行上级机关依法作出的决策和部署,影响整体工作部署的;

(三) 工作效率低下,服务质量差,公众反映强烈的;

(四) 玩忽职守,造成公共利益、公民、法人和其他组织的合法权益遭受损失的;

（五）重大决策失误的。

第三十七条　绩效管理工作人员有下列情形之一的，由主管机关或者监察机关按照管理权限，依法给予处分；情节较轻的，给予通报批评、告诫或者停职检查；情节轻微，经批评教育后改正的，可以免予处分：

（一）在组织实施绩效管理中，工作效率低下，严重影响绩效管理工作顺利开展的；

（二）不按照规定办理绩效管理方面的申诉或者投诉，造成不良影响的；

（三）在绩效管理中徇私舞弊或者滥用职权的；

（四）泄露绩效管理工作秘密的；

（五）有其他渎职、失职行为的。

第三十八条　本章规定的情形，法律、行政法规另有规定的，从其规定。

第七章　附　　则

第三十九条　本条例第二条第一款以外的其他依照《中华人民共和国公务员法》管理其工作人员的机构、组织，其绩效管理参照本条例执行。

第四十条　本条例自 2016 年 1 月 1 日起施行。

参考文献

领导讲话及文件类：

江泽民:《加快改革开放和现代化建设步伐,夺取有中国特色社会主义事业的更大胜利》(1992年10月12日在中国共产党第十四次全国代表大会上的报告)。

习近平:《完善和发展中国特色社会主义制度,推进国家治理体系和治理能力现代化》,《人民日报》,2014年2月18日,01版。

2000年10月30日,浙江省委常委、杭州市委书记王国平在市直机关作风建设大会上的讲话。

2005年12月20日,杭州市委副书记朱报春在2005年度市直单位综合考评工作动员大会上的讲话。

2005年12月20日,浙江省委常委、杭州市委书记王国平在2005年度市直单位综合考评工作动员大会上的讲话。

2016年4月21日,浙江省委常委、杭州市委书记赵一德在2015年度杭州市综合考评总结讲评大会上的讲话。

著作类：

Chambers, S., *Reasonable Democracy: Jürgen Habermas and the Politics of Discourse*. Ithaca, NY: Cornell University Press, 1996.

Dunsir, *Control in a Bureaucracy: The Execution Process*, Oxford: Martrin Robertson, 1978.

Richard C. Kearney, *Public Sector Performance: Management, Motivation and Measurement*, Colorado: Westview Press, 1999.

〔法〕阿历克西·德·托克维尔:《旧制度与大革命》,冯棠译,北京:商务印书馆,1992年版。

〔美〕埃莉诺·奥斯特罗姆等:《制度激励与可持续发展》,陈幽泓等译,上海:上海三联书店,2000年版。

〔美〕B.盖伊·彼得斯:《官僚政治》,聂露等译,北京:中国人民大学出版社,2006年版。

蔡立辉:《政府绩效评估》,北京:中国人民大学出版社,2012年版。

陈家刚:《危机与未来——福山中国演讲录》,北京:中央编译出版社,2012年版。

〔美〕戴维·奥斯本等:《改革政府——企业家精神如何改革着公营部门》,北京:上海译文出版社,1996年版。

邓小平:《邓小平文选(第3卷)》,北京:人民出版社,1993年版。

方振邦、葛蕾蕾:《政府绩效管理》,北京:中国人民大学出版社,2012年版。

〔美〕盖伊·彼得斯:《政府未来的治理模式》,吴爱明等译,北京:中国人民大学出版社,2001年版。

〔德〕哈贝马斯:《公共领域的结构转型》,曹卫东等译,上海:学林出版社,1999年版。

〔德〕哈贝马斯:《交往与社会进化》,张博树译,重庆:重庆出版社1989年版。

刘旭涛:《政府绩效管理:制度、战略与方法》,北京:机械工业出版社,2003年版。

〔美〕罗伯特·B.登哈特等:《新公共服务:服务,而不是掌舵》,丁煌等译,北京:中国人民大学出版社,2010年版。

〔英〕洛克:《政府论(下篇)》,叶启芳、瞿菊农译,北京:商务印书馆,1964年版。

〔德〕马克斯·韦伯:《经济与社会(上卷)》,林荣远译,北京:商务印书馆,1997年版。

〔美〕尼古拉斯·亨利:《公共行政与公共事务》,项龙译,北京:华夏出版社,2002年版。

人民论坛:《大国治理:国家治理体系和治理能力现代化》,北京:中国经济出版社,2014年版。

〔美〕塞缪尔·P.亨廷顿、乔治·I.多明格斯:《政治发展》,载〔美〕格林斯坦、波尔斯比编:《政治学手册精选(下)》,储复耕译,北京:商务印书馆,1996年版。

孙健:《360度绩效考评》,北京:企业管理出版社,2003年版。

王海洲:《合法性的争夺》,江苏:凤凰传媒集团、江苏人民出版社,2008年版。

〔美〕文森特·埃斯特罗姆,《美国公共行政的思想危机》,毛寿龙译,上海:三联书店,1999年版。

〔美〕西摩·马丁·李普塞特:《政治人——政治的社会基础》,刘钢敏译,北京:商务印书馆,1993年版。

习近平:《之江新语》,杭州:浙江出版联合集团、浙江人民出版社,2007年版。

叶林生、丁伟东、黄正术:《中国封建官僚政治研究》,江苏:南京大学出版社,2009年版。

俞可平、〔德〕托马斯·海贝勒、〔德〕安晓波:《中共的治理与适应——比较的视野》,北京:中央编译出版社,2015年版。

卓越:《政府绩效管理导论》,北京:清华大学出版社,2006年版。

文章类：

Finer, H., Administrative Responsibility In Democratic Government, *Public Administration Review*, 1941, 1(4).

包国宪、张志栋：《我国第三方政府绩效评价组织的自律实现问题探析》，《中国行政管理》,2008 年第 1 期。

鲍静：《公共行政责任——国际行政学会第一次专门国际会议简况》，《中国行政管理》,1999 年第 11 期。

薄贵利：《推进政府绩效评估亟待解决的主要问题》，《国家行政学院学报》,2008 年第 1 期。

蔡拓：《全球治理与国家治理：当代中国两大战略考量》，《中国社会科学》,2016 年第 6 期。

陈雪莲：《政府绩效管理体制改革的制度环境和发展空间——以北京市"三效一创"绩效管理体系为个案》，《天津行政学院学报》,2011 年第 11 期。

陈振明：《公共部门绩效管理的理论与实践》，《中国工商管理研究》,2006 年第 12 期。

高小平：《从传统治理到大数据治理——阅读〈大数据时代的国家治理〉》，《广州公共管理评论》,2015 年第 3 辑。

高小平等：《我国汉唐时期绩效考评制度的特色与启示》，《中国行政管理》,2007 年第 2 期。

高小平、盛明科、刘杰：《中国绩效管理的理论与实践》，《中国社会科学》,2011 年第 6 期。

郭小聪：《论中国近现代政治文明转型的工具理性思维》，《政治学研究》,2003 第 3 期。

蓝志勇、胡税根：《中国政府绩效评估：理论与实践》，《政治学研究》,2008 年第 3 期。

李里峰：《现代性及其限度：民国文官考试制度平议》，《安徽史学》,2004 年第 5 期。

林鸿潮:《美国政府绩效与结果法述评》,《行政法学研究》,2005 年第 2 期。

刘振国:《推动国土资源改革发展的新动力——国土资源部绩效管理试点探索综述》,http://www.mlr.gov.cn/xwdt/jrxw/201209/t20120917_1141385.htm。

罗宏鸣:《绩效问责:政府公共行政视阈中的新探索》,《产业与科技论坛》,2008 年 11 期。

桑助来:《完善政府考核导向》,《瞭望》,2007 年第 27 期。

石亚军:《实现政府科学决策机制的根本转变》,《中国行政管理》,2016 年第 10 期。

陶郁:《政府高绩效更易获得市民信任》,《青年参考》,2014 年 5 月 21 日,03 版。

汪玉凯、黎映桃:《公共部门绩效评估——从标准、指标和制度视角的分析》,《中国行政管理》,2006 年第 12 期。

王全宝:《"多一些治理,少一些管制"——专访中共中央编译局副局长俞可平》,《中国新闻周刊》,2014 年 3 月 10 日。

王伟:《改革开放以来我国政治合法性的依赖途径及变迁瞻望》,《中共石家庄市委党校学报》,2014 年 3 月,第 16 卷第 3 期。

王学军、张弘:《政府绩效管理研究:范式重构、理论思考与实践回应——"公共绩效治理:国际学术前沿与全球实践经验高端论坛"综述》,《中国行政管理》,2013 年第 3 期。

杨超、凌学武:《社会资本理论与我国政府绩效管理研究》,《太原理工大学学报(社会科学版)》,2006 年第 2 期。

余逊达:《公民参与与公共民生问题的解决:对杭州实践的研究和思考》,《浙江社会科学》,2010 年第 9 期。

俞可平:《城市治理与创新的若干趋势》,治理现代化与绩效管理科学化研讨会上的主旨报告,http://kpb.hz.gov.cn/showpage.aspx?id=932。

俞可平：《权力与权威:新的解释》，《中国人民大学学报》，2016年第3期。

臧乃康：《论政府绩效》，《福建论坛》(经济社会版)，2001年第11期。

臧志彭：《政府绩效管理的基本流程与方法》，《中国人力资源开发》，2013年第15期。

张强、韩莹莹：《当代美国联邦政府绩效评估的层级体系分析》，《社会科学研究》，2006年第1期。

赵鼎新、龚瑞雪、胡婉：《"天命观"及政绩合法性在古代和当代中国的体现》，《经济社会体制比较》，2012年第1期。

中央党校中国特色社会主义理论体系研究中心：《加快推进国家治理体系和治理能力现代化》，《解放军报》，2014年3月19日，01版。

周志忍：《公共组织绩效评估:中国实践的回顾与反思》，《兰州大学学报》，2007年第1期。

周志忍：《我国政府绩效管理研究的回顾与反思》，《公共行政评论》，2009年第1期。

卓越、赵蕾：《公共部门绩效管理:工具理性与价值理性的双导效应》，《兰州大学学报(社会科学版)》，2006年第5期。

其他：

Campbell Public Affairs Institute, Government Performance Project, http://www.maxwell.syr.edu/compel/index.htm

《钱塘论坛:满意不满意的群众观——伍彬、余逊达访谈录》，杭州电视台，2013年8月31日。

腾讯网，http://hb.qq.com/a/20131009/015179_all.htm

后　　记

当新的一缕阳光从天窗照射到我阁楼的小书房,不知不觉已经跨入2017年,而我在杭州市综合考评委员会办公室的职业生涯也进入了第11个年头!

11年对人生来说,不能说太长,但对一个岗位而言,应该说时间不算短了,按照领导干部任职的制度规定,也到了应该轮岗交流的时候了。2006年8月31日,当市委宣布我担任新组建的杭州市综合考评委员会办公室党组书记、主任的决定时,我对政府绩效管理的认识还是很模糊的,正像现在很多领导干部甚至专门从事考评工作的同志常常分不清目标考核、绩效评估和绩效管理等概念的差别一样。政府绩效管理作为公共管理领域的一个"舶来品",如何植根于中国的土壤,如何在推进政府治理现代化中发挥积极的作用,无论在理论还是在实践上,都有很多需要探索和回答的问题。"上不着天,下不着地",没有现成模式,一切都需要自己摸索,这是作为全国第一家正局级常设考评机构——杭州市综合考评委员会办公室成立时面临的现实。既是使命感,又是个性使然,我在这个岗位上一头扎下去,11年来,心无旁骛,带领我的团队边学习边实践,边总结边提高,不忘初心、不怕挫折、不敢懈怠,坚持一步步往前走,方向越来越明晰,体系越来越完善,方法越来越科学,走出了一条符合杭州实际、具有中国特色的地方政府绩效管理的路子。在这里,我要由衷地感谢杭州市委、市政府对我的长期信任、支持,给我提供了这么好的平台,使我有机会践行自己的理想和价值观;衷心感谢历任市领导对我的关心、指导和帮助,没有他们的开明和远见卓识,杭州的综合考评和绩效管理很难持续地走到现在。我也要感谢杭州市市直各单位和各区、县(市)党委、政府的领导与同志们对我工作的理解、信赖及配合、支持,这也是我一直坚守考评工作"公开、公平、公正"这一基本原则的压力和动力。感谢各方面专家学者的长期关注和热心参与,正是有了他们的指点、鼓励与宣扬,杭州的绩效管理才得以从一个地方的实践走向全国乃至世界。当然,我还要感谢11年来与我一路同行的同事们,包括编内和编外的工作人员,他们的乐业敬业以及对我的鼎力支持,使我得以更好地履行职责,也成就了我们共同的事业。

这里分享的就是我们多年来凝聚各方力量探索实践的最新成果!本书是继《综合考评与绩效管理》(伍彬主编,人民出版社2012年版)、《创新型政府:杭州的探索与实践》(伍彬、陈国权主编,浙江大学出版社2014年版)出版后我编著的第三部有关政府绩效管理的著作。如果说前两本书更多的是想总结杭州综合考评和绩效管理的实践,留存一份地方政府创新探索的样本,那么本书更期望通过对杭州样本的实证研究,提炼出具有中国特色的地方政府绩效管理的价值定位、制度架构和方法路径,使之不仅具有较强的实操性,同时又能提供一些理论的思考。书名原拟定为"政府绩效管理——从理论到实践",去年下半年邀约中国行政管理学会执行副会长兼绩效管理研究会会长高小平为本书作序时,高会长建议应从实践上升到理论的层面来考量,对我的启发很大,最终将书名改为"政府绩效管理——理论与实践的双重变奏"。此次高会长在序言中,对理论与实践的"双重变奏"也作了形象生动的阐述,可谓"画龙点睛",为本书增色不少,在此谨表谢忱。

后 记

需要特别感谢的还有北京大学政府管理学院的俞可平院长。他长期在中央编译局担任领导工作,同时又是享誉海内外的政治学学者,由他发起和主持的"中国地方政府创新奖"活动,大大推动了各地政府的创新实践,杭州市的"开放式决策""政府管理和公共服务标准化"和"公民导向的杭州综合考评"项目,都曾先后获得"中国地方政府创新奖"和创新提名奖。多年来,他对杭州综合考评和绩效管理给予了热情的关注与鼓励,此次成书,我邀请他作序,他欣然同意,令人感佩。

本书从动议到完稿,历时3年,其间篇章结构和内容观点多有变动,编写者们反复研究,不断深化。编写的过程本身就是一个再学习、再提高的过程,参与编写的同事们都乐此不疲。他们的名单都已经列在扉页上,此处不再赘述。

政府绩效管理进入我国的时间不长,总体上还处于初步探索阶段。随着我国经济社会的发展和治理现代化的推进,政府绩效管理的春天即将到来,对于从事这一工作的同志而言,可谓任重而道远。本书反映的是编写者们到目前为止的经验积累和理性认识,承蒙北京大学出版社不弃,愿意出版本书,给了我们一个抛砖引玉的机会,尤其是本书责任编辑贾米娜女士的敬业、专业精神,让我印象深刻,在此表示感谢!也衷心期待我的后任或同行们在新的实践探索中不断丰富和拓展,发挥好政府绩效管理的"双重价值",为推进"四个全面"战略布局和五大发展理念的落实、早日实现治理现代化作出更大的贡献。

伍 彬

2017年元旦写于杭州七里香溪

图书在版编目(CIP)数据

政府绩效管理:理论与实践的双重变奏/伍彬编著. —北京:北京大学出版社,2017.3
ISBN 978-7-301-28196-3

Ⅰ. ①政… Ⅱ. ①伍… Ⅲ. ①地方政府—行政管理—研究—杭州 Ⅳ. ①D625.551

中国版本图书馆 CIP 数据核字(2017)第 053421 号

书　　　　名	政府绩效管理——理论与实践的双重变奏 ZHENGFU JIXIAO GUANLI
著作责任者	伍　彬　编著
责 任 编 辑	贾米娜
标 准 书 号	ISBN 978-7-301-28196-3
出 版 发 行	北京大学出版社
地　　　　址	北京市海淀区成府路 205 号　100871
网　　　　址	http://www.pup.cn
电 子 信 箱	em@pup.cn　　QQ:552063295
新 浪 微 博	@北京大学出版社　@北京大学出版社经管图书
电　　　　话	邮购部 62752015　发行部 62750672　编辑部 62752926
印 　刷　 者	北京中科印刷有限公司
经 　销　 者	新华书店
	730 毫米×1020 毫米　16 开本　30.25 印张　377 千字 2017 年 3 月第 1 版　2017 年 3 月第 1 次印刷
定　　　　价	98.00 元

未经许可,不得以任何方式复制或抄袭本书之部分或全部内容。
版权所有,侵权必究
举报电话:010-62752024　电子信箱:fd@pup.pku.edu.cn
图书如有印装质量问题,请与出版部联系,电话:010-62756370